La Création défiée

*Collection*

LITTÉRATURES EUROPÉENNES

*dirigée par*

*Alain Morvan, Jacques Le Rider,*
*Didier Souiller et Wladimir Troubetzkoy*

ANNIE AMARTIN-SERIN

MAITRE DE CONFÉRENCE
EN LITTÉRATURE GÉNÉRALE ET COMPARÉE
A L'UNIVERSITÉ NANCY II

# La Création défiée

## L'homme fabriqué dans la littérature

*Presses Universitaires de France*

ISBN 2 13 047950 2
ISSN 1271-965 X

Dépôt légal — 1re édition : 1996, décembre


108, boulevard Saint-Germain, 75006 Paris

# SOMMAIRE

NB. — Pour éviter de surcharger les notes par des références bibliographiques, les chiffres figurant entre crochets renvoient aux numéros d'entrée de la Bibliographie, située à la fin de l'ouvrage.

# *Avant-propos*

*Je voudrais rendre ici hommage à René Guise, sans qui cet ouvrage n'aurait sans doute jamais vu le jour. Ce spécialiste de Balzac, ce pionnier de l'étude du roman populaire, a enseigné, pendant plus de trente ans, la Littérature comparée à l'Université Nancy II. Son ouverture d'esprit le poussait à explorer tous les domaines, et il a ainsi été à l'origine de différents programmes touchant à la science-fiction, dont l'un, enseigné dans les années 1980, concernait précisément « L'homme fabriqué ». Chercheur infatigable, René Guise avait su, grâce à son enthousiasme communicatif, rassembler autour de lui une équipe d'enseignants et d'étudiants. Avec leur collaboration, il avait réuni, en deux fascicules, un certain nombre de textes oubliés ou méconnus, appartenant à la littérature du XIX^e^ siècle. Connaissant ce projet éditorial, il m'a par la suite confié de petits cahiers contenant d'autres textes relatifs au thème de la création artificielle.*

*Le souvenir d'un travail d'équipe mené dans une ambiance chaleureuse, et les encouragements amicaux que René Guise m'a prodigués au cours de cette étude, ont été pour moi une aide précieuse. J'espère réussir, à mon tour, à faire partager aux lecteurs la curiosité que lui-même savait susciter.*

# *Introduction*

S'interrogeant sur les passions que suscitent les avancées de la médecine dans le domaine de la procréation artificielle, une psychanalyste formule cette hypothèse : « La stérilité n'[est]-elle pas un prétexte inconscient, plutôt que le véritable mobile de l'extraordinaire déploiement scientifique destiné à maîtriser la vie ? » Elle-même répond d'ailleurs à cette question en ajoutant : « Ce n'est certainement pas de leur taux de réussite que les procréations artificielles tiennent leur succès : c'est de leur prodigieuse charge fantasmatique. »[1] Les controverses qui entourent ces techniques traduisent en fait les sentiments ambigus de désir et de crainte qui s'emparent de l'homme lorsqu'il s'imagine sur le point de substituer la génétique à la Genèse. Par son savoir, l'homme s'arroge un pouvoir qui n'appartient qu'au Créateur – ou à la Nature. Les espoirs, comme l'effroi provoqués par les possibilités qu'offre la Science naissent de cette conscience qu'a l'être humain de braver un interdit. Longtemps accomplie en imagination, la transgression semble parfois près de se concrétiser, les fantasmes près de s'actualiser.

« Être reconnu comme homme, c'est avant tout se faire reconnaître le droit d'imiter les dieux », écrit Edgar Morin[2]. Depuis toujours en effet l'homme rêve de créer, à l'égal de Dieu. Il exprime ainsi sa révolte contre l'ordre du monde, contre la condition humaine elle-même, et ses limites. Depuis la Chute, l'homme doit assumer les conséquences d'une double malédiction.
A la femme, Yahvé Dieu dit :

> Je multiplierai les peines de tes grossesses,
> dans la peine tu enfanteras des fils.
> Ta convoitise te poussera vers ton mari
> et lui dominera sur toi (*Genèse*, 3, 16).

A l'homme :

> Maudit soit le sol à cause de toi !
> A force de peines tu en tireras subsistance

1. Monette Vacquin : *« Frankenstein » ou les délires de la raison. Essai.* [216].
2. In *Les stars*. Paris, Le Seuil, 1957.

> tous les jours de ta vie.
> A la sueur de ton visage
> tu mangeras ton pain... (*Genèse*, 3, 17 et 19).

La création artificielle veut répondre à cette double aliénation, permettre à l'homme, en fabriquant des créatures à son image, de s'affranchir de la servitude liée à la reproduction et au travail. De ces deux motivations, la première est sans aucun doute la plus profondément ancrée en l'homme, et l'on peut se demander si les inventions les plus utilitaires ne lui permettent pas avant tout d'assouvir son instinct créateur. Ce qu'il cherche, c'est à percer le secret de la vie de façon à pouvoir créer, librement, sans se plier aux lois naturelles, un être semblable à lui – voire un être parfait.

Ce but dont la Science semble aujourd'hui se rapprocher est donc un rêve ancien, porté depuis longtemps par des œuvres qui appartiennent à tous les domaines artistiques. A notre époque, la littérature est concurrencée par le cinéma, la télévision, la bande-dessinée, qui sont autant de vecteurs privilégiés du thème de l'homme fabriqué. Mais celui-ci trouve aussi à s'exprimer dans la peinture, la sculpture, la musique même. Le thème de la création artificielle est présent dans toutes les cultures, et l'on trouverait en Inde, en Chine, en Perse, nombre d'œuvres représentatives. Devant l'ampleur du champ ouvert aux investigations, force était d'effectuer des choix. L'objet de cet ouvrage est ainsi de retracer la genèse littéraire du thème de l'homme fabriqué. Il ne prétend évidemment pas à l'exhaustivité. L'étude a été volontairement limitée au domaine des littératures occidentales et aux genres narratif et dramatique : non seulement ils proposent un certain nombre d'images symboliques, mais ils sont les plus à même de combiner situations et personnages en des structures dynamiques et sans cesse renouvelées. Ce choix n'entend nullement préjuger de l'intérêt d'autres recherches, mais le corpus ainsi délimité semble mériter à lui seul une analyse détaillée. Encore a-t-il fallu éliminer, en règle générale, la littérature pour enfants, dont la production trop abondante et spécifique ne se laissait pas facilement cerner. De *Pinocchio* (1883) à l'*Histoire du Golem* d'Isaac Bashevis Singer (1984), en passant par les histoires d'Oz lancées par L. Frank Baum au début du siècle, bien des textes pourraient cependant être à leur tour exploités.

Ainsi défini, le thème de l'homme fabriqué recouvre une diversité étonnante de motifs. Les créations imaginaires, en effet, évoluent parallèlement aux recherches scientifiques et aux découvertes techniques. La fiction est parfois en retard sur la réalité, comme dans le cas des récits mettant en scène des automates. Parfois, au contraire, elle devance la réalité : les robots n'ont-ils pas été « inventés » par l'écrivain tchèque Karel Tchapek, les procédés de clonage imaginés par Aldous Huxley ? Pour l'essentiel, cependant, les écrivains sont en prise directe sur leur temps, et chaque époque apporte une variante moderne à un thème éternel. Souvent même, le créateur fictif évoque le projet de ses prédécesseurs, et se réclame d'une même ambition, tout en soulignant les moyens limités, dérisoires, dont disposaient ses devanciers. Ce phénomène d'intertextualité, où la référence est à la fois signe de déférence et volonté de se démarquer, engendre une surenchère de l'imagination, chaque écrivain cherchant à dépasser en audace les constructions antérieures. Pourtant, certains motifs ont la vie longue : à l'époque des androïdes, faits de chair synthétique, les robots métalliques ont toujours leurs partisans, et l'on voit ainsi les motifs se chevaucher dans le temps. Bien plus, ils se contaminent souvent : la figure mythique du Golem emprunte au motif de l'automate, envahissant au XIXe siècle, certains de ses traits ; dans d'autres textes, le Golem *parle*, avec la voix du monstre de Frankenstein...

Seule une perspective diachronique pouvait permettre de rendre compte de l'évolution du thème. Cependant, pour éviter des va-et-vient incessants entre motifs concurrents, il a paru plus simple de traiter globalement, dans leur ordre de première apparition, les principaux avatars de l'homme fabriqué. Après quelques rappels concernant les origines mythiques, religieuses et légendaires du thème, seront analysées successivement les figures littéraires les plus anciennes de la créature artificielle : Golem, homonculus, mandragore ; puis sa variante mécanique tant célébrée : l'automate, et de façon plus générale, toutes les machines anthropomorphes que l'homme a pu imaginer. Ensuite viendront les créatures artificielles des temps modernes, robots et androïdes, que la science-fiction a popularisés. A côté de ces hommes intégralement fabriqués, il fallait faire une place aux hommes modifiés. Déjà, au XIXe siècle, prothèses, greffes et transferts d'âme donnent naissance à des créatures dont l'existence est pour le moins aussi troublante que celle des automates ; au XXe siècle, la génétique et la cybernétique prennent le relais de la prothétique, de la chirurgie et du magnétisme, et font du clone et du cyborg les descendants des hommes modifiés du siècle précédent. L'ordinateur semble occuper une place à part dans le thème de l'homme fabriqué. La fascination exercée par les créatures artificielles résulte en effet de leur forme humanoïde, source de terreur ou ressort comique, symptôme, dans tous les cas, d'une troublante ambiguïté. L'ordinateur, par définition, n'est pas une créature anthropomorphe. A l'heure d'Internet, il a certes la vedette de l'actualité, et dans la très abondante production littéraire qui lui est consacrée, bien des récits ont cherché à humaniser ce prolongement de l'intelligence humaine. Mais l'ordinateur n'occupera jamais, dans le thème de l'homme fabriqué, la même place que les autres créatures faites à l'image de l'homme. L'ordinateur appartient au domaine de la réalité, et il est signifiant que ce soit précisément cette forme non anthropoïde de l'homme fabriqué qui ait, dans la pratique, envahi notre existence. En revanche, les fantasmes les plus profonds sont toujours liés aux autres créatures artificielles, plus ou moins chimériques, et dont la forte charge émotionnelle est liée à l'utilisation de la forme humaine. Un développement spécifique consacré au symbole de l'intelligence artificielle ne paraissait donc pas s'imposer.

Le corpus ainsi constitué réunit quelques œuvres célèbres, ayant marqué de leur influence la production ultérieure, ou apporté une note insolite, signe de leur originalité. *Frankenstein* de Mary Shelley et *L'Ève future* de Villiers de l'Isle-Adam font ainsi figure de textes clés. Le thème de l'homme fabriqué permet par ailleurs de rassembler beaucoup de textes oubliés ou méconnus, et une des ambitions de cette étude est de les faire découvrir, ou redécouvrir aux lecteurs. Ces œuvres, d'un accès souvent difficile, seront présentées de façon assez détaillée. L'éventail des textes proposés donnera une idée de la richesse du thème, et permettra de distinguer, au sein même de la diversité, un certain nombre d'invariants dont il faudra dégager la signification. Tous les genres, on le verra, sont représentés : du merveilleux à la science-fiction, en passant par le fantastique ; de la comédie utopique au drame métaphysique. Tous les registres sont utilisés, mais si la tonalité est parfois tragique, la fantaisie l'emporte souvent sur la gravité, l'humour venant désamorcer les angoisses liées au thème lui-même. Car la littérature est ici, avant tout, un jeu avec la peur, et la recréation est aussi prétexte à récréation.

# I

# *De la création divine à la création humaine*

Chapitre 1

# *De l'Antiquité au* XVIII*e* *siècle : mythes, légendes, réalité*

Le thème des créatures artificielles fabriquées par l'homme à son image remonte aux temps les plus anciens. Les récits mythiques, les rites religieux, relayés par la littérature ou d'autres formes d'expression artistique, ont très tôt exploité cette idée, en s'appuyant le plus souvent sur les découvertes scientifiques et les réalisations techniques contemporaines. A l'origine, la création artificielle n'est pas envisagée comme sacrilège. Au contraire, elle repose sur l'idée que le Créateur peut en quelque sorte déléguer une partie de ses pouvoirs à l'homme. En revanche, les textes les plus anciens témoignent bien de la connotation contraire que peut prendre la création artificielle : celle-ci peut être vue sous l'angle du désir, ou inversement, sous l'angle de la crainte.

## DU CÔTÉ DE PYGMALION / *DU CÔTÉ DE TALOS*

Au chant XVIII de *L'Iliade*, Thétis se rend auprès d'Héphaïstos pour le prier de forger de nouvelles armes pour Achille. Elle trouve le dieu boiteux affairé, autour de ses soufflets, à la fabrication de vingt trépieds :

> il plaçait des roulettes d'or sous la base de chacun, pour que, d'eux-mêmes, ils entrassent dans l'assemblée des dieux et revinssent dans la maison, merveilleux spectacle.

Ces sièges automobiles ne donnent cependant qu'une faible idée des pouvoirs créateurs d'Héphaïstos. A la vue de la déesse, le héros se dresse sur ses jambes grêles pour l'accueillir :

> Des servantes s'empressaient pour soutenir le prince, toutes d'or, mais semblables à de jeunes vivantes ; elles ont un esprit dans leur diaphragme ; elles ont la voix, la force, et les immortels leur ont appris à agir.

Ces belles esclaves d'or vouées au service du demi-dieu sont ainsi la noble préfiguration des robots métalliques qui envahiront les récits de science-fiction vingt-huit siècles plus tard. Rien d'inquiétant, en tout cas, dans ces créatures artificielles.

Le mythe de Pygmalion est plus merveilleux encore. Ce n'est plus ici un demi-dieu, mais un simple mortel qui assume les fonctions du créateur. Ovide, après avoir rapporté les amours criminelles des Cérastes et des Propétides, nous propose, dans un contraste saisissant, la légende chypriote de Pygmalion (*Métamorphoses*, X, v. 243-297). Ce jeune prince, « révolté des vices dont la nature a rempli le cœur des femmes », vit sans compagne. Grâce à son talent, il parvient à sculpter dans l'ivoire blanc comme neige une statue de femme si belle qu'il s'en éprend aussitôt. L'Art dépasse ici la Nature, et l'artifice est imperceptible :

> C'est une vierge qui a toutes les apparences de la réalité ; on dirait qu'elle est vivante et que, sans la pudeur qui la retient, elle voudrait se mouvoir ; tant l'art se dissimule à force d'art.

Le poète s'attarde à dépeindre l'émoi du créateur, émerveillé par son œuvre :

> Il donne des baisers à sa statue et il s'imagine qu'elle les rend ; il lui parle, il la serre dans ses bras ; il se figure que la chair cède au contact de ses doigts [...]. Il la couche sur des tapis teints de la pourpre de Sidon ; il l'appelle sa compagne de lit...

Le jour où l'on célèbre la fête de Vénus, Pygmalion, d'une voix timide, laisse entendre une prière :

> O dieux, si vous pouvez tout accorder, donnez-moi pour épouse, je vous en supplie (il n'ose pas dire : la vierge d'ivoire), une femme semblable à la vierge d'ivoire.

Touchée par cet amour, Vénus anime la statue. Penché sur le lit où repose sa bien-aimée, Pygmalion lui donne un baiser... « L'amant reste saisi [...] ; sa main palpe et palpe encore l'objet de ses désirs ; c'était bien un corps vivant»... Quant à la jeune fille, «levant vers la lumière un timide regard, elle a vu en même temps le ciel et son amant.» Pygmalion épouse la femme ainsi créée, et de leur union naît un fils, Paphos... Ce motif de l'amour éprouvé par un homme pour une créature artificielle, avec sa composante ostensiblement érotique, est ainsi l'une des premières expressions littéraires du thème de l'homme fabriqué qui connaîtra, nous le verrons, une réelle fortune[1]. Galatée symbolise tout à la fois la tentation charnelle et l'idéal féminin. Cependant, si l'art du sculpteur est essentiel à la création, si Pygmalion est responsable de la forme extérieure, parfaite, de Galatée, c'est une déesse, Vénus, qui lui donne la vie. La création de Galatée n'est donc pas plus sacrilège que celle des servantes d'or d'Héphaïstos.

D'autres créatures artificielles, qui reçoivent elles aussi l'assentiment divin, peuvent en revanche inspirer la terreur. Ainsi la légende prête au même Héphaïstos la fabrication d'une statue animée géante, coulée dans le bronze, et dont il fait don à Minos pour défendre la Crète de ses ennemis. Cette créature effrayante, nommée Talos, fait trois fois par jour le tour de l'île et en interdit l'accès à tous les étrangers, étreignant et brûlant les intrus sur sa poitrine portée au rouge. L'arrivée de Jason et des Argonautes aura cependant raison de ce colosse métallique. Apollonios de Rhodes, dans les *Argonautiques* (III, 4, v. 1637-1688), rapporte comment l'homme d'airain empêche la flotte d'accoster en précipitant dans la mer des blocs détachés de la falaise. Mais Talos a lui aussi son talon d'Achille!

> Son corps et ses membres étaient faits d'un airain infrangible ; mais à sa cheville, sous le tendon, il avait une veine pleine de sang et c'est de la fine membrane qui la fermait que dépendaient sa vie et sa mort.

On pourrait presque dire que la créature artificielle a hérité de la vulnérabilité de son «père» Héphaïstos, le dieu boiteux... Cette faiblesse

1. Le motif de la statue animée pourrait être considéré en soi comme une des ramifications du thème de l'homme fabriqué, très répandue dans le folklore de tous les pays, et il a évidemment donné lieu à des récits fantastiques célèbres, tels que *La statue de marbre* de Eichendorff (1819) ou *La Vénus d'Ille* de Mérimée (1837). De la statue au portrait animé (*Le portrait ovale* d'Edgar Poe (1842) ou *Le portrait de Dorian Gray* d'Oscar Wilde (1890) par exemple), il n'y a qu'un pas. Ce motif de la statue ou du portrait animé pose cependant le problème plus vaste d'une possible continuité entre le vivant et l'inanimé, et il invite de même à une réflexion plus large sur les pouvoirs de l'Art, qui déborde le cadre nécessairement limité de cette étude. Il n'est donc pas possible d'envisager ici une analyse systématique de ce motif.

constitutionnelle permet en tout cas à la magicienne Médée de triompher de Talos. Elle le fascine à distance de ses regards pernicieux :

> Talos « heurta de sa cheville une arête de pierre ; de sa blessure coulait son sang qui avait l'aspect du plomb fondu. [...] ainsi Talos demeurait un moment vacillant sur ses pieds infatigables ; puis, vidé de sa force, il tomba dans un immense fracas ».

Cette créature artificielle, aussi agressive et destructive soit-elle, est cependant faite, elle aussi, pour servir les dieux – ou leurs descendants –, et sa fabrication n'implique donc aucune rivalité avec le pouvoir divin.

Une autre légende crédite par ailleurs Dédale de la fabrication de statues animées, si vivantes qu'il fallait, paraît-il, les empêcher de s'enfuir. Il aurait notamment construit un autre guerrier de bronze (à moins qu'il ne s'agisse de Talos lui-même), et une statue de bois d'Aphrodite, « animée » par le mercure.

A travers ces quelques exemples, on voit se dessiner certains aspects essentiels du thème de l'homme fabriqué. D'emblée, certaines des finalités les plus importantes de la création artificielle apparaissent : le désir éprouvé par l'homme de se libérer de la servitude du travail, de remplacer l'esclave humain par l'esclave mécanique[1] ; son recours à la créature artificielle pour combler ses fantasmes amoureux ou érotiques ; ou bien l'utilisation de l'homme fabriqué à des fins belliqueuses – on songe ici aux armées de robots qui peupleront certains récits de science-fiction. On voit par ailleurs à quel point la création artificielle peut engendrer des sentiments opposés, allant du désir à la crainte. Ces deux attitudes se retrouveront dans toutes les variantes sur le thème, parfois tranchées – comme ici –, le plus souvent mêlées. Dès lors que

1. Cette aspiration n'est évidemment pas le fait de l'Antiquité grecque, pour qui l'esclavage est naturel, et on ne saurait prêter à Homère de telles intentions. Pourtant Aristote, cherchant précisément à justifier l'esclavage, imagine, dans *La Politique* (I, IV, 1-3), le remplacement de la main-d'œuvre humaine par la machine. Parmi les instruments nécessaires à chaque type d'activité, il distingue les instruments inanimés et les instruments animés ; ainsi, pour la navigation : la barre du gouvernail *vs* le timonier. Dans cette acception, « l'esclave est un objet de propriété animé et tout serviteur est comme un instrument précédant les autres instruments ». Aristote ajoute alors : « En effet, si chaque instrument pouvait, par ordre ou par pressentiment, accomplir son œuvre propre, si, pareilles aux statues légendaires de Dédale ou aux trépieds d'Héphaïstos, qui, au dire du poète, "pouvaient d'eux-mêmes entrer dans l'assemblée des dieux", les navettes tissaient d'elles-mêmes et les plectres jouaient de la cithare, alors les maîtres d'œuvre n'auraient nul besoin de manœuvres ni les maîtres, d'esclaves. »

la création artificielle est perçue comme sacrilège, l'homme est partagé entre le désir d'une libération, et la crainte qui lui est liée : peur du châtiment divin, peur aussi devant la créature elle-même, dont les pouvoirs apparaissent souvent redoutables. Ainsi, dès les premiers récits mythiques, la création artificielle est placée sous le double signe de Pygmalion et de Talos.

Ces légendes et ces mythes ont cependant aussi des référents réels. La création artificielle imaginaire s'inspire bien évidemment des réalisations contemporaines, qu'il convient donc d'évoquer.

## DES STATUES ANIMÉES AUX PREMIERS AUTOMATES

Dans la réalité en effet, les statues animées remontent à la plus haute antiquité. *La Bible* fait référence aux *teraphim*, des figurines oraculaires – à moins qu'il ne s'agît de têtes momifiées portant, sous la langue, une plaque d'or sur laquelle étaient gravées des incantations[1]. Nabuchodonosor les consulte pour interroger le sort, et elles « parlent » (*Ézechiel*, XXI, 26). La religion égyptienne était de même à l'origine de nombreuses statues représentant les dieux, et détenant leur double[2]. Elles gardaient les pyramides et les tombeaux, et étaient censées prononcer des prophéties. On les consultait parfois pour désigner le nouveau roi. Certaines de ces statues étaient donc articulées, et animées par des mécanismes mettant en jeu poulies, treuils, leviers, etc. D'autres devaient ressembler à des poupées articulées que les prêtres faisaient mouvoir avec des fils, comme des montreurs de marionnettes. Les statues hochaient la tête ou faisaient un geste du bras en signe d'assentiment ou de dénégation. On a également retrouvé des masques articulés : la mâchoire, actionnée par des fils cachés, donnait par son

1. Pour tout ceci, voir notamment John Cohen : *Les robots humains dans le mythe et dans la science* [176].

2. De même, après sa mort, l'homme continue à vivre à travers son *ka*, son « ombre », attachée à la statue qui le représente dans ses actions quotidiennes et qui travaille à sa place dans les Champs d'Ialou. On voit ainsi au Louvre une statue articulée d'un « boulanger pétrissant la pâte ».

mouvement l'illusion que le masque édictait l'ordre proféré par le prêtre, dissimulé derrière cet écran. Les Grecs connaissaient eux aussi ces statues prophétiques et ces têtes oraculaires. Les mécanismes en étaient, semble-t-il, plus complexes, et faisaient appel à des ressorts et à des dispositifs hydrauliques.

En dehors de ces pratiques rituelles, où les statues animées étaient l'auxiliaire d'un merveilleux d'origine religieuse, on retrouve la trace de mécanismes à caractère utilitaire ou ludique. Les inventeurs de l'époque hellénistique se sont particulièrement adonnés à la construction de machines complexes. Au IV^e^ siècle avant J.-C., Archytas de Tarente, à qui l'on attribue l'invention de la vis et de la poulie, aurait construit de nombreux automates, dont une colombe de bois capable de « voler » : suspendu à l'extrémité d'une barre, l'oiseau tournait sur lui-même en battant des ailes, sans doute mû par un jet d'air comprimé. Archytas de Tarente aurait de même fabriqué un Hercule terrassant le dragon, et un théâtre automatique, imité en cela par Philon de Byzance, qui présentait vers 230 av. J.-C. une pièce en cinq tableaux avec décors mobiles, tempête sur la mer, etc. Le même Philon aurait inventé un lavabo automatique muni d'une main artificielle présentant une pierre ponce[1]. Héron d'Alexandrie, mathématicien et mécanicien du I^er^ siècle av. J.-C., est l'auteur de nombreux ouvrages de mécanique comprenant des traités sur les machines de guerre, un *Traité des pneumatiques* et un *Traité des automates*. Il y décrit des mécanismes qui font appel à des forces motrices naturelles comme la pesanteur, la vapeur d'eau ou l'air comprimé. On attribue à Héron d'Alexandrie la fabrication de clepsydres, mais aussi d'oiseaux mécaniques capables de voler, boire et pépier. Au I^er^ siècle apr. J.-C., Pétrone, dans le *Satiricon* (XXXIV), décrit un épisode du festin de Trimalcion :

> un esclave apporte un squelette en argent, si bien agencé que ses articulations et ses vertèbres flexibles pouvaient se tourner dans toutes les positions.

Le spectacle des contorsions macabres de l'automate invite bien sûr au *carpe diem*, et chacun de se resservir d'un Falerne vieux de cent ans. « Le vin vit donc plus longtemps que le chétif humain... » Ces automates

1. Cf. *Créatures artificielles. Catalogue pour une exposition* [178].

qui conviaient les hôtes au banquet de la vie étaient, selon Hérodote, en vogue chez les Égyptiens.

Ces réalisations montrent que très tôt, la technique a permis de simuler la vie, et notamment l'apparence et les mouvements de l'être humain. Toutes ces « créatures artificielles » n'engendraient évidemment aucune peur, mais bien plutôt la curiosité, voire l'émerveillement.

## LES LÉGENDES MÉDIÉVALES

La littérature courtoise, imprégnée de merveilleux féerique, ne manque pas de recourir au motif de la statue animée, postant des chevaliers en cuivre à la porte des châteaux. Mais la création artificielle ne sert pas seulement des finalités guerrières ou défensives. Elle répond parfois à des ressorts psychologiques très complexes, comme en témoigne l'épisode de la Salle aux Images, dans le *Roman de Tristan* [135] de Thomas[1]. Ayant triomphé du géant Moldagog, Tristan lui laisse la vie sauve ; en échange, son adversaire promet de faire tout ce que Tristan lui demandera. A sa requête, il lui procure ainsi artisans et outils, et dans une grotte située sur une île accessible à marée basse, Tristan fait aménager la Salle aux Images, toute rehaussée d'or et de pierreries. Ensuite il congédie menuisiers et orfèvres, et dans le plus grand secret, aidé du géant Moldagog, il érige des statues merveilleuses. Au centre de la voûte, il place la statue d'Yseut :

> Cette statue avait une forme, une beauté et une taille si semblables à celles d'Yseut qu'on eût dit qu'elle se tenait là debout elle-même, et elle paraissait aussi vivante que si elle avait été animée.

1. L'original anglo-normand (1173) ne nous fournit, pour ce passage, qu'un bref fragment, conservé dans une transcription lacunaire du Manuscrit de Turin. La description des statues, en particulier, n'y figure pas, et pour tenter une reconstitution, il a fallu se fonder sur la confrontation d'une transposition du *Roman de Tristan* : le *Sir Tristrem* anglais (XIV^e s.), et d'une traduction datant de 1226 : la Saga norroise, *Tristrams saga de Isöndar*, donnant une vue d'ensemble de la légende. Nous empruntons la description des statues à la saga norroise (chap. 80), et nous référons au texte du Manuscrit de Turin du *Roman de Tristan* pour l'évocation consécutive des rapports qu'entretient Tristan avec ces statues.

Un doux parfum s'exhale de la bouche de la statue, grâce à un mécanisme ingénieux qui annonce les raffinements techniques de *L'Ève future* :

> sous la pointe du sein, près du cœur, il avait fait un trou dans la poitrine, et avait placé là une petite boîte remplie des plus douces herbes qui soient au monde, saupoudrées d'or. Deux petits tuyaux d'or pur étaient reliés à la boîte. L'un d'eux conduisait la senteur sous la nuque à la limite des cheveux, et l'autre de la même manière à la bouche.

La statue est admirablement vêtue et porte de riches joyaux, et Tristan a représenté Yseut dans l'attitude qu'elle avait lors de leur adieu, alors qu'elle lui tendait son anneau, gage de leur amour. Dans sa main droite, la statue tient un sceptre sur lequel est sculpté un oiseau ;

> il avait des plumes de toutes les couleurs et des ailes très élaborées : il battait des ailes comme s'il avait été vivant et animé. [...]
>
> Près de la statue il y avait un petit compagnon en or pur, son chien, il secouait sa tête et faisait tinter sa cloche. Il avait été réalisé avec un grand savoir-faire[1].

Dans la salle aux Images se trouvent d'autres statues, dont celle de Brangien, la suivante d'Yseut, «joliment façonnée à l'image de sa beauté». Tristan, dans son exil, ne peut donc oublier sa bien-aimée. N'ayant personne à qui confier ses tourments, il se rend chaque jour, en secret, dans la Salle aux Images, et Thomas nous dépeint avec une grande sensibilité les transports de l'amant :

> Les voluptés des grandes amours, les souffrances, les douleurs, les peines, les lassitudes, Tristan les rappelle à l'image d'Yseut. Il la couvre de baisers quand il est heureux. Il s'emporte, quand il est triste, à l'idée qu'en pensée, en songe, en croyant des mensonges, Yseut puisse l'oublier ou avoir un autre ami, qu'elle ne puisse éviter de prendre un autre amant plus disponible à son désir.

Dans sa colère, il se plaint à la statue de Brangien ; puis il pleure et demande pardon à Yseut pour ses pensées ineptes...

Ce récit est ainsi la première occurrence d'une variante de la créature artificielle féminine appelée à connaître un grand succès : le simulacre. Faute de pouvoir jouir de la présence de l'être aimé (ou,

1. On se souvient que Tristan, ayant quitté l'Angleterre, avait envoyé à Yseut le chien Petit-Crû, dont le grelot consolait de tous les maux ; mais Yseut, voulant compatir aux souffrances de Tristan, avait arraché le grelot magique, rompant ainsi l'enchantement.

nous le verrons, pour pallier ses faiblesses), l'homme se fait créateur : il fabrique un double de la femme « naturelle » et entretient avec ce sosie des relations de compensation.

A la même époque, des légendes attribuent à plusieurs personnages historiques célèbres la construction d'automates. Ces allégations, tout en contribuant à la renommée des prétendus créateurs, font cependant figure d'accusations. De toute évidence, pour les profanes, ces pratiques sentent le soufre, et tiennent de la sorcellerie. Ainsi on imputait au théologien et savant Gerbert (pape de 999 à 1003) la signature d'un pacte avec le diable et la fabrication d'une tête parlante, capable de prédire l'avenir. La tête ayant prophétisé que Gerbert ne mourrait pas avant d'avoir célébré une messe à Jérusalem, le théologien s'abstenait évidemment de tout pèlerinage en Terre Sainte. Malheureusement, il célébra la messe à Rome, dans la Chapelle de Jérusalem... Le théologien Albert le Grand (1193-1280) fut lui aussi suspecté de connivence avec le diable. On disait de lui qu'il avait consacré vingt ou trente ans à la construction d'un automate fait de métal, de bois, de cire et de cuir. Cet automate mobile introduisait les visiteurs et, doué de la parole, pouvait répondre à des questions. Le disciple d'Albert le Grand, le futur saint Thomas d'Aquin, aurait détruit par le feu cette créature, en qui il avait reconnu l'œuvre du diable. Albert le Grand fut néanmoins canonisé... Un autre théologien et philosophe, Roger Bacon (1214-1294), le « Docteur admirable », acquit lui aussi une réputation de magicien. Il est vrai que l'audace de ses idées avait fait interdire son enseignement et ses œuvres par les autorités ecclésiastiques, et qu'il fut même emprisonné pendant plus de quinze ans... On lui attribuait en tout cas la fabrication d'une tête parlante chargée, de façon extravagante, des fonctions de maître d'œuvre. La légende prêtait en effet à Bacon le projet d'entourer l'Angleterre d'une muraille d'airain destinée à la protéger des invasions. La tête d'airain chargée de diriger les travaux, prête au terme de sept ans d'efforts, restait malheureusement muette – et les créateurs de veiller jour et nuit dans l'attente de ses directives. Trois semaines de vigilance ininterrompue viennent à bout de leur résistance, et un garde les relaie pendant qu'ils s'accordent quelques heures de repos. Or, pendant leur sommeil, la tête parle. « Il est temps », dit-elle ; le gardien juge inutile de réveiller les deux moines pour si peu... Une demi-heure plus tard, la statue reprend la parole : « Il était temps » ; le veilleur néglige à nouveau cet avertissement. Une demi-heure après, la statue d'airain profère la phrase fatidique : « Le temps est passé », et s'écroule. Les Anglais ont toujours eu du mal à préserver leur insularité !

On notera que dans ces récits légendaires, la création artificielle est toujours le fait de théologiens, voire d'hommes d'Église. Gerbert, moine clunisien, devait être appelé à la plus haute dignité ecclésiastique ; Albert le Grand, dominicain de formation, fut maître de théologie à l'Université de Paris ; Bacon était lui-même entré dans l'ordre franciscain et la légende rapporte qu'il aurait créé sa statue parlante avec l'aide d'un autre frère. L'ambiguïté de ce contexte religieux souligne à quel point la création artificielle a très tôt été perçue comme une usurpation du pouvoir divin. Un homme d'Église, détenteur du savoir (et les trois Créateurs présumés furent effectivement de grands penseurs) et ministre de Dieu sur la Terre, pouvait à la rigueur être investi d'un tel pouvoir. En même temps, l'idée se faisait jour que pour réussir dans une telle entreprise, pour rivaliser avec Dieu, on ne pouvait sans doute que pactiser avec le diable... Mais la fabrication d'un automate n'était encore que peu de chose. Ces légendes relatives à la création artificielle seraient ainsi à rapprocher de tout un courant de pensée gnostique, encore plus audacieux, et sur lequel nous reviendrons plus longuement[1].

## DU MOYEN AGE AU XVII^e^ SIÈCLE. L'AUTOMATE : UN JEU / UN INSTRUMENT DE TRAVAIL

Le progrès des techniques, et notamment les perfectionnements de l'horlogerie, sont pour beaucoup dans le développement de l'automatisme, et la maîtrise grandissante de la régularité du mouvement conditionne bien évidemment les réalisations pratiques[2].

1. Voir *infra*, p. 31 sq.

2. Pour cet aspect technique, voir notamment Chapuis, Alfred, et Gélis, Edouard : *Le monde des automates : étude historique et technique* [175]. A titre d'exemple, on notera qu'au XIV^e^ siècle, l'énergie potentielle d'un poids remplace la force hydraulique ou éolienne, dont l'exploitation mécanique était nécessairement limitée. Au XVII^e^ siècle, l'invention par Huygens du ressort à spirale permit la miniaturisation des mécanismes d'horlogerie, et la découverte de l'échappement par le même Huygens assura le mouvement uniforme.

L'Église, qui avait déjà eu recours aux automates au Moyen Age lors de la présentation des mystères, commande aux ingénieurs et aux horlogers de la Renaissance des crucifixions à bouche et yeux mobiles, plaies sanglantes... Prolongeant les supercheries antiques, ces représentations animées ne servent qu'à abuser la crédulité des fidèles.

L'illusion de la vie a cependant, en règle générale, un but ludique. Léonard de Vinci, inventeur de tant de machines que nous redécouvrons aujourd'hui, avait ainsi construit, vers 1510, en hommage au roi Louis XII, un lion automate. L'animal marchait vers le roi, s'arrêtait, et sa poitrine s'ouvrait soudain pour dévoiler les armoiries du roi de France, avec leur fleur de lys[1]. La mode était aux jeux d'eaux avec automates, qui peuplaient les jardins princiers. Vers 1598, sous le règne du roi Henri IV, Thomas di Francini et son fils François, ingénieurs florentins chargés des Eaux et Fontaines de Sa Majesté, avaient animé avec des automates les grottes du Château Neuf de Saint-Germain-en-Laye. Orphée y jouait sur une viole avec son archet, et les animaux accouraient pour l'écouter. Une scène représentait un Persée plus grand que nature, descendant du ciel ; de son épée, il frappait un énorme dragon émergeant d'une fontaine, et qui disparaissait aussitôt sous la surface des eaux. A l'arrière-plan, les chaînes qui retenaient Andromède prisonnière sur un grand rocher se défaisaient comme par enchantement. De l'autre côté, on pouvait observer une figure de Bacchus, assis sur un tonneau au sommet d'un rocher, une coupe à la main. De la coupe et du tonneau coulaient des filets d'eau qui, en touchant le sol, mettaient en mouvement de petits forgerons, des tisserands, des charpentiers, des rémouleurs et d'autres artisans, tous affairés à leur tâche. La tradition rapporte que le roi aimait tout particulièrement une déesse qui aspergeait d'eau les curieux s'aventurant trop près. Le succès du théâtre à machines, aux immenses ressources spectaculaires, se rattache à la même veine.

La miniaturisation permettait de réaliser de merveilleux jouets princiers, tel le carrosse construit en 1649 par Camus pour Louis XIV enfant, ou l'opéra mécanique fabriqué à la même époque par le père Truchet. Gottfried Hautsch fabriqua de même, vers 1703, pour le dauphin, une scène de bataille animée, d'un réalisme saisissant.

1. On pourrait citer bien d'autres exemples appartenant au bestiaire mécanique, dont les célèbres descendants seront, entre autres, les « tortues cybernétiques » de Grey Walter.

A côté de ces réalisations à caractère ludique, on peut déjà noter quelques exemples d'automates et de machines conçus pour remplacer l'homme au travail. Dès la fin du XIVe siècle, on voit apparaître les jacquemarts[1], ces figures de bois ou de métal représentant un homme d'armes muni d'un marteau avec lequel il frappe les heures sur la cloche d'une horloge monumentale[2]. Les jacquemarts remplaçaient ainsi les « piqueurs d'heures » humains au sommet des beffrois. On peut voir dans cette invention l'ancêtre du robot, destiné à soulager l'homme dans ses tâches.

Dans un autre ordre d'idées, les premières machines à calculer, construites au XVIIe siècle, avaient déjà pour but de libérer l'homme des fastidieuses contraintes de l'arithmétique. Pascal invente en 1640-1642 la première machine arithmétique, capable d'additionner et de soustraire. Leibniz perfectionnera cette invention en 1667 par l'adjonction d'un cylindre rotatif et la possibilité d'effectuer des multiplications. La maîtrise des quatre opérations fut acquise vers 1750. Poursuivant ces recherches destinées à mettre au point des machines utilitaires, le XIXe siècle cherchera à transformer la production, à remplacer et à développer, par l'automatisation, le travail physique ou intellectuel fourni par l'homme.

## LE XVIIIe SIÈCLE : *L'HOMME-MACHINE* ET SES AUTOMATES

Si le thème de la création artificielle dépend en partie du progrès des techniques, il est aussi étroitement lié à l'évolution des idées philosophiques, et à la conception que l'on se fait de l'homme. Descartes,

1. L'origine du mot est inconnue. La figure est-elle ainsi désignée parce qu'il s'agit d'un homme muni d'une jaquette de maille ? Ou bien par référence au nom de son inventeur, Jacques Maille ? Un horloger ainsi nommé avait en effet construit le jacquemart de l'horloge de Dijon.

2. Le premier exemple connu d'un tel automatisme se trouve dans l'horloge de la cathédrale de Strasbourg (1354), mais c'est ici un coq (souvenir du reniement de saint Pierre) qui remplace le piqueur d'heures. En revanche la tour de l'horloge de Venise (1497) offre un bon exemple de jacquemarts.

avec sa théorie des animaux-machines, joue à ce titre un rôle précurseur. Instruit par les dissections[1] qu'il pratique lors de son séjour en Hollande, de 1637 à 1640, il considère que le corps n'est qu'une machine, dont il se fait fort de reconstruire les pièces. Les automates, déjà en vogue à son époque, semblent bien lui avoir fourni le modèle d'un corps « machiné »[2]. Dans la théorie cartésienne, l'animal est l'exact équivalent d'un dispositif hydrostatique, le flux des esprits vitaux montant du cœur vers le cerveau où un système de valves dirige leur flot vers les muscles. La théorie des animaux-machines, loin de susciter l'unanimité, devait ouvrir une querelle longue de près de deux siècles. Elle suscitait les réactions indignées ou humoristiques de tous ceux qui, à l'instar de Fontenelle, se refusaient à assimiler un organisme vivant à une machine. Comme l'écrit ironiquement Fontenelle, en opposant pour sa part l'animal à un mécanisme d'horlogerie :

> Mettez une machine de chien et une machine de chienne l'une près de l'autre, et il en pourra résulter une troisième petite machine, au lieu que deux montres seront l'une auprès de l'autre toute leur vie, sans jamais faire une troisième montre. Or, nous trouvons par notre philosophie, Mme B... et moi, que toutes les choses qui, étant deux, ont la vertu de se faire trois, sont d'une noblesse bien élevée au-dessus de la machine[3].

Les adversaires de Descartes, défenseurs d'une certaine « intelligence » animale, tendaient, dans leur argumentation, à rapprocher l'animal de l'homme. Ils s'opposaient en cela à la doctrine fondamentale du dualisme cartésien, fondé sur la distinction de l'âme (substance pensante) et du corps (substance étendue)[4].

Un siècle après Descartes, un médecin et philosophe, Julien Offray

1. La vivisection ne l'effraie pas, et il étudie même des « chiens ouverts tout vifs » : ce ne sont que des machines...

2. La légende attribuait à Descartes la fabrication de plusieurs automates : une perdrix artificielle qu'un épagneul faisait lever, et surtout un automate féminin nommé Francine. Lors d'un voyage en mer, des marins curieux auraient ouvert la caisse dans laquelle se trouvait la créature artificielle. L'automate se serait alors animé, et le capitaine, croyant à quelque sorcellerie, l'aurait jeté par-dessus bord.

3. *In* Fontenelle : *Œuvres complètes*, Paris, 1742, t. I, p. 31. Cité par J.-Cl. Beaune in *L'automate et ses mobiles* [167]. En faisant la part de la plaisanterie, on notera que le critère de l'organisme vivant retenu ici est la faculté de se reproduire.

4. Descartes développe cette distinction dans les *Méditations métaphysiques*, d'abord publiées en latin en 1641, tandis qu'il s'attachera à éclairer les rapports qu'entretiennent l'âme et le corps dans son dernier ouvrage, le *Traité des passions* (1649).

de La Mettrie (1709-1751), reprend la théorie des animaux-machines, mais pour l'appliquer à l'homme, transformant le dualisme cartésien en un monisme matérialiste. A Leyde, en 1733, La Mettrie avait suivi les cours du célèbre médecin Boerhaave, l'un des fondateurs de l'iatromécanisme[1]. Nommé médecin aux gardes françaises, La Mettrie participa au siège de Fribourg (1744) ; atteint d'une fièvre chaude, il vit à quel point la faculté de penser dépend de l'organisation de la « machine » humaine : telle est l'intuition fondamentale qu'il développera dans ses ouvrages. En 1745 il prétendit traduire de l'anglais l'*Histoire naturelle de l'âme*. Le scandale déclenché par cette publication fut tel que les ouvrages de La Mettrie furent brûlés sur la place publique par la main du bourreau, et que l'auteur dut se réfugier en Hollande. C'est à Leyde qu'il publia en 1747, sans nom d'auteur, *L'Homme machine* [80].

Dans cet ouvrage, La Mettrie s'appuie sur l'expérience et l'observation. Il est selon lui inutile de vouloir définir l'homme *a priori* ; « ce n'est qu'*a posteriori*, ou en cherchant à démêler l'âme comme au travers des organes du corps », qu'on peut approcher de la vérité sur ce sujet (p. 62). Ses connaissances médicales et la pratique de l'anatomie comparée lui permettent ainsi d'affirmer que « les divers états de l'âme sont [...] toujours corrélatifs à ceux du corps » (p. 73).

Pour La Mettrie, l'organisme humain n'est jamais qu'une forme plus perfectionnée de l'animal-machine, et la métaphore du mécanisme d'horlogerie est la plus apte à traduire sa nature :

> L'homme « est au singe, aux animaux les plus spirituels, ce que la pendule planétaire de Huyghens *[sic]* est à une montre de Julien le Roi. S'il a fallu plus d'instruments, plus de rouages, plus de ressorts pour marquer les mouvements des planètes que pour marquer les heures ou les répéter ; s'il a fallu plus d'art à Vaucanson pour faire son *flûteur* que pour son *canard*, il eût dû en employer encore davantage pour faire un *parleur* : machine qui ne peut plus être regardée comme impossible, surtout entre les mains d'un nouveau Prométhée. Il était donc de même nécessaire que la Nature employât plus d'art et d'appareil pour faire et entretenir une machine, qui pendant un siècle entier pût marquer tous les battements du cœur et de l'esprit »... (p. 130)[2].

1. Conception mécaniste de l'être vivant, du grec *iatros* = médecin.

2. La pendule planétaire était un modèle mécanique du système solaire, conçu par le physicien, mathématicien et astronome hollandais Huygens (1629-1695) et réalisé par l'horloger Le Roi. Pour Vaucanson, voir ci-dessous, p. 25-27. De même, pour les travaux concernant la phonation, voir p. 28.

Ainsi, «le corps humain est une horloge, mais immense, et construite avec [infiniment] d'artifice et d'habileté». Dans cette anthropologie matérialiste, l'âme n'est que le principe de mouvement qui s'exerce à l'intérieur d'une machine, le corps, dont elle est le ressort principal. Tout dans l'homme, la sensibilité, la pensée même, s'explique par le corps :

> Je crois la pensée si peu incompatible avec la matière organisée, qu'elle semble en être une propriété, telle que l'électricité, la faculté motrice, l'impénétrabilité, l'étendue, etc. (p. 134).
>
> Concluons donc hardiment que l'Homme est une Machine, et qu'il n'y a dans tout l'Univers qu'une seule substance diversement modifiée (p. 142).

Cet ouvrage, on s'en doute, valut à La Mettrie de nouvelles persécutions, si bien qu'il dut fuir la Hollande et chercher refuge auprès de Frédéric II de Prusse. Grâce à cette protection, il put publier ses dernières œuvres : *L'Homme-Plante* (1748), où il reprend dans la même optique matérialiste l'idée leibnizienne de la chaîne des êtres, et *Le système d'Épicure* (1750), inspiré des idées de Lucrèce, où, anticipant sur la théorie évolutionniste de Darwin, il développe l'idée d'une sélection naturelle des espèces. La doctrine audacieuse de La Mettrie, en butte aux attaques des partisans du vitalisme, connut un immense succès de scandale, et on peut affirmer que dans la seconde moitié du XVIII^e siècle, toute l'Europe cultivée avait lu *L'Homme-Machine*[1].

Dans ce contexte philosophique matérialiste et mécanique, on ne s'étonnera pas de l'engouement extraordinaire pour les automates, au XVIII^e siècle. Nul mieux que Jacques de Vaucanson (1709-1782) n'a joué sur tous les tableaux, réalisant à la fois des machines automatiques, destinées à la production industrielle, et des automates, voués au divertissement et à l'instruction. On doit à Vaucanson le premier métier à tisser entièrement automatique, qui sera perfectionné par Jacquard, mais aussi le tour à charioter et une perceuse dont les dispositifs constituent les organes essentiels des machines-outils actuelles. Vaucanson avait fait des études de mécanique et d'anatomie, et son but, en créant les automates qui devaient le faire passer pour un «nouveau

1. Même si le nom de La Mettrie fut éclipsé par ceux de Diderot, Helvétius, d'Holbach, ou Condillac, ses *Œuvres philosophiques* en 3 volumes ne connurent pas moins de dix éditions entre 1751 et 1796.

Prométhée», n'était pas vraiment de simuler la vie à des fins ludiques. Il cherchait bien plutôt à reproduire un processus naturel afin d'étudier et de faire comprendre expérimentalement un mécanisme biologique. Les automates musiciens de Vaucanson, comme ceux des Droz d'ailleurs, *jouaient* véritablement ; la musique n'était pas produite par un mécanisme caché, l'automate se contentant de reproduire les mouvements correspondant à l'exécution du morceau. Ainsi le *joueur de flûte* (1738) pouvait exécuter douze airs différents. La quantité d'air passant par les trous de l'instrument était réglée par le mouvement des lèvres et des doigts du musicien, le mécanisme étant constitué par quinze leviers qui commandaient des soufflets plus ou moins puissants. Vaucanson créa de même un *joueur de tambourin* qui tenait d'une main un flageolet sur lequel il exécutait une vingtaine de contredanses, et de l'autre une baguette avec laquelle il marquait le rythme sur son tambour. Un ressort, emprisonné dans un barillet, et qui se remontait avec une clé, mettait en mouvement, par l'intermédiaire de petites chaînes et de renvois, des soupapes et des leviers en communication avec les différentes parties des machines. Vaucanson était l'auteur de nombreux automates de ce type, comme un *joueur de mandoline* qui chantait, jouait et battait la mesure avec le pied, ou encore une *pianiste* qui hochait la tête et imitait la respiration humaine. Son automate le plus célèbre demeure cependant son fameux *canard* (1739), dont on a malheureusement perdu la trace vers le milieu du XIX^e^ siècle. L'animal était capable de cancaner, de marcher en se dandinant, de s'ébrouer en battant des ailes après avoir barboté dans son bain ; il buvait, mangeait du grain en imitant les mouvements de la déglutition, digérait... et déféquait, tout cela avec le plus grand naturel. Rien n'était plus éloigné de la mystification que ce canard, et les rouages du mécanisme interne étaient visibles à volonté – à la plus grande confusion des dames. Le but de Vaucanson avait été de reproduire mécaniquement les viscères de l'animal et le processus de la digestion, et les matières dissoutes par l'estomac étaient acheminées dans des tuyaux-boyaux jusqu'à l'anus, où un sphincter les expulsait. On attribuait à Vaucanson le projet ambitieux de fabriquer un homme artificiel. Le fait est que Louis XVI patronna l'inventeur, auquel il commanda la réalisation d'«anatomies mouvantes» représentant les principales fonctions vitales : respiration, circulation, digestion ; il lui aurait également réclamé un automate pour étudier le problème de la phonation – toutes ces réalisations ayant pour but de contribuer aux progrès de la médecine.

La renommée de Vaucanson a sans doute éclipsé celle d'autres mécaniciens. On doit pourtant à l'Autrichien von Knauss (1724-1789) la fabrication de plusieurs automates écrivains. Le Français Maillardet avait lui aussi réalisé un écrivain bilingue (français-anglais), qui pouvait de surcroît dessiner trois paysages. A la fin de chaque ligne d'écriture, la main de l'écrivain revenait pour corriger une lettre ou ajouter un signe de ponctuation. Le nom le plus célèbre, avec celui de Vaucanson, reste cependant celui de Pierre Jaquet-Droz (1721-1790) et de son fils Henri-Louis (1752-1791). Alors que les automates de Vaucanson avoisinaient la taille humaine, on doit à ces deux horlogers suisses la fabrication d'« androïdes »[1], comme ils les nommaient, de petits automates à peine plus grands que des poupées, et qui sont des chefs-d'œuvre de miniaturisation. *L'écrivain* de Pierre Jaquet-Droz est une jolie figurine en bois, haute de soixante-dix centimètres, dont la tête et les yeux sont mobiles. Lorsque le mécanisme est déclenché, l'écrivain trempe sa plume dans l'encrier placé devant lui, la secoue deux fois pour enlever l'excès d'encre, et commence à écrire, en s'appliquant pour former les pleins et les déliés. Il peut former des phrases variées, de quarante signes maximum, le dispositif pouvant être réglé de façons différentes, et ne répugne pas à la philosophie ; une de ses compositions les plus célèbres en témoigne : «Je ne pense pas, ne serai-je donc ? »... Après la dernière lettre du texte, l'écrivain met un point final et s'arrête. C'est là un des automates les plus perfectionnés. On doit aux mêmes fabricants un automate dessinateur, et une *joueuse de clavecin* (1774) : sa poitrine se soulève et s'abaisse au gré de sa respiration ; sa tête remue, ses yeux regardent tantôt ses mains, tantôt la partition ou les auditeurs ; elle se penche, comme pour mieux voir la partition, ou dans le mouvement de son jeu expressif ; et elle salue à la fin du morceau. De telles merveilles suscitaient l'admiration générale. En 1758 Pierre Jaquet-Droz fut invité à Madrid par le roi d'Espagne. Mais l'aventure tourna mal : accusé de sorcellerie, il subit un des der-

1. Du grec *andros* = homme. Ces automates sont visibles au musée d'Art et d'Histoire de Neuchâtel.

niers procès de l'Inquisition, et ne fut acquitté que de justesse. La création artificielle n'avait pas fini d'inquiéter...

Dans la représentation de l'apparence et du comportement humain, un point continuait cependant à tenir les créateurs en échec : la reproduction de la parole. Dès le XVIIe siècle, l'abbé Mersenne, dont les travaux les plus importants concernaient l'acoustique, avait tenté d'expliquer la phonation et s'était évertué à fabriquer des statues parlantes et chantantes. Le père jésuite allemand Athanasius Kircher aurait pour sa part construit une tête capable de proférer des sons. Les recherches se poursuivirent au XVIIIe siècle, et en 1779 un prix fut offert par l'Académie des Sciences de Saint-Pétersbourg pour l'invention d'une mécanique capable de prononcer les cinq voyelles. Trois créateurs présentèrent leurs travaux presque simultanément : un certain C. G. Kratzenstein ; l'abbé Mical, qui prétendait avoir construit deux têtes parlantes ; et le baron Wolfgang von Kempelen. La « machine à parler » de ce dernier, non anthropomorphe (elle ressemblait plutôt à une cornemuse), était en tout cas fonctionnelle, et possédait quelques mots et même quelques phrases simples à son répertoire.

## LA CRÉATION ARTIFICIELLE : UN THÈME LITTÉRAIRE

Devant la vogue extraordinaire des automates au XVIIIe siècle, on pourrait s'étonner de ne trouver, à la même époque, aucune exploitation littéraire du thème de la création artificielle : il faut en effet attendre les premières décennies du XIXe siècle pour que l'automate connaisse dans la fiction une existence à la hauteur de sa carrière dans la réalité. Sans doute le caractère exceptionnel des réalisations techniques a-t-il pendant un temps suffi à l'émerveillement du public et freiné les élans de l'imagination ; à titre de comparaison, les voyages imaginaires dans la Lune n'inspirent guère les écrivains contemporains. Dans le cas des automates, la réalité avait en quelque sorte devancé la fiction. Celle-ci devait évidemment prendre sa revanche, mais seulement à la fin du XVIIIe siècle, avec l'épanouissement du romantisme allemand et anglais.

En opposition aux excès du rationalisme des Lumières, on assiste alors à une libération de l'imaginaire, à ce que l'on a nommé une « renaissance de l'irrationnel ». L'éclosion de la littérature fantastique, qui donne ses plus grands chefs-d'œuvre en l'espace d'une trentaine d'années, de 1820 à 1850, est caractéristique de ce phénomène. En réaction contre un ordre culturel fondé sur des règles, des conventions, des interdits, le fantastique s'affirme comme une esthétique de la transgression. Les rêves, les désirs les plus refoulés trouvent à s'y exprimer. Les écrivains représentatifs de ce genre littéraire s'ingénient à brouiller les structures logiques de la pensée, les repères spatio-temporels, les frontières entre mort et vie, animé et inanimé, humain et non-humain... Le thème de la création artificielle trouve là un terrain favorable. A la même époque, et notamment en Allemagne, on redécouvre le merveilleux populaire des contes et des légendes, qui va fournir des sources d'inspiration et des motifs aux écrivains du XIXe siècle. S'agissant du thème de l'homme fabriqué, le mythe du Golem, issu du folklore juif, connaît ainsi une réelle fortune littéraire.

La révolte contre l'ordre du monde, contre l'ordre de la Création, est alors un motif privilégié. Ce refus d'accepter les limites de la condition humaine se reflète à l'époque romantique dans la fascination qu'exercent les figures mythiques de la rébellion : Prométhée, Faust... Il trouve aussi son expression dans le personnage du savant « fou », de l'« apprenti sorcier »[1], à la fois prestigieux et inquiétant. Si l'on a pu croire un temps dans les vertus de la raison et de la science, l'angoisse commence à s'emparer de l'homme devant les progrès de la connaissance et de la technique, qui ouvrent des perspectives vertigineuses.

Que le créateur soit encore un magicien doté du prestige des alchimistes du Moyen Age, ou d'ores et déjà un savant fort de ses connaissances positives, cet apprenti sorcier qui tente de fabriquer une créature artificielle à son image est porteur de tous les rêves prométhéens, mais aussi de toutes les craintes.

L'angoisse métaphysique et l'interrogation sur le sacré, caractéristiques de l'époque romantique, expliquent l'arrière-plan religieux si

1. L'expression renvoie évidemment à la célèbre ballade publiée par Goethe en 1797.

souvent présent dans le thème de la création artificielle. Dès lors qu'elle est le fait de l'homme, elle est perçue comme une infraction à la loi divine – ou à la loi de la Nature, substitut positiviste du Dieu créateur. Cette idée de profanation explique les déformations liées à l'actualisation littéraire de mythes très anciens, comme celui du Golem. Elle donnera également naissance à LA création sacrilège par excellence : celle du monstre de Frankenstein.

La conjonction de tous ces facteurs explique donc l'émergence du thème littéraire de la création artificielle au tournant des XVIII^e^ et XIX^e^ siècles. Tant qu'elle a été en quelque sorte déléguée à un être en rapport avec la divinité – héros des premiers récits mythiques, prêtre chargé d'une pratique rituelle –, la création artificielle n'a pas été perçue comme problématique. Dans les légendes populaires, elle se charge déjà de quelque suspicion. Un pas encore et l'homme, nouveau démiurge, s'arroge le pouvoir de créer à l'égal de Dieu : telle est la démarche sacrilège dont la littérature va s'emparer.

Chapitre 2

# *Homonculus, Mandragore et Golem*

Si la légende attribue à Gerbert, Albert le Grand ou Roger Bacon la fabrication d'automates ou de têtes parlantes, les alchimistes médiévaux, pour leur part, avaient une ambition bien plus grande et aspiraient à créer un être vivant fait de chair et de sang. Les *Recognitiones* pseudo-clémentines (1505) rapportent que Simon le Magicien, un hérésiarque judéo-gnostique du Ier siècle av. J.-C., aurait créé un « petit garçon » en transformant successivement l'air en eau, puis en sang, et enfin en chair humaine ; selon la légende, le magicien aurait même doté sa créature d'une âme. On a parfois interprété cette légende comme une allusion à une pratique de nécromancie, le récit semblant se référer à la réanimation d'un enfant mort. La création d'un homonculus, quant à elle, est déjà mentionnée dès le Ve siècle par Zosime, dans un traité d'alchimie gnostique. On y décrit un petit être humain « cuit » dans une cornue, sur un fourneau – la fécondation magique anticipant sur l'ectogenèse et permettant même de fabriquer un enfant sans intervention féminine.

## LA RECETTE DE L'HOMONCULUS

La recette de fabrication de l'homonculus nous est fournie par Paracelse (v. 1493-1541), médecin et alchimiste, dans son *De natura rerum* (I, 1, sect. 9) :

> Qu'on mette le sperme d'un homme à pourrir dans une courge avec du *venter equinus* en état de putréfaction avancée pendant quarante jours, ou jusqu'à ce qu'il commence à vivre, bouger, s'agiter – ce qu'on peut voir facilement. Passé ce délai, il y aura quelque chose ressemblant à un être humain mais transparent et sans forme. Si

> maintenant on l'entretient et le nourrit chaque jour, précautionneusement, avec les arcanes du sang humain, si on le garde quarante jours à la température égale du fumier, il commence à devenir un véritable bébé vivant, avec tous les membres d'un enfant né de femme, quoique bien plus petit. C'est ce que nous appelons un homonculus ; et il faut ensuite l'élever avec beaucoup de soin et d'application pour qu'il grandisse et commence à manifester de l'intelligence. C'est là l'un des plus grands secrets que Dieu ait révélés à l'homme mortel et faillible[1].

La femme est ainsi remplacée par une cornue, une courge[2], qui ne sert que de réceptacle à la semence mâle, le sang (menstruel) contribuant tout au plus à la croissance de l'embryon. La recette de Paracelse se rattache en fait à l'idée très ancienne de la préformation, qui suppose que toute l'espèce humaine, du début à la fin des temps, était préformée dans les ovaires de la première femme, ou plus exactement, dans le cas présent, dans le sperme du premier homme. Les fabricants d'homonculus sont des « spermistes » ou des « animalculistes » – ces derniers prétendant « voir » dans le sperme une petite figurine humaine. Ces pratiques, qui avaient sans nul doute une signification symbolique et cosmique dans la philosophie occultiste, témoignent en tout cas de l'intérêt des gnostiques pour le mystère de la création de l'homme, et sont une parfaite illustration du rêve de paternité pure caressé par les hommes.

Le motif de l'homonculus n'a cependant pas connu de réelle fortune littéraire, à une exception notoire près. Goethe lui-même a rapporté dans ses écrits autobiographiques[3] comment, vers 1768, sous l'influence d'une amie piétiste de sa mère, Fräulein von Klettenberg, il s'est intéressé à l'occultisme, étudiant les textes kabbalistiques et procédant à des expériences d'alchimie dans sa mansarde transformée en laboratoire. C'est à cette époque qu'il a lu les œuvres de Paracelse. Dans le *Second Faust* [63], achevé en 1832, quelques mois à peine avant sa mort, Goethe nous ramène au point de départ du drame, dans le laboratoire de Faust. Au début de l'acte II, en effet, le protagoniste est plongé dans un sommeil profond. Mais dans la pièce voisine (« dans le goût du Moyen Age », avec de « volumineux et lourds appareils pour des expériences fantastiques »), Wagner, son assistant, s'affaire à fabriquer artificiellement, alchimique-

1. Cité par John Cohen, in *Les robots humains dans le mythe et dans la science* [176]. Le *venter equinus* est du crottin de cheval.
2. Le mot désigne sans doute la cucurbite, partie inférieure de l'alambic, à panse renflée.
3. Cf. *Poésie et Vérité*, I. 8.

ment, la vie. Goethe nous le montre, conformément à une tradition qui remonte au XVIe siècle, décidé à dérober le secret de la création. Avec le temps, Wagner lui-même est devenu Docteur, et Méphistophélès ironise sur son savoir et sa renommée. Wagner « travaille au grand œuvre et depuis des mois / Il vit dans la retraite la plus absolue ». Le voici, « noirci depuis les oreilles jusqu'au nez, / Les yeux rouges à force de souffler le feu » ; penché sur le fourneau de l'alchimiste, il surveille la cornue, dans « la plus solennelle des attentes » :

> Déjà tout au fond de la fiole
> On dirait un charbon vivant qui s'embrase ;
> Oui, on dirait la plus splendide escarboucle
> Projetant des éclairs à travers l'obscurité.
> Une vive lumière blanche apparaît !
> Oh ! Cette fois, puissé-je ne pas la perdre !...

A Méphisto, entré à ce moment clé, Wagner confie gravement : « Il se fait un homme ». Mais il ajoute aussitôt, en réponse à une remarque grivoise de Méphisto :

> L'ancien mode de procréer,
> Nous le déclarons vaine plaisanterie. [...]
> Si l'animal continue à y trouver plaisir,
> L'homme, lui, avec ses hautes qualités
> Doit avoir désormais une origine plus pure, plus élevée.

« Ce que dans la nature on déclarait mystérieux, » poursuit Wagner, « nous osons le soumettre à une expérience raisonnée » – et à travers sa mégalomanie, Goethe vise assurément la présomption des savants imbus de leur pouvoir. Ayant donc mélangé dans un alambic des centaines de matières « reproduisant facilement la composition de la substance humaine » *(sic !)*, Wagner attend que l'œuvre s'accomplisse, et devant la créature qui prend forme sous ses yeux, il s'exalte :

> D'abord, un grand dessein paraît insensé ;
> Mais à l'avenir nous rirons du hasard
> Et un cerveau qui devra penser parfaitement
> Sera désormais l'œuvre d'un penseur.

Dans ce défi lancé à la Nature, on reconnaît la caricature de Faust, de l'homme révolté contre l'ordre du monde, contre l'ordre divin de la Création. A la procréation dégradante, aléatoire et imparfaite de la Nature, Wagner entend substituer la création épurée, maîtrisée, parfaite, de la Raison et de la Science. Ses vœux sont apparemment comblés. Dans la fiole, s'agite une forme gracieuse, douée de la parole : Homunculus qui, désinvolte, s'adresse à son créateur :

> Eh bien ! petit père, comment cela va-t-il ? Ce n'était pas une plaisanterie !
> Viens, presse-moi bien tendrement sur ton cœur !
> Mais pas trop fort de crainte que le verre n'éclate.

Le succès de l'entreprise n'est cependant pas dû à la seule alchimie. Mephisto a sa part dans la création artificielle, et Homunculus le salue d'ailleurs familièrement :

> Toi, rusé compère, monsieur mon cousin, tu es ici ?

Homunculus est donc, d'emblée, défini comme une créature diabolique, et Méphisto requiert son aide pour s'occuper de Faust. En tant qu'être « surnaturel », Homunculus est doué d'un pouvoir visionnaire que lui envie son « cousin ». Comprenant que Faust ne peut s'accommoder de la vie terrestre, et qu'il est désormais à la recherche d'une voie lui permettant de rejoindre Hélène, symbole de la beauté idéale, Homunculus entraîne Méphisto et Faust dans la « nuit classique de Walpurgis ». Et comme pour confirmer les soupçons du spectateur sur sa paternité, au moment de quitter la scène, Méphisto commente en aparté :

> Nous finissons toujours par dépendre
> De créatures que nous avons faites.

Sous l'humour satanique, on peut voir se dessiner ici l'idée de la dialectique du maître et de l'esclave qui régira si souvent les rapports du créateur et de sa créature artificielle. Les trois voyageurs aériens, Homunculus en tête, arrivent donc dans les Champs de Pharsale ; au « sabbat » des sorcières de Thessalie, Goethe substitue vite l'enchantement lié à l'évocation des créatures mythologiques : Sphinx, Griffons, Sirènes, Néréides et Tritons... Rapidement, les trois personnages se séparent. Homunculus, lui, doit encore, en un certain sens, naître ; conscient de son incomplétude, il cherche à s'incarner ; il aspire à être vraiment, à briser la fiole de verre qui le retient prisonnier. Entraîné par Protée, le dieu des métamorphoses, il est porté vers la vaste mer où il lui faut prendre origine. Éros règne en maître sur cette évocation magique. Et dans la splendeur de la nuit illuminée, aux pieds de la Néréide Galatée, Homunculus, en proie au désir impérieux, s'élève, resplendit ; la fiole vole en éclats et Homunculus, ayant transcendé l'existence individuelle, se dissout en lumière dans l'unité du Tout. Le finale lyrique du Deuxième Acte se conclut sur cette étonnante fusion cosmique d'une créature que l'on croyait liée avec le diable. Mais il est vrai que dans l'œuvre de Goethe, Faust lui-même est sauvé...

Si l'homunculus de Goethe ne parvient pas vraiment à s'incarner, s'il reste un esprit élémentaire, associé au feu, d'autres créatures artificielles, elles aussi imparfaites, voire diaboliques, sont davantage associées à la terre. Le motif de l'homoncule peut en effet être rapproché des croyances folkloriques liées à la mandragore.

## LA MANDRAGORE, OU « L'HOMONCULE DU GIBET »

La racine de la mandragore, qui peut atteindre cinquante à soixante centimètres, est blanche et charnue ; sa forme fourchue évoque le tronc et les jambes d'un corps humain, et l'imagination populaire s'est très tôt emparée de cette ressemblance pour faire de la mandragore une sorte d'embryon, que des pratiques magiques pourraient amener à la vie. Cette croyance se rattache ainsi aux légendes qui évoquent la naissance tellurique des hommes, à l'origine des temps : dans ces récits de la création, la terre est fécondée par une pluie divine, la semence d'un dieu ou du premier homme[1]. Sans doute par référence à ces récits mythiques, une croyance moyenâgeuse répandue voulait que la mandragore naisse du sperme d'un pendu – d'où le nom par lequel on la désigne, en Allemagne notamment : « L'homoncule du gibet. » On retrouve ici les théories « spermistes » des alchimistes, la femme étant une fois de plus éliminée du processus de la reproduction. Une autre version, plus pudique, voulait que la mandragore, comme les simples, ait été découverte sur le Golgotha, où elle aurait guéri les blessures du Christ. On rattachait à cette idée les propriétés médicinales, attestées, de la mandragore. Elle était en effet utilisée comme sédatif ou comme analgésique externe, au

1. Pour tout ce qui touche à la mandragore, voir notamment Arlette Bouloumié : « Mandragore », in *Dictionnaire des mythes littéraires* [207].

XVIIIe siècle, et employée pour les anesthésies. Mais elle était aussi réputée pour des vertus contraires, aphrodisiaques, et entrait dans la composition des philtres d'amour... Cette plante magique (les Grecs l'appelaient «la plante de Circé»), ambivalente, était de plus dotée par l'imaginaire populaire de pouvoirs surnaturels. Tel un talisman précieux, elle pouvait réaliser tous les désirs de son propriétaire, et en particulier lui apporter la richesse. Mais sa puissance pouvait aussi être redoutable, et la mandragore n'était plus alors que l'instrument de la tentation démoniaque. Un conte de l'écrivain romantique allemand La Motte-Fouqué, *La mandragore* [81], présente ainsi la créature comme une sorte de diablotin emprisonné dans un flacon de verre ; au fil du récit, la mandragore passe de main en main, son propriétaire devant impérativement la revendre, avant de mourir, moins cher qu'il ne l'a achetée, au risque de voir le diable s'emparer de son âme. Toutes ces légendes expliquent la crainte révérencieuse qui entourait la mandragore, et les soins que l'on prenait, depuis l'Antiquité, pour procéder à sa cueillette rituelle. Les cris plaintifs prétendument poussés par la mandragore au moment où on l'arrache étaient réputés rendre fou, et l'on recommandait aux téméraires les plus grandes précautions face à cette plante surnaturelle.

Bien des écrivains se sont souvenus de cette plante magique. La «mandragore qui chante» constitue par exemple le leitmotiv poétique du roman de Charles Nodier : *La fée aux miettes* (1832). Mandragore, l'héroïne ambiguë et fantasmatique du roman de Hanns-Heinz Ewers (1911), est la figure emblématique de la sexualité équivoque et des désirs interdits, et l'incarnation d'une séduction véritablement mortelle. Le Robinson de Michel Tournier, dans *Vendredi ou les limbes du Pacifique* (1967), découvre la possible fusion de l'homme et du monde élémentaire et s'émerveille devant ses «filles», fruits de son union charnelle avec son île, Speranza... L'exploitation la plus poétique du mythe, et celle qui importe le plus au thème de l'homme fabriqué, demeure cependant le roman d'Achim von Arnim, publié en 1812 : *Isabelle d'Égypte – Premier amour de l'empereur Charles V* [6][1]. Ce texte

1. Ce texte fait en réalité partie, avec trois autres récits, des *Nouvelles de 1812*, dédiées aux frères Grimm. Trois de ces textes, dont *Isabelle d'Égypte*, furent traduits par Théophile Gautier fils en 1856, sous le titre de *Contes bizarres*. Plus qu'une nouvelle, le récit qui nous intéresse est un court roman, ou un conte.

étrange présente en effet l'étonnante confrontation de deux créatures artificielles très différentes : la mandragore et le Golem.

L'action du roman se situe à Gand, au début du XVIe siècle, alors que Charles – le futur Charles Quint – n'est encore que Prince des Pays-Bas (c'est-à-dire avant 1519). La protagoniste, Isabelle, est une toute jeune fille dont le père, le duc Michel, chef des Tziganes injustement accusé de vol, vient d'être pendu. Cette sentence inique s'inscrit dans le cadre des persécutions dont les Bohémiens étaient alors victimes : une faute commise par leurs ancêtres, coupables de ne pas avoir accueilli la Sainte Famille lors de la fuite en Égypte, expliquerait la malédiction qui les poursuivait. Leurs origines lointaines, comme cette faute, les faisaient confondre avec les Juifs – que l'on retrouve dans la suite du roman – dans une même persécution. A la mort de son père, Bella se voit donc à son tour investie d'une mission sacrée : sauver son peuple, et le ramener en Égypte. Une prophétie, inventée par Arnim, précise que le fils d'une princesse tzigane et d'un puissant souverain sera l'instrument du retour des Bohémiens dans leur patrie...

Bella hérite aussi des « trésors » de son père, versé dans l'alchimie et la magie : de vieux grimoires, qu'elle va utiliser pour se procurer une mandragore. Elle espère, grâce à ce talisman, s'élever dans l'échelle sociale et faire triompher son amour pour le prince Charles, dont elle est éprise et qui est, à n'en pas douter, le puissant souverain désigné par la prophétie. Un grimoire donne donc à Bella la recette pour trouver une mandragore. Une jeune fille vierge doit se rendre un vendredi, à minuit, sous un gibet, où les larmes d'un pendu innocent ont fécondé la terre[1]. Après s'être soigneusement bouché les oreilles, pour ne pas se laisser attendrir par les gémissements de la plante, elle doit chercher la racine à tâtons. Puis, sacrifiant sa chevelure, elle en tresse une corde qu'elle enroule autour de la racine et dont elle attache l'autre extrémité au collier d'un chien noir. Celui-ci arrache la racine et, « renversé par une secousse foudroyante », paie de sa vie la possession de cette plante merveilleuse. Telle est la victime expiatoire réclamée par les divinités chtoniennes. Obser-

1. Ces détails montrent à quel point la légende est en quelque sorte une version laïcisée et affaiblie de la Passion, entrecroisée avec des mythes païens archaïques. De même que le sang d'un dieu pouvait féconder la terre, le sperme d'un pendu innocent (ou, par euphémisme, ses larmes) est à l'origine de la mandragore.

vant ces prescriptions à la lettre, Bella sent sous ses mains « une petite figure humaine qui avait encore les deux jambes enracinées dans la terre » (p. 39). Dans son anxiété et sa précipitation, elle manque mettre ses jours en danger. Heureusement, l'effroyable coup de tonnerre qui accompagne l'extraction de la mandragore lui fait seulement perdre connaissance. Lorsqu'elle revient à elle, au bout de la corde, elle trouve « un être de forme humaine semblable à une ébauche animée, mais que n'a pas encore vivifiée la pensée ; quelque chose comme une larve de papillon » (p. 40). Arnim s'amuse à dépeindre la tendresse maternelle que Bella éprouve envers la mandragore. Elle la serre sur son cœur, la berce, telle une poupée... L'amour est certes aveugle, et en fait de bébé, la mandragore n'est qu'un petit monstre, inachevé :

> elle regrettait qu'il n'eût pas de bouche pour recevoir ses baisers, pas de nez pour donner un passage régulier à son haleine divine, pas d'yeux qui laissassent voir dans son âme, pas de cheveux pour garantir le frêle siège de ses pensées. Mais cela ne diminuait en rien son amour (p. 41-42).

Heureusement Bella trouve dans son livre de magie le moyen de « développer les forces et compléter la formation de cette carotte garnie de membres et douée de vie ». Le caractère hybride de la mandragore, mi-homme mi-végétal, se reflète dans les métamorphoses qu'elle subit. Après l'avoir débarrassée de la terre qui la recouvre, Bella sème des grains de millet sur sa tête, en guise de cheveux ; d'un baiser, elle lui plaque un fruit d'églantier à la place de la bouche ; et elle lui plante deux baies de genièvre à l'emplacement des yeux. Ces opérations magiques, qui évoquent les pratiques animistes de certaines religions primitives, constituent la participation de Bella à la création, qu'elle parachève en réveillant, d'un autre baiser, les forces de cette mystérieuse nature. Face à la mandragore, Bella éprouve la fierté, mais aussi l'anxiété d'une mère face à son enfant, d'un créateur, d'un artiste face à son œuvre :

> Elle était en même temps joyeuse et triste d'avoir ainsi créé un être qui devait lui donner tant de tourments, comme tous les hommes en donnent à leur créateur ; d'un autre côté, en regardant son petit monstre informe, elle était contente comme un jeune artiste à qui tout réussit au-delà de ses espérances (p. 43).

Il est vrai que si la femme a eu peu de part dans la création artificielle, elle a tout de même grandement amélioré la Nature ! La mandragore est en effet pourvue d'une paire d'yeux supplémentaires sur la nuque, et Bella, nouveau Pygmalion, ne se lasse pas d'admirer son Argus au petit pied. L'auteur a beau affirmer que l'attachement extraordinaire de Bella pour sa mandragore s'explique par « ce sentiment qui nous attache à tout ce que nous créons » (p. 46), un tel amour ne laisse pas d'être ambigu. Dans son trouble, Bella a entièrement oublié qu'elle ne s'est procuré son petit homme-racine que pour approcher plus facilement du Prince. Les vertus aphrodisiaques de la mandragore doivent être pour beaucoup dans cette passion exclusive – mais les créatures artificielles, nous le verrons, sont souvent dotées d'un réel pouvoir érotique.

La création artificielle l'emporte en rapidité sur le processus naturel. En huit jours, la mandragore a terminé sa croissance, même si sa taille ne dépasse pas celle d'un nain. Physiquement, l'homme-racine se ressent de ses origines. Il est hirsute, barbu, velu ; sa peau garde la rudesse du tubercule ; « son visage jaune et ridé [réunit] l'expression de différents âges de la vie » (p. 47). Ce petit gnome voûté, à la voix étouffée, est en revanche doté d'une extraordinaire clairvoyance, conséquence logique de son don de « double vue ». Il peut ainsi percer à jour les intentions les plus cachées, et découvrir tous les trésors. Son humeur est cependant des plus fantasques. Ce petit homme a des rêves de puissance, et décide de s'appeler Cornélius Népos[1] – ou plus exactement exige qu'on ne l'appelle jamais autrement que « le maréchal Cornélius ». De facétieux, il devient vite incontrôlable, violent, belliqueux, et si, dans le premier enthousiasme de la création, Bella avait été bien près de le diviniser, elle doit rapidement se rendre à l'évidence et reconnaître sa nature démoniaque. Il a d'ailleurs appris à parler en goûtant à la « racine d'éloquence », soutirée au diable (souvenir du jardin d'Eden où, selon une légende rabbinique, la mandragore aurait poussé au pied de l'arbre du Bien et du Mal). Tyrannique, possessif, Cornélius entend régenter Bella, l'épouser même – et il se pose ainsi en rival du prince Charles.

Bella, en effet, a revu l'archiduc. Sa passion renaît, elle est partagée.

1. Ce nom, qu'il vient juste d'entendre, est celui d'un historien latin du Ier siècle av. J.-C., auteur d'un ouvrage biographique : *De excellentibus ducibus (Vie des grands capitaines des nations étrangères.)* Un secret instinct a donc porté ce petit matamore, si ce n'est vers un guerrier, du moins vers un chantre de la valeur guerrière.

Par tactique, elle doit pourtant se montrer tendre avec Cornélius, son « trésorier », dont elle craint l'humeur jalouse. Le théâtre de l'action s'est déplacé, et le cadre de la kermesse de Buick, propice aux déguisements et aux méprises, va permettre à Arnim de brosser une série de scènes qu'on dirait inspirées de la « folle journée » du *Mariage de Figaro*. Chaque tête-à-tête entre le prince et Bella est gâché par ce trouble-fête de Cornélius, et si ce dernier est inoffensif, il n'en est pas moins importun. L'archiduc finit par prendre ombrage de cette rivalité, et décide de lutter avec la mandragore à armes égales. A cette créature artificielle, il oppose une autre créature artificielle : un Golem. Si la fantaisie et le goût pour le merveilleux d'Arnim lui ont fait transposer très librement le mythe de la mandragore, il procède à un détournement encore plus surprenant du mythe du Golem, dont il faut ici rappeler les origines complexes.

## LE GOLEM

Le mot *Golem* figure pour la première fois dans la Bible hébraïque, dans le *Livre des Psaumes* (139, 16). L'homme, rendant grâces à Dieu de l'avoir créé, se remémore les différentes étapes de sa création : « Mon golem, Tes yeux le voyaient », porte le texte hébreu. « Mon golem », c'est-à-dire « mon embryon », ou, s'agissant d'Adam, la masse de terre informe à laquelle Dieu allait insuffler une âme. Le terme de *golem* désigne en effet la matière informe, une substance incomplète, imparfaite. On retrouve le mot dans la littérature talmudique, mais il acquiert en fait son sens moderne avec l'essor de la kabbale. Le *Sefer Yetsirah* (« Livre de la création »), écrit vers les IIIe-IVe siècles de notre ère, explique la création par trente-deux « voies », qui sont les vingt-deux lettres de l'alphabet hébraïque (auxquelles s'attachent des sens symboliques) et dix *sephirot* (nombres). Les commentaires sur ce traité rapportent ainsi comment les rabbins, au cours d'un rituel magique, créent un Golem. Celui-ci n'est pas vraiment décrit, mais il est dit que sur son front est écrit *emet* (= vérité, le mot que Dieu prononça après la création d'Adam). Il semble en fait s'agir là d'une expérience mystique, le Golem étant l'objet d'une vision extatique. Aussitôt créé, il efface lui-même la première lettre du mot *emet*, l'*aleph* (première lettre de l'alphabet hébraïque, « la lettre de perfection, qui désigne le Un »), pour montrer que Dieu seul est vérité. Sur son front, on ne lit plus que *met* (= mort) – et le Golem est en effet détruit dès que la puissance des rabbins a été prouvée.

La légende s'est vite emparée de cette tradition ésotérique, avec diverses variantes. Dans tous les cas, cependant, figure l'idée que seul Dieu peut donner à des individus choisis le pouvoir de faire des miracles, et notamment de créer la vie à partir de la matière inanimée. Cette nécessité d'une haute érudition, jointe à la pureté religieuse et à une connaissance intime du monde divin, explique la cristallisation de ces récits autour de la figure de rabbins prestigieux. Les légendes naissent au XVIe siècle, dans les régions de l'Europe centrale et orientale où étaient établis les Juifs de la diaspora. La version la plus ancienne est d'origine polonaise, et les premières traces écrites que nous en ayons remontent à 1674. On attribue au rabbi Elijah Baalschem, mort en 1583 à Chelm, la création d'un Golem. Après avoir récité des prières et pratiqué un jeûne purificateur, le rabbin modèle dans l'argile un être à l'image de l'homme, et l'anime en prononçant au-dessus de lui le Shem-Ha-Meforash, le nom sacré de Dieu : YHWH. Sur son front est écrit le mot *emet*. Le Golem est muet, car Dieu seul peut donner la parole, et cette créature n'est évidemment qu'une forme inférieure, imparfaite, de création. Sans doute est-ce ce mutisme qui lui vaut une réputation de simple d'esprit. Il s'avère néanmoins un serviteur zélé, que l'on emploie notamment pour les corvées d'eau et de bois ; il libère ainsi l'homme pour le service de Dieu. A l'origine, le danger lié à la création du Golem ne semble pas venir de la créature, de son pouvoir destructeur, de sa violence physique envers la communauté humaine. Le danger est plutôt que l'homme ne s'enorgueillisse de son acte créateur, et n'y voie une rivalité avec Dieu. Il faut que le rabbin se garde contre une tendance à l'idolâtrie, qui pourrait faire de lui l'objet d'une vénération de la part des générations futures : ainsi, nous l'avons vu, une tradition veut que le Golem, avec un couteau, enlève lui-même l'*aleph* de son front, dans un geste d'autodestruction qui a valeur d'avertissement. Assez rapidement, cependant, s'impose l'idée d'une croissance incontrôlable du Golem, dont la taille et la force – une force tellurique impressionnante – font peur, si bien que le rabbin doit lui-même effacer l'*aleph* du front de sa créature ; aussitôt, celle-ci s'écroule et redevient argile. Ainsi, de serviteur de la communauté juive, le Golem se transforme en une menace potentielle pour l'humanité. Une variante de la légende présente même une version des faits plus tragique. Le rabbin, ayant trop laissé grandir le Golem, ne peut plus atteindre son front ; pour effacer l'*aleph*, il est obligé de recourir à une ruse et d'ordonner au Golem de lui ôter ses bottes. Le stratagème réussit, mais le rabbin est écrasé par la masse d'argile. Le créateur est ainsi la victime de sa créature.

Pendant la seconde moitié du XVIIIe siècle, une autre version de la légende, d'origine pragoise, vient concurrencer la première. On en trouve la première mention dans les *Sippurim*, un recueil de légendes hébraïques publié par un éditeur pragois, Wolf Pascheles, en 1847. La création du Golem est alors transposée dans le cadre du ghetto de Prague, et on en attribue l'initiative au rabbi Judah Löw ben Bezalel (1512-1609), souvent appelé le Maharal[1]. La réputation du rabbi Löw tenait à son enseignement et à la façon dont il avait simplifié et popularisé certaines des légendes et des doctrines ésotériques du mysticisme juif. Son prestige de kabbaliste était par ailleurs grandi par l'entrevue que lui avait accordée, le 23 février 1592, l'empereur Rodolphe II de Habsbourg, cherchant à apaiser les dissensions religieuses déjà exacerbées dans la Bohême de l'époque. Ainsi s'explique le transfert de la légende de la personne du rabbin Baalschem à celle du rabbin Löw, l'ironie étant que pour sa part, le Maharal ne croyait pas aux miracles et condamnait la magie[2]... Le récit transcrit dans les *Sippurim* rapporte que pour animer le Golem, le rabbin met dans sa bouche un morceau de parchemin portant le *Shem*, le nom de Dieu. Chaque shabbat, il le retire, et le Golem, lui aussi, observe le repos. Mais un vendredi, le rabbin Löw oublie de prendre cette précaution. Le Golem, devenu fou, se met alors à

1. Acronyme pour les mots hébreux « *M*orenu *Ha* *Ra*v *L*öw » = Notre maître, le rabbin Löw.

2. Certains critiques, et notamment André Neher [193], n'ont pas manqué d'établir un rapprochement entre le mythe de Faust et le mythe du Golem. Il est vrai que dans les deux cas, les légendes populaires, nées au XVIe siècle, ancrent le mythe autour de deux personnages historiques sensiblement contemporains : le Dr Johannes Faustus (1480-1540) et le rabbi Judah Löw (1512-1609). Ces légendes, nées du vivant des personnages, prennent forme autour de 1587 pour le mythe de Faust (c'est la date de publication du *Volksbuch*, et vers 1580, une chronique mentionne d'ailleurs pour la première fois le pacte conclu par Faust avec le démon), et de 1580 pour le mythe du Golem (c'est la date retenue, dans la version pragoise, pour la création du Golem). Le parallèle longuement établi par André Neher paraît cependant contestable dans la mesure entre autres où l'auteur confronte les personnages de Méphisto et du Golem, au lieu de comparer les deux créatures artificielles : l'Homunculus créé par Wagner, et le Golem.

renverser des maisons, à jeter des blocs de pierre, à déraciner des arbres... Il sème la destruction sur son passage, et le rabbin peut à grand-peine arracher le *Shem* de sa bouche, avant le début officiel du shabbat.

En 1909, le rabbi Yudl Rosenberg (1860-1935) publie en yiddish, à Varsovie, *Le livre des miracles du Mah'Aral de Prague.* Cet ouvrage aprocryphe est, à l'en croire, l'édition d'un manuscrit datant de 1535 et rapportant le récit d'un témoin oculaire de la création du Golem – le propre gendre du Maharal, Isaac Cohen.

L'intention de Yudl Rosenberg était sans nul doute de redonner confiance aux Juifs d'Europe de l'Est, en ces temps de pogromes, et dans *Le livre des miracles* l'accent est mis sur le désir qu'a le Maharal de protéger le peuple juif contre les persécutions. Au XVIe siècle en effet, les Chrétiens accusaient les Juifs de commettre des meurtres rituels, les soupçonnant de tuer des enfants chrétiens et d'utiliser leur sang pour la célébration de la Pâque. Le Golem est donc censé défendre la communauté juive contre ces accusations, et déjouer les machinations ourdies par les détracteurs des Juifs pour les faire condamner. *Le livre des miracles* rapporte le processus de la création dans tous ses détails. Dans la tradition de la kabbale, les textes sacrés ne font pas l'objet d'une interprétation individuelle. De même, pour la création du Golem, le rabbi Löw est supposé s'entourer de l'aide d'un autre rabbin (son gendre) et d'un lévite (son meilleur élève). Lui-même est né sous le signe de l'air ; son gendre est né sous le signe du feu, et le lévite sous celui de l'eau. La création du Golem, modelé dans l'argile, fait donc appel aux quatre éléments. En 1580, donc, les trois créateurs se retrouvent sur les bords de la Moldau. Après un rituel de purification, ils modèlent la forme du Golem. Chacun tourne alors sept fois autour du corps, allongé sur le sol, en prononçant des formules incantatoires. Le gendre du rabbin trace les premiers cercles magiques, et le Golem rougeoie comme le feu. Puis le lévite tourne autour de la figure de glaise, et de la vapeur d'eau s'en échappe ; les ongles et les cheveux apparaissent. Enfin le rabbin lui-même tourne autour du Golem en récitant un verset de la *Genèse* (II, 7) :

> Alors Yahvé Dieu modela l'homme avec la glaise du sol, il insuffla dans ses narines une haleine de vie et l'homme devint un être vivant.

Le nom de Dieu anime en effet la créature (intervention du quatrième élément). Le Golem ouvre les yeux, et le rabbin lui ordonne de se lever. On voit très bien, à travers ce récit, l'ambiguïté de la nature du Golem, mi-humain (comme Adam[1], il est né de la terre, et le parallèle avec la Création du premier homme par Dieu est explicite), mi-divin (le *Shem*, qui l'anime, est un signe métaphysique et divin). Le rabbin Löw donne au Golem des habits de serviteur, et le nomme Joseph, du nom de Joseph Sheday, créature mi-homme mi-démon qui avait aidé les Sages talmudiques dans une période de grands troubles. Le rabbin seul doit lui donner des ordres ; encore ne doit-il pas l'employer pour son service privé : par définition, le Golem est au service de la communauté juive. *Le livre des miracles* enchaîne alors sur le récit de nombreux épisodes, tantôt dramatiques, tantôt comiques. Grâce à une amulette, le Golem dispose de pouvoirs paranormaux : il peut se rendre invisible, converser avec les morts, invoquer les esprits... Ces pouvoirs, liés à sa force physique, en font un adjuvant précieux. Il démasque les criminels qui introduisent dans le ghetto des cadavres d'enfants chrétiens pour étayer l'accusation de meurtre rituel ; il empêche la conversion au christianisme d'une jeune femme, prévient un adultère... Grâce à son action, le principal instigateur des persécutions, le père Thaddeus, est réduit à merci.

Le Golem est donc le protecteur, le sauveur du Ghetto. Certaines anecdotes comiques viennent se greffer sur cette trame, rapportant les bévues commises par le serviteur. On notera cependant que tous les incidents surviennent parce que d'autres que le rabbin ont donné un ordre au Golem. Ainsi l'intermède burlesque du chapitre 9 rapporte une variante de l'épisode exploité par Goethe dans *L'apprenti sorcier* (1797), la femme du rabbin, Perl, ayant ordonné au Golem d'aller à la rivière pour emplir... *deux* seaux d'eau en vue de la Pâque. En 1590, après la signature des premiers décrets impériaux garantissant aux Juifs la liberté du culte, le Golem est devenu inutile. Il est ainsi « désactivé » lors d'une scène qui est l'inversion de la scène de création et qui se déroule dans le grenier de la synagogue Vieille-Nouvelle de Prague, où le Golem avait coutume de dormir. Après la destruction du Golem, le rabbin couvre ses restes avec de vieux châles de prière, et interdiction est faite à quiconque d'aller dans le grenier de la syna-

1. Adam vient de l'hébreu *adama*, qui signifie « la terre ».

gogue... où le Golem est supposé demeurer à ce jour, prêt à être ranimé en cas de besoin.

Dix ans après la parution du *Livre des miracles*, un érudit juif de Prague, Chayim Bloch, publie en allemand *Le Golem : légendes du ghetto de Prague* (1919). Lui aussi prétend éditer le manuscrit de 1583... mais de toute évidence, son ouvrage est un plagiat du précédent. Il ajoute pourtant à la légende un nouvel élément, en développant l'idée de la violence potentielle du Golem, déjà présente dans la version polonaise. Le chapitre 25 décrit ainsi l'accès de fureur incontrôlable qui s'empare de Joseph, un vendredi, alors que le rabbin a oublié de lui donner ses instructions pour les vingt-quatre heures à venir. Le rabbin est obligé de rompre le shabbat pour maîtriser la créature, dont l'oisiveté forcée a déchaîné les tendances destructrices. Le chapitre 27 donne quant à lui une variante de la mort du Golem. Des subalternes, enfreignant l'interdiction du rabbin, essaient de ranimer les restes du Golem, attirant sur leur communauté une épidémie dévastatrice. Devant ce châtiment divin, l'un des coupables place le corps de ses deux enfants morts dans le même cercueil, offrant aux restes du Golem, placés dans l'autre cercueil, une sépulture humaine. Des critiques ont noté que dans la version de Rosenberg comme dans celle de Bloch, la durée de vie du Golem est calculée pour que la créature soit détruite avant d'avoir atteint la maturité sexuelle (il vit dix ans chez Rosenberg, treize chez Bloch[1]). C'était mettre le Golem – et la communauté féminine – à l'abri de pulsions que les textes proprement littéraires se feront fort d'exploiter.

Que ces deux ouvrages, publiés au début du XX^e^ siècle, soient ou non des mystifications, ils ont en tout cas donné une forme à des légendes qui avaient, depuis le XVI^e^ siècle, une longue tradition orale, en Europe centrale et orientale. D'autres textes avaient cependant popularisé la figure du Golem, et la fortune littéraire du mythe, quoique relativement tardive, remonte tout de même à l'époque romantique.

C'est en effet Achim von Arnim qui, le premier, s'approprie le mythe du Golem. Il s'inspire de la version polonaise de la légende que Jacob Grimm, passionné par la littérature populaire de tradition orale,

1. Dans la tradition juive, l'enfant mâle entre dans l'âge adulte dans sa treizième année.

avait consignée dans l'hebdomadaire fondé par Arnim : le *Journal des ermites*. Mais Arnim gomme délibérément toute la dimension mystique ou spirituelle du mythe pour ne retenir que le personnage du Golem, qu'il intègre à l'intrigue amoureuse d'*Isabelle d'Égypte*.

Pour se défaire de l'importune mandragore[1], l'archiduc Charles recourt en effet aux services d'un bateleur de la kermesse de Buick, qui tient une baraque de lanterne magique. Ce « savant juif polonais » est réputé pour son talent à faire des golems, et Arnim donne de ces créatures artificielles la définition suivante :

> Les *golems* sont des figures d'argile, pétries à la ressemblance d'un individu. On leur écrit sur le front le mot AEMAETH, c'est-à-dire *vérité*, qui leur donne la vie ; ils pourraient être employés à toutes sortes d'occupations s'ils ne grandissaient avec une telle rapidité qu'ils deviennent bientôt plus forts et plus grands que leur maître. Mais tant qu'on peut atteindre leur front, il est facile de s'en débarrasser ; il suffit pour cela d'effacer la première syllabe, AE, de ne laisser que MAETH, qui veut dire *mort* ; aussitôt ils tombent comme un bloc d'argile brisé (p. 123).

Le Juif lui-même commente cette pratique en ces termes :

> Dieu a créé l'homme ; l'homme, image de Dieu, peut donc créer d'autres hommes, pourvu qu'il sache le mot que Dieu prononça en lui donnant la vie. Mais l'ouvrage de l'homme reste toujours au-dessous de celui de Dieu, autant que l'argile de notre terre est inférieure à celle du paradis (p. 126-127).

Arnim retient donc l'idée clé de la formule magique, propre à animer ou détruire le Golem, mais il fait de ce personnage surnaturel l'imitation, le sosie d'un être humain particulier, d'un individu. L'idée de l'archiduc est en effet de commander au fabricant un double de Bella, et de le substituer à la jeune fille auprès de Cornélius. De la mystique, nous sommes tombés dans la mystification. Le vieux Juif, prudent, adresse au Prince une mise en garde qui, là encore, banalise les données mythiques rappelées dans la définition. Il avertit prosaïquement l'archiduc « qu'il ne fallait pas s'oublier avec ces figures, et que, dans son pays, elles avaient occasionné beaucoup d'accidents » (p. 123). Suit l'anecdote des bottes[2], présentée comme une mésaventure arrivée à un sien cousin... Bella, à son insu, est donc dupliquée. Sans le savoir, elle s'est regardée dans un miroir enchanté qui a gardé son empreinte – et

1. Voir *supra*, p. 36-40.
2. Cf. p. 42.

l'on voit ici comment Arnim entremêle librement un motif classique des contes merveilleux à la légende issue du folklore juif. En un tournemain, le Juif a terminé son ouvrage ; il souffle sur la statue, écrit le mot sacré sur son front, et aussitôt une seconde Bella se dresse, identique à la première, dont elle connaît l'existence par la vertu magique du miroir. Arnim a ainsi donné naissance au premier Golem féminin de la littérature[1]. Déformation supplémentaire, et particulièrement ironique : ce personnage issu de la tradition juive se trouve, chez Arnim, incarner un antisémitisme primaire. Bella Golem a en effet hérité des traits de caractère du vieux Juif, son créateur : « l'orgueil, la luxure et l'avarice » (p. 127) ! En guise d'atténuation, Arnim ajoute :

> Mais comme elle n'avait aucun autre sentiment élevé, elle différait en cela même du juif et de tous les autres hommes, qu'elle pouvait cependant tromper par sa beauté.

Le malheureux Cornélius est dupe de la substitution, mais Bella Golem, malgré tous ses défauts, n'a pas la duplicité de son modèle, et elle lui avoue ingénument son amour pour l'archiduc. Cet aveu suscite la fureur jalouse de la mandragore qui, dans son désespoir, se révolte contre sa « créatrice ». Les accents vengeurs de Cornélius, qualifiés ironiquement par Arnim d'« admirable et pathétique discours », préfigurent cependant la révolte du monstre de Frankenstein face à son créateur :

> Pourquoi, par tes enchantements infernaux, m'as-tu arraché à la tranquillité de ma première vie ? Le soleil et la lune brillaient pour moi sans artifice [...] ; mais je me vengerai !
>
> [...] dussé-je y consumer ma vie, ce que tu as fait causera ta perte : quand tu me croiras loin, je serai à tes côtés ; tu ne peux pas te défaire de moi aussi facilement que tu m'as créé, et en te jouant ; [...] Tu voudras m'éloigner, te débarrasser de moi, mais je serai toujours là, attaché à tes pas, jusqu'à ce qu'une autre mérite ma colère, par une perfidie plus noire que celle dont tu m'as rendu victime.
>
> Malheur à toutes les races à venir (p. 129-130).

Heureusement ces malédictions sont proférées envers la fausse Bella, sur qui Cornélius veille désormais plus jalousement que jamais, allant jusqu'à l'épouser secrètement pour s'assurer de sa fidélité. La « jeune beauté

1. La mandragore, pour sa part, donne plutôt naissance, elle aussi, à un être artificiel masculin, un homme-racine. Mais les œuvres de Hanns-Heinz Ewers ou de Michel Tournier fournissent des exceptions à cette règle. En l'Homunculus de Goethe semble avoir subsisté un état primordial d'androgynie.

en terre glaise » se montre à vrai dire aussi possessive que son mari, et cette femme artificielle castratrice, lors de la nuit de noces, va jusqu'à écraser les yeux de derrière que Cornélius avait jusque-là réussi à conserver ! La nouvelle épousée ne doit, au demeurant, guère être comblée, son mari se contentant de la tenir « par un doigt qu'il étreignait et qu'il baisait de temps en temps : c'était sa seule manière de la caresser » (p. 157). Cette frustration, jointe à sa luxure, à sa cupidité et à son orgueil héréditaires, explique sans doute qu'elle donne maints rendez-vous galants à l'archiduc, au nez et à la barbe de son mari, à demi aveuglé.

Si l'archiduc est enfin parvenu, grâce à son stratagème, à passer aux côtés de Bella la nuit d'amour indispensable à la réalisation de la prédiction, il est donc, aussitôt après, victime du piège qu'il a lui-même tendu à Cornélius. Le roman se perd en chassés-croisés et en quiproquos. Cependant le prince, victime de l'artifice, sent bien qu'il y a « quelque chose d'incomplet dans son bonheur : son cœur était triste et serré » (p. 158) :

> ce que j'ai pressé dans mes bras, disait-il, ce n'est que son imitation terrestre, qui satisfaisait avec moi ses appétits grossiers et dont mon cœur a maintenant horreur (p. 164).

Bella Golem, l'archiduc l'a pressenti, n'est que le moi sensuel de Bella, et à travers le motif du Golem, devenu une figure du double, Arnim a symbolisé la division du moi, le déchirement de l'âme du prince lui-même, partagé entre la recherche de la volupté et son aspiration vers l'amour idéal. Bella, entre-temps, a découvert l'existence de son double, mais elle a les plus grandes peines du monde à prouver son identité et à démasquer le Golem imposteur. Heureusement, mis en présence des deux Bella, l'archiduc comprend enfin la vérité :

> il « saisit Golem Bella par les cheveux ; sur son front il vit le mot qui la faisait vivre : AEMAETH ; il effaça précipitamment la première syllabe et le corps tomba aussitôt à terre » (p. 181).

Restait cependant à éliminer l'homme-racine. Cornélius pleure sa femme mystérieusement disparue, mais se prend d'une inexplicable tendresse tellurique pour les restes du Golem. Se hasardant à son tour dans la création artificielle, il tente de donner à la masse d'argile une forme qui ressemble à sa Bella. Devant l'ébauche de la statue, le petit homme, créateur impuissant, se désespère : « Pauvre Prométhée ! » (p. 198). Lorsqu'il est enfin détrompé et qu'il apprend le bonheur de Bella, l'archiduc n'a d'autre solution, pour le calmer, que de le nommer ministre des Finances. La mandragore exulte – mais ce triomphe n'est que de courte durée. En émule inspiré du vieux Juif, il a progressé dans son œuvre créatrice. Mais lorsqu'il est sur le point d'achever le second Golem, l'archiduc, pour se consoler de la perte de Bella qui a répondu à l'appel de son peuple, s'empare de la statue. Notre nouveau Pygmalion ne se consolera pas de ce malheur. La nature démoniaque de la mandragore se manifeste dans ses derniers instants :

> on entendit comme un coup de foudre, une odeur de soufre se répandit dans la chambre ; le petit homme-racine gisait par terre sans vie et tout déchiqueté (p. 213).

De même, après sa mort, l'esprit de Cornélius s'attache, comme un mauvais génie, à la personne de Charles, qui obéit trop souvent à sa voix... De là à justifier la vie de retraite et de pénitence que l'on prête à l'empereur Charles Quint vieillissant, il n'y a qu'un pas, qu'Achim von Arnim franchit allégrement.

Ce conte merveilleux entremêle donc en un curieux syncrétisme des éléments folkloriques d'origine diverse[1], et exploite avec un réalisme et un humour souvent cocasses le double motif de la création magique de la mandragore et du Golem. Cette liberté dans la réécriture du mythe, comme cette alliance de l'étrange et de la fantaisie, ne sont cependant pas l'exclusive d'Achim von Arnim. A la même époque, deux contes d'Hoffmann publiés respectivement en 1820 et 1822 : *Les secrets* [71] et *Maître Puce* [70], reprennent le motif du Golem, ou plus exactement des *teraphim*, puisque tel est le nom retenu par l'auteur. Dans *Les secrets*, le Golem est un beau jeune homme, Theodor von S., qu'un kabbaliste substitue à son rival amoureux pour empêcher que la femme dont il est épris ne lui échappe. Le motif du Golem est ici contaminé par celui de l'automate, puisque la créature est faite de liège et se trahit par une démarche saccadée. Le stratagème est vite découvert, et le talisman possédé par la princesse suffit à faire tomber le faux Theodor en poussière. Dans *Maître Puce*, le héros, Peregrinus, est passagèrement dupe d'un autre Golem féminin, substitué à Dörtje, la belle Hollandaise. Là aussi, la

1. Parmi les autres personnages du roman, il faudrait citer la vieille sorcière, Braka, et une étrange créature, Peau d'ours, qui n'est autre qu'un spectre faisant office de domestique.

supercherie se décèle à travers certains détails, et surtout l'expression vide du regard. Comme le prince Charles d'Arnim, Peregrinus éprouve devant la fausse Dörtje un sentiment de malaise. Il ressent en sa présence un « frisson glacial » et perçoit que cette femme le détourne d'une forme d'amour plus noble. Lorsque le mystère est enfin dévoilé, la créature artificielle éclate d'un rire grinçant et se met à sautiller en tous sens comme une mécanique déréglée. La morale de l'histoire est clairement indiquée au protagoniste :

> pour avoir négligé de comprendre la nature, tu as, ébloui par le charme mauvais et les ruses du démon, contemplé l'apparence mensongère du *téraphem* au lieu de contempler l'esprit véritable.

Les *téraphim* de Hoffmann incarnent donc la « puissance ténébreuse » par laquelle tant de ses héros se sentent menacés, et l'aversion profonde de l'auteur pour l'artifice – symbolisé ici par une variante du Golem – fait écho au motif de l'automate, plus amplement traité dans d'autres contes[1]. On voit en tout cas, à travers *Isabelle d'Égypte* et les contes d'Hoffmann, à quel point les adaptations littéraires du mythe détournent le sens du récit primitif et confèrent une connotation négative à la figure du Golem.

Les œuvres suivantes marquent plutôt un retour aux sources légendaires pragoises, mieux connues dans la seconde moitié du XIXe siècle, et font de la tension religieuse entre les deux communautés juive et chrétienne la toile de fond des récits. Le processus de rationalisation du mythe se poursuit. Au fil des textes, le rabbi Löw – mutation technologique oblige – se fait homme de science : physicien ou chimiste, ingénieur, médecin. Il n'y a donc plus rien de transcendant dans le processus de création. Mais la technique n'est pas plus rassurante que le rituel magique, aux yeux des profanes, et les habitants du ghetto prennent parfois le Golem pour une créature diabolique. Le Golem, pour sa part, apparaît toujours sous les traits d'un serviteur grossier. Avec le temps, pourtant, il s'humanise et acquiert une individualité. Au tournant du siècle, le mythe connaît un renouveau notoire, déjà sensible dans la publication des recueils de récits merveilleux de Yudl Rosenberg et de Chayim Bloch, et un nouveau motif s'introduit dans la trame narrative :

1. Voir *infra*, p. 90-111.

celui de l'amour impossible du Golem pour la fille du rabbin. L'individualisation du Golem, transfiguré par l'amour et la sensualité, vient donc infléchir le sens de l'aventure, et il faut voir dans ce changement le reflet de l'intérêt grandissant pour les phénomènes psychiques et l'exploration des profondeurs de l'inconscient. La passion malheureuse est ainsi au cœur de bien des récits, et la mort du Golem apparaît comme la seule issue à une vie tragique – comme une délivrance.

L'ouvrage qui devait le plus contribuer à populariser la figure mythique du Golem est paradoxalement un roman au titre trompeur, dont la créature est loin d'être le protagoniste. *Le Golem* [93] de Gustav Meyrinck paraît en volume en 1915, après une publication en feuilleton de 1913 à 1914, dans le journal *Die Wiessen Blätter*. Ce curieux ouvrage allégorique est un étrange amalgame de psychologie freudienne, d'occultisme, de légende et de mysticisme juifs, pigmentés d'ingrédients empruntés au roman noir. Dans le cadre du ghetto de Prague, au tournant du siècle, le narrateur anonyme revit, en rêve, les événements bizarres de la vie d'Athanasius Pernath, un orfèvre dont l'existence a croisé la sienne lors d'un banal incident. Le thème du roman est en fait le cheminement initiatique de Pernath, à la recherche du moi idéal. Pour découvrir sa véritable identité, Pernath doit affronter son double, sous différents avatars. Ainsi peuvent s'interpréter ses diverses rencontres avec le Golem. Dans le roman de Meyrinck, qui, au demeurant, retranscrit fidèlement la version pragoise de la légende, le Golem est un spectre, un fantôme à la démarche hésitante, de type « mongol » (yeux bridés, peau jaune, imberbe), enveloppé de haillons. Il hante le Palais aux cinq ruelles, une ruine lugubre, et fait planer sur le ghetto une sombre menace : à chacune de ses apparitions, tous les trente-trois ans, quelqu'un est assassiné. De façon symbolique, il est explicitement comparé à une sorte de vampire qui se repait de la substance spirituelle des habitants du ghetto. On le rencontre à l'improviste, au détour d'une rue, et ses apparitions entraînent chez le témoin évanouissement ou crise d'épilepsie. Lui-même, dès qu'il est reconnu, disparaît mystérieusement. Pernath, pour sa part, est plusieurs fois confronté au Golem, sous des apparences qui ne permettent pas toujours facilement de l'identifier. Ainsi il lui apparaît tout d'abord sous les traits d'un mystérieux visiteur, muet, qui lui apporte un livre à restaurer ; lorsque Pernath, demeuré seul, essaie de se rappeler la physionomie de l'inconnu, il assiste, terrifié, à sa propre métamorphose, et comprend qu'il a eu affaire à son *alter ego*. Plus tard, le Golem se fond dans la marionnette qu'un ami de Pernath est en train de sculpter, et qui renvoie au protagoniste sa propre image. Le ghetto lui-même est une sorte de labyrinthe dans lequel Pernath accomplit un voyage souterrain, avant de se retrouver dans une chambre sans issue. Là, il affronte un autre avatar du Golem dans son combat avec le Fou, une carte du tarot qui, de nouveau, lui offre un reflet de son propre visage. A la fin du roman, Pernath rencontre encore une fois le Golem dans le personnage d'Amadeus Laponder, un homme convaincu de viol et de meurtre, avec qui il se trouve emprisonné. Ces métamorphoses du Golem sont déroutantes, mais à chaque fois, un détail caractéristique permet de reconnaître, sous une apparence différente, l'être mythique. Le roman de Meyrinck baigne dans un climat fantastique, et la réalité des événements rapportés reste problématique. Le narrateur du récit-cadre vit un rêve ; quant à Pernath, le protagoniste du récit enchâssé, nul n'oserait affirmer qu'il n'est pas fou... Réalité ou hallucinations, les rencontres de Pernath avec le Golem relèvent d'un symbolisme ésotérique et psychanalytique évident. Ce sont autant d'épreuves dans un parcours initiatique fait de morts successives ouvrant sur une renaissance, une libération de son moi spirituel. La confrontation avec le Golem figure une descente dans les profondeurs de l'inconscient. Au terme de l'initiation, à travers la mort de Laponder, le côté maléfique de Pernath, son mauvais moi, est symboliquement détruit. Cette délivrance permet le triomphe de son moi idéal, et Pernath parvient à cette union mystique à laquelle il aspirait à travers son amour pour la figure angélique de Mirjam, la fille du rabbin qui l'a secondé dans sa quête.

Dans les mêmes années, le cinéma contribue lui aussi à populariser la figure du Golem, avec le film de Paul Wegener, paru en 1920 : *Der Golem*. Le théâtre propose nombre d'adaptations du mythe, dont la plus célèbre est le poème dramatique en huit tableaux écrit en 1921 par Halper Leivick [85]. Ce classique du répertoire yiddish développe un motif nouveau : la répugnance à naître du Golem, qui pressent qu'il apporte mort et destruction et qui, encore à l'état d'ombre, supplie le rabbin Löw de ne pas le créer[1]. En écho à ces réticences, le rab-

1. La situation dramaturgique apporte déjà une modifification essentielle à la figure mythique du Golem, le protagoniste du drame ne pouvant être muet...

bin est assailli de doutes, et torturé d'inquiétudes métaphysiques. La pièce appelle une interprétation allégorique, au demeurant incertaine. Le Golem symbolise-t-il la condition de l'homme (et plus particulièrement de l'homme juif), victime innocente et vouée à la solitude ? Faut-il faire de la pièce une lecture politique et y voir une allégorie de la Révolution russe, d'une création originellement bonne, mais qui dévie rapidement, emportée par un mouvement de destruction et de violence ?[1] L'influence du drame de Leivick fut en tout cas importante, comme en témoignent un certain nombre d'œuvres publiées depuis la Seconde Guerre mondiale par des écrivains juifs américains[2]. Ainsi, dans son roman paru en 1970 : *The Sword of the Golem* [121], Abraham Rothberg fait du rabbin Löw un personnage torturé, divisé. Voyant le Golem obsédé par le mal et la violence, il doute du bien-fondé de sa création. Effrayé de constater que Joseph lui échappe, horrifié par les massacres qu'il commet aveuglément en défendant la communauté juive pendant le pogrome, il hésite pourtant à le détruire, car à ses yeux, le Golem est devenu un être humain à part entière. Le Golem de A. Rothberg, comme celui de Leivick, a d'abord refusé de naître, et l'argile elle-même, non malléable, ne semblait pas vouloir se prêter à la création. Une fois animé, le Golem, loin d'être, conformément à la tradition, une simple force brute, tellurique, exige que le rabbin lui enseigne à lire et à prier. Il manifeste des capacités intellectuelles, aspire à une vie spirituelle. Abraham Rothberg développe par ailleurs un motif ébauché par Leivick : celui des pulsions sexuelles ressenties par le Golem, qui s'éprend de Kaethe, la fille adoptive du rabbin. Pour le dissuader à tout jamais de l'épouser, le rabbin Löw lui révèle qu'il ne peut avoir de descendance. Mais cette privation d'amour, la découverte de la solitude et de la souffrance, exacerbent les tendances maléfiques du Golem. Il se sent exclu, rejeté, aussi étran-

1. Leivick fut emprisonné puis déporté en Sibérie pour avoir participé à des manifestations contre le tsar. Parvenu à s'enfuir, il gagna les États-Unis en 1913. Il avait mis tous ses espoirs dans la Révolution russe, mais fut vite déçu par ses débordements de violence.

2. Le caractère vivant du mythe dépasse d'ailleurs le domaine artistique. Ainsi Norbert Wiener, l'inventeur de la cybernétique, affirmait que ses travaux se situent dans la lignée de la création du Golem, et il prétendait descendre du rabbi Löw. De manière significative, son dernier ouvrage s'intitule : *God and Golem, Inc. A comment on certains points where Cybernetics impinges on Religion* (= Dieu et Golem, Inc. Commentaire sur certains points où la cybernétique entre en conflit avec la religion), Cambridge, Mass., The MIT Press, 1964.

ger à la communauté juive que les Juifs le sont pour les autres hommes. Sa haine se tourne vers son créateur, responsable de ses maux, et qui a fait de lui un instrument de destruction. Alors qu'il fauche sauvagement avec sa hache tous les hommes qu'il rencontre, donnant libre cours à ses pulsions cruelles et violentes, le Golem est torturé par la conscience qu'il a de commettre des meurtres. Désespéré, il maudit son créateur, les Juifs et lui-même. Ce Golem humanisé, que le désespoir conduit à la révolte, et qui menace son créateur, en guise de représailles, de semer partout la destruction, a des accents miltoniens qui ne sauraient tromper. Dans le roman de Rothberg, la figure du Golem s'est nourrie d'un autre mythe de la création artificielle. Le monstre de Frankenstein prête ainsi sa voix à son ancêtre mythique pour dénoncer l'hybris de l'homme, qui a commis une transgression sacrilège en usurpant le pouvoir divin.

Les motifs de l'homonculus, de la mandragore, du Golem, témoignent chacun à leur manière du désir qu'a l'homme de créer artificiellement la vie, dans une imitation du pouvoir divin. Ce décalque se traduit tantôt par la reprise de récits mythiques de la création affirmant l'origine tellurique de l'homme (la mandragore), tantôt par la transposition du récit de la Genèse (le Golem) ; parfois aussi les pratiques se colorent de prétentions scientifiques (l'homonculus). Dans tous les cas, on retrouve le désir masculin d'éliminer la femme du processus de la reproduction, et de créer seul, à l'égal de Dieu. Toutes ces créations artificielles ressortissent à l'occultisme, à la magie. Celle-ci implique, à l'origine, une aspiration à la connaissance, la volonté de percer les mystères de la nature pour agir sur le monde, tout en respectant l'ordre de l'univers. Telles apparaissent la « magie mystique » et l'alchimie – qui déboucheront, avec le temps, sur une mystique de la science. Mais très vite, et notamment dans l'imagination populaire, la magie se teinte de connotations diaboliques. Elle devient refus des limites assignées à la nature humaine, désir de renverser l'ordre du monde, volonté de puissance. On voit bien, à travers le motif du Golem, comment on passe d'un mythe de la création extatique, où la création est le fruit d'une union avec le divin, à l'idée d'une création imparfaite, vouée à l'échec, voire maléfique.

La littérature, en s'emparant de ces différents motifs, désacralise les figures mythiques et accentue l'idée d'un savoir diabolique. Il y a loin de la soif de savoir de Paracelse, à la « recette » mise en œuvre pour la fabrication de l'homonculus par Wagner. Dans sa volonté démiurgique, celui-ci est tout au plus l'incarnation ridicule de l'hybris de l'homme, et Goethe considère avec défiance et ironie les efforts du savant pour surpasser l'œuvre de la Nature. La naïve Isabelle, elle aussi, aurait volontiers doté sa créature de six paires d'yeux si elle avait su où placer les baies du genévrier... De manière générale, les créateurs, dans ces œuvres littéraires, sont loin d'être investis d'une dimension spirituelle. Isabelle, la plus pure d'entre eux, n'est qu'un apprenti-sorcier qui, dans son ignorance, a déchaîné une force maléfique. Quant aux créateurs de golems ou de *teraphim*, les pratiques magiques de ces personnages étranges et inquiétants confinent au satanisme ; d'autres, comme le vieux Juif fabricant de Bella Golem, ne sont guère que des charlatans. Dans les textes postérieurs, plus conformes à la tradition, le personnage du rabbi Löw est présenté comme un être tourmenté, conscient des conséquences tragiques entraînées par sa création.

Les créatures elles-mêmes sont donc des êtres diaboliques. Comme tels, elles sont évidemment douées de pouvoirs extraordinaires, surnaturels, dont les hommes sont heureux de profiter. Mais elles peuvent aussi se retourner contre leur créateur, voire contre l'humanité. Le serviteur soumis se révolte alors contre son maître. Dans le cadre de l'aventure amoureuse, le rôle néfaste de la créature artificielle est déjà évident. Golems et *teraphim* deviennent le sosie d'un individu, des simulacres – au sens que l'écrivain de science-fiction Philip K. Dick donnera à ce terme. Leur fonction est de se substituer à un être humain et de détourner à leur profit (ou au profit de leur créateur) l'amour normalement voué à l'homme. Le stratagème réussit en effet, dans un premier temps, et l'être humain est dupe de cette illusion diabolique. Mais parfois la supercherie se retourne contre le créateur lui-même, victime, dans son amour, de sa créature artificielle. Le Golem ou le *teraphem* sont ainsi des figures du double, et le redoublement, dans ce cas, est à la source de quiproquos, souvent comiques, parfois pathétiques. Cette usurpation d'identité par une créature artificielle, qui est amenée à entretenir avec un être humain des relations affectives, érotiques, est d'ailleurs un motif qui connaîtra bien des développements dans la science-fiction. Figure du redoublement trompeur, la créature artificielle peut aussi permettre de matérialiser un véritablement dédoublement : celui de l'amour sensuel et de l'amour idéal, respectivement incarnés par la créature artificielle et la femme réelle ; plus généralement aussi, la division du moi, déchiré entre des pulsions mauvaises et son aspiration à l'absolu. Dans ce processus, le Golem est le double mauvais et maléfique, que l'homme tente de vaincre pour faire triompher en lui le moi idéal. Bella Golem, la Tentatrice artificielle, est l'incarnation d'appétits grossiers que l'archiduc Charles devra apprendre à vaincre. Pernath, en affrontant le Golem, parviendra à s'affranchir de ses instincts mauvais.

L'issue de tels conflits passe dans tous les cas par la destruction de la créature artificielle. Celle-ci tend, au fil des textes, à s'humaniser. Elle est parfois représentée à son tour comme une victime, un être solitaire, privé d'amour par sa laideur ou sa difformité. Elle peut alors se révolter, ou s'autodétruire, tel Cornélius délivrant Isabelle de sa présence encombrante. Mais le plus souvent le créateur, s'il ne veut pas être aliéné ou anéanti par sa créature, n'a d'autre solution que de la détruire lui-même. La « mort » du Golem, créature inférieure, imparfaite, est d'ailleurs « programmée » dans la formule même qui lui donne la vie et qui, modifiée ou reprise, peut faire retourner la créature à l'état de poussière. Ainsi se solde une aventure qui apparaît bien comme la transgression d'un interdit, comme un acte sacrilège.

Les motifs de l'homonculus, de la mandragore et du Golem, exploités de façon concurrente au début du XIX$^{e}$ siècle, vont cependant être relayés, en ce début de l'ère industrielle, par un autre motif, envahissant : celui de l'automate, et plus généralement de la machine. La magie cède la place à la science et à la technique. Mais comme pour marquer cette transition, un texte-phare marque de son sceau le thème de l'homme fabriqué : le roman de Mary Shelley, *Frankenstein*. Ce récit est en quelque sorte au confluent des mythes de l'homonculus et du Golem. A l'homonculus, fait de chair et de sang, le monstre de Frankenstein va emprunter son horrible nature organique, l'alchimie se retirant devant la chimie et les sciences positives. Le monstre semble en revanche redevable de sa taille gigantesque au Golem. Comme lui, il se révolte contre son créateur, semant autour de lui mort et destruction. Comme dans le mythe du Golem, l'issue du drame est la mort, qui prend figure de délivrance. Le talent avec lequel Mary Shelley a su unir dans un même récit tant d'idées-force explique sans doute le succès inégalé de cette œuvre clé du thème de l'homme fabriqué.

## Chapitre 3

# *Frankenstein*

En 1994, les spectateurs se pressaient nombreux pour goûter aux frissons de la terreur prodigués par le *Frankenstein* de Kenneth Branagh, nouvel avatar dans une longue série d'adaptations cinématographiques marquée par le célèbre film de James Whale de 1931, avec Boris Karloff dans le rôle du monstre. Cette abondante production témoigne du caractère vivant du mythe, dont le dessin animé, la bande dessinée, les séries télévisées... se sont également emparés de nos jours, prolongeant en cela les adaptations théâtrales (mélodrames ou comédies burlesques) qui ne cessèrent de fleurir dès 1823. Mais parmi ces spectateurs, combien encore, victimes d'une confusion ancienne, prennent ce nom célèbre pour celui de la créature monstrueuse ? Combien ont véritablement lu le roman qui devait, du jour au lendemain, apporter la célébrité à Mary Shelley ?

La jeune femme n'a que dix-huit ans lorsqu'elle commence la rédaction de son roman, en cet été de 1816 dont elle nous a rapporté le souvenir. Le 11 mars 1818, *Frankenstein* paraît en librairie. Il connaîtra jusqu'à la fin du siècle une dizaine de rééditions anglaises, ce qui est un succès relativement discret (en regard par exemple de celui de *L'Homme au sable* de Hoffmann) et sans commune mesure avec la vogue extraordinaire qui, très vite, entoure l'histoire elle-même. Le roman de Mary Shelley aurait-il été perçu comme une œuvre insolite ? Y aurait-il eu, de la part du public, censure inconsciente devant l'audace de l'œuvre ?

## « *FRANKENSTEIN* », ROMAN GOTHIQUE ?

Le roman est complexe, et a été commenté de bien des manières. On l'a tout naturellement rattaché à la veine du roman gothique, et la préface que Shelley lui-même rédigea pour la première édition de 1818, comme l'introduction écrite par Mary Shelley pour la troisième édition, revue et corrigée, de 1831, confirment cette filiation. La genèse du roman est connue : aux environs de Genève, le couple Shelley, en compagnie de Byron, Polidori et Claire Clairmont, la fille de la belle-mère de Mary, passe les soirées pluvieuses de l'été 1816 à lire des « histoires allemandes de revenants » ; elles suscitent parmi eux « un désir enjoué d'imitation »[1] d'où, l'émulation aidant, naîtront une histoire de vampire[2], et *Frankenstein*, « une histoire telle que le lecteur n'osât point regarder autour de lui ; une histoire à glacer le sang, à faire battre le cœur à coups redoublés »[3].

Au roman gothique, Mary Shelley n'emprunte pourtant pas son exotisme spatio-temporel : pas de mise en scène dans un cadre médiéval de convention, rehaussé par un pittoresque de seconde main. Si l'on excepte les étendues glacées et solitaires du pôle arctique, l'essentiel de l'action se déroule dans un cadre géographique imprégné par les souvenirs de voyage de Mary Shelley en Europe ou en Écosse. Le lieu principal de l'action est la République de Genève, et les Frankenstein comme les Clerval sont des bourgeois éclairés d'une ville qui, désormais, abrite les penseurs les plus audacieux du temps ; de manière plus large, le cadre de l'action est l'Europe des Lumières, la communauté scientifique où Frankenstein va d'université en université, de laboratoire en laboratoire. L'histoire se déroule à l'époque contemporaine, plus précisément pendant la Révolution française[4], même si Mary Shelley gomme systémati-

1. Préface de 1818.

2. *The Vampyre ; a Tale* (1819). L'ouvrage, publié de façon anonyme, est dû à Polidori, qui reprit un sujet abandonné par Byron.

3. Introduction à l'édition de 1831.

4. Victor Frankenstein, en route pour l'Écosse, passe par Oxford et note, faisant allusion aux débuts de la guerre civile (1642) : « En pénétrant dans cette cité, nous étions absorbés par le souvenir des événements qui s'y étaient accomplis plus d'un siècle et demi auparavant. C'était là que Charles I^er^ avait rassemblé ses forces » (chap. XIX, p. 275). Cette précision situe ce moment du récit après 1792, et la création du monstre, antérieure de trois ans, en... 1789 ? La terreur comme la fascination qu'inspire le monstre s'inscrivent donc dans le cadre de la Terreur.

quement toute allusion à la conjoncture – ce qui facilite évidemment la transformation du récit en mythe. Il y a en tout cas chez l'auteur une volonté d'ancrer le récit dans la réalité contemporaine, qui va à l'inverse de la stratégie des romans gothiques.

L'arsenal du roman terrifiant est en revanche bien présent. Le goût de l'époque pour le macabre et le morbide y est largement exploité : violation de sépultures dans les cimetières, évocation de charniers, de cadavres en décomposition. Le lecteur, lui, ressent l'horreur à laquelle Frankenstein, dans sa passion pour la science, prétend être d'abord resté quasi insensible :

> je tâtonnais, profanant l'humidité des tombeaux, ou torturais l'animal vivant pour animer l'argile inerte ; je ramassais des ossements dans les charniers, et mes doigts profanes troublaient les mystères de l'édifice humain (chap. IV, p. 116).
>
> une sorte de frénésie enthousiaste me voilait l'horreur de ma besogne (chap. XIX, p. 250)[1].

Les apparitions nocturnes du monstre sont elles aussi soigneusement mises en scène (et le cinéma n'aura guère à innover) : la tempête fait rage, le lieu de l'apparition est baigné dans un clair-obscur sinistre, à peine éclairé par la lueur vacillante d'une bougie, les pâles rayons de la lune ou la fulgurance d'un éclair. Les scènes de meurtre sont complaisamment décrites, notamment celui d'Élizabeth. Le cadre de la première rencontre du monstre avec Frankenstein, deux ans après sa création, ressortit au sublime, valeur esthétique prônée par le roman gothique. Décrivant la vallée de Chamonix, Frankenstein souligne la désolation terrifiante du paysage, la verticalité des précipices, les déchirures profondes de la Mer de glace sur laquelle il va affronter la créature immonde à laquelle il a donné le jour.

Cependant, Shelley lui-même le soulignait dès la Préface de 1818, l'intention de l'auteur n'était pas de « tisser seulement une intrigue de terreurs surnaturelles », un simple récit de revenants ou de magie. Si *Frankenstein* appartient au genre gothique, il se range, nous le verrons, plutôt du côté de la production féminine du roman noir, du côté de Mrs Radcliffe, avec son refus de l'irrationnel, du merveilleux, du fantastique. Il se situe même plus précisément dans la veine du roman de Maturin, *Melmoth, ou L'homme errant* (1820) : avec ces deux romans en

1. Les références renvoient à l'éd. Garnier-Flammarion (125).

effet, le genre gothique, déjà sur le déclin, se trouve infléchi dans une direction morale et mythique. La terreur dans *Frankenstein* naît bien plus de la reprise audacieuse du thème de la création artificielle, de l'analyse des relations qui unissent la créature à son créateur, que de quelconques « recettes » propres au roman noir.

Plus profondément, pourtant, le roman de Mary Shelley se rattache peut-être au roman gothique dans la mesure où ce dernier a perçu, plus ou moins consciemment, la composante mortifère et nihiliste du désir. Les scènes de viol (jamais couronnées de succès) abondent dans ce type de romans, qui placent bien souvent au cœur de l'action le motif des amours contrariées, et les héroïnes y font preuve de ressources inattendues d'énergie ! Le roman noir, qui a remplacé un temps en Angleterre le roman sentimental, est en un sens, par son lectorat et les auteurs qui l'ont le plus illustré, un genre « féminin », et il constitue une revendication des femmes contre le sort qui était le leur dans la société de l'époque. Le roman de Mary Shelley, où la procréation échappe à la servitude et aux malheurs de l'enfantement, mais où la naissance et la mort sont néanmoins intimement liées, relève donc de cette veine. On verra cependant que plus qu'une influence littéraire, c'est l'expérience personnelle de Mary Shelley qui peut expliquer, dans son œuvre, ce lien obsessionnel entre désir et mort.

## « *FRANKENSTEIN* », LE PREMIER ROMAN DE SCIENCE-FICTION ?

Dans une tout autre perspective, voulant rendre compte de l'originalité du roman, certains ont voulu y voir le texte fondateur de la science-fiction moderne. L'affirmation est abrupte, mais mérite qu'on s'y arrête. Ses adversaires ont beau jeu de qualifier les travaux de Frankenstein de tour de passe-passe magique, de simple « électrification d'Agrippa et de Paracelse », et de souligner qu'aucune vraisemblance technologique ne vient étayer l'évocation de la création du monstre : comment le pourrait-elle ? En réalité, maint auteur de science-fiction croit en avoir assez dit lorsqu'il nous présente un robot doté d'un cerveau positronique... Ce qui importe, ici, c'est que les travaux de Frankenstein soient décrits comme étant de l'ordre du scientifiquement possible.

Le surnaturel n'a aucune place dans la création du monstre. Certes le but des recherches de Frankenstein va à l'encontre de celui des savants modernes, et il se rattache au contraire explicitement aux rêves des alchimistes, œuvrant pour découvrir l'élixir de vie : « Quelle était donc [...] l'origine du principe de la vie ? » (chap. IV, p. 112). Voilà la question qui l'obsède. Il est vrai aussi que les principes mêmes de sa découverte restent mystérieux (dans la logique même de l'histoire, il refusera plus tard d'en donner ne serait-ce qu'un aperçu à Walton). Mais la démarche est scientifique. Études d'anatomie, de physiologie, éclairées par les notions héritées du galvanisme : le parcours scienfitique de Frankenstein récapitule en quelque sorte les progrès de la recherche et renvoie au discours scientifique du temps, celui de l'électrochimie, triomphante en ce début du XIX^e^ siècle[1]. Ainsi l'allusion de Mary Shelley aux « instruments » qui devaient permettre à Frankenstein de faire passer « l'étincelle de la vie » dans sa créature (chap. V, p. 119) n'est-elle pas seulement métaphorique. Elle est à prendre aussi au sens littéral, même s'il manque au laboratoire de Frankenstein les paratonnerres et autres appareillages électriques compliqués auxquels le cinéma nous a depuis habitués. La découverte du secret de l'énergie vitale a beau être le fait d'un novice de génie (deux ans d'études à peine ont suffi à Frankenstein), elle n'en est pas moins le fait d'un savant. D'ailleurs Mary Shelley multiplie, dans la bouche de son héros, les affirmations dignes d'un esprit positif : Frankenstein, dès son enfance, est imperméable au surnaturel, et dans la relation de ses travaux, il ne cesse d'insister sur l'importance de la démarche scientifique, diamétralement opposée aux pratiques magiques.

La fabrication du monstre relève par ailleurs d'une sorte de « bricolage » anatomique. Frankenstein, alléguant la petitesse des pièces à

1. Dans la Préface de 1818, comme dans l'Introduction à l'édition de 1831, il est fait référence aux expériences menées par Erasmus Darwin (1731-1802), grand-père du célèbre évolutionniste et ami de la famille Godwin. Plus sérieusement, Mary Shelley renvoie en 1831 aux travaux de Galvani (1737-1798) sur l'électricité animale. Sa théorie, discutée par Volta (1745-1827), conduisit ce dernier à la découverte de la pile électrique, travaux prolongés par ceux de Sir Humphry Davy (1778-1829), dont le Journal de Mary Shelley indique qu'elle lisait ses ouvrages. A Oxford, Shelley lui-même s'était livré à diverses expériences sur l'électricité.

l'échelle réelle, justifie ainsi sa création d'un modèle gigantesque : huit pieds de hauteur. Victor est ainsi, selon l'expression de J.-J. Lecercle, le « Vaucanson de la biologie »[1], ayant construit de bric et de broc un être artificiel de chair. Création immonde s'il en est, puisque pour comble de l'horreur, le monstre, semblable en cela aux monstres de la mythologie antique, appartient à la fois aux règnes humain et animal : la salle de dissection et l'abattoir ont fourni à Frankenstein ses matériaux, quand il n'a pas procédé par vivisection (chap. IV, p. 116).

## UN TEXTE FANTASMATIQUE

Le monstre est de chair, donc, comme un petit d'homme. Mais il est né de fragments de cadavres, et lui-même apporte la mort : celle de William, le jeune frère de Frankenstein, celle de Clerval, son ami de toujours, celle d'Elizabeth, enfin, sa fiancée, qu'il tue le soir même de ses noces, entraînant par là même l'impossibilité de la procréation naturelle[2]. Naissance et mort, (pro-)création et destruction : cette équivalence trouve sans aucun doute ses racines profondes dans la biographie même de Mary Shelley.

La femme n'échappe pas à la fatalité de la procréation ; et cette fatalité est proprement tragique. A l'époque de Mary Shelley, l'équation à peine caricaturale de la vie d'une femme est simple : sexualité = maternité = mort (de la mère et/ou de l'enfant). Le mariage peut (ou non) s'inscrire dans cette formule, en amont ou en aval de la maternité. Telle est du moins l'expérience de la vie qu'a eue l'auteur de *Frankenstein.*

Mary Shelley naît en 1797. Ses parents, William Godwin, auteur célèbre de l'*Essai sur la justice politique et son influence sur la moralité et le bonheur* (1793), romancier de surcroît, et Mary Wollstonecraft, une des premières féministes, auteur des *Revendications des droits de la femme*

1. Voir Jean-Jacques Lecercle : « *Frankenstein* » : *mythe et philosophie* [214].
2. A cette liste on peut ajouter l'exécution de Justine, la servante fidèle de la famille Frankenstein, condamnée pour un crime dont le monstre est l'auteur.

(1792), libres-penseurs, ont été des apôtres de l'amour libre. Ils se sont cependant mariés, cinq mois avant la naissance de l'enfant[1], et semblent avoir trouvé le bonheur : or Mary Godwin meurt onze jours après l'accouchement, d'une fièvre puerpérale, dans des conditions atroces. Toute sa vie, Mary Shelley aura le sentiment d'avoir « tué » sa mère ; et sa propre vie de femme semble une réduplication cauchemardesque de ce premier traumatisme. Après une enfance peu choyée, passée auprès d'une belle-mère acariâtre, Mary Jane Clairmont, et au sein d'une fratrie issue de trois unions différentes[2], elle rencontre en 1814 le jeune poète Percy Bysshe Shelley. Les deux amants, découvrant paradoxalement en Godwin, idéologue libéral, partisan repenti de l'union libre, un père courroucé par la liaison de sa fille, adolescente (Mary n'a que dix-sept ans), avec un homme marié (la femme de Shelley, Harriett, attendait de surcroît un second enfant...), s'enfuient en Europe. Lorsqu'ils reviennent à Londres, quelques mois plus tard, Mary est enceinte : elle donnera le jour, en février 1815, à une petite fille, morte exactement onze jours plus tard. Deux mois plus tard, Mary est à nouveau enceinte, et elle accouche en janvier 1816 d'un garçon, William. C'est pendant l'été de cette même année que se déroule le second séjour en Europe, et que Mary Shelley commence la rédaction de *Frankenstein*, sur les bords du lac Léman. L'œuvre est toujours en gestation, si l'on peut dire, en septembre 1717, lorsque naît le troisième enfant de Mary : Clara Èverina[3].

*Frankenstein* paraît, rappelons-le, en mars 1818. Mais la mort a frappé Mary Shelley d'autres côtés : en octobre 1816, sa demi-sœur bien-aimée, Fanny, se suicide au laudanum ; en décembre de la même

1. La conduite de Mary Wollstonecraft, qui était déjà, selon notre terminologie actuelle, « mère célibataire » à l'époque où elle connut Godwin, fut jugée scandaleuse, au point qu'elle éclipsa l'intérêt de son œuvre jusqu'à la fin du XIX^e^ siècle.

2. Outre Mary Shelley vivaient au foyer des Godwin :

— Fanny, née en 1794 d'une liaison de sa mère avec un aventurier américain rencontré à Paris ;
— Charles et Clara Mary Jane (plus tard Claire) Clairmont, enfants d'un premier mariage de Mary Jane Clairmont, sa belle-mère ;
— William, né en 1802 du second mariage de Godwin avec cette dernière.

3. Ce 3^e^ enfant mourra un an plus tard, en septembre 1818. En juin 1819, mort tragique du petit William, âgé de 3 ans. En novembre de la même année naît Percy Florence Shelley, le seul enfant du couple à survivre jusqu'à l'âge adulte. Enfin, en juin 1822, les jours de Mary Shelley sont gravement mis en danger par une fausse couche. Au total, à la mort de Shelley, en 1822, après huit ans de vie commune, Mary Shelley a vécu cinq grossesses : elle a perdu trois enfants en bas âge ; un seul survit, âgé alors de 2 ans et demi.

année, Harriett, la femme de Shelley, est retrouvée morte dans la Serpentine : suicide par noyade[1].

La mortalité infantile est certes chose courante à l'époque, mais dans le cas de Mary Shelley, la mort de son premier enfant fut douloureusement ressentie, dans la mesure où elle redoublait, de manière inversée, le traumatisme de sa propre naissance. Le *Journal* de Mary Shelley témoigne de son désespoir :

> Ai rêvé que mon petit bébé revenait à la vie, qu'il n'était que froid, nous le frictionnions devant le feu, et il était vivant. Se réveiller et ne pas trouver l'enfant[2].

Comment faire, d'autre part, le nécessaire travail de deuil, à la mort de Fanny, alors que Godwin, maladivement soucieux de sa réputation, interdisait à quiconque de se rendre à l'enterrement ? Aux amis, on fit croire qu'elle était en voyage – puis qu'elle était morte des suites d'un grave refroidissement ; l'été suivant, son propre frère, Charles, ignorait toujours son décès... Comment Mary Shelley, enfin, pouvait-elle ne pas se sentir coupable de la mort de Harriett, elle pour qui Shelley avait quitté femme et enfant(s) ?

Sans nul doute, ces événements tragiques trouvent leur écho dans *Frankenstein*. Comme celle de Mary, la mère d'Élizabeth est morte en lui donnant naissance. A l'adolescence, Élizabeth contracte la fièvre scarlatine ; sa mère adoptive, la propre mère de Frankenstein, meurt en lui prodiguant ses soins : une fois de plus, la fille tue la mère. La création du monstre, quant à elle, n'est certes pas le fruit d'une procréation naturelle. On l'a vu, il naît de la mort même. Et sa naissance présente tous les caractères de l'agonie. Il naît comme l'on meurt[3] :

> ...à la lueur de cette lumière à demi éteinte, je vis s'ouvrir l'œil jaune et terne de cet être ; sa respiration pénible commença, et un mouvement convulsif agita ses membres. [...]
>
> Ses mâchoires s'ouvraient, et il marmottait des sons inarticulés, en même temps qu'une grimace ridait ses joues. [...] l'une de ses mains était tendue, apparemment pour me retenir... (chap. V, p. 119-120).

1. La série sinistre devait se poursuivre parmi ses proches : en avril 1822, mourait Allegra, la petite fille de Claire Clairmont, l'inséparable du couple Shelley, et de Byron. La mort dramatique de Shelley, noyé lors d'une sortie en bateau dans le golfe de La Spezia, en juillet 1822, un mois à peine après la fausse couche de Mary, devait la laisser sans forces pour réagir.
2. *Journal*, entrée du 19 mars 1815. (C'est nous qui traduisons.)
3. Pour tout ceci, voir l'ouvrage de Monette Vacquin : *Frankenstein ou les délires de la raison* [216].

Frankenstein, épouvanté par ce spectacle, se réfugie dans sa chambre, où il finit par trouver quelque repos – « un sommeil troublé par les rêves les plus terribles ». Ce cauchemar, peut-être en partie inspiré à Mary Shelley par le rêve prophétique que fait St-Preux, dans *La Nouvelle Héloïse* (V, 9), après le mariage de Julie avec M. de Wolmar, associe une fois de plus sexualité et mort :

> à mon premier baiser sur ses lèvres [celles d'Elizabeth], elles revêtaient la lividité de la mort ; ses traits paraissaient changer, et il me semblait tenir en mes bras le corps de ma mère morte ; un linceul l'enveloppait, et je vis les vers du tombeau ramper dans les plis du linceul (chap. V, p. 120).

La scène de la création immonde du monstre, où la femme-mère est niée, est donc associée à cette vision sinistre, où désir, maternité et mort se confondent, l'image se compliquant au demeurant de connotations incestueuses – le tabou suprême dans la plupart des sociétés.

Dans la suite du roman, le trajet suivi par Victor et Clerval, et qui mènera Victor jusqu'aux îles Orcades, pour la fabrication-destruction du monstre femelle, est le trajet du retour en Angleterre des Shelley et de Claire, après leur première escapade romantique et désargentée en Europe – le voyage même qui les mènera au tragique hiver de 1814, marqué par la naissance et la mort de la petite fille de Mary Shelley. Dans cette seconde scène de création artificielle (avortée), on observe aussi une sorte de détournement de la scène primitive, puisque le monstre contemple Frankenstein penché, dans un acte de procréation, sur un corps féminin : c'est alors que Frankenstein, pris de vertige en songeant à la promesse qu'il a faite au monstre de créer un second être pareil à lui, « déchire en lambeaux » l'œuvre qu'il a commencée (chap. XX)[1]. La peur qui épouvante d'ailleurs surtout Frankenstein, dans ce nouveau travail de création, est qu'un de ses premiers résultats « serait la naissance d'enfants » : « une race de démons se propagerait sur terre, qui ferait peut-être de l'existence même de l'espèce humaine une condition précaire et où

1. On observera que le monstre réclame à Frankenstein la création d'une compagne trois ans après le début de son existence malheureuse. Frankenstein et Élizabeth ont eux aussi trois ans de différence. En tuant Élizabeth, le monstre se venge donc en anéantissant le double de la compagne qui lui a été refusée.

régnerait la terreur» (p. 252). Cette crainte, cette idée d'une fatalité de la procréation, avec toutes ses conséquences horribles, est bien une peur féminine – car rien, après tout, n'empêchait Frankenstein de concevoir un monstre féminin stérile...

A travers tous ces exemples, on voit à quel point l'expérience de la féminité vécue par Mary Shelley a pu informer le roman. Peut-être faut-il voir dans cette dimension fantasmatique si complexe de l'œuvre un de ses traits les plus originaux, les plus insolites.

## LA STRUCTURE ET SA FONCTION DIDACTIQUE

La structure du roman, quant à elle, souligne avec force l'intention didactique de l'auteur, et sa vision pessimiste du thème de la création artificielle.

Sacrifiant à la vogue du roman épistolaire, illustré en Angleterre par les œuvres de Richardson, Fielding ou Smollet, l'histoire de Frankenstein est tout entière englobée dans la correspondance que Walton, un explorateur arctique, adresse à sa sœur, Mrs Saville, restée en Angleterre. Commencée à Saint-Pétersbourg, poursuivie à Archangelsk, la correspondance se transforme plus précisément en journal, dès lors que Walton prend le commandement d'un navire grâce auquel il espère parvenir jusqu'au pôle Nord. La destinataire des lettres tend donc progressivement à s'effacer, dans ces notes que Walton prend scrupuleusement, en ce lieu clos par excellence qu'est le navire – avec l'intention de les relire plus tard. Car ses quatre lettres englobent en fait le récit des aventures de Frankenstein. Celui-ci est recueilli, à bout de forces, par Walton, alors qu'il poursuit en traîneau sa créature dans les solitudes arctiques. Le navire pris par les glaces est son salut. Walton se prend d'amitié pour Frankenstein qui, en l'espace de six jours, lui relate sa vie: l'essentiel du roman (les chap. 1 à 24) est donc englobé dans la correspondance de Walton. Frankenstein lui-même rapporte à Walton le récit fait par le monstre à son créateur lors de leur première entrevue, sur le glacier de la mer de Glace, deux ans environ après sa venue au monde (chap. 11

à 16)[1]. Trois récits principaux, faits par trois narrateurs différents, sont donc emboîtés les uns dans les autres, le destinataire ultime de cette structure, par-delà Mrs Saville, étant bien entendu le lecteur, à qui le message s'adresse.

Cette structure d'emboîtement a en effet plusieurs fonctions. Le cadre épistolaire, comme toujours, est supposé conférer à la fiction un cachet de pseudo-authenticité. D'autre part, si le temps du récit et le temps de l'aventure ne coïncident évidemment pas, l'emboîtement permet cependant de faire concorder, à la fin du roman, la conclusion des trois aventures. Lorsque Walton prend la plume pour la dernière fois, Frankenstein, épuisé, est mort ; le monstre, désespéré, après avoir contemplé le corps inerte de son créateur, vient de s'enfoncer dans les ténèbres, décidé à mettre fin à ses jours maudits ; Walton lui-même, cédant aux prières de son équipage, renonce à poursuivre son expédition et fait route vers l'Angleterre. Est-ce un hasard si la correspondance s'inscrit dans une durée de neuf mois – le temps d'une grossesse, le temps d'une nouvelle naissance pour Walton, éclairé par la double aventure dont il vient d'être le confident ?

Chaque récit a en effet pour but d'apporter une vérité d'ordre moral au destinataire du récit qui l'englobe. Le récit du monstre est là pour éclairer Frankenstein (et à travers lui Walton, et le lecteur) sur les raisons de la dépravation du monstre, liée au péché du créateur et à celui de la société. Il est au cœur même de l'histoire. Le récit de Frankenstein, destiné à Walton (et au lecteur), est présenté par le destinateur lui-même comme un récit « repoussoir », un exemple de conduite à ne pas suivre. C'est en effet le spectacle de l'hybris de Walton qui décide Frankenstein à rompre le silence dans lequel il s'était enfermé :

> Vous cherchez, comme je le faisais autrefois, la science et la sagesse ; je souhaite ardemment que la réalisation de vos souhaits ne soit pas un serpent qui vous pique, comme elle le fut pour moi. Je ne sais si le récit de mes malheurs vous sera utile ; pourtant, en réfléchissant que vous poursuivez le même but et que vous

1. Ce récit sera en un sens complété par la brève relation faite à Walton par le monstre lui-même, sur le navire (fin de la lettre IV, 12 septembre, p. 316-320.) On pourrait ajouter que le récit principal du monstre englobe lui-même le récit de l'histoire de la famille De Lacey, ses protecteurs du chalet, récit qui lui-même enferme l'histoire de Safie, la jeune Arabe fiancée à Félix. Il y aurait donc cinq récits enchâssés les uns dans les autres.

vous exposez aux mêmes dangers qui ont fait de moi ce que je suis, j'imagine que vous pourrez tirer de mon histoire une morale opportune, qui puisse vous guider si vous réussissez dans votre entreprise et vous consoler si vous échouez.

De même que le vieux marin de Coleridge, à qui la deuxième lettre de Walton rend un vibrant hommage, doit, en expiation, errer de pays en pays pour raconter son histoire et prêcher, par son exemple, l'amour et le respect envers les créatures de Dieu, de même Frankenstein raconte son histoire à Walton pour tenter de lui enseigner la sagesse[1].

La structure d'emboîtement se double en effet d'une autre structure, en miroir. Mary Shelley construit en somme son récit comme *Les vies parallèles* de Plutarque, qui sont, on s'en souvient, un des trois livres concourant à la formation livresque du monstre. Elle présente ses trois personnages principaux en deux séries de vies parallèles, dans une symétrie qui met en lumière un jeu de doubles : Walton forme ainsi un couple avec Frankenstein, qui lui-même en forme un avec sa créature.

Walton et Frankenstein ont sensiblement le même âge, (respectivement vingt-huit ans et vingt-sept ans lors de leur rencontre). A l'adolescence, ils ont vécu, pendant un an, la même crise de vocation : Walton, pour un temps, s'adonne à la poésie, et Frankenstein aux mathématiques. Mais leur passion première reprenant ses droits, ils se relancent à corps perdu dans leurs anciennes études : Walton décide d'acquérir la gloire et de servir l'humanité par ses projets d'exploration maritime ; Frankenstein se fait remarquer à l'Université d'Ingolstadt par ses progrès scientifiques et donne naissance à sa créature artificielle. Six ans plus tard, leurs destinées se rejoignent tragiquement dans les solitudes polaires. Ils ont été animés par la même ambition généreuse : acquérir la connaissance, afin de la transmettre à la postérité pour le bien du genre humain. Écrivant à sa sœur, Walton s'exalte :

vous ne sauriez contester l'inestimable bienfait, que jusqu'à la dernière génération, me devra l'humanité, si je découvre près du pôle un passage menant à ces contrées qu'il faut aujourd'hui tant de mois pour atteindre, ou si je pénètre le secret de l'aimant, résultat, si même il est permis de l'espérer, que peut seule obtenir une entreprise telle que la mienne (Lettre I, p. 68).

1. De la même manière, l'histoire des De Lacey et de Safie a éclairé le monstre sur la vie et la société. C'est à leur contact, on y reviendra, qu'il a en quelque sorte réalisé son éducation.

De même, dans l'enthousiasme de ses travaux, Victor Frankenstein s'exclame :

> s'il m'était donné d'animer la matière inerte, je pourrais avec le temps (bien que cela me semblât encore impossible), renouveler la vie lorsque la mort avait apparemment livré le corps à la corruption (chap. IV, p. 115-116).

A la fin du roman, Walton est dans la même situation vis-à-vis de son équipage que Frankenstein vis-à-vis de l'humanité avant la création du monstre, mais il opte, à temps, pour le renoncement à la connaissance, et pour le salut des hommes, contre son projet personnel.

Quant au couple formé par le savant et sa créature, il est bien sûr essentiel au récit, et c'est sans doute dans l'analyse des rapports qui unissent créateur et créature que Mary Shelley a donné le meilleur d'elle-même.

## LE CRÉATEUR

Le monstre est une créature immonde au sens premier du terme, impure selon la loi religieuse et morale, une créature sacrilège. En lui donnant la vie, Frankenstein a violé des tabous d'ordre religieux et sexuel : il a, de ses mains profanes, usurpé la puissance créatrice de Dieu, et nié l'ordre naturel de la procréation instauré par lui. Si le roman est un conte de terreur, c'est essentiellement pour cette raison, Mary Shelley le souligne dans son Introduction à l'édition de 1831 :

> Spectacle nécessairement effrayant ; l'effort de l'homme pour imiter le stupéfiant mécanisme du Créateur de l'univers ne pouvait qu'engendrer un effroi suprême.

Lors de la première création, Frankenstein, on l'a vu, est soutenu par une visée altruiste : l'espoir de ressusciter les morts, ou bien encore de « bannir du corps humain la maladie, et, hors les causes de mort violente, [de] rendre l'homme invulnérable » (chap. II, p. 97) – le rêve, en somme, de conférer à l'humanité, à l'égal des dieux, l'immortalité. Ses motivations ne sont pourtant pas toutes aussi généreuses ; dans son orgueil, il s'enflamme :

> Une espèce nouvelle bénirait en moi son créateur et sa source ; c'est à moi que devraient l'existence des quantités de natures heureuses et bonnes : nul père ne pourrait mériter la reconnaissance de son enfant comme je mériterais la leur (chap. IV, p. 115).

Frankenstein se laisse ainsi aller à l'hybris la plus folle ; il devient l'esclave d'une passion qui l'aveugle, lui fait négliger ses devoirs, les êtres qui lui sont chers. Il s'agit là d'une véritable aliénation, et dans ces moments, les descriptions du personnage relèvent de la typologie du savant fou.

Lors de la création de la femme artificielle, au contraire, Frankenstein n'est plus soutenu par le même enthousiasme créateur. Il n'est plus lié que par le pacte conclu avec le monstre, et ses travaux lui font horreur. Loin de rêver d'une race idyllique qui bénirait en lui son créateur, et hanté sans doute par une survivance inconsciente du mythe d'Adam et Ève, il redoute le pire : et si la femme se révélait plus criminelle que l'homme ? « Peut-être même se haïraient-ils l'un l'autre » (chap. XX, p. 251)[1], donneraient-ils naissance à une progéniture assoiffée de sang, qui détruirait la race humaine ? Cette fois, instruit par les conséquences tragiques de ses premiers travaux, Frankenstein est conscient de sa responsabilité, non seulement vis-à-vis de sa créature, mais aussi vis-à-vis du genre humain. Il choisit donc de détruire sa créature inachevée – mais même s'il lui refuse une sépulture humaine, il a l'impression d'avoir mutilé la chair vivante d'un être humain...

## LA CRÉATURE

La laideur repoussante du monstre est la conséquence logique de sa nature immonde. Certes, il a les membres bien proportionnés, des cheveux longs et soyeux, des dents d'une blancheur nacrée. Mais il est d'une stature gigantesque (on peut s'étonner que Frankenstein n'ait pas songé aux difficultés d'insertion dans la société d'un être aussi

1. James Whale a exploité cette idée dans son second film : *The Bride of Frankenstein* (1935).

impressionnant...), et tous ses traits sont horribles : « Sa peau jaune [couvre] à peine le tissu des muscles et des artères » ; « ses yeux, jaunes et ternes, semblent vitreux », « son teint parcheminé, et ses lèvres droites et noires » (chap. V, p. 118). Frankenstein, incapable de supporter la vue de l'être qu'il a créé, s'enfuit...

Rejeté par son créateur, le monstre est voué, par sa laideur, son étrangeté, à l'être par la société tout entière. Le premier homme qu'il aperçoit s'enfuit en hurlant à sa vue ; à peine le monstre pénètre-t-il dans un chalet, que les enfants poussent des cris perçants et qu'une femme s'évanouit ; il est chassé à coups de pierres. Les tout premiers mots prononcés par le monstre, tremblant de peur à l'idée d'être à nouveau repoussé par ceux-là mêmes qu'il a fini par considérer comme ses amis, à force de vivre dissimulé à leurs côtés, donnent une idée de sa désespérance et de son humilité : « Pardonnez mon intrusion... » Le vieux De Lacey, aveugle, l'accueille avec bonté – mais l'arrivée des autres membres de la famille met brutalement fin à tout espoir, dans la confusion générale et la violence. Jusqu'au bout, le monstre rencontrera semblable accueil. Walton même, pourtant prévenu, réagira comme ses semblables :

> Jamais je n'ai contemplé de vision aussi horrible que sa face, d'une hideur aussi repoussante et pourtant terrifiante. Je fermai involontairement les yeux, et j'essayai de me rappeler mon devoir à l'égard de ce criminel (fin de la lettre IV, 12 septembre, p. 315).

Rejeté par les hommes, le monstre est de surcroît abandonné durablement par son créateur. Il connaît d'ailleurs le secret de ses origines immondes grâce au journal de Frankenstein, qu'il a trouvé dans la poche du vêtement avec lequel il s'était enfui, à sa « naissance », du laboratoire. La déréliction du monstre, sa solitude forcée, vont le conduire au crime. Malheureux, il devient méchant :

> Pour la première fois, des sentiments de vengeance et de haine emplirent mon cœur, et je ne fis aucun effort pour les dominer ; mais me laissant emporter par le courant, j'inclinai mon esprit vers le mal et la mort (chap. XVI, p. 219-220).

Envers son créateur indifférent, il est désormais empli d'une soif de vengeance inextinguible ; à l'humanité entière, il voue une haine éternelle. William, le jeune frère de Frankenstein, sera sa première victime.

La naissance du monstre, aussitôt laissé à lui-même, pose en fait la question même de la nature humaine. Sur ce point, les idées de Mary

Shelley sont sans ambiguïté : l'homme – le monstre – est bon naturellement. Le mythe du bon sauvage cher aux philosophes des Lumières n'est pas étranger à sa conception des choses, mais il est également vraisemblable qu'elle est redevable à son père, William Godwin, de cette idée de la bonté originelle. Pour Godwin, en effet, l'idéal politique, épuré de toute forme d'institution, se confond avec une sorte d'anarchie où les hommes, naturellement bons, vivraient en autarcie. Plutôt que rousseauiste, en revanche, Mary Shelley se montre une adepte des théoriciens du droit naturel, qui prêtent à l'homme des commencements des instincts naturels ne s'opposant pas à la sociabilité : le monstre aspire à la vie en société, et voit dans la famille De Lacey l'idéal de la vie domestique, et la source de toute félicité[1].

Par ailleurs, l'existence de cet être pose un certain nombre de problèmes, que Mary Shelley s'efforce de résoudre, avec force invraisemblances et heureux hasards, au demeurant. La première « éducation » du monstre se fait par l'expérience : son cas est ainsi l'illustration des idées empiristes de Locke, développées dans *l'Essai philosophique concernant l'entendement humain* (1690). A l'origine, l'esprit du monstre est vide, c'est une table rase ; mais peu à peu, l'expérience extérieure (les sensations) et l'expérience intérieure (la réflexion) y introduisent les idées des objets sensibles et des opérations de l'esprit. Son éducation se poursuit par l'exemple : celui de la famille De Lacey. Il apprend ainsi à admirer « la vertu et les bons sentiments », à aimer « les mœurs douces et les qualités aimables de [ses] amis » (chap. XIII, p. 198). Enfin, une heureuse découverte parachève son enseignement : il trouve une valise contenant trois livres. Le bagage culturel du monstre se compose des *Souffrances du jeune Werther* de Goethe, des *Vies parallèles* de Plutarque, et du *Paradis perdu* de Milton, auxquels il faut ajouter *La ruine des empires* de Volney, dont Félix se sert pour enseigner le français à Safie. Le roman de Goethe l'ouvre aux valeurs individuelles et romantiques, au monde du sentiment, à l'idée du suicide (qu'il fera sienne à la fin du roman). Les *Vies* de Plutarque lui dépeignent l'homme en société ; le *Paradis perdu* lui montre l'homme face à Dieu. Sa formation philosophique est complétée par le commentaire de Félix sur les *Ruines* de

1. Cette image idyllique est certainement, pour Mary Shelley qui n'a pas connu dans son enfance une vie familiale heureuse, un rêve compensatoire.

Volney. Mais cet ouvrage, comme celui de Milton, lui renvoie de l'homme une image double :

> L'homme était-il donc à la fois si puissant, si vertueux et magnifique, et, d'autre part, si vicieux et si bas ? Il me semblait n'être à un moment qu'une branche de l'arbre du Mal, et, à d'autres, tout ce que l'on peut concevoir de noble et de divin (chap. XIII, p. 196-197).
>
> Mais le *Paradis perdu* suscita en moi des émotions autres et bien plus profondes (chap. XV, p. 209).

Et l'on verra, en effet, à quel point la lecture du poème de Milton informe la vision que le monstre a de sa propre dualité, comme elle traverse le roman tout entier.

L'« enfance » du monstre est donc l'occasion, pour Mary Shelley, de s'interroger sur la nature même de l'homme, et sur les facteurs qui influent sur sa destinée. Elle retrouve ainsi un des aspects les plus intéressants de la problématique de la création artificielle.

## LE THÈME DU DOUBLE

La bonté originelle du monstre, qui commet néanmoins les crimes les plus atroces, rapprochée des intentions généreuses de Frankenstein, créateur d'un être immonde, éclairent en fait les liens étroits qui unissent créateur et créature. A l'origine, chacun d'eux se voit de la même façon : bon, innocent, victime, et voit en l'Autre l'être mauvais, le coupable, le bourreau. Les choses sont en fait plus complexes, car le monstre, comme Frankenstein, est double.

Le monstre est à la fois bon et méchant. Bon, car il n'aspire qu'à aimer son créateur, à se soumettre à lui. Lors de leur rencontre sur le glacier de la mer de Glace, il lui adresse des supplications émouvantes, formulées avec le respect qu'il doit à son Créateur[1] :

> Souviens-toi ! je suis ta créature ; je devrais être ton Adam ; mais je suis bien plutôt l'ange déchu que tu chasses loin de la joie, bien qu'il n'ait pas fait le mal. Par-

1. Le texte anglais a ici recours à la forme du tutoiement « Thou », utilisée pour s'adresser à Dieu.

> tout, je vois le bonheur, et j'en suis irrévocablement privé. J'étais bienveillant et bon ; la misère a fait de moi un démon. Rends-moi la joie, et je redeviendrai vertueux. [...]
>
> Comment pourrais-je t'émouvoir ? Aucune supplication ne te fera donc tourner un regard favorable vers ta créature, qui implore ta bonté et ta compassion ? (chap. X, p. 171-172).

Mais le monstre est aussi cet être mauvais, révolté contre son Créateur abhorré, empli de haine et de vengeance, et qui profère les menaces les plus sanglantes :

> Si tu remplis les conditions que je fixerai, je te laisserai en paix ainsi que les hommes ; mais si tu refuses, j'entasserai les cadavres entre les mâchoires de la mort, jusqu'à ce qu'elle soit rassasiée du sang de ceux des tiens qui vivent encore *(ibid)*.

Frankenstein, dans la même scène, emporté par la rage et la haine, ne songe qu'à repousser ce « démon », ou même à l'éliminer, avant de céder pour la première fois à la compassion, enfin conscient des devoirs d'un créateur envers sa créature.

Le monstre comme Frankenstein sont deux héros tragiques. Ils inspirent terreur et pitié. L'apparence du monstre, ses crimes, font horreur – *lui* font horreur, et dans son récit à Walton, il soulignera le remords et le repentir qui l'ont depuis toujours habité ; de même l'œuvre impie de Frankenstein, sa conduite irresponsable et cruelle, nous détournent de lui – et lui-même se reproche ses actes. En même temps, leur sort malheureux inspire la compassion.

Leur dualité est peut-être encore plus sensible si l'on remarque que tous deux s'identifient tour à tour à Adam et à Satan, Mary Shelley reprenant souvent presque mot pour mot des vers du *Paradis perdu* de Milton. A cette lecture, le monstre ne peut s'empêcher de comparer la situation des protagonistes du poème avec la sienne :

> Comme Adam, je m'apparaissais sans lien quelconque avec un autre être au monde... (chap. XV, p. 209).

Mais aussitôt après, il avoue :

> Maintes fois, je considérai Satan comme représentant le plus exactement ma condition ; car souvent, comme lui [...], je sentis la morsure amère de l'envie.
>
> pourtant « Satan avait avec lui d'autres démons pour l'admirer et l'encourager, tandis que je suis solitaire et abhorré ! » (*ibid*, p. 210).

Repoussé par les De Lacey, tel Adam chassé du paradis terrestre, le monstre s'interroge :

> Vers quel lieu du monde ouvert devant moi, devais-je alors diriger mes pas ? (chap. XVI, p. 220).

Comme Adam, il se détourne de son Créateur – faut-il rappeler la citation du *Paradis perdu* qui figure en exergue au roman de Mary Shelley[1] ? Mais sa révolte prend plus souvent des accents sataniques :

> Le Mal désormais devint mon bien (fin de la lettre IV, 12 septembre, p. 316).
> l'ange déchu devient un démon du mal ! (*ibid.*, p. 317).

De même, Frankenstein, se rémémorant l'influence décisive de ses études à Ingolstadt, se compare à Adam en proie à la tentation :

> Le hasard, ou plutôt l'influence mauvaise, l'Ange de la Destruction [...] me fit aller trouver d'abord M. Krempe... (chap. III, p. 104).

Plus tard encore, après la faute, il reconnaît, dans son accablement :

> Le fruit était déjà dévoré, et l'ange levait le bras pour m'interdire toute espérance (chap. XXII, p. 279).

C'est toutefois comme la rebellion de l'ange déchu qu'il envisage sa faute, vers la fin de son récit :

> tel l'archange qui aspirait à l'omnipotence, je me trouve enchaîné dans un enfer éternel (fin de la lettre IV, 26 août, p. 306).

et le champ lexical du satanisme par lequel il désigne sans cesse son œuvre « diabolique », « démoniaque », « infernale », va dans le même sens.

Frankenstein peut donc voir dans le monstre son « propre vampire », son « propre fantôme libéré de la tombe et contraint de détruire tout ce qui [lui] était cher » (chap. VII, p. 143). Le monstre est bien son double – ce qui explique qu'il n'ait pas de nom[2]. Et chacun d'eux,

1. T'avais-je requis dans mon argile, ô Créateur,
De me mouler en homme ? T'ai-je sollicité
De me faire surgir des ténèbres ?...

(*Paradis perdu*, X, v. 743-745, trad. Pierre Messiaen, Paris, coll. « Aubier bilingue », 1966, t. 2, p. 219.)

2. Bien évidemment, Frankenstein ne pouvait par ailleurs pas songer à accorder les sacrements du baptême à une créature immonde. Il refusera de même une sépulture humaine aux restes de la créature artificielle féminine.

à son tour, est double, partagé entre le bien et le mal, l'amour et la haine, le repentir et la soif de vengeance.

La scène de la mer de Glace marque au demeurant un tournant important dans les rapports qui les unissent. Pour la première fois, explicitement, elle semble indiquer un retournement de situation. S'adressant à son créateur qui refuse de l'écouter, le monstre inverse les termes qui devraient logiquement les désigner : « Esclave ! » s'exclame-t-il. « Vous êtes mon créateur, mais je suis votre maître, obéissez ! » (chap. XX, p. 253-254). Mary Shelley souligne ainsi cette dialectique du pouvoir qui s'instaure entre le créateur et sa créature. Un rapport de forces fluctuant s'établit en fait entre les deux êtres. Au début, le monstre semble poursuivre Frankenstein de ses crimes, et cette fuite en avant n'est pas étrangère au suspense tragique qui tient le créateur en haleine (et avec lui, à un moindre degré, le lecteur, plus facilement perspicace). Mais la course poursuite s'inverse bientôt : de pourchassé, Frankenstein devient pourchassant. Ce flottement voulu, et qui souligne encore une fois la dualité des deux personnages, n'est pas sans rappeler la situation dépeinte par Godwin (à qui, rappelons-le, le roman est « respectueusement dédié ») dans son propre roman *Les choses comme elles vont, ou les Aventures de Caleb Williams* (1794). Dans ce récit, Caleb, employé comme secrétaire chez M. Falkland, un gentleman campagnard « respectable », découvre que celui-ci s'est jadis rendu coupable d'un meurtre. Pris en flagrant délit d'espionnage par son maître, il jure le silence ; mais Falkland le fait cependant emprisonner et juger pour vol, et ne cesse, par la suite, de le poursuivre à travers toute l'Angleterre. Caleb Williams se retournera finalement contre son poursuivant, qui avoue ses crimes et meurt, laissant son accusateur dans la désolation et le remords. Ce roman est donc construit sur la même structure d'inversion, et comme pour *Frankenstein*, il est bien souvent difficile de dire qui, de Caleb ou de Falkland, est le criminel ou le vengeur, qui le chasseur, et qui la proie. Il faut d'ailleurs remarquer que dans les deux romans (comme dans un autre roman de Godwin publié en 1799, *Saint Léon*, où le héros tragique détient le secret de la pierre philosophale et de l'élixir de vie), le drame naît de la possession – ou du rêve de la possession – d'un secret funeste.

Au terme de cette course-poursuite, les destinées du créateur et de sa créature ne peuvent être que solidaires. Frankenstein meurt d'épuisement – mais son désir de tuer le monstre ne peut-il être assimilé à un désir de se tuer lui-même ? Le monstre, accablé par le remords, annonce son intention de mettre fin à ses jours. Le sacrifice de leurs deux vies restaure ainsi l'ordre divin du monde.

## FRANKENSTEIN OU LE PROMÉTHÉE MODERNE ?

Mary Shelley, il faut enfin le rappeler, a sous-titré son roman : *Frankenstein ou le Prométhée moderne.* N'était cette mention, le lecteur ne songerait peut-être pas à établir le rapprochement, car de toute évidence, les références explicites dans le roman renvoient bien plutôt au mythe biblique de la création, à la Genèse, ou plus précisément à la lecture qu'en propose Milton. Il est certain qu'en donnant cette précision, Mary Shelley était influencée par les centres d'intérêt de ses proches. Byron lui-même composa son poème « Prométhée » en cet été 1816 où Mary Shelley écrivait *Frankenstein.* Shelley, surtout, travaillait déjà à son drame lyrique, *Prométhée délivré*, paru en 1820. A cet effet, il avait notamment traduit le *Prométhée enchaîné* d'Eschyle. Ce qui importe ici est en réalité la façon dont Mary Shelley se situe par rapport à l'interprétation du mythe de Prométhée chère aux Romantiques.

Rappelons que la première apparition littéraire du thème de Prométhée a lieu chez Hésiode, dans la *Théogonie* et dans *Les travaux et les jours.* Il s'agit de Prométhée *pyrphoros*, le porteur de feu, le Titan protecteur des hommes, qui leur donne le feu et leur enseigne les arts, violant ainsi l'interdiction de Zeus. Pour le châtier, Zeus envoie sur terre Pandore, qui est à l'origine de tous les maux, et enchaîne Prométhée sur le Caucase, où un aigle lui dévore sans cesse le foie, toujours renaissant. Le thème se situe donc à l'origine dans une perspective pessimiste : bienfaiteur maladroit, Prométhée attire sur l'humanité le courroux de Zeus. Le mythe évolue déjà avec le *Prométhée enchaîné* d'Eschyle, où Prométhée, inventeur des sciences et des arts, est présenté comme l'opposant à la tyrannie, momentanément injuste, de Zeus ; toutefois Eschyle, qui est un esprit religieux, condamne l'hybris aussi bien chez Prométhée que chez Zeus, et sa tragédie ne remet pas en cause l'ordre divin. Parallèlement à cette version du mythe, l'antiquité gréco-latine en développe une autre : celle du Prométhée *plasticator*, créateur de la race humaine, qu'il modèle dans l'argile. Les deux versions du mythe sont fondues dans le dialogue satirique de Lucien de Samosate, *Prométhée ou le Caucase*. Dans un plaidoyer habile, conçu selon les meilleures règles de la rhétorique bien connues du grand orateur qu'était Lucien, Prométhée se justifie des fautes qui lui sont reprochées (répartition frauduleuse des viandes lors d'un festin, vol du feu, création des hommes) et montre en Zeus un dieu injuste et ridicule. Dans le texte de Lucien, Prométhée a donc la dimension d'un héros positif, en lutte contre l'injustice divine.

A la Renaissance, Prométhée devient l'incarnation du savant en quête d'un savoir légitime, le symbole de l'artiste créateur. Pourtant, chez un penseur comme Bacon, son châtiment est toujours présenté comme mérité. Il n'est pas impossible que Mary Shelley se soit souvenue de l'essai de Bacon, *Prometheus sive de statu hominis* (1609) où Prométhée, savant qui aspire à la connaissance, construit un être vivant fait d'argile et d'éléments animaux (dont certains sont obtenus par vivisection). Dans l'essai de Bacon, Prométhée est mû par la même curiosité scientifique que Frankenstein, les mêmes motivations orgueilleuses mêlées à des buts altruistes ; les rapports qui unissent Prométhée à sa créature font songer à ceux qui lient Frankenstein au monstre. Chez Bacon, Prométhée est puni pour son manque d'humilité religieuse mais, restant en cela proche de la tradition antique, Bacon imagine que Dieu se venge sur l'humanité entière.

Il faut attendre le *Prométhée* de Goethe (1778) pour voir unis dans le mythe les thèmes de la révolte métaphysique et de la grandeur de l'individu créateur. A sa suite, le Romantisme verra en Prométhée un rebelle justement indomptable et en fera une de ses grandes figures héroïques. Le Prométhée de Goethe affirme haut et fort qu'il ne redoute pas les dieux, et il est grisé par l'ivresse que lui procurent sa puissance de créateur et l'amour qu'il porte à ses créatures. Il s'avère en fait un révolté luttant pour la conquête de la liberté. Prométhée est celui qui proclame la vanité de l'existence des dieux, la puissance et la liberté de l'homme. Byron, Shelley, feront à leur tour de Prométhée le révolté contre toutes les injustices, divines et humaines. Dans son

*Prométhée délivré*, Shelley fait de Zeus le symbole du mal, tandis que Prométhée devient le sauveur de l'humanité. A la fin du drame, Zeus est jeté à bas de son trône par Demogorgon, le Pouvoir originel du Monde, tandis qu'Hercule délivre Prométhée, et l'humanité à travers lui, des souffrances et du mal. Ainsi commence le règne de l'Amour et du Bien.

Dans ce contexte romantique, l'œuvre de Mary Shelley apparaît donc comme anachronique. Frankenstein, Prométhée antique bien plus que moderne, n'est en rien perçu comme le bienfaiteur de l'humanité exalté par ses contemporains. Mary Shelley se situe plutôt dans la tradition pessimiste du mythe, faisant du créateur un être sacrilège, dont l'hybris sera justement châtiée – à ceci près que l'horreur que la création artificielle lui inspire est telle que chez elle, le drame reste un drame individuel. Alors que Prométhée avait fait l'homme à l'image des dieux, le Frankenstein de Mary Shelley ne réussit qu'à créer une image déformée, avilie, monstrueuse de l'homme. Au lieu d'être touchés par l'amour de Prométhée pour l'humanité, nous sommes confrontés au dégoût, à la peur, puis à la soif de vengeance de Frankenstein envers sa créature ; au lieu de la gratitude de l'humanité envers Prométhée, Mary Shelley nous montre la haine du monstre... Sur ce point encore, son roman frappe donc par son caractère insolite et non conventionnel.

L'originalité et la richesse du roman de Mary Shelley sont donc manifestes. Elle renouvelle tout d'abord le genre gothique : plus qu'un roman de la terreur, encore entretenue par la laideur du monstre et la série de ses crimes, *Frankenstein* est un roman de l'horreur, de la répulsion, née de considérations morales et philosophiques. Ce sont les conditions de la création immonde, et la logique du Mal qui s'ensuit, qui engendrent l'aversion. Du roman terrifiant, Mary Shelley a fait un roman impie.

Rien de fantastique ou de surnaturel, au demeurant, dans cette création. En présentant la conception du monstre comme le fait de la connaissance, étayée par des références pseudo-scientifiques, Mary Shelley anticipe sur les récits de science-fiction. Elle fait par ailleurs du monstre le premier androïde de tous les temps, non pas un mécanisme, un mannequin animé par quelque procédé mystérieux ou magique, mais un être de chair, un organisme vivant. Nul doute que cet aspect de sa créature a joué pour beaucoup dans la répulsion et la fascination mêlées qui l'ont depuis accompagnée. Le monstre, issu sans conteste des propres fantasmes de l'auteur, parle en effet « aux peurs mystérieuses qui hantent notre nature »[1] – et « donner naissance à un enfant sans rapports sexuels évoque un fantasme bien connu des psychanalystes : celui de n'être point né de la sexualité »[2]. Peut-être faut-il voir dans cet aspect du texte une des raisons pour lesquelles l'imagination collective s'est aussitôt emparée de l'histoire même de Frankenstein alors que, dans le même temps - et ce jusqu'à nos jours - le roman de Mary Shelley était comparativement peu lu.

Ce que l'auteur apporte aussi au thème de la création artificielle, c'est la façon magistrale et souvent poétique dont elle analyse les rapports entre le créateur et sa créature, dont elle fait le moteur dramatique du roman. Elle montre le créateur en proie au dédoublement, combattant avec son double, avec lui-même, voué bientôt à une errance géographique solitaire, symbole de son errance morale, et qui ne s'achèvera qu'avec la mort des deux êtres. Si Frankenstein et son monstre se rencontrent dans deux tête-à-tête tragiques, c'est pourtant le personnage du monstre qui est au cœur du récit (d'un point de vue narratif et symbolique), et c'est d'ailleurs sur ses dernières paroles désespérées et son suicide annoncé que se conclut le roman. Ainsi s'explique la focalisation qui a été faite, dans les exploitations successives du mythe, sur la figure du monstre, et le détournement d'état civil qui a fait attribuer à la créature le nom de son créateur. De ce point de vue toujours, l'élément essentiel que le roman apporte au thème de la création artificielle, c'est l'idée de la révolte de la créature contre le créateur, reprise comme un leit-motiv obligé dans les variations suivantes sur le thème, et qu'Asimov qualifiera justement de « complexe de Frankenstein ». Il faudra attendre le XX^e^ siècle pour que, timidement, le thème ose s'affranchir de ce présupposé et de ce schéma narratif.

Il ne saurait être question ici de passer en revue les nombreuses adaptations ou parodies auxquelles le roman de Mary Shelley a donné lieu – un ouvrage y suffirait à peine. Dès 1823, Richard Brinsley Peake en propose une adaptation théâtrale : *Presumption ; or, The Fate*

1. Introduction à l'édition de 1831.
2. Voir Monette Vacquin : *Frankenstein ou les délires de la raison* [216].

*of Frankenstein*; deux autres mélodrames et trois comédies burlesques sont donnés à Londres le même automne. Pendant plusieurs décennies, il n'y eut guère de saison théâtrale qui ne vît paraître une variante ou une parodie de la pièce de Peake.

Au XXe siècle, le mythe de Frankenstein, véhiculé par les adaptations cinématographiques du roman de Mary Shelley, trouve aussi à s'exprimer dans la littérature de science-fiction. En 1973, Brian Aldiss, avec *Frankenstein délivré, ou le nouveau Prométhée déchaîné* [2], récrit et réinterprète ce texte fondateur du thème de la création artificielle. Le 20 août 2020, le *Times* de Londres annonce :

> Nous souffrons de la malédiction qui était celle du baron Frankenstein dans le roman de Mary Shelley : en voulant contrôler trop, nous avons perdu le contrôle de nous-mêmes (p. 19).

Et en effet, la guerre ne cesse de produire des ruptures de l'espace-temps. Le 25 août, un paisible citoyen de New Houston (Texas), Joseph Bodenland, se trouve brutalement projeté à Genève, le 22 mai 1816 ; son journal, enregistré sur magnétophone, va nous restituer le détail de ses aventures dans le passé.

Le Glissement Temporel semble avoir du même coup fait entrer le héros dans un autre ordre de réalité, où personnages historiques et personnages fictifs coexistent. Il pénètre en fait de plain-pied dans la fiction, en rencontrant Victor Frankenstein dans une auberge, au moment même où s'ouvre le procès de Justine, accusée du meurtre de William. Guidé par le souvenir de ses lectures, Bodenland tente bien d'intervenir dans le déroulement des faits. Mais il n'a pendant longtemps aucune prise sur la « fiction » – du moins jusqu'à sa rencontre avec Mary Shelley, avec qui il connaît une brève aventure ! Le roman étant à cette époque inachevé, Bodenland va pouvoir jouer un rôle décisif dans son dénouement, et Brian Aldiss, par son truchement, trouve ainsi le moyen de récrire *Frankenstein*. Sans entrer dans les péripéties de cette histoire rocambolesque, disons qu'il « corrige » à sa façon le portrait à son avis trop flatteur que Mary Shelley a donné de Clerval et d'Élizabeth. Surtout, il infléchit la fin du roman, à partir de la fabrication de la créature artificielle féminine. Joseph Bodenland réussit à pénétrer dans le laboratoire de Frankenstein et se trouve confronté à l'ébauche du monstre femelle, assortie de dessins explicites. Sous l'influence des techniques chères à la science-fiction, l'auteur imagine pour la nouvelle créature diverses déviations par rapport à l'anatomie humaine ; et pour comble d'horreur, il invente de lui donner le visage de Justine[1]. Malgré les efforts de Bodenland, la créature féminine est animée, et le Texan assiste à la danse nuptiale des deux monstres et à leur union, brève et brutale. Frankenstein, dans son délire, imagine alors, comme moyen infaillible de débarrasser le monde de leur présence, la création d'un troisième monstre – un autre mâle, la jalousie devant conduire à l'extermination des créatures. Horrifié par cette perspective, Bodenland tue le créateur sacrilège et se lance à la poursuite des deux monstres, qu'il finira par éliminer.

Du point de vue diégétique, la version « corrigée » de *Frankenstein* n'apporte pas grand-chose au mythe, et affaiblit même le motif du double, que Mary Shelley avait exploité habilement jusqu'au dénouement. La réflexion sur les catégories de l'espace et du temps n'appartient pas en propre au sujet. Assez habilement, Brian Aldiss, s'appuyant sur une bonne connaissance de la genèse du roman, fait « revivre » au lecteur un certain nombre de scènes vraisemblables, telle la conversation sur le progrès scientifique qui oppose Shelley et lord Byron à la villa Diodati. Aldiss réaffirme en fait la permanence du mythe :

> Frankenstein était l'archétype du savant dont les recherches, poursuivies au nom sacré du développement des connaissances, revêtent une vie qui leur est propre et causent des souffrances incalculables avant de pouvoir être contrôlées (p. 78).

Mais à la lumière de l'expérience d'homme du XXIe siècle qui est celle de Bodenland, Aldiss souligne en même temps les aspects positifs de la révolution scientifique et technologique, « délivrant » ainsi Frankenstein d'une part de sa culpabilité. Pour le reste, l'interprétation que propose Brian Aldiss du thème de la création artificielle ne diffère pas fondamentalement de celle de Mary Shelley. La divergence essentielle réside dans l'analyse des rapports qui unissent le créateur et sa créature. Cette question, qui était le fil conducteur du roman de Mary Shelley se trouve, chez Aldiss, diluée dans une critique plus vaste du racisme. Sans doute est-ce la raison qui incite l'auteur, lors de la confrontation

1. Peut-être Kenneth Branagh a-t-il emprunté à B. Aldiss cette idée de la profanation par Frankenstein de la sépulture de Justine ?

entre Bodenland et le monstre, à réfuter la laideur mythique de la créature :

> le visage qui me faisait face était d'une terrible beauté [...]
>
> Les yeux étaient là, étincelants derrière les hautes pommettes protectrices comme à travers les fentes d'une visière. Les autres traits, la bouche, les oreilles, et surtout le nez, avaient été en quelque sorte estompés par le bistouri du chirurgien. La créature qui me fixait maintenant avait l'air d'une machine faite au tour (p. 197-198).

En anéantissant les deux monstres, Bodenland ne détruit pas « le *fatalisme* des événements à venir » (p. 226), bien au contraire. Telle est la signification des dernières paroles du monstre à l'agonie, et le sens de sa malédiction finale :

> En essayant de détruire ce que vous ne pouvez pas comprendre, vous vous détruisez vous-même ! Seul ce manque de compréhension vous fait croire à une grande division entre nos deux natures. Quand vous me haïssez ou me craignez, vous croyez que c'est à cause de nos différences. Oh non ! Bodenland ! C'est à cause de nos similitudes que vous me vouez une telle haine ! (p. 250).
>
> Ma mort pèsera plus sur vous que ma vie. Aucune furie que je puisse posséder ne saurait égaler la vôtre. De plus, bien que vous vouliez m'enterrer, vous me ressusciterez perpétuellement ! Une fois libéré, je suis sans limites ! (p. 251).

En tuant Frankenstein et en assumant le meurtre de la créature, Bodenland déplace en somme le problème et déchaîne l'antagonisme racial qui est, selon Brian Aldiss, « la tragédie de notre époque » (p. 143).

Si les variantes sont le plus souvent de pâles imitations de l'original, d'autres œuvres en revanche, où la référence au mythe de Frankenstein n'est parfois qu'implicite, témoignent de manière plus intéressante de l'influence durable du roman. Bien des histoires d'automates et de machines, qui, avec un siècle de retard sur la réalité, envahissent la fiction, et nombre d'autres récits du XIX^e^ siècle peuplés de créatures artificielles, montrent, ne serait-ce qu'indirectement, le retentissement du roman de Mary Shelley.

*Frankenstein* n'est donc pas, comme peut le supposer le public non averti, la simple matière première d'un mythe élaboré à partir de ses données initiales. En revanche, la banalité des représentations familières qui en sont issues témoigne de la richesse du roman, et du succès renouvelé du thème, qu'il a infléchi pour longtemps.

# II

# *De l'automate au robot*

Chapitre 1

# *Les automates : de la réalité à la fiction*

Dans la préhistoire de la science-fiction, et en attendant l'acte de naissance officiel des robots que sera *RUR* de Karel Tchapek, on ne peut qu'être frappé par la vitalité du thème littéraire de la création artificielle. Le motif de l'automate, notamment, en est l'un des aspects les plus largement exploités au XIX<sup>e</sup> siècle.

Dans la réalité, les automates continuent de retenir l'intérêt. On trouve encore, par exemple, de nombreux automates musicaux, dont l'orgue de barbarie est un avatar. En 1821, Winkel invente le componium, doué de la faculté d'improviser... Devant les performances de ces automates, mus par un mécanisme intérieur, et qui semblent doués d'autonomie, on se pose inévitablement bien des questions sur les possibilités des machines. Avec un siècle de décalage par rapport aux grandes inventions de Vaucanson ou de Jaquet-Droz, la littérature d'imagination va donc s'emparer du motif de l'automate. C'est une invention particulière, un automate de jeu, anthropomorphe, qui va servir de catalyseur pour la création littéraire, et cristalliser les interrogations sur l'intelligence artificielle.

L'histoire de l'automate joueur d'échecs du baron Wolfgang von Kempelen est en réalité assez mal connue, et on distingue difficilement les faits avérés de la légende construite autour du phénomène, et qui est la preuve de l'intérêt universel suscité par l'automate. Kempelen, né en 1734 à Presbourg, était conseiller à la cour d'Autriche. Il avait construit divers automates, dont des automates musicaux et une « machine parlante » qui arrivait à émettre, grâce à des soufflets, des syllabes et même quelques mots. Ce brillant joueur d'échecs, qui fut parfois le partenaire de l'impératrice Marie-Thérèse, construisit enfin, en 1769, son fameux joueur d'échecs, qui devait presque lui valoir une réputation de sorcellerie. Assis à la turque devant une caisse contenant les rouages du mécanisme, un homme en costume oriental, avec tête et bras mobiles, livrait... et gagnait presque toujours des parties d'échecs, quel que fût son partenaire. Le joueur d'échecs de Kempelen fit le tour de l'Europe, et on le vit même aux États-Unis. Vendu par le fils de l'inventeur, après sa mort, en 1804, il disparut momentanément de la circulation. Il fut remis en état dans les années 1819-1820 par le mécanicien et musicien allemand Johann Maelzel (l'inventeur du métronome, créateur par ailleurs d'un orchestre automatique de quarante-deux musiciens, qui exécutaient les morceaux célèbres de l'époque). Dès sa réapparition sur la scène parisienne notamment, le joueur d'échecs connut le même succès : il aurait même, dit-on, joué avec Louis XVIII ! Son fonctionnement devait demeurer un mystère jusque dans les années 1850, où il aurait été détruit[1]. Son inventeur lui-même, sans nier catégoriquement qu'il y eût là une supercherie, n'en donna évidemment jamais le secret. Les spectateurs sceptiques se perdaient donc en conjectures : sans doute y avait-il un personnage caché dans la machine ? ou bien l'inventeur se servait-il d'une commande à distance pour actionner l'automate ?

Les *Lettres de M. Charles Gottlieb de Windisch sur Le joueur d'échecs de M. de Kempelen* [150], dans une traduction libre de l'allemand par Chrétien de Méchel, parue à Bâle en 1783, sont un des premiers textes parus en français sur la question. Dans les trois premières lettres, l'auteur rapporte toutes les mesures prises pour garantir aux spectateurs qu'il n'y a pas de supercherie, et que c'est bien une machine qui joue. Puis il en vient, dans la quatrième lettre, à la description de l'automate en train de jouer. La machine fait non seulement des gestes du bras, mais des mouvements de la tête, pour parcourir du regard l'échiquier ou, puisqu'elle est muette, pour ponctuer les phases décisives du jeu :

> Lorsqu'il donne *Échec à la Reine*, il incline la tête deux fois ; il l'incline trois fois en donnant *Échec au Roi*.

Bien plus, il secoue la tête et remet aussitôt les pièces à leur place normale, lorsque son adversaire commet une erreur par inadvertance, ou intentionnellement pour le tester. Le déroulement du jeu lui donne un

1. Voir *infra*, p. 90, le rôle joué par Robert-Houdin. L'automate fut, semble-t-il, détruit dans l'incendie qui ravagea le Chinese Museum de Philadelphie en juillet 1854.

léger avantage, puisqu'il commence toujours la partie, mais l'auteur concède que l'on peut « passer cette incivilité [...] à un joueur de bois ». Ce qui est en tout cas stupéfiant, c'est que, si l'automate ne gagne pas nécessairement, du moins ses coups sont-ils toujours conformes aux règles. Certes, quelques indices du mécanisme sont perceptibles :

> A chaque coup qu'il joue on entend un bruit sourd de rouages, à peu près comme celui d'une pendule à répétition.

De même, « la machine ne peut jouer que dix ou douze coups sans être remontée ». Mais tout se passe en vérité comme si la machine était capable de penser ; et en effet, il faut convenir

> que la simple opération de remonter les ressorts du bras de l'Automate, ne peut produire d'autre effet que de lui rendre la force mouvante, sans avoir rien de commun d'ailleurs avec sa force directrice, ou pour mieux dire avec la faculté de se porter d'après les circonstances de-çà ou de-là, ce en quoi cependant consiste le plus grand mérite de la Machine.

Charles Gottlieb de Windisch commente ainsi de façon timorée ce qui trouble tous les esprits : l'apparente autonomie de la machine, le libre-arbitre et la faculté de raisonnement qui semblent diriger son jeu, en réponse aux coups imprévisibles de n'importe quel adversaire...

Peu à peu, cependant, la vérité commença à se faire jour. Un physicien écossais de renom, sir David Brewster (1781-1868), l'inventeur du kaléidoscope, dénonça le premier la supercherie, en 1824, dans ses *Lettres sur la magie naturelle*. Il avait la conviction qu'il ne s'agissait pas d'un automate, mais qu'un être humain se dissimulait dans la machine. Edgar Allan Poe reprit la question dans un article publié en avril 1836 dans le *Southern Literary Messenger*, et intitulé « Le joueur d'échecs de Maelzel »[1] [111]. Après avoir décrit diverses inventions mécaniques, toutes plus surprenantes les unes que les autres, Poe en vient à examiner le joueur d'échecs, alors exhibé aux États-Unis par Maelzel, et s'efforce, en se fondant sur l'observation et le raisonnement, de démontrer le trucage qui abuse les spectateurs. Par exemple, il note que les coups ne sont pas joués par le Turc à des intervalles de temps réguliers, ce qui est contraire au principe de fonctionnement de toute combinaison mécanique ; la

1. L'article fut traduit par Baudelaire dans *Le Monde illustré* des 12, 19, 26 juillet et 2 août 1862.

physionomie extérieure et la gesticulation de l'automate lui paraissent, en comparaison avec d'autres automates exhibés par Maelzel, de pâles imitations de la vie, et Poe en conclut que l'exhibiteur *(sic)* a respecté les défaillances de l'inventeur afin de faire croire, lui aussi, à une pure machine, etc. En résumé, Poe montre que derrière un simulacre de mécanique, se cache bel et bien un être humain de petite taille, dissimulé dans la caisse qui sert de table à l'automate, et qui est un savant agencement de compartiments coulissants – une sorte de coffre à double fond. Ainsi, l'automate joueur d'échecs est, aux yeux de Poe, infiniment moins réussi que la machine à calculer de M. Babbage[1], qui, elle, accomplit toute sorte de calculs et les imprime « sans la plus légère intervention de l'intelligence humaine ». Finalement, le prestidigitateur Robert-Houdin (1805-1871) devait mettre fin au mystère lié à l'automate. Ce fils d'horloger, passionné par les questions de mécanique et notamment par les techniques d'escamotage, était lui-même l'inventeur d'automates qui lui avaient valu une grande notoriété et avaient fait de lui un personnage quasi légendaire. Il ne lui fut pas difficile de reconstituer le joueur d'échecs, qu'il exhiba, donnant enfin la preuve publique qu'un nain se cachait dans le socle du mécanisme.

Ce qui nous importe en vérité, au-delà de ces faits parfois mal établis, c'est l'extraordinaire mouvement de curiosité, et les questions soulevées par cette invention. Car avec le joueur d'échecs de Kempelen, c'est l'automate qui entre dans la littérature. Le texte de E. T. A. Hoffmann intitulé *L'automate* est ainsi le premier texte littéraire important sur ce thème.

## E. T. A. HOFFMANN : UN PRÉCURSEUR

Hoffmann écrivit la nouvelle intitulée *L'automate* [68] à Dresde, aux alentours de janvier 1814. Une publication partielle eut lieu dans le *Allgemeine Musikalische Zeitung* du 9 février, puis le texte parut inté-

1. Charles Babbage (1709-1782), mathématicien anglais, construisit l'une des premières machines à calculer.

gralement dans le *Elegante Welt* d'avril 1814[1]. Malgré la vogue que connut l'œuvre de Hoffmann en France autour de 1830, et qui se manifesta, entre autres, par le grand nombre des traductions et éditions de ses contes, il fallut attendre 1929 pour voir paraître une traduction de *L'automate* dans notre langue. Il est vrai que le récit, assez disparate, n'est pas des plus faciles. Par sa complexité même, il témoigne cependant de l'inquiétude suscitée par l'idée que l'on peut fabriquer un automate doué de la faculté de penser. On peut aussi voir dans ce conte une ébauche du thème qui inspirera à Hoffmann son récit célèbre : *L'Homme au Sable.*

Les conversations des deux héros de l'histoire, Louis et Ferdinand, reflètent à elles seules la vogue des automates dans la réalité du temps[2]. Chacun fait en effet référence à des curiosités qu'il a vues, et dans lesquelles on reconnaît la réplique d'automates célèbres, quand leur inventeur n'est pas explicitement désigné. On notera toutefois que toutes ces allusions servent paradoxalement à décrier ces merveilles. Ferdinand estime ainsi qu'un des automates les plus parfaits qu'il ait jamais vus est « le Voltigeur d'Ensler » ; mais si les mouvements de l'automate à la barre fixe l'ont impressionné, au repos celui-ci lui a semblé grotesque. Louis, de son côté, a naguère visité la collection de l'arsenal de Dantzig : après qu'un soldat en uniforme ancien, l'air martial, eut déchargé sur lui sa carabine, et plusieurs « amusements » du même style, on le conduisit dans la salle où le dieu Mars se tenait en majesté :

> Mars lui-même était assis, dans un costume assez grotesque, sur un trône orné d'armes de toutes sortes ; il était entouré de trabans et de guerriers. Dès que nous arrivâmes devant le trône, quelques tambours se mirent à battre, et des fifres se joignirent à eux, jouant d'une manière si épouvantable que l'on avait envie de se boucher les oreilles pour ne pas entendre cette cacophonie.
>
> La musique arrêtée, « les trabans se mirent à tourner la tête et à frapper le sol de leur hallebarde jusqu'à ce que le dieu de la guerre, après avoir roulé plusieurs fois les yeux, bondît de son siège et fît mine de s'avancer intrépidement vers nous.

1. Il fut ensuite recueilli par Hoffmann dans le second volume des *Soirées des Frères Sérapion*, qui parut en automne 1819.

2. Le titre allemand : *Die Automaten* (= Les automates) dénote mieux la variété des exemples proposés, même si la vedette est donnée d'emblée à la création la plus spectaculaire.

Tout reprend bientôt « l'immobilité qui convient à de vieilles pièces de bois » et Louis, peu convaincu par ce héros d'opérette, lui préfère le casse-noisettes de son enfance. Enfin, vers la fin du récit, les deux amis rendent visite au Pr X..., célèbre pour ses inventions. Celui-ci se met au piano et prélude, et à sa suite, tout l'orchestre d'automates s'anime :

> A la reprise, le flûtiste porta la flûte à sa bouche et joua le morceau ; alors l'un des garçons, bien en mesure, frappa tout doucement sur son tambour, tandis que l'autre fit résonner légèrement son triangle. Bientôt après, la femme attaqua le thème à pleins accords et, en tapant sur les touches de son piano, produisit un son analogue à celui d'un harmonica[1]. Mais alors tout dans la salle s'anima vivement ; les pendules à carillons entrèrent en jeu successivement, avec la plus grande justesse rythmique ; le garçon battit toujours plus fort sur son tambour ; le triangle strida à travers la pièce et enfin l'orchestre se mit à trompeter et à jouer de la timbale *fortissimo*, si bien que tout se mit à trembler et frémir, jusqu'au moment où le Professeur et ses machines frappèrent ensemble l'accord final.

Les deux amis, qui ont reconnu au passage le joueur de flûte de Vaucanson, quittent au plus vite « le mécanicien et ses machines ». Ils ne voient en effet dans ce spectacle qu'un mécanisme bien réglé, et Louis, en particulier, le musicien passionné, porte-parole de Hoffmann[2], ne décolère pas. Pour lui, la musique est un art d'émotion plus que de technique, et « vouloir créer de la musique au moyen de soupapes, de ressorts, de leviers, de rouleaux, de tout ce qui est du domaine de la mécanique, c'est être assez fou pour demander à des instruments matériels ce qu'ils ne pourraient produire que s'ils étaient animés par la force intérieure du sentiment et si leurs moindres mouvements étaient réglés par celui-ci ». Dans sa fureur, il ira jusqu'à soutenir que « le musicien le plus dépourvu de pensée et d'émotion jouera encore mieux que la machine la plus parfaite », et que « la machine qui, au point de vue mécanique, est la plus parfaite, est pour [lui] la plus méprisable ». Plus l'inventeur perfectionne l'automate musical, et plus l'imitation musicale est dérisoire. A tous ces amusements de mauvais aloi, Louis préfère, et de loin, « une bonne machine à tricoter des bas ».

1. Il ne s'agit pas là de l'instrument que nous connaissons, et dont l'invention est plus tardive, mais d'un instrument consistant en récipients de cristal emplis d'eau, de timbres différents, et que l'on faisait résonner par frottement.

2. A l'époque où il écrivit *L'automate*, Hoffmann avait abandonné la carrière juridique. Il était devenu chef d'orchestre à l'Opéra de Bamberg et composait de la musique de chambre et d'opéra.

La fabrication des automates, nous le verrons, tend alors à s'orienter vers des considérations plus pratiques...

Ce sont donc deux spectateurs non prévenus en faveur des automates qui sont confrontés avec l'héritier direct du joueur d'échecs de Kempelen. « L'automate » en a en effet l'apparence : le costume turc, la même posture, le même mouvement de la tête. La description souligne la « physionomie spirituelle et véritablement orientale » du personnage, qui lui donne « une vie qu'on rencontre rarement dans les figures de cire ». Toutefois le protagoniste renchérit sur le joueur d'échecs, puisqu'il s'agit d'un « Turc parlant »[1]. Un curieux le questionne en murmurant à son oreille droite, et le Turc parlant, après avoir tourné les yeux puis toute la tête du côté de son interlocuteur, répond à voix basse ; de ses lèvres rigides sort un souffle qui ne permet, semble-t-il, aucun doute : il parle. Parfois, il lève un doigt en signe de menace, ou signifie de la main droite qu'il refuse de répondre ; dans ce cas, on parvient à grand-peine à lui soutirer une réponse « ambiguë » ou exprimant le mécontentement.

L'exhibition de ce phénomène attire évidemment les foules, et chacun de vérifier qu'il n'y a pas de surpercherie. On déplace le socle : pas de trappe. On ouvre un volet, du côté où le montreur, après chaque réponse, remonte à grand bruit un mécanisme d'horlogerie : les rouages occupent trop de place pour qu'un être humain puisse se cacher dans l'automate. La perplexité est générale : le mécanisme actionne sans nul doute les mouvements de la tête et du bras ; mais la parole ? L'artiste n'est pas ventriloque, on l'a vérifié. Cependant, devant tant de perfection et d'autonomie apparente, « l'intervention d'un être pensant » semble indispensable. L'homme répugne trop à voir son égal dans une machine... On imagine donc qu'un être humain, par le biais d'un dispositif acoustique et optique ingénieux, peut voir et entendre le questionneur, puis lui répondre à voix basse par le truchement du « Turc savant ».

Car le plus stupéfiant est que l'automate délivre des « oracles ». Ses

1. Le baron de Kempelen, on s'en souvient, avait également fabriqué une « machine à parler », c'est-à-dire un automate capable de prononcer un certain nombre de phrases courtes. Hoffmann fait donc dans sa nouvelle l'amalgame de plusieurs inventions existantes, mais en multipliant à l'extrême les possibilités d'élocution de son automate.

réponses sont à l'unisson avec la personnalité du questionneur, et correspondent souvent à ses pressentiments les plus intimes :

> tantôt sèches, tantôt faites de plaisanteries assez grossières, tantôt, au contraire, pleines d'esprit et de sagacité, elles étaient d'une singulière opportunité, qui parfois ne laissait pas d'être douloureuse. Souvent on était surpris par un regard mystique jeté sur l'avenir, prescience qui ne pouvait s'expliquer que par le sentiment secret du questionneur lui-même.

Souvent même, le Turc répond dans une langue étrangère, qui se révèle être familière à son interlocuteur, et la mieux choisie pour exprimer sa pensée de façon nette et concise... Ce sont cette perspicacité et cette faculté divinatoire qui suscitent le plus d'étonnement, et Ferdinand comme Louis sont d'autant plus persuadés que seule la puissance intellectuelle d'un être humain peut lui permettre de pénétrer le tréfonds de l'âme du questionneur – même si le pouvoir spirituel de cet inconnu ne laisse pas d'être effrayant.

Les réactions des deux amis sont représentatives de deux attitudes possibles face à la création artificielle. Pendant longtemps, Louis se refuse à aller voir le Turc. En présence de cette « singerie de l'être humain » qu'est un automate, de « ces véritables statues d'une mort vivante ou d'une vie morte », il est pris d'une sensation de malaise. Plus tard, devant les automates musiciens du P^r^ X..., il avouera que « l'association d'un homme vivant avec des figures inertes imitant les mouvements et la forme de l'être humain » a pour lui quelque chose de « pénible, de sinistre et même d'épouvantable ». Extrapolant à partir du concert auquel il vient d'assister, il brosse un tableau qui est la préfiguration de la scène du bal dans *L'Homme au Sable* :

> Je ne puis m'empêcher de penser qu'il serait possible, au moyen d'un mécanisme caché à l'intérieur des automates, de faire danser avec art et agilité des machines à figure humaine, et qu'on pourrait associer à ces automates des hommes vivants qui exécuteraient avec eux des danses de toutes sortes, où l'on verrait le danseur en chair et en os saisir la danseuse de bois et tournoyer avec elle. Pourrais-tu supporter une minute ce spectacle sans être saisi d'horreur ?

Bref, c'est l'alliance du mort et du vivant en l'automate, et l'abolition de frontières nettes entre l'être humain et l'être artificiel, qui suscite chez Louis ce sentiment d'« inquiétante étrangeté »[1]. L'horreur de l'ar-

1. Voir *infra*, p. 99.

tifice chez Hoffmann, son aversion devant l'idée qu'une créature artificielle pourrait se substituer à un être humain, se retrouve, nous l'avons vu[1], dans les personnages des *teraphim* qu'il a évoqués dans d'autres contes. La présence du Turc parlant, cependant, produit sur Louis « un effet du plus haut comique ». Ses plaisanteries déchaînent les rires de l'assistance, au mécontentement de l'artiste... et du Turc, dont les réponses restent ternes. On peut toutefois se demander si son comportement n'est pas une échappatoire dissimulant mal son inquiétude.

Ferdinand, lui, reste froid devant ces « poupées vivantes », mais, poussé par la curiosité, il veut mettre lui-même à l'épreuve « le merveilleux esprit prophétique de l'inconnu » dissimulé derrière l'automate. Il va découvrir à ses dépens l'étendue de ce pouvoir. A la réponse que le Turc fait à sa question, il blémit – et ses efforts pour paraître désinvolte ne trompent personne. Devant son anxiété visible, la curiosité générale augmente encore, et la société est « saisie par [un] sentiment étrange et presque angoissant ». Aucune coïncidence, aucun hasard ne peut en effet expliquer la clairvoyance du « Turc ». Ferdinand en est sûr : l'inconnu qui prophétise par l'intermédiaire de l'automate « dispose de forces qui dominent magiquement nos pensées les plus secrètes », d'un pouvoir qui lui permet d'entrevoir « le germe de l'avenir qui s'élabore en nous-mêmes par une conjonction mystique avec le monde extérieur ». L'étranger a percé le secret de son amour pour une femme idéale, à la voix divine, entrevue jadis dans une vision impérissable[2]. Et à la question de Ferdinand : « Vivrai-je encore, à l'avenir, un moment égal à celui où j'ai été le plus heureux ? », le personnage, d'un ton sinistre, a répondu : « Infortuné ! Au moment où tu *la* reverras, elle sera perdue pour toi. »

Le développement ultérieur de la nouvelle n'est pas, il faut le reconnaître, des plus captivants. Les digressions (notamment sur la musique) sont nombreuses, et la conduite du récit est de surcroît entravée par des retours en arrière et la reprise de séquences narratives identiques. Pour ce qui est de l'histoire du Turc parlant, le lecteur apprend que « l'artiste » qui l'exhibe n'est en fait responsable que de la

1. Voir *supra*, p. 49-50.
2. Il faut voir là, bien entendu, une des nombreuses transpositions littéraires de l'amour désespéré éprouvé par Hoffmann pour Julia Mark, son élève de chant à Bamberg.

phase embryonnaire des travaux. Le véritable créateur est en réalité le Pr X..., savant connu et estimé de tous. Cet homme féru de physique et de chimie est aussi versé dans les arts mécaniques, et l'on sait qu'il collectionne les automates. En une quinzaine de jours, il a ainsi perfectionné le Turc parlant, lui donnant son apparence actuelle et, surtout, sa faculté divinatoire. Le portrait du Pr X..., comme celui de tout inventeur adonné à la création artificielle, n'est cependant pas très positif. Lorsque Louis et Ferdinand lui rendent visite, ils sont frappés par son regard incisif, son sourire sarcastique et la voix criarde avec laquelle, tel un charlatan, il vante ses curiosités. L'ironie hostile avec laquelle il les a accueillis va peu à peu s'éclairer. Le professeur semble mystérieusement lié avec la belle chanteuse dont Ferdinand est épris ; peut-être même est-elle sa fille[1] ? Vers la fin du conte, les deux amis, au cours d'une promenade hors de la ville, se trouvent devant un grand parc : une voix féminine, celle de la chanteuse, les plonge dans le ravissement, et tandis que le professeur fait les cent pas dans le jardin, tout, autour de lui s'anime : des arbres et des massifs jaillissent des sons merveilleux qui s'harmonisent en un magnifique concert. Le Pr X..., on l'avait pressenti, est un peu magicien, et les automates ne sont pour lui qu'« une distraction secondaire » ; c'est dans le domaine de la musique qu'il a fait ses plus grandes découvertes, et son laboratoire est ce mystérieux jardin... Cet intérêt pour la musique étaierait ainsi l'hypothèse d'un ingénieux mécanisme acoustique installé dans le Turc parlant.

Mais l'automate en tant que tel est relégué au second plan dans le dénouement, dès lors que la théorie d'une géniale supercherie est unanimement adoptée. Reste le sentiment angoissant de Ferdinand, qui sera celui de Nathanaël dans *L'Homme au Sable* : l'idée qu'« une puissance étrangère s'est emparée de lui », et que de quelque façon, le Pr X... en est l'incarnation, qu'il exerce une action sur sa vie, « ou, plus exactement, sur la relation psychique mystérieuse qui [le] lie avec cette femme inconnue ». La scène finale reste ambiguë. Ferdinand, qui a dû quitter la ville, rapporte deux mois plus tard ces événements à Louis :

1. Tout ceci annonce, de manière encore confuse, le thème qui sera traité par Hoffmann dans *Le conseiller Krespel* (1817), et le professeur et la chanteuse semblent la préfiguration de Krespel et de sa fille Antonie.

dans un village, il a assisté à une cérémonie nuptiale ; mais au moment de la bénédiction, quel trouble !

> Je regarde attentivement ; la mariée est ma chanteuse ! Elle m'aperçoit, elle pâlit, elle s'affaisse ; l'homme qui est derrière elle la retient dans ses bras : c'est le P^r X...

Louis, de son côté, a la certitude que le professeur ne s'est pas absenté de la ville... Sans doute Ferdinand pense-t-il avoir rêvé, car, contrairement à toute attente, sa lettre le dépeint calme et serein ; pour lui, « la fatale parole du Turc n'était qu'un infâme mensonge », et il semble toujours en proie au même amour. Louis, au contraire, estime que « la fatale parole est accomplie », et qu'ainsi « est détourné le coup mortel qui menaçait [son] ami. » Les oracles, Ferdinand le savait, sont caractérisés par « un effrayant clair-obscur », et il semble bien que les deux amis aient vu dans la prophétie du Turc parlant l'annonce de la mort de Ferdinand ; le lecteur, sans avoir la clairvoyance de l'automate, est sans doute plus perspicace, et ne peut manquer d'être déçu par ce plat dénouement. Que Ferdinand ou Louis ait raison, qu'importe : « Tout est bien qui finit bien », et le conte n'a pas tenu les promesses que le mystère du Turc parlant et le mysticisme ambiant avaient fait naître.

Ce conte nous intéresse cependant à divers titres. Il est, nous l'avons dit, le premier texte littéraire sur le thème de l'automate. Par les descriptions précises qui l'émaillent, il nous donne une idée du perfectionnement technique, à peine exagéré dans la fiction, auquel les inventeurs étaient parvenus. La position de l'auteur, exprimée par le truchement de ses deux personnages, est intéressante par son ambiguïté même. Pour les deux amis, les automates ne sont – et ne seront jamais – que des machines, et il ne fait pas de doute que derrière le Turc parlant, se dissimule une intelligence humaine. Cependant, comment ne pas éprouver un sentiment de malaise devant ces êtres mi-morts, mi-animés, créateurs d'illusions ?

C'est d'une illusion fatale que va être victime l'infortuné Nathanaël, le héros de *L'Homme au Sable* [69]. Cette célèbre nouvelle, écrite en novembre 1815, parut en 1817 dans le volume des *Nachtstücke (Contes nocturnes)*. Comme le titre l'indique, et quelle que soit l'impression que nous ont laissée les adaptations du conte[1], ce n'est pas la problématique de l'automate qui constitue l'essentiel de la nouvelle, mais bien la figure fantastique et inquiétante de l'Homme au Sable. Dès son enfance, Nathanaël vit dans un univers en marge du monde réel, peuplé par les héros des histoires merveilleuses que raconte son père, par les lutins, sorcières ou nains des histoires terrifiantes dont il raffole, et surtout par cette vision horrible engendrée par la figure légendaire de l'Homme au Sable, complaisamment décrite par la nourrice :

> C'est un méchant homme qui vient voir les enfants qui ne veulent pas aller au lit ; il leur jette des poignées de sable dans les yeux, et ces yeux tombent tout sanglants à terre ; alors il les fourre dans son sac et les emporte dans le croissant de lune pour nourrir ses petits. Ils sont là perchés sur leur nid, avec des becs crochus comme ceux des hibous, et ils picorent les yeux des petits enfants qui n'ont pas été sages (p. 35-37).

L'enfant, hanté par cette image, ne peut manquer d'établir une relation entre les propos de sa mère ; « Allons, enfants, au lit, au lit ! L'Homme au Sable va passer, je l'entends », et la visite nocturne, apparemment redoutée par ses parents, d'un mystérieux personnage. Ces soirs-là, son père est plongé dans un mutisme angoissant, sa mère est triste et grave... Un soir, Nathanaël épie le visiteur – et une « vérité horrible et affreuse », pire que celle de la légende, se révèle à lui. Devant l'épreuve de réalité que représente la scène nocturne, Nathanaël, au lieu de conclure que l'Homme au Sable n'existe pas, identifie au contraire le vieil avocat Coppélius, un familier de la maison, avec la figure obsessionnelle :

> l'Homme au Sable ne pouvait être que lui, [...] c'était le monstre hideux et fantastique qui partout où il apparaît apporte le chagrin, la détresse, la perdition dans ce monde et dans l'autre (p. 43).

Dès lors Nathanaël est en proie aux « sombres pressentiments d'un sort affreux et menaçant » (p. 31). « Une chose horrible est entrée dans [sa] vie » *(ibid.)*, et, tel Ferdinand dans *L'automate*, il ne peut se défaire du

1. Notamment les adaptations musicales, qui privilégient le thème de l'amour du jeune homme pour l'automate. Voir le ballet de Léo Delibes, *Coppélia ou la fille aux yeux d'émail* (1re repr. 1870) ou l'opéra-comique d'Offenbach, *Les Contes d'Hoffmann* (1re repr., posthume, 1881).

sentiment qu'une puissance maléfique est là, «sombre et hostile qui cherche, tapie au fond de nous, à nous détruire» (p. 57).

Dans son article intitulé «Das Unheimliche»[1] («L'inquiétante étrangeté») [218], Freud a analysé cette scène infantile sur laquelle nous reviendrons, et conclut que Nathanaël est en fait victime d'un complexe de castration, la crainte pour les yeux (qu'il éprouve dans cette confrontation violente avec Coppélius) étant un substitut de la peur de la castration. L'Homme au Sable serait ainsi le père redouté, de la part de qui on craint la castration (s'opposant en cela au bon père – le vrai père de Nathanaël – qui sauve les yeux de l'enfant par son intervention). Dans l'interprétation psychanalytique, le jeune homme fixé au père par le complexe de castration devient incapable d'éprouver de l'amour pour une femme: ainsi s'expliquerait l'absurde amour obsessionnel de Nathanaël pour l'automate Olympia. Freud a surtout excellemment analysé «l'inquiétante étrangeté» qui émane de complexes infantiles refoulés, le processus du refoulement d'un contenu psychique et du retour en force inopiné du refoulé. Nathanaël est en effet victime de ce phénomène: il semble avoir échappé à ses tragiques pressentiments, lorsqu'il est replongé dans la même angoisse par une rencontre fatale, celle de l'opticien Coppola, en qui il reconnaît le maudit Coppélius de son enfance. C'est sur ce sentiment d'une sombre fatalité que s'ouvre la nouvelle, avec la lettre que Nathanaël écrit à son ami Lothaire, quelques jours après la visite du marchand de baromètres et de lunettes. Par la suite, coïncidences et hasards mystérieux troublent quelque peu le lecteur: l'incendie (né dans le laboratoire d'un apothicaire) qui ravage l'appartement de Nathanaël, à l'Université, donne un sentiment de «déjà vu» – une autre forme de l'inquiétante étrangeté: il rappelle en effet la scène dans laquelle le père de Nathanaël a trouvé la mort. La situation de la nouvelle chambre de Nathanaël, en face de la maison où Olympia est enfermée, est étrange. Les apparitions successives de Coppola, nous y reviendrons, sont elles aussi troublantes. Nathanaël, pour sa part, perd peu à peu tout contact avec le réel. Il est en proie à un véritable sentiment d'aliénation qu'Hoffmann traduit, selon les cas, dans un registre tragique ou

1. C'est-à-dire : ce qui autrefois était « heimlich », de tous temps familier, et qui ne l'est plus. Pour Freud, le préfixe privatif – *un* est la marque du refoulement.

comique. Alors que Nathanaël relit à voix haute un poème qu'il vient de composer, « saisi d'horreur et d'une violente épouvante », il s'écrie : « Quelle est cette voix effroyable ? » Alors qu'il maugrée tout bas, furieux d'avoir payé trop cher le petit télescope que Coppola vient de lui vendre, et au travers duquel il va pouvoir observer Olympia, il lui semble « qu'un râle profond [retentit], sinistre, à travers la pièce » – et il lui faut quelque temps pour s'apercevoir qu'il a lui-même poussé ce soupir... Désormais Nathanaël est perdu. Il s'éprend follement du bel automate Olympia, sans soupçonner qu'il n'a affaire qu'à une créature artificielle, et lorsqu'il est brutalement détrompé, dans un accès de folie furieuse, il manque d'étrangler un des créateurs de l'automate. Une dernière vision fatale suffira, quelque temps après, à déclencher en lui une crise de délire et de fureur homicide : Clara, sa fiancée, qu'il veut précipiter du haut d'une tour, est sauvée de justesse ; mais Nathanaël, croyant apercevoir dans la foule le personnage de Coppélius, saute par-dessus la balustrade.

De merveilleux, le conte a basculé dans le fantastique, et la technique narrative employée par Hoffmann contribue à créer cette incertitude caractéristique du genre. Les trois lettres qui ouvrent le récit nous présentent deux points de vue contradictoires : celui de Nathanaël, que nous connaissons, et celui de Clara. Sa fiancée, sans nier l'existence en nous de cette puissance sombre et hostile, est néanmoins persuadée (contrairement à Nathanaël, qui cède à la fatalité) qu'il dépend de nous de ne pas nous abandonner à elle. C'est en quelque sorte « le fantôme de notre propre moi » qui, si nous le laissons faire, « attire et fixe en nous certaines images étrangères que le monde extérieur jette sur notre chemin » (p. 59), et c'est en croyant au pouvoir fatal des personnages qui l'obsèdent que Nathanaël peut en effet se les rendre néfastes. En fait, ces deux points de vue laissent planer jusqu'à la fin du récit une ambiguïté volontaire. Tantôt Hoffmann semble adopter le parti pris de la dérision, et se moquer, par l'intermédiaire de Clara ou des amis de Nathanaël, des divagations de son personnage. Le lecteur a le sentiment que Hoffmann aimerait en un sens ressembler à Clara et croire, comme elle, que ce ne sont là qu'idées absurdes. Tantôt l'auteur semble ajouter foi aux croyances de Nathanaël, comme si sa propre âme déchirée ne lui permettait pas de bannir totalement ces idées. Quelle voix privilégier ? Celle du mysticisme, ou celle de la raison ? Pour vivre, la raison est la seule échappatoire, et le dénouement de la nouvelle nous évoque « le paisible bonheur domestique » enfin trouvé par Clara. Mais est-ce la bonne réponse ? On notera qu'après l'introduction que constituent ces trois lettres (qui, par leur répartition, font déjà prévaloir le point de vue de Nathanaël[1]), la narration est assumée par un nouveau « je », un ami de Nathanaël (à qui Lothaire a transmis les trois lettres). Or, celui-ci, porte-parole de Hoffmann, semble adopter, dans son adresse au lecteur, un point de vue qui se rapproche de la vision de Nathanaël :

> Peut-être, ô mon lecteur, en viendras-tu à penser qu'il n'y a rien de plus extraordinaire ni de plus fou que la vie réelle, et que seul le poète est apte à la saisir, dans le vague reflet qu'en renvoie un miroir insuffisamment poli (p. 69).

Toute la suite du récit, en tout cas, est faite en focalisation interne, et le narrateur prend soin de ne nous présenter les choses que du point de vue de son malheureux ami.

Hoffmann semble ainsi s'être dédoublé dans ce narrateur anonyme, qui lui-même tend à s'identifier avec le protagoniste, Nathanaël, ce dernier devenant à son tour auteur lorsqu'il compose un poème où il rapporte de façon symbolique et prémonitoire sa propre histoire. Cet effet de mise en abyme, et la structure d'emboîtement de la narration créent ainsi un effet de miroir, le texte devenant le lieu de projection d'images du double. Sans nul doute, ces jeux spéculaires contribuent à brouiller les pistes et, en introduisant un coefficient d'incertitude dans les faits rapportés, privilégient en fait la lecture « spiritualiste » de la nouvelle.

Selon E. Jentsch[2], le cas d'inquiétante étrangeté par excellence est « celui où l'on doute qu'un être en apparence animé ne soit vivant, et inversement, qu'un objet sans vie ne soit en quelque sort animé ». Les réactions de Louis, dans *L'automate*, nous ont déjà appris à quel point Hoffmann lui-même comprenait ce malaise suscité par les automates. Tout le talent de l'auteur pour faire naître *ce* sentiment d'inquiétante étrangeté dans *L'Homme au Sable* consiste à faire en sorte que l'incerti-

1. La lettre II, de Clara à Nathanaël, est encadrée par deux lettres de Nathanaël au frère de sa fiancée, qui est aussi son ami : Lothaire.

2. *In* « Zur Psychologie des Unheimlichen » (*Psychiat. neurolog. Wochenschrift*, 1906, n[os] 22 et 23). Cité par Freud *in* « L'inquiétante étrangeté » [218].

tude sur la nature d'Olympia ne devienne pas d'emblée le point central de l'attention. Nous avons vu que pendant longtemps, Hoffmann dirige habilement le regard du lecteur sur le personnage de Nathanaël et ses sombres pressentiments, et il laisse ainsi planer le doute sur l'identité de la figure féminine. Il n'est guère, aujourd'hui, de lecteur non prévenu de *L'Homme au Sable*, et la célébrité du conte rend presque impossible une première lecture naïve. Mais le fait est que dans les premières images qui nous sont données d'Olympia, subsiste une ambiguïté voulue. Est-ce un être humain, ou un automate ? Lorsque Nathanaël entrevoit pour la première fois Olympia, il se sent vite gêné de l'épier à son insu, et s'éclipse (p. 63). Il est certes frappé par la fixité de son regard (« elle semblait dormir les yeux ouverts »), mais des bruits courent sur la séquestration de cette jeune fille, auxquels Nathanaël, dans l'immédiat, semble accorder foi : « elle est peut-être idiote ou autre chose » (p. 63). Lorsqu'il aperçoit Olympia, depuis la fenêtre de sa chambre, les traits de son visage restent « indistincts et confus » (p. 85). Il est pourtant intrigué, à la longue, par sa posture toujours identique, mais quelles proportions exquises, quel visage angélique ! A ce stade, la pensée de Clara le laisse en tout cas indifférent face à « cette Olympia rigide et figée », « cette belle statue » (p. 85). Plus tard, grâce à la longue-vue de poche qu'il a achetée à Coppola, les yeux d'Olympia, jusque-là « étrangement fixes et morts », lui paraissent s'animer et briller de tous leurs feux. Hélas, le lendemain et les jours suivants, Olympia n'est plus visible. Le lecteur, certes alerté par bien des indices, devra attendre l'épisode du bal chez le P^r^ Spalanzani pour acquérir la certitude de l'artifice.

Tous les regards se portent alors sur Olympia, qui fait sa première apparition dans le monde. Il s'agit, nous en sommes cette fois persuadés, d'un automate, mais dont la perfection surpasse de beaucoup celle de tous ses semblables. Olympia peut marcher, valser, chanter, parler – qui sait ? peut-être aussi penser et aimer ? C'est du moins ce que croit Nathanaël.

Les invités, tous des universitaires (!), sont plus perspicaces, et pour une fois, le narrateur nous fait part de leurs impressions. Hoffmann fait ainsi la somme des indices révélateurs de l'artifice. Outre la fixité du regard, déjà signalée, et qui sera une constante dans presque tous les récits (les yeux ne sont-ils pas le miroir de l'âme ?), on ne peut qu'être frappé par la raideur des attitudes et l'impassiblité des traits, justifiant le prénom dont Spalanzani a ironiquement affublé sa « fille ». La démarche d'Olympia est guindée, son attitude compassée. Cette rigidité s'accompagne d'une immuable régularité, que l'on observe dans toutes ses actions. « Chacun de ses mouvements semble produit par un mécanisme d'horlogerie » (p. 101). Si, avant cette soirée, Nathanaël a toujours vu Olympia assise à une petite table, dans la même attitude, après le bal elle l'« écoutera » pendant de longues heures sans faire le moindre mouvement. Sa passivité totale, que Nathanaël semble à peine percevoir dans ses rares moments de lucidité, et qu'il interprète aussitôt dans le sens le plus favorable, n'a d'égale que la pauvreté de sa conversation. Tout son vocabulaire se résume à quelques soupirs : « Ah ! ah ! » et à une formule de politesse : « Bonne nuit, cher ! » Les amis de Nathanaël en concluent pour le moins à un manque d'âme absolu, ou à une totale stupidité. Mais plus révélatrice encore de l'artifice est l'étrange perfection d'Olympia : ses traits si purs, sa taille parfaite, son jeu, son chant qui ont « le rythme odieusement régulier et sans âme d'une boîte à musique » (p. 101), le rythme inflexible de sa danse, aussi, qui finit par embrouiller Nathanaël lui-même... Siegmund, l'ami de Nathanaël, résume l'impression générale : comment Nathanaël a-t-il pu s'amouracher « de ce visage de cire, de cette poupée en bois » ?

> Cette Olympia, nous lui trouvons quelque chose de sinistre, nous souhaitons nous en tenir loin, nous avons l'impression qu'elle fait seulement semblant d'être une créature vivante et qu'il y a quelque chose de louche dans son cas (p. 101-103).

Ces hommes « froids et prosaïques » ne sauraient évidemment partager les sentiments de Nathanaël. Sous son regard amoureux, Olympia a véritablement pris vie, et ce motif obsessionnel du regard (à mettre en relation avec le complexe de castration décrit par Freud) prend ici une valeur comique. Alors même que le regard d'Olympia est objectivement « privé de toute flamme, de toute acuité visuelle », il prend, sous le regard de Nathanaël, l'expression la plus vive. Au bal, debout au dernier rang, Nathanaël distingue mal les traits de la chanteuse ; il tire de sa poche la longue-vue de Coppola, et aussitôt elle le regarde « d'un air langoureux », d'un « regard d'amour qui le [brûle] jusqu'à l'âme » (p. 95). Lui prend-il la main ? Cette main est « froide comme glace » ; et à son contact, il sent un instant « courir dans ses veines l'horrible froid de la mort ». Mais il regarde les yeux d'Olympia, où il voit « briller l'amour et le désir », et à l'instant il sent sa main se réchauffer entre les siennes. Ose-t-il, de ses lèvres brûlantes, effleurer les lèvres glacées de la belle ? Il se sent « saisi d'une horreur profonde ». « Mais Olympia le serrait fermement contre elle, et dans le baiser ses lèvres semblèrent s'échauffer et prendre vie » (p. 99). Heureusement pour la bonne « tenue » de l'automate, les convenances ne permettent pas à Nathanaël de prolonger l'étreinte ! Olympia vit donc de la propre vie de Nathanaël, elle est son double, et l'amour que lui porte Nathanaël est totalement narcissique. Certaines de ses expressions traduisent d'ailleurs ce sentiment d'identité. Comme il le confie à son ami Siegmund : « C'est dans l'amour d'Olympia que je me retrouve enfin en possession de moi-même » (p. 103).

> Et il frémissait d'une extase intime en pensant à l'accord miraculeux qui se révélait de jour en jour entre son âme et celle d'Olympia, car il lui semblait qu'elle s'exprimait au sujet de ses œuvres et de son talent poétique exactement comme il l'eût fait lui-même – comme si la voix d'Olympia s'était élevée de son âme à lui (p. 105).

Et le narrateur de commenter avec humour : « Et sans doute était-ce vrai, car Olympia n'en dit jamais plus long que ce que l'on a vu ci-dessus. » La « froide, insensible et prosaïque » Clara ose tricoter paisiblement un bas alors que Nathanaël lui lit un de ses poèmes ; elle ose traiter cette œuvre de « conte insensé – absurde – dément ! » (p. 81). Nathanaël, dans son aveuglement, ira jusqu'à la traiter d'« automate maudit et sans vie ! » *(ibid.)*. Au contraire, quelle merveilleuse auditrice qu'Olympia ! Nuls travaux de couture, nulle distraction, nul bâillement ne témoignent de son indifférence. Elle écoute Nathanaël des heures durant, suspendue à ses lèvres. L'imagination de Nathanaël la pare ainsi de ce qui manque à l'automate : la pensée, le cœur, l'âme.

Hoffmann développe donc, avec la folle passion de Nathanaël pour Olympia, le motif de l'amour entre un être humain et un être artificiel, dont le mythe de Pygmalion constitue l'archétype. Tel l'archiduc Charles victime de son Golem féminin Bella[1], Nathanaël est dupe de l'artifice et succombe aux séductions d'Olympia. Les *teraphim* des *Secrets* (1820) et de *Maître Puce* (1822) détournent eux aussi à leur

1. In *Isabelle d'Égypte* d'Achim von Arnim (1812). Voir *supra*, p. 45 sq.

profit (ou au profit de leur créateur) l'amour voué à un être humain[1]. Ce motif des « amours artificielles » devait connaître bien des développements, depuis *L'Ève future* de Villiers de l'Isle-Adam, chez qui les perfections de l'automate éclipsent en effet celles de toute femme vivante, jusqu'aux femmequins lancés sur le marché de la science-fiction. Hoffmann a instinctivement perçu la dimension narcissique d'un tel amour, la créature artificielle autorisant tous les fantasmes et permettant à l'homme de se retrouver en elle, bien mieux qu'en sa consœur humaine, la « tendre moitié » souvent si mal nommée.

Qui sont au demeurant les créateurs d'Olympia, et quels sont leurs motifs ? La scène nocturne épiée par Nathanaël dans son enfance semble déjà une première tentative pour mener à bien la fabrication d'une créature artificielle, mais les qualifications du couple de créateurs restent vagues. Coppélius est avocat, et nous ignorons tout des activités du père de Nathanaël. Ils semblent en tout cas s'adonner à des pratiques secrètes d'alchimie ; Nathanaël les voit revêtir de longues blouses noires, aperçoit « une cavité noire dans laquelle se trouvait un petit fourneau », « toute sorte d'étranges ustensiles » (p. 45). Le père de Nathanaël semble n'être que l'assistant de Coppélius, qu'il appelle « maître ». Mais lorsque celui-ci le convie à l'œuvre au noir, le père se métamorphose :

> Une douleur affreuse et convulsive semblait avoir contracté ses traits honnêtes et doux pour en faire le masque hideux et repoussant d'un diable. Il ressemblait à Coppélius (p. 45).

Le thème de la création d'un être artificiel apparaît donc d'emblée comme diabolique. Au cours de cette séance, Nathanaël croit « apercevoir alentour des visages humains, mais sans yeux ; d'horribles cavités noires et profondes leur en tenaient lieu » (p. 45). Ici prend place la scène traumatisante et symbolique qui trouble Nathanaël pour toujours, et dans laquelle, découvert, il pense perdre les yeux. Faute de pouvoir lui ravir ses yeux, Coppélius aurait alors observé sur ce témoin « le mécanisme des mains et des pieds », les dévissant et revissant de diverses façons en commentant de façon sacrilège la création divine :

> Ce n'est pas encore ça ! C'est bien comme c'était ! Le vieux sait bien son métier ! (p. 47).

1. Voir p. 49-50.

A l'issue d'une autre séance mystérieuse, le père de Nathanaël trouve la mort : une explosion subite a mis fin aux manipulations coupables, au « désir fallacieux d'un savoir suprême » que Clara prête aux chercheurs. Coppélius, « Satan maudit », a tué le père de Nathanaël, dont la seule consolation est de penser que sa liaison avec l'abominable Coppélius ne pouvait l'avoir précipité dans l'éternelle damnation » (p. 51) que méritait peut-être son activité sacrilège.

Des années plus tard, alors que Nathanaël est à l'Université, le couple infernal de créateurs semble se reformer en la personne de l'opticien et « mécanicien piémontais » Giuseppe Coppola, et du « professeur de physique » Spalanzani, qui porte le nom d'un « célèbre naturaliste » italien[1]. Plus loin, Spalanzani sera aussi mentionné comme un « habile mécanicien et fabricant d'automates » (p. 111). Si ces compétences sont un peu plus précises que celles de leurs prédécesseurs, il ne nous est donné aucune précision scientifique ou technique de nature à étayer la crédibilité de l'aventure. C'est en somme le contexte historique qui, à lui seul, valide l'invention. Quant à leur personnalité, les deux nouveaux créateurs sont aussi inquiétants que leurs devanciers. Le rapprochement entre les portraits de Coppélius et de Coppola souligne leur parenté : même voix rauque, même rire sardonique, mêmes petits yeux perçants, même aspect repoussant. L'homonymie des deux noms est presque totale[2]. De plus, Nathanaël les associe aux mêmes images effrayantes : Coppélius a voulu lui prendre ses yeux ; Coppola, avec son fort accent, remballe ses baromètres et s'exclame :

> Z'ai aussi de zoulis yeux, de zoulis yeux !

Et il extirpe de ses poches des paires de lunettes qui épouvantent Nathanaël :

> Mille yeux croisaient leurs regards, clignant convulsivement et fixant Nathanaël ; [...] des regards de feu s'entrecroisaient toujours plus furieusement et envoyaient au cœur de Nathanaël leurs rayons sanglants (p. 87).

On conçoit que Nathanaël puisse prendre l'opticien pour le « double maudit, le revenant de Coppélius ». Quant à Spalanzani, s'il n'a

1. Spallanzani (1729-1799) était un célèbre biologiste italien, responsable des premiers essais de fécondation artificielle sur les animaux. Hoffmann donne ici une sorte de caution scientifique humoristique à son invention.

2. La racine des deux noms : *coppa*, désigne d'ailleurs l'orbite de l'œil.

guère de suspect que ses petits yeux perçants, il ressemble à s'y méprendre à l'occultiste Cagliostro. Encore un personnage qui sent le soufre...

Dans ces deux essais de création artificielle, donc, deux créateurs, masculins – ne s'agit-il pas d'éliminer la femme du processus de la génération ? – semblent se répartir la tâche. A l'un, la partie purement mécanique qui commande la démarche, le langage... ; à l'autre, la création des yeux, la difficulté suprême. C'est du moins ce qui ressort de la querelle violente qui opposera les deux inventeurs, et au cours de laquelle Nathanaël aura brusquement la révélation de la véritable nature de sa bien-aimée. Coppola et Spalanzani se disputent avec rage la possession de l'automate, chacun clamant ses droits à la paternité :

> moi, c'est moi qui ai fait les yeux – moi les rouages... (p. 107).

Lorsque Coppola parvient enfin à arracher à Spalanzani le corps d'Olympia[1], les pieds du mannequin tapent sur les marches de l'escalier avec un son de bois, et le visage de cire de la « poupée inanimée » n'a plus d'yeux, mais, à leur place, des cavités noires » (p. 109). Dans sa fureur, Spalanzani prononce des paroles confuses[2], et Nathanaël, saisi par une vision horrible, sombre dans la folie :

> [il] vit alors deux yeux ensanglantés jetés par terre, et qui le regardaient. Spalanzani les saisit de sa main intacte et les lui jeta. Ils le frappèrent en pleine poitrine. La folie enfonça en lui ses serres brûlantes... (p. 111).

Quelles qu'aient pu être les intentions premières des créateurs en réalisant l'automate, leur réussite est indéniable – nous allons y venir. Sans doute en tirent-ils un orgueil démesuré, qui expliquerait les encouragements prodigués par Spalanzani à Nathanaël, lorsqu'il s'aperçoit de sa passion pour Olympia. Fierté de l'inventeur, curio-

1. La dislocation de l'automate par ses deux créateurs objective en quelque sorte les craintes d'atteinte à l'intégrité physique dont Nathanaël se sent menacé – le démembrement étant lui-même l'image d'une fracture du psychisme.

2. De nombreux critiques, s'appuyant sur une phrase ambiguë de Spalanzani : « – die Augen dir gestohlen » (= les yeux que je t'ai volés), concluent qu'Olympia est bien le double de Nathanaël puisqu'elle a en effet ses yeux (cf. la scène d'enfance). Dans le contexte, cependant, il est difficile de savoir qui désigne le pronom de la 2e personne, Spalanzani s'adressant tantôt à Nathanaël pour l'exhorter à poursuivre Coppola, tantôt à ce dernier, pour le maudire. Point n'est d'ailleurs besoin de cette phrase pour étayer le motif du double.

sité de voir jusqu'où la supercherie peut aller... Si l'on partage, en revanche, les sentiments de Nathanaël sur cette « puissance maléfique » à l'œuvre en chacun de nous, on peut sans doute s'interroger sur la machination perverse dont semble être victime le pauvre étudiant... Olympia est en effet l'être sur qui se cristallise la folie de Nathanaël. A son contact, il se détourne définitivement de la vie et se réfugie dans l'artifice, sans le percevoir comme tel. Le rôle des créateurs, et notamment de la figure double de Coppélius/Coppola est ici très étrange. Leurs apparitions successives sont apparemment neutres, non porteuses de signification. Mais, à y regarder de plus près, on s'aperçoit que le personnage est à chaque fois l'obstacle à la réalisation de l'amour. Sans cesse, Coppélius ou Coppola s'interposent entre Nathanaël et Clara. Dès le premier échange de lettres, la première apparition de Coppola, en qui Nathanaël voit la réincarnation de la figure obsédante de Coppélius, vient semer le trouble dans les relations de Nathanaël avec Clara. Peu après, Nathanaël compose le poème où il exprime « ce noir pressentiment qu'il avait, que Coppélius serait fatal à son bonheur » (p. 77). Dans ce poème, Coppélius entre en scène le jour même où Nathanaël et Clara se présentent devant l'autel ; il touche les yeux de Clara, qui « sautent aussitôt et viennent rebondir sur la poitrine de Nathanaël comme des étincelles sanglantes » (p. 77). Alors que la vision cauchemardesque semble s'atténuer, Nathanaël « regarde Clara dans les yeux, mais c'est la mort qui le regarde avec douceur par les yeux de Clara » (p. 77). Loin d'opérer une distanciation, l'écriture renforce ici les sombres pressentiments de Nathanaël : l'apparition de Coppélius dans le poème prémonitoire signifie désormais l'impossibilité de l'amour pour Clara. Coppola, lui, réapparaît alors que Nathanaël est en train d'écrire à sa fiancée, et il lui vend la longue-vue avec laquelle il observera Olympia. Coppola est donc l'« instrument » de sa passion pour l'automate, dont il est un des créateurs. C'est lui qui fait miroiter à Nathanaël les sortilèges de l'artifice, le détournant de la vie et du bonheur. C'est lui encore qui dessillera les yeux de Nathanaël et l'arrachera tragiquement à ses illusions, en emportant sur son dos, tel un pantin désarticulé, la poupée de bois. Dans la scène finale, enfin, Coppola joue encore un rôle indirect, puisque Nathanaël est pris d'une crise de démence alors qu'il dévisage Clara dans le champ de la lorgnette ;

et c'est la vision de Coppélius dans la foule qui scelle le destin tragique de Nathanaël[1]. Coïncidences ? Peut-être.

Peut-être aussi Nathanaël a-t-il vu clair lorsqu'il a perçu en Coppélius et Coppola deux incarnations de la figure maléfique de l'Homme au Sable. Le narrateur lui-même, dont on sait évidemment qu'il cherche à rendre la vision intérieure de Nathanaël, va jusqu'à intervertir, dans la scène de la destruction de l'automate[2], les noms des deux personnages...

Les fonctions du motif de l'automate dans la nouvelle sont en fait multiples. Tout d'abord, l'insertion dans la société humaine d'un automate anthropomorphe suscite une réflexion morale explicite, teintée d'humour il est vrai. Hoffmann a peut-être été influencé en ceci par deux textes dans lesquels on voit des sources éventuelles de *L'Homme au Sable*. En 1789, dans le recueil satirique intitulé *Les papiers du diable*, Jean-Paul rapporte l'histoire d'une épouse en bois, parée de tous les artifices féminins, et copiée par toutes les autres femmes, car c'est une poupée... parisienne. Plus proche de la nouvelle de Hoffmann, *Madame du Bois*[3], publié en 1792, raconte l'histoire d'un prestidigitateur parisien, auteur d'une figurine féminine faite de bois et de cire, et actionnée par un aimant. Cette femme tient ses admirateurs à distance tant elle est belle. Mais un rendez-vous – collectif ! – est enfin accordé aux galants. Mme du Bois est seule, couchée sur un sofa. Un jeune abbé hardi se hasarde à lui baiser la main – et à la consternation générale, la figurine éclate en morceaux. La moralité est explicite : à la suite de ce fiasco, les galants apprennent à se méfier des apparences, et les femmes, de leur côté, cherchent à briller autrement que par leurs grâces extérieures. Que Hoffmann ait ou non puisé à ces sources, la portée satirique de *L'Homme au Sable* existe. La similitude entre l'automate et l'homme est soulignée dès le début de l'histoire par la gestuelle de Coppélius, qui « fait craquer » les articulations de Nathanaël

1. On remarquera que les scènes tragiques de la nouvelle : la légende de l'Homme au Sable – la scène nocturne – le poème – la vente de la longue-vue – la destruction de l'automate – la scène finale, sont toutes traversées par le double motif des yeux et du feu, auquel s'ajoute, à partir de la 3e scène, le motif du sang. Regards de feu, rayons sanglants : autant de figures de la destruction et de la mort.

2. « Les voix de Spalanzani et de l'horrible Coppélius s'entrecroisaient »... « Coppélius, Coppélius, il m'a pris mon plus bel automate » (p. 107-109).

3. Pour l'analyse de ce texte, voir Alfred Chapuis [173].

pour observer les rouages de la machine humaine. Si ce premier essai avorte, la seconde expérience réussit, et au-delà de toute espérance. Toute vraisemblance mise à part, la supercherie est présentée par Hoffmann comme un succès. Si, au bal, quelques étudiants particulièrement observateurs ont flairé l'artifice, deux d'entre eux, aveuglés comme Nathanaël, ont cependant invité Olympia à danser. Mais surtout, celle-ci a fréquenté des thés mondains, et personne ne s'est aperçu de «l'indigne tromperie» qui consistait à introduire par fraude une poupée de bois au milieu de personnes vivantes; l'histoire de Nathanaël lui-même fait scandale, les juristes se mettent de la partie, et Spalanzani doit quitter la ville «afin de se soustraire à une enquête criminelle, pour introduction frauduleuse d'un automate dans la société des humains. Coppola disparut également» (p. 113-115). Autre conséquence de cette mésaventure sociale: la méfiance éprouvée par chacun vis-à-vis de ses proches. On exige désormais des êtres humains qu'ils se distinguent des êtres artificiels: la femme aimée doit prononcer des paroles «qui fissent supposer qu'elle était capable de penser et de sentir» (p. 113) et, comme Clara, elle doit prouver son authenticité par ses imperfections mêmes.

Dans ce passage humoristique, Hoffmann, soulignant le caractère de plus en plus artificiel et mécanique des relations humaines, et des êtres humains eux-mêmes, prône ainsi un retour à plus de naturel. Au-delà de la plaisanterie, on voit se dessiner ici une crainte de la mécanisation et de la métamorphose de l'homme même en machine, que l'on retrouvera dans bien d'autres textes. Hoffmann défend ici les valeurs que sont la Vie et la Nature, contre le culte des vaines chimères engendrées par la science. La mise en valeur du personnage de Clara par le narrateur, dans le préambule, permet ainsi de lire au premier degré l'image de son bonheur qui conclut la nouvelle.

Cette dimension satirique, insérée dans le cœur du récit, va de pair avec certains traits comiques dans la description de l'amour de Nathanaël pour Olympia. Dans les deux cas, l'auteur vise à détendre l'atmosphère dramatique. Alors que les apparitions de Coppélius-Coppola, en relation avec la thématique de l'Homme au Sable, ont toutes un aspect fantastique et tragique, l'introduction de la figure d'Olympia dans le récit, a, pour un temps du moins, une fonction comique. Des rires discrets, étouffés à grand- peine, l'accompagnent, et le lecteur lui-même ne peut s'empêcher de sourire au spectacle des extravagances de Nathanaël. Bientôt, pourtant, le tragique réapparaît...

Cette tonalité tragi-comique n'est pas la moindre originalité du motif, popularisé par Hoffmann, de l'amour entre un être humain et un être artificiel. Cet amour narcissique est pourtant de courte durée, et la femme idéale s'avère être un leurre. Toutes les illusions de Nathanaël s'écroulent dans la scène de la destruction de l'automate. Il a fallu un couple de créateurs pour donner naissance à Olympia (et ce procédé est loin d'être un cas isolé), comme si, dans la création artificielle elle-même, on ne pouvait s'affranchir totalement du schéma de la reproduction naturelle. De même, Olympia sera l'enjeu de la querelle qui opposera entre eux les deux parents-créateurs. Olympia est peut-être détruite parce qu'elle n'a pas comblé le rêve lié à la création artificielle, parce qu'elle n'a pas été engendrée par un seul père. Dans cette nouvelle, l'obligation morale de réparer l'ordre divin de la Nature après un empiètement diabolique sur les droits du Créateur semble malgré tout secondaire...

## AUTRES VARIANTES SUR LE MOTIF DE L'AUTOMATE

On rencontre parfois, de façon inattendue, des textes traitant de la création artificielle dans des ouvrages on ne peut plus sérieux. En 1834, Heinrich Heine publie dans la *Revue des Deux Mondes* un essai intitulé *De l'Allemagne depuis Luther*[1]. Dans l'introduction de la troisième partie [65], consacrée à l'étude de la philosophie de Kant à Hegel, Heine rapporte, avec une anglophobie pleine d'humour, l'aventure d'un mécanicien anglais qui, après avoir inventé les machines les plus ingénieuses, s'avisa à la fin de fabriquer un homme. Ce fut une réussite :

> L'œuvre de ses mains pouvait fonctionner et agir comme un homme ; il portait dans sa poitrine de cuir une espèce d'appareil de sentiment humain qui ne diffé-

1. La version française, de la main même de Heine, est parue la même année que la version allemande.

> rait pas trop des sentiments habituels des Anglais ; il pouvait communiquer en sons articulés ses émotions, et le bruit intérieur des rouages, ressorts et échappements, qu'on entendait alors, produisait une véritable prononciation anglaise. Enfin cet automate était un gentleman accompli, et pour en faire tout à fait un homme, il ne lui manquait plus qu'une âme.

Hélas la pauvre créature, bientôt consciente de son imperfection, ne cessait de tourmenter son créateur, en le suppliant de lui donner une âme, tant et si bien que l'artiste prit la fuite pour se dérober à son chef-d'œuvre. La « machine-homme », depuis, poursuit son créateur, grinçant à son oreille, quand elle parvient à l'approcher : « *Give me a soul* ! » (Donne-moi une âme). Le sens de l'allégorie est donné par Heine dans la suite du texte : « Nous rencontrons maintenant dans tous les pays ces deux personnages » ; à travers eux, « on voit comment une partie du peuple [...] est lasse de son existence mécanique, et demande une âme, tandis que l'autre partie est mise à la torture par cette demande, [si bien] qu'aucune d'elles ne peut trouver la paix au logis ».

Délaissons l'apologue pour la satire, et nous retrouvons le motif de l'automate sur une tonalité beaucoup plus légère, dans le *Voyage pittoresque et industriel dans le Paraguay-Roux et la Palingénésie australe*, par Tridace-Nafé-Théobrôme de Kaout't'Chouk, Gentilhomme breton, Sous-Aide à l'Établissement des Clyso-Pompes, etc. [45]. Cette brochure de trente pages, à tirage très limité, et parue sans nom d'auteur, aurait pu passer inaperçue sans l'article que Charles Nodier lui consacra dans *La Revue de Paris* en février 1836. Le *Voyage dans le Paraguay-Roux*, paru à Mons, en Belgique, en 1835, est en fait l'œuvre d'un humoriste belge, Henri Delmotte (1798-1836). Il a été reproduit en 1841 dans un volume intitulé *Les œuvres facétieuses de Henri Delmotte*.

Au cours de ce voyage extraordinaire, des navigateurs abordent dans une île inconnue, qu'ils baptiseront l'Ile de la civilisation, au vu de toutes les merveilles qu'ils y découvrent. Les insulaires ont en effet mis au point diverses techniques stupéfiantes, comme un chemin de fer électrique, un service postal exprès, et ont instauré un système de gouvernement modèle, à faire pâlir d'envie « notre Europe décrépite et caduque ». Ils jouissent, comme les Français de la monarchie de Juillet notamment, d'un gouvernement constitutionnel, mais ont réglé une fois pour toutes, de façon originale, les problèmes posés par l'institution monarchique. En effet, un roi coûte cher à la nation : « Il lui faut une liste civile, qui grève et obère le budget » ; à la mort du roi, que de crises de succession, de troubles divers, de changements de dynastie... Les insulaires ont donc pallié simplement tous ces inconvénients :

> ils ont fait fabriquer un très-beau roi en bois de palissandre incrusté ; ce roi est mû par des rouages, et peut, de sa main droite, lorsque l'on a tendu le ressort et remonté les poids, signer 20 à 30 pièces au moins sans s'arrêter. Ce monarque, dont la signature est très-bien calligraphiée en anglaise, ne figure sur le budget que pour une somme de 50 francs, employée à l'achat d'huile et de graisse : c'est là toute sa liste civile.

Les insulaires ont visiblement bien compris qu'un roi constitutionnel est essentiel mais non responsable, et que ses fonctions sont purement « mécaniques ». Pour plus de sûreté, cependant, ils ont assorti leur invention de certaines précautions contre les abus de pouvoir : le sceau royal ne s'appose qu'en présence de tous les ministres, « et c'est le président du conseil seul qui jouit du droit de tourner la manivelle monarchique ». Inutile de dire que de semblables précautions ont été prises à l'encontre des ministres eux-mêmes, que tout électeur a le droit de stranguler impunément en cas d'infraction à la charte ; les Chambres elles-mêmes ne se composent que de députés sourds et muets, et par conséquent incorruptibles... Cet idéal de gouvernement représentatif a retenu l'attention de Nodier, ironiquement admiratif devant cet « autocrate débonnaire » qui gouverne à si bon compte et garantit la stabilité politique : « Point de révolution à craindre dans *l'Ile de la Civilisation*, d'ici au premier renchérissement des huiles d'olive. » Avec humour, Nodier conclut son article laudatif en ces termes :

> Tout en rendant librement justice à ce qu'il y a d'éminemment *grandiose* dans ce procédé, je dois peut-être me défendre contre le reproche trop commun aujourd'hui d'avoir eu en vue quelque insinuation perfide ou quelque allusion séditieuse. [...]. Vieux tory de naissance et d'inclination, je suis connu pour préférer à tous les rois de palissandre du monde, les rois du bois dont on les fait.

Cette invention d'un chef de gouvernement automate devait être réactualisée en 1883 par l'écrivain et dessinateur Albert Robida (1848-1926), dans son ouvrage *Le XX^e^ siècle* [118]. Au terme de la dernière révolution française (on ne les compte plus), un mécanicien de génie a sauvé la nation, en deux mois, de l'instabilité propre au gouvernement républicain et de toute rivalité pour le pouvoir – et ce de façon définitive. Il a inventé un président de la République mécanique, en bois, et donc immuable. « Il régnera, mais ne gouvernera pas. » Comme chez les insulaires de Delmotte, toutes les précautions ont été prises :

> il y a un ressort secret... sécurité complète ! Le mécanisme est horriblement compliqué, il y a une serrure et trois clefs... [et] il faut au moins deux clefs pour faire marcher le mécanisme.

On ne peut donc obtenir par aucune « manipulation » frauduleuse la signature du premier magistrat. Cependant, le puissant banquier Ponto ne se satisfait pas de ce bonheur relatif. Il veut pour sa patrie l'idéal du « gouvernement », et a pour cela un plan imparable : faire du pays « une société en commandite avec tous les Français pour actionnaires ». Ici encore, c'est le prix de revient du gouvernement qui fait obstacle. Avec sa société financière, Ponto compte supprimer toutes les administrations de l'État, tous les rouages inutiles. Les impôts (destinés à entretenir le gouvernement) seront supprimés et remplacés par une petite contribution annuelle, modique et provisoire. Bientôt les citoyens-actionnaires profiteront de l'économie ainsi réalisée sur les frais de gouvernement. En quinze ans, la société devrait avoir accumulé un capital suffisant pour permettre à la France de vivre de ses rentes, et dès la vingt et unième année, on distribuera aux actionnaires des dividendes palpables. Enfin « un gouvernement qui ne coûte rien, un gouvernement qui rapporte ! »... Le mot est d'ailleurs impropre, puisqu'il n'y aura plus de gouvernement – partant, plus de politique : seulement les administrateurs de la société financière. Au président du Conseil horrifié par cette utopie socialiste, et qui s'inquiète de l'avenir du président mécanique, à peine installé, Ponto, flegmatique, rétorque : « Eh, mon Dieu, [...] nous en aurions fait un gérant suprême mécanique... » Hélas, les grandes idées ont toujours à combattre « les ennemis du mouvement et du progrès, les satisfaits, les égoïstes, et les repus... ».

*L'automate* [122] de Ralph Schropp (1880), quant à lui, semble marquer la continuité d'une tradition, bien qu'il réserve quelques surprises. Ce récit reprend la légende qui veut qu'Albert le Grand ait fabriqué un automate d'une étonnante perfection. L'auteur se présente comme le simple traducteur d'un texte écrit en mauvais latin sur un palimpseste découvert dans le midi de la France. Deux moines dominicains, familiers du grand Albert, auraient inspiré à un autre moine, Théodolus, cette histoire, qui acquiert ainsi le cachet de l'authenticité.

Dans ce récit, le personnage du créateur est présenté de manière ambiguë. L'invention de l'automate semble couronner des travaux scientifiques auxquels il a consacré toute sa vie : la créature est l'incarnation tant attendue de « l'idéal qu'il portait en lui depuis sa jeunesse ». Mais au qualificatif de savant, Schropp substitue beaucoup plus volontiers celui de magicien – sans pour autant lui associer de connotations péjoratives : en cette lointaine époque, science et magie étaient bien proches... Il n'en reste pas moins vrai que la création de l'automate est présentée comme une création sacrilège – et ce d'autant plus que le « nouveau Prométhée » est un pieux dominicain, qui a fabriqué une créature artificielle à l'intérieur même du couvent. Pour comble de blasphème, il va jusqu'à baptiser l'automate et à l'affubler d'un froc de bure. La chose ne fait aucun doute : « Albert s'était arrogé des droits qui n'appartiennent qu'au Créateur », et il va devoir payer le prix de son audace. Ses buts, lors de la création, semblent d'ailleurs avoir été essentiellement égoïstes, ce qui explique (avec peut-être la conscience du sacrilège et la peur de se voir accuser de sorcellerie ?) qu'il ait gardé son invention secrète – plus exactement, qu'il ne l'ait pas ébruitée au dehors, car à l'intérieur de la communauté, la création est connue, et ne semble pas, paradoxalement, susciter beaucoup d'émoi : tout au plus, on le verra, une curiosité légitime pour ce tour de force. En tout cas, le créateur a commis un péché d'orgueil ; à la disparition de sa créature, Albert le Grand se lamente : « J'ai tenu mon invention secrète ; mon nom ne passera pas à la postérité !... »

L'automate, baptisé Homonculus, est d'une nature purement mécanique. Il fonctionne à l'aide de ressorts et rouages, et pourra, quand la nécessité s'en fera sentir, être démonté en pièces détachées, et remonté, sans la moindre difficulté. Il est actionné par son maître, grâce à un ressort caché connu de lui seul : l'ancêtre de l'interrupteur dont la science-fiction exploitera justement tous les ressorts ! Au physique, Homonculus est le portrait type de l'homme moyen. Son créateur n'allie à ses connaissances scientifiques aucun talent artistique, et il l'a seulement doté d'une physionomie passe-partout. Homonculus n'inspire en tout cas aucune répulsion : il est plutôt agréable, sans plus.

Rien en lui, par ailleurs, ne trahit le mécanisme : il fait preuve de grâce et de souplesse dans ses mouvements, et se révélera capable d'une grande adresse au maniement des armes ou en équitation par exemple. Son créateur a de surcroît poussé très loin la perfection et les possibilités d'insertion sociale de sa créature. Homonculus pense, et ses pensées s'adaptent même automatiquement à la personnalité de son interlocuteur ; il a reçu l'instruction d'un « honnête homme », ce qui, joint à ses ressources mécaniques, fait de lui un raisonneur infaillible.

Ce qui va cependant contribuer le plus à son succès en société – y compris auprès des femmes –, c'est son imperfection majeure, la perfection n'étant pas à la portée d'un simple mortel, même si celui-ci s'appelle Albert le Grand. Homonculus n'a pas de cœur : il lui manque cette « étincelle divine », ces émotions, ces sentiments qui ennoblissent l'humanité (« *Le cœur est tout* », précise l'épigraphe...). De là découlent ses imperfections mineures : sa voix monocorde, son ton indifférent et dominateur (qui fera tellement priser son assurance...), ses traits impassibles (c'est à peine s'il peut ébaucher un vague sourire, car le rire est le propre de l'homme), son regard sans vie. On voit comment Schropp justifie avec humour, par une carence psychologique, des imperfections mécaniques. Pour le reste, le créateur d'Homonculus ne peut que se féliciter de ses services, car il est « docile et empressé » ; il fait un parfait secrétaire et un domestique zélé, et Albert en éprouve un contentement certain, « car qu'y a-t-il de plus agréable que d'être servi par des machines ? » Non pas d'ailleurs qu'Homonculus ait été conçu dans un but utilitaire ; mais, ne pouvant « ouvrir sur-le-champ une carrière à son automate », Albert le Grand lui a ôté le costume de gentilhomme dont il l'avait d'abord revêtu (et qui souligne le statut d'égal de l'homme auquel Homonculus était destiné) et lui a trouvé une occupation. On reconnaît en tout cas dans la satisfaction d'Albert le Grand le versant optimiste du thème de la création artificielle, l'espoir dans la libération de l'homme, déchargé des tâches matérielles et disponible pour de plus nobles occupations : tandis qu'Homonculus s'active, Albert le Grand consacre son temps à de nouvelles recherches et de nouvelles inventions... En revanche, à la satisfaction d'amour-propre du créateur, se mêle un certain malaise. Homonculus est vivant, et pourtant « artificiel ». Son absence d'émotions engendre chez Albert un trouble, qui confine parfois à la « terreur ». Son châtiment va confirmer cette intuition hélas tardive.

Par un manque de cohérence interne qui ne semble pas gêner l'auteur (nous ne sommes plus à une invraisemblance près), Homonculus, totalement dépourvu de toute émotion, insensible à la joie comme à la peine, va paradoxalement éprouver le désir de connaître le monde. Dans la solitude de la cellule où le confine tout de même prudemment son maître, de peur des malheurs qu'il pourrait causer ou des dommages qu'il pourrait subir, Homonculus s'ennuie. Digne émule du monstre de Frankenstein, mais émule pacifique, la créature se révolte. Homonculus, ivre de liberté, d'autonomie, réclame un statut meilleur. Cette révolte contre la servitude, dans une perspective en partie conjoncturelle, est d'ailleurs présentée par Schropp comme une fatalité :

> Celui qui crée [...], s'il soumet son ouvrage à certaines lois, [...] s'en impose à lui-même par la puissance de la réciprocité. Comme créateur, il peut sans doute se libérer quand il lui plaît de ces chaînes volontaires, mais seulement en détruisant son travail. Ainsi, par l'effet de ces lois primordiales, le maître se constitue fatalement l'esclave de sa créature.

Cette dialectique du maître et de l'esclave étant ainsi donnée pour loi universelle, dans l'immédiat, c'est l'esclave qui décide de s'affranchir lui-même du joug qui lui pèse. Un inconvénient (ou avantage ?) de l'automate est son besoin d'activité continue ; son principe même est le mouvement, et Albert le Grand évite de le « déconnecter ». Profitant d'un moment d'inattention de son maître, l'esclave s'évade du couvent, et gagne une grande ville voisine, où il connaît bientôt le succès que l'on sait.

A ce moment du récit, Schropp s'affranchit audacieusement de la tradition. Son automate sans émotion n'a conséquemment pas plus de morale, et il a fui en emportant la caisse du couvent. Mais les ressources s'épuisent... et Homonculus ne trouve pas d'autre expédient, à long terme, que d'épouser une belle et riche veuve qui s'est éprise de lui. Mieux, il en a deux enfants, qui ressemblent à leur mère par « l'extérieur » (il faut en réalité comprendre : par leur conformation, leur nature), et à leur père par leur insensibilité. Ce que la science-fiction mettra longtemps à accorder aux androïdes mêmes, Schropp, sans hésiter, en fait don à son automate, capable de se reproduire. La fin de l'histoire expliquera la nécessité satirique de ce privilège et de cette descendance.

A la faveur d'un incident où l'absence de cœur sans pareille de l'automate permet à Albert de retrouver sa trace, trois ans après sa fuite, Homonculus est mis hors service, et « enlevé », en pièces détachées. Le créateur retrouve ainsi sa créature – paradoxalement dépourvue de regrets, cette fois-ci, au souvenir de la vie qu'elle a connue. Mais, on le sait, la destruction de la créature est une fatalité. Elle sera, symboliquement, accomplie par Thomas d'Aquin, « le futur saint ». Venu rendre visite à Albert afin de voir ses inventions merveilleuses, l'« inspiré du Seigneur » est saisi d'effroi à la vue d'Homonculus :

> il avait senti de suite l'absence de cœur et deviné l'homme factice dans le domestique du dominicain. Il dut même prendre Homonculus pour le génie du mal...

D'un coup du bâton noueux qui lui sert de canne, Thomas d'Aquin détruit l'automate, se rendant ainsi coupable du premier « automaticide » de l'histoire.

La conclusion du récit énonce la « morale » de l'histoire. Thomas d'Aquin est hélas venu trop tard... La descendance d'Homonculus a fait souche, et même après tant d'années, l'atavisme prévaut : sur la scène du monde, reparaissent régulièrement des individus identiques au premier Homonculus, et il est « particulièment aisé d'en découvrir des exemplaires réussis parmi les courtisans et les gens du monde ». La crainte de la mécanisation trouve ainsi à s'exprimer, par un biais humoristique, dans cette nouvelle.

*L'automate* de Schropp témoigne donc à sa façon de la vogue constante des automates, et de la persistance de ce motif dans le thème littéraire de la création artificielle. L'innovation majeure du récit, la faculté de procréer dont est doté l'automate, s'explique par le sens symbolique que Schropp a voulu donner à sa nouvelle. *L'automate*, dans la droite lignée de *L'Homme au Sable* de Hoffmann[1], est en réalité une satire de la vie mécanique que mènent les hommes. Nous sommes tous des automates...

A la fin du XIX^e^ siècle, la vogue des automates ne s'est pas encore

1. Dans les deux textes, l'automate s'introduit incognito dans la société des hommes, preuve s'il en est de leur quasi-identité.

éteinte, et le retentissement des questions posées par le joueur d'échecs de Kempelen est tel qu'un fantaisiste américain, Ambrose Gwinett Bierce (1842-1914?), considéré dans les années 1875 comme le meilleur écrivain de la côte Ouest, lui consacre lui aussi un récit, publié en 1893: *Le Maître de Moxon* [16].

L'incipit, qui commence «in medias res» par une conversation surprise sur le vif entre le narrateur et son ami Moxon, «inventeur et fabricant de machines», donne le ton :

> Parlez-vous sérieusement ? Croyez-vous vraiment qu'une machine puisse penser ?

Cette question du narrateur, suivie par un moment de silence, inaugure une controverse philosophique, interrompue par un incident bizarre, mais aussitôt reprise. Cette technique narrative a évidemment pour but de créer le suspense, mais elle place surtout l'aventure sous le signe de théories scientifiques dont elle ne sera en somme que l'illustration. Dans la droite ligne de la pensée de La Mettrie, développée dans *L'homme machine*, Moxon se fait l'adepte du nouveau courant philosophique et scientifique «matérialiste». Pour lui, pas de dualisme cartésien entre l'âme et le corps, en foi de quoi l'homme ne se distingue en rien, fondamentalement, des autres êtres vivants, des plantes, de la matière même. La matière, Moxon l'affirme, «est douée de sensation», «le moindre atome est un être vivant et conscient». Pour étayer son exposé, Moxon s'appuie sur des raisonnements de type analogique, et a recours à la technique de la contre-interrogation (à la question initiale du narrateur, il commencera par répliquer: «– Qu'est-ce qu'une machine?»). Mais il se réfère aussi, pour plus de crédibilité, aux théories de Herbert Spencer (1820-1903), le théoricien de l'évolutionnisme qui proposait une explication globale de l'évolution des êtres à partir des lois ordinaires de la mécanique. Démarquant la pensée du philosophe, il propose une définition mécaniste de la vie, et observe: «Si un homme est vivant pendant sa période d'activité, une machine est vivante lorsqu'elle fonctionne.» Et il ajoute: «Je suis persuadé qu'une machine pense au travail qu'elle accomplit pendant qu'elle l'accomplit.» Le narrateur, d'abord déconcerté par la nouveauté de ces propositions, s'y ralliera bientôt avec l'enthousiasme d'un néophyte, et, dans son ivresse intellectuelle, il se réfère à son tour aux travaux d'un autre partisan de l'évolutionnisme, ceux du philosophe George Lewes (1817-1878), qui avait cherché à résoudre le problème des rapports de l'organisme et de la conscience, en y voyant deux aspects d'une même réalité. L'aventure rapportée par le narrateur a donc *a priori* la caution de la Science.

Le débat philosophique est interrompu par un bruit provenant de la « salle des machines » de Moxon ; celui-ci s'absente, et, après un bruit confus de lutte, revient présenter ses excuses à son ami : « Une de mes machines s'est mise en colère et a voulu faire du vilain. » Sa joue gauche est marquée de quatre éraflures parallèles, que le narrateur interprète ironiquement comme des griffures d'ongles. L'oisiveté, chacun le sait, est mère de tous les vices, et Moxon a commis l'imprudence de laisser fonctionner cette machine sans lui fournir aucun travail à faire... Quelque temps plus tard, le narrateur prend congé. Mais, pris d'exaltation, et souhaitant poursuivre cette conversation passionnante, il fait demi-tour et, dans un mouvement impulsif, se précipite dans l'atelier où Moxon s'est retiré. La scène qu'il va lui être donné d'observer restera gravée dans son esprit.

Si le début du récit est marqué par le poids des réflexions philosophiques et scientifiques, la suite, en revanche, relève bien davantage du fantastique ou du roman de terreur. L'atmosphère du récit est devenue angoissante : la tempête fait rage dans les ténèbres nocturnes ; le narrateur, malgré sa désinvolture affectée, est assailli de pressentiments funestes, croyant deviner auprès de Moxon la présence d'un personnage hostile, voire dangereux ; il le découvrira à la faible lueur d'une bougie, vite éteinte, et l'horreur de la scène finale lui apparaîtra dans l'éblouissement d'un éclair...

Car en pénétrant dans l'atelier, le narrateur entrevoit Moxon en train de disputer la fin d'une partie d'échecs contre un adversaire étrange, qu'il ne voit d'abord que de dos. Plutôt trapu, le personnage a une apparence bestiale : une forte carrure, un cou puissant et court, une tête large, couverte d'une chevelure en broussaille. Il est assis sur une caisse, de sorte que ni ses jambes ni ses pieds ne sont visibles. De sa main droite, démesurément longue, il déplace les pièces sur l'échiquier, d'un mouvement « lent, uniforme, machinal, non dépourvu d'une certaine emphase théâtrale ». Pour comble d'étrangeté, il est coiffé d'un fez écarlate, et vêtu d'une tunique à la turque, de même couleur. Le personnage, muet, se contente d'incliner la tête pour signifier : « Échec au roi ». A la description, le lecteur averti aura reconnu le sosie du joueur d'échecs de Kempelen. A sa vue, le narrateur, ayant finalement reconnu « une machine : un automate joueur d'échecs », est tout d'abord déçu. Voilà donc l'exhibition vers laquelle tendaient les beaux discours de Moxon, cette « ruse de charlatan » destinée à impressionner davantage encore un spectateur ébaubi ! Le comportement de l'automate ne manque cependant pas de l'intriguer, puis de le terrifier. Le « mauvais joueur » commence par hausser les épaules, « comme sous l'effet d'une vive contrariété » ; puis il frappe rudement la table du poing ; enfin, alors que Moxon vient de s'exclamer « Échec et mat ! », l'automate est « secoué par une légère convulsion ininterrompue » :

> Sa tête et ses membres tremblaient comme ceux d'un homme en proie à un terrible accès de fièvre [...]. Soudain, l'automate se leva d'un bond, puis, d'un mouvement rapide comme l'éclair, se lança par-dessus la table, les deux bras tendus en avant...

Moxon a beau essayer d'esquiver le coup, il est trop tard : les mains de fer de l'automate se referment sur sa gorge, et, avant que son ami n'ait eu le temps d'intervenir, il meurt étranglé. Le narrateur sera retrouvé évanoui dans la maison en flammes, sans que la cause de l'incendie soit clairement expliquée : la maison a-t-elle été frappée par la foudre ? ou bien la créature y a-t-elle mis le feu pour effacer toute trace de son crime ?

L'interprétation de la nouvelle n'est pas simple. D'un côté, dans la perspective scientifique induite par l'incipit, le narrateur tend à considérer la créature artificielle comme une simple machine. Avant de l'avoir vue, il fait de l'ironie à bon compte, faisant alterner, dans la dénotation, le pronom neutre *it* et, en particulier, la forme féminine *she*[1]. Mais dès que le Turc est identifié comme un automate, seul le

1. A propos des traces de griffes sur la joue de Moxon, le narrateur plaisante : « How would *it* do to trim *its* nails ? » (= comment ferait-elle [la machine] pour se couper les ongles ?) Mais il décoche peu après une plaisanterie du même style, au moment de prendre congé de Moxon, en usant cette fois de la forme féminine : « I hope that the machine [...] will have *her* gloves on the next time you think it needful to stop *her* » (= J'espère que la machine sera gantée la prochaine fois que vous jugerez utile de l'arrêter.)

pronom personnel neutre *it* (ou l'expression *the thing*) désigne la créature artificielle. De même, lorsque le dernier coup de la partie est joué, le narrateur commence par décrire ce qu'il observe en termes de mécanique :

> je perçus [...] un bourdonnement sourd [...]. Il [...] ne pouvait être autre chose qu'un ronflement de rouages. J'eus l'impression d'entendre un mécanisme détraqué, brusquement libéré de l'action régulatrice d'un organe de contrôle : comme si l'on avait, par exemple, dégagé des dents d'une roue à cliquets le levier qui l'empêche de revenir en arrière.

Cette machine, dans la logique des théories de Moxon, est cependant douée de pensée et dotée d'un comportement qui fait implicitement référence au roman de Mary Shelley. La nouvelle de Bierce peut se lire comme une variation sur le thème de l'inventeur victime de sa création. Moxon l'avait pressenti : une machine est « une chose fabriquée et dirigée par l'homme. – Ou qui dirige l'homme ». Le titre même de la nouvelle : *Le Maître de Moxon* renvoie à cette dialectique du maître et de l'esclave qui traverse *Frankenstein*, et ici aussi, le « monstre » (le mot figure dans le texte) se retourne contre son créateur, allant jusqu'à l'assassiner.

En revanche, l'automate est à d'autres moments décrit en termes surnaturels, comme une créature infernale. La couleur rouge de son costume prend ainsi des connotations diaboliques. On notera aussi que l'automate, comme l'Olympia de Hoffmann, a deux pères : Moxon, et « un habile mécanicien », Haley, d'humeur taciturne, son ouvrier de confiance. Preuve supplémentaire, s'il est besoin, de son caractère sacrilège.

Jusqu'à la fin de son récit, enfin, le narrateur semble hésiter sur le sens à donner à l'aventure. Tenté un moment de croire son ami emporté par la folie, il se corrige aussitôt : « Peut-être aurais-je aujourd'hui une opinion différente à ce sujet ; mais j'étais jeune à cette époque, et l'ignorance n'est pas le moindre des biens consentis à la jeunesse. » Or, alors même qu'il semble décidé à accorder tout crédit aux théories de Moxon, et que l'aventure tragique survenue à son ami semble en être la confirmation, ses derniers mots impliquent une reculade. A Haley, qu'il met en quelque sorte en accusation et qui lui demande, d'un ton grave : « – Vous étiez donc au courant ? », il répond sur-le-champ : « – Assurément, j'ai assisté au meurtre ».

Pourtant, avec le recul du temps et la distanciation inséparable de l'écriture, il hésite :

> Si l'on me posait la même question aujourd'hui, je répondrais avec moins d'assurance.

Aurait-il tout rêvé ?

Ce texte de coloration fantastique, en fin de compte, est en tout cas une des œuvres les plus remarquables inspirées par le problème du joueur d'échecs de Kempelen, et il témoigne de la persistance des questions qui n'ont pas cessé d'inquiéter les imaginations. L'homme n'est-il pas une machine ? Et si rien de fondamental ne les différencie, pourquoi ne pas admettre qu'une machine pense ?

Un épilogue policier attendait encore le célèbre automate dans le roman de Henri Dupuy-Mazuel, *Le joueur d'échecs* [54], qui met en scène Kempelen et ses nombreuses inventions. Le créateur y révèle cette fois son secret, et raconte comment il a construit son joueur d'échecs pour sauver un gentilhomme polonais, proscrit politique : la souveraine joue ainsi avec celui qu'elle avait condamné à mort, et qui se cache désormais dans le socle de la machine ! L'auteur ajoute diverses variations à ce motif central, comme celle où un agent de police, venu perquisitionner chez le baron Kempelen, sème le désordre et déclenche l'assaut de soldats mécaniques qui le transpercent de coups. La science-fiction se souviendra de ces escadrons de soldats robots. Le roman de Dupuy-Mazuel sombre malheureusement dans le rocambolesque : le baron rencontre Cagliostro, qui lui donne un élixir grâce auquel il échappe à un feu de peloton... et survit même jusqu'à nos jours. Le créateur a en tout cas failli, une fois de plus, être victime de sa création.

Toutes ces histoires d'automates traitent donc, sur des modes différents, de questions qui préoccupent tous les esprits, en ce siècle de développement technique. Entre l'homme et la machine, quelle différence ? Avec humour, on l'a vu, certains auteurs soutiennent que l'homme, dans ses plus hautes fonctions, pourrait être avantageusement remplacé par un automate. Le thème de l'homme fabriqué sert ainsi, indirectement, la satire des institutions. D'autres affichent par le truchement d'un protagoniste, un souverain mépris : pour eux les automates ne sont, et ne seront jamais, que des machines. Dépourvues de cœur – donc d'émotions –, d'âme – donc de pensées –, les créatures artificielles ne pourront jamais rivaliser avec l'homme. Ne *doivent* en aucun cas rivaliser avec lui, faudrait-il sans doute dire : car sous l'affectation de dédain se cache souvent une inquiétude sous-jacente, qui constitue la trame de ces mêmes récits. Certains textes, parfois comiques comme celui de Schropp, mais plus généralement sombres, comme ceux de Hoffmann ou de Bierce, témoignent déjà d'une aversion devant ces créations mi-mortes mi-animées, dont l'existence brouille les quelques réponses apportées jusque-là à des questions fondamentales : qu'est-ce que la Vie ? l'Homme ? l'Intelligence ? Devant les progrès de la science, on voit naître un espoir timide dans la libération de l'homme par la machine ; mais bien plus souvent de la méfiance, une peur de la contagion par la machine, menaçant l'homme lui-même. De là ces plaidoyers satiriques pour plus de naturel dans le comportement humain, cet éloge paradoxal de l'imperfection humaine, qui fait, avec la faculté de reproduction, l'essentiel de la différence avec l'automate (encore que, là encore, rien ne soit garanti !). Si l'homme risque de se métamorphoser lui-même en machine, le danger est grand, aussi, de voir la suprématie humaine menacée par ses inventions, et l'homme ne tolère pas mieux cette idée. Sur le mode tragicomique, Hoffmann imagine que la femme artificielle pourrait concurrencer la femme « naturelle », voire l'emporter sur elle dans le cœur d'un amant narcissique, aveuglé par l'illusion parfaite de la vie. Çà et là, on voit aussi s'ébaucher le motif angoissant de la révolte de l'automate contre son créateur – assorti d'une dialectique du maître et de l'esclave qui en est inséparable.

Si l'on excepte le cas où la découverte d'une supercherie démonte en quelque sorte l'inquiétude, en trahissant, derrière l'automate, la présence d'une intelligence humaine, toutes ces histoires de création artificielle connaissent une fin tragique. Le plus souvent, elles se terminent par la destruction de l'automate ; c'est la solution « idéale », à la fois la plus conforme à l'ordre divin de la Création, à l'ordre moral et social aussi, et la plus favorable pour l'homme.

Les créateurs, victimes de leur orgueil d'inventeurs, trop soucieux de leur gloire personnelle, s'entre-déchirent et détruisent du même coup leur œuvre, quand un châtiment divin plus explicite ne condamne pas une création sacrilège, aux connotations diaboliques nettement soulignées. Parfois, en revanche, un dénouement plus pessimiste vient clore l'aventure, et le créateur lui-même succombe, victime de sa création. Dans tous les cas, la mort est au rendez-vous pour la créature artificielle[1], comme pour conjurer définitivement la peur qu'elle inspire.

Ces récits, inspirés par l'intérêt suscité par l'automate joueur d'échecs du baron de Kempelen, et plus généralement par les merveilleuses inventions exhibées dans les salons, ne nous présentent cependant tous que des créatures artificielles « du premier type » : des automates fabriqués en un seul exemplaire, même si, dans le cas d'Homonculus et de l'automate de Heine, ils sont les ancêtres d'une nombreuse descendance... Ces automates sont par ailleurs créés par pur amour de la science, ou dans un but ludique – les gouvernants potiches de Delmotte et Robida faisant certes exception.

Or, pour traduire cette inquiétude devant les pouvoirs de la machine, ces automates sont très vite concurrencés par des créatures « du deuxième type », fabriquées en série, conçues pour être les auxiliaires de l'homme et travailler à son service. Ces créatures – automates ou hommes modifiés – et plus généralement ces machines, qui n'ont pas toutes apparence humaine, sont ainsi les devanciers directs des robots du XXe siècle. Leur apparition dans la fiction correspond d'ailleurs à une évolution technique bien réelle. Dès le début de l'ère industrielle, les recherches sont davantage orientées vers la pratique. Si l'on s'intéresse encore aux curiosités de salon, les automates sont de plus en plus des machines destinées à simplifier, ou à remplacer le travail humain. Ainsi les filatures exploitent les métiers Jacquard (1821) qui, perfectionnant le métier à tisser automatique de Vaucanson, utilisent un dispositif à cartons perforés contenant un « message codé » détaillant le modèle du dessin à reproduire[2]. 1873 marquera un tour-

1. On notera cependant qu'un des textes les plus inquiétants, *Le Maître de Moxon* de Bierce, laisse le lecteur dans l'ignorance du sort dévolu à l'automate après le crime qu'il a perpétré. Sans doute a-t-il disparu dans l'incendie qui a ravagé la maison ? Accident, suicide ?...

2. Le même système est utilisé dans les orgues mécaniques, ainsi dotés d'un programme musical multiple. L'orientation pratique des inventions se remarque dans ce domaine de la musique mécanique, où l'on ne cherche plus à créer l'illusion de la vie grâce à des automates musicaux, mais à enregistrer et à reproduire la musique, pour le plaisir des mélomanes (voir l'invention du phonographe par Edison en 1877). L'aspect ludique n'est pas oublié pour autant : en 1890 Edison apportera un perfectionnement aux poupées mécaniques avec la production des premières poupées parlantes. Il avait attendu treize ans après l'invention du phonographe, de façon à pouvoir passer immédiatement à la fabrication en série, et son usine produisait en effet 500 poupées par jour.

nant dans la recherche avec l'invention par Farcot du servomoteur, qui contrôle et guide avec précision les machines les plus puissantes. Dans le domaine de la machine à calculer, on invente, pour faciliter les opérations, l'« arithmomètre » (1820). Vers 1830, un mathématicien anglais, Charles Babbagge (1792-1871), avait ébauché le principe de fonctionnement de l'ordinateur en établissant les plans d'une machine à calculer automatique, appelée le « Moteur analytique ». Un système complexe de tiges et leviers, commandé là encore par des cartes perforées (le « programme » d'instructions de la machine), devait permettre des calculs complexes, l'autocorrection et l'impression des résultats. Le Moteur analytique ne fut cependant jamais entièrement réalisé, car les ouvriers ne pouvaient pas fabriquer les pièces répondant aux spécifications fixées par l'inventeur...

Cette multiplication des machines, que des hommes vont être appelés à côtoyer quotidiennement dans le monde du travail, n'est pas sans poser des problèmes, que traduisent, dans la littérature, ces histoires du deuxième type.

Chapitre 2

# *De l'invasion à la révolte des machines*

Le thème de la création artificielle, lié au XIX<sup>e</sup> siècle à l'évolution du machinisme industriel, montre en réalité un conflit entre deux forces contradictoires : l'une, optimiste, novatrice, annonce des jours meilleurs avec la libération de l'homme par la machine ; l'autre, pessimiste, voit dans la mécanisation la fin de l'homme, la destruction de l'ordre social, annoncée dans les faits par les émeutes des ouvriers typographes ou des soyeux lyonnais, par exemple. Le problème social du chômage vient ainsi renforcer les angoisses instinctives. Cette fois-ci, c'est l'homme qui se révolte contre la machine monstrueuse, véritable manifestation démoniaque (on songe notamment à l'épouvante première suscitée par les chemins de fer).

Pas de position unanime, donc : le désir de la machine libératrice coexiste avec le désir de la catastrophe qui libérera précisément l'homme de la servitude de la machine. De ce balancement naissent les conditions de l'exploitation littéraire du thème de la création artificielle. Mais force est de constater que dans le domaine littéraire, la balance penche davantage du côté pessimiste.

Certes, bien des voix – notamment celles des politiciens, des économistes ou des réformateurs plus ou moins socialisants – s'élèvent pour célébrer le progrès technique, considéré comme un moyen d'améliorer le sort de l'homme. Le 28 juillet 1848, quelques mois après les journées révolutionnaires de février qui ont instauré la république, Théophile Gautier publie dans *Le Journal* un article qui fait l'éloge du gouvernement républicain. A la fin de cet article, intitulé « La République de l'avenir » [61], Gautier annonce des temps nouveaux. Bientôt, l'ouvrier sera affranchi de la servitude du travail ; voici qu'un esclave nouveau, la machine, va le remplacer :

> les bras de fer remplaceront les frêles bras de l'homme. Les machines feront désormais toutes les besognes pénibles, ennuyeuses et répugnantes. L'homme s'occupera seulement de ce qui exige de la pensée, du sentiment ou du caprice, de tout ce qui doit recevoir, sous la magnétisation immédiate de la main, l'impression immédiate du cerveau. L'art se généralisera à un point qu'on ne peut concevoir...

La machine au service de l'art, de la culture – mais non des travaux agricoles, car Gautier n'envisage visiblement son application qu'à l'industrie :

> Le républicain, grâce à ses ilotes de vapeur, aura le temps de cultiver son champ et son esprit. Tout ce qui ne sera pas artiste sera agriculteur.

Le même Gautier n'a cependant pas toujours montré l'humanité sur la voie de l'émancipation. Dans un article paru en 1832 dans le *Cabinet de lecture*, et intitulé « De l'originalité en France » [60], il constatait ainsi avec amertume la disparition totale de cette qualité et dépeignait notre civilisation réduite à un monde d'automates. C'est en réalité cette crainte de la mécanisation qui s'exprime à travers bien des textes.

On pourrait prendre pour une anticipation progressiste un texte curieux, qui est bien plutôt une charge caricaturale contre l'envahissement par la machine. Jean-Paul Richter, connu sous le nom de Jean-Paul, publie en 1798, dans *Palingenesien*[1], un texte intitulé *Personalien vom Bedienten und Maschinenmann* (= Caractéristiques de l'homme aux domestiques et aux machines) [77]. *Palingenesien* résulte en fait de la refonte de deux textes antérieurs : un recueil de satires, *Les papiers du diable* (1789), dont nous avons brièvement parlé[2], et un roman satirique publié en 1796 : *Le temps des fleurs, des fruits et des épines, ou Le mariage et les noces de l'avocat Firmian Siebenkäs, chargé de l'assistance judiciaire dans la bourgade de l'Empire, Kuhschnappel*. Dans *Palingenesien*, Jean-Paul prétend être chargé par le héros du roman de revoir, en vue d'une réédition, le texte des *Papiers du diable*, dont le même Siebenkäs

1. Mot à mot : renaissances. Le terme peut désigner la renaissance des êtres ou des sociétés, conçue comme source d'évolution et de perfectionnement, ou, ici, la renaissance sous une autre forme d'ouvrages dédaignés.
2. Voir *supra*, p. 109.

serait l'auteur. Il est censé se livrer à ce travail au cours d'un voyage, de Leipzig à Nuremberg. Le récit de voyage fournit en réalité à Jean-Paul un cadre commode pour reprendre l'essentiel de son roman et y intercaler le texte, revu et corrigé, des *Papiers du diable*. Le récit qui nous intéresse est ainsi placé dans la seconde partie de *Palingenesien*, entre les huitième et neuvième épisodes du récit de voyage[1].

Le narrateur imagine le discours qu'il tiendrait aux Saturniens, auprès de qui il compte bien finir ses jours, pour leur présenter « la nouveauté la plus démente sur terre » : « l'homme aux machines de l'île de Barataria »[2], qu'il vient juste de quitter. L'homme aux machines, à qui il a donc rendu visite, a tout conçu de façon à remplacer, dans la vie quotidienne, ses gestes, et même ses pensées, par des machines, ou à défaut, par des serviteurs fonctionnant comme des automates. A titre d'exemple, un page nommé Deltoïde, et qui lui sert de bras, lui présente un mouchoir quand il éternue et lui met « dans les narines du tabac à priser comme on administre un médicament à un cheval ». Un vieux Français à la mémoire phénoménale lui sert d'Encyclopédie vivante et lui débite par cœur n'importe quel passage des trente-cinq volumes qui ont fait la gloire du Siècle des Lumières. S'il regarde par la fenêtre, un gentil page se poste derrière lui et lui décrit « les beautés de façon touchante afin qu'il en soit fortement ému ». Le roi des machines est enfin entouré d'une armée de porteurs pour véhiculer toutes les choses qui lui sont nécessaires – mais se plaint néanmoins d'être une vraie bête de somme : « Qui lui porterait sa cravate, ses bottes, ses vêtements d'été, ses culottes et tout le reste ? Et qui donc lui donnerait une machine, un mécanisme qui le mettrait en mouvement ? »

Faute de pouvoir être remonté comme une poupée mécanique avec quelques tours de clés, le roi en question délègue en tout cas toutes sortes de tâches aux machines – et Jean-Paul, visiblement au

1. La première version du récit correspond à la Satire X des *Papiers du diable* (1789), intitulée : *Der Maschinen-Mann nebst seinen Eigenschaften* (= L'homme aux machines et ses caractéristiques). Elle ne diffère pas sensiblement de la seconde version, si ce n'est par la présentation du récit et l'ordre d'évocation des différentes machines.

2. L'île de Barataria est l'île imaginaire dont Sancho Pança obtient le gouvernement dans le *Don Quichotte* de Cervantes. L' « utopie » de Jean-Paul ne reflète assurément pas le bon sens commun de son gouverneur.

courant des inventions du temps, réunit autour de son personnage des machines existantes (pour lesquelles il donne même en notes des éclaircissements), quitte à les améliorer ici et là. Un réveil bien conçu tire ainsi les rideaux du lit et de la fenêtre, allume la lumière et fait du feu dans la cheminée[1]. Pour sa toilette, le roi des machines s'en remet aux bons soins d'un moulin à raser hippodynamique[2], sans doute un peu encombrant mais efficace. Pas de canif dans son cabinet d'écriture, mais « une machine tailleuse de plumes ». Le roi des machines n'écrit d'ailleurs que dans des circonstances exceptionnelles, et regrette d'avoir utilisé, pour le faire-part de décès de sa femme, « la machine à écrire de l'empereur Joseph » (?) qui recopie « chaque missive écrite à la main en double exemplaire », alors qu'il aurait pu se dispenser de tout effort et faire dupliquer par la machine une simple « feuille de papier vierge qui eût été bordée de noir »... Il ne maîtrise guère la table de multiplication, mais s'amuse à faire tourner « la machine à calculer de M. Hahn[3] ». La musique est un de ses passe-temps favoris, et pour ce faire, il dispose d'un compositeur, qui consiste en « une paire de dés » avec lesquels il produit « quelques "fidibus"[4] musicaux d'après les règles de pure composition enseignées dans le journal des modes »[5]. Pour copiste, il ne peut se prévaloir des services de Jean-Jacques Rousseau, mais utilise un instrument sur lequel il joue (malgré tout !) « les phrases musicales découvertes au moyen des dés afin qu'elles [soient] notées »[6]. Lorsque la partition est prête, « le chronomètre inventé par

1. Une note nous précise qu'un religieux, le père Margues, avait effectivement mis au point un tel mécanisme. Une édition critique des *Papiers du diable* indique que « le calendrier de poche de Göttingen de 1782 fait un compte rendu à propos de ce réveil, p. 7 et sq. ».

2. Une note de Jean-Paul, assez loufoque, nous renvoie à l'Encyclopédie de Krünitz, t. III. En revanche, l'*Encyclopédie de l'Utopie, des Voyages extraordinaires et de la Science-Fiction* de Pierre Versins [203] présente p. 889 la reproduction d'un dessin de Grandville, extrait du *Magasin pittoresque* d'août 1835, et montrant une machine qui fait six barbes en cinq minutes !

3. Alfred Chapuis, à qui revient le mérite d'avoir découvert ce texte oublié de Jean-Paul, précise dans la notice qu'il lui consacre dans *Les automates dans les œuvres d'imagination* [173] qu'il s'agit du pasteur Philipp-Matthäus Hahn, ami de Lavater, qui, vers 1770, inventa une série de machines à calculer remarquables.

4. En argot ancien le fidibus désigne une bande de papier roulé dont on se servait pour allumer les pipes.

5. L'éditeur allemand des *Papiers du diable* précise qu'on trouve bien dans *Le journal du luxe et de la mode* de février 1787 la description d'un jeu de dés musical qui fait alors fureur en France : « Quiconque sachant jouer seulement un peu de piano peut, sans entendre un seul mot à la composition, composer à l'infini au moyen de deux dés et d'une partition de menuet. »

Renaudin» bat la mesure, et les musiciens – tous des machines évidemment – jouent. Le lecteur reconnaît au passage certains des automates musicaux les plus célèbres du XVIIIe siècle, que Jean-Paul épingle avec humour : «le flûtiste de Vaucanson jouait, une Mamzelle en bois, sculptée par Jacques *(sic)* Droz, jouait sur un orgue aux tuyaux de papier cartonné[1]. Une harpe éolienne se faisait entendre par la fenêtre ouverte. Le roi des machines était aux anges, moi en enfer», ajoute le narrateur, qui partage l'avis de Hoffmann sur la musique mécanique.

Tout ceci n'est rien encore. La phonation, chacun le sait, met en jeu un mécanisme compliqué, et c'est sans doute pour épargner ses cordes vocales que le roi des machines utilise la machine à parler (inspirée peut-être de l'invention du baron de Kempelen). On la lui attache autour du ventre, il plaque sur un clavier quelques accords – et la machine parle pour lui, sur tous les registres. A vrai dire, il soliloque, mais il est intarissable : comme il utilise un souffle autre que le sien, il pourrait, s'il était roi d'Angleterre, «parler devant le parlement pendant sept années consécutives». Toujours dans le but d'économiser ses forces, il a cette fois inventé de toutes pièces une «machine à mâcher» qui ferait l'envie de bien des mères de famille. Cet automate, «petit valet muet ayant l'air d'un grand broyeur de chanvre» et se composant de plusieurs casse-noix (dents de sagesse, canines et incisives), est relié par le bas au tournebroche. «Après soixante tours»(pour un rôti bien cuit ?)« surgit une cuillerée complète qui [s'offre] à l'homme.» Comme dans *Les temps modernes* de Chaplin, il suffit à l'homme aux machines «d'être assis, d'y ajouter la salive nécessaire et de déglutir».

L'homme aux machines se transforme ainsi peu à peu en l'homme-machine de La Mettrie. Il se fait machine (ce devenir étant inscrit dans l'expression allemande *Maschinenmann*). Mais cet adepte perfectionniste de la loi du moindre effort rêve mieux encore. Parfois, sous l'empire de la boisson, il se laisse aller à parler lui-même, et par toute l'île résonne

6. Jean-Paul indique en note qu'il s'agit d'un «piano inventé à Berlin», qui «enregistre sur du papier tout ce que l'on joue sur lui ».

1. Le spécialiste de l'histoire de l'horlogerie et des automates qu'est Alfred Chapuis précise ici *(ibid.)* que ce n'est pas exact [la musicienne de Jaquet-Droz et Leschot jouait de l'orgue et du clavecin], mais que l'on a réalisé plus tard, en Angleterre, «un tel instrument, avec tuyaux en carton, qui sonnait très bien ».

alors « la chrie[1] du roi des machines ». Lui-même, modestement, reconnaît d'ailleurs que celle-ci passe par « la roue combinatoire[2], cette roue dentée de [son] esprit ». Dans son discours mécano-maniaque, donc, le roi des machines cède au délire prophétique :

> qu'il me soit permis [...] d'idéaliser l'homme et de l'élever au plus haut degré de machinisme [...]. Je veux m'imaginer un instant seulement qu'il aurait alors une marmite de Papin en guise d'estomac[3], laquelle se servirait du vin fou par pression hydraulique, à la manière d'un château d'eau.

Dénonçant l'intégrité du corps humain, le roi des machines se métamorphose en homme-prothèse, voire en cyborg avant la lettre. Vaticinant de plus belle, il donne libre cours à son mépris de la Nature et imagine l'apothéose de l'artifice, le triomphe absolu de la machine :

> Même la zoologie ne serait plus vivante mais au contraire empaillée et pleine de mouvements artificiels ; il y aurait des canardières de Vaucanson, des chenils de Vulcain[4], des pigeonniers d'Archytas[5] et toutes les ménageries fabriquées par les Droz, père et fils, seraient ouvertes au grand large et ne mangeraient plus rien.

Usant d'un souffle d'emprunt pour parler, le roi des machines niait déjà en lui-même le souffle divin, et dans son rêve, l'invasion par la machine aboutit en effet à la suppression de la vie : toutes les femmes seraient pétrifiées, et « les Pygmalions se changeraient eux-mêmes en statues ». Inversion tragique du mythe : au lieu que l'Art insuffle la vie à la matière, la Science anéantit l'étincelle de la vie. Pour le roi des machines, c'est là une vision extatique : « Vraiment ce serait surhumainement fantastique, et la *natura naturans* se serait volatilisée ; seule resterait la *natura naturata*. Les maîtres des machines deviendraient eux-

1. Une chrie est un exercice de rhétorique longtemps en usage dans les classes des Collèges ; il consistait à développer une pensée par sept ou huit moyens différents.

2. Une note de Jean-Paul, confirmée par Alfred Chapuis, renvoie le lecteur aux théories de « Kircher, Kuhlmann, Lullius, par lesquelles quelqu'un peut pendant des jours parler ou écrire sur une chose dont il n'a aucune idée, et ce au moyen de combinaisons mécaniques ».

3. Denis Papin (1647-1714), l'inventeur de la machine à vapeur, avait publié en 1681 une théorie du *digesteur*, plus connu sous le nom de *marmite de Papin*, sous le titre de *Manière d'amollir les os et de faire cuire la viande en peu de temps et à peu de frais*. Il s'agit de l'ancêtre de notre autocuiseur. Alfred Chapuis commente avec humour le mécanisme hydraulique en ajoutant : « C'est le cas de dire qu'il "pomperait". »

4. Vulcain créa, si l'on en croit la mythologie, de nombreux êtres artificiels, dont les chiens d'or et d'argent du palais d'Alcinoos dans l'*Odyssée* (chant VII).

5. Archytas de Tarente, qui vécut vers 400 av. J.-C., inventa, dit-on, la vis, la poulie, et construisit de nombreux automates, dont un pigeon volant qui fit l'admiration de toute l'Antiquité.

mêmes des machines... » La nature créatrice envolée, seule resterait la « nature » artificielle.

Dans la péroraison, l'homme aux machines, sans doute dégrisé, retrouve pourtant brutalement ses esprits. De quels avantages cette humanité mécanique serait-elle dotée ? A dire vrai : « d'apathie, d'asphyxie, d'une vie de rentiers et de dames de cour, de néant gonflé de toute-puissance »... Mais, se rassure l'homme aux machines, « cela est à peine concevable dans l'Allemagne d'avant le XIXe siècle... ». Et les Saturniens, confondus, de demander au narrateur : en quel siècle a donc vécu le roi des machines ? et comment s'appelle-t-il ? Le lecteur a bien sûr la clé de la fable : ce roi, c'est l'homme du XVIIIe siècle, l'allégorie du monde moderne.

Sous les couleurs de la fantaisie la plus extravagante, Jean-Paul brosse ainsi un tableau des dangers du machinisme et de l'automatisation de l'homme lui-même, ce prétendu roi n'étant finalement qu'un pantin inerte entre les mains de ses domestiques et les rouages de ses machines, dont il est l'esclave. Cette contre-utopie est d'ailleurs peut-être d'autant plus inquiétante que l'auteur, précisément, extrapole à partir d'inventions bien connues de ses contemporains, et qui devaient susciter leur admiration. Nous avons en tout cas avec cette histoire le premier exemple littéraire de machines conçues pour être au service de l'homme (dans la vie domestique), comme le seront plus tard les robots.

Jean-Paul fait ainsi figure de précurseur. Des années plus tard, l'idée que la machine peut être une menace pour l'homme est longuement développée dans *Le monde tel qu'il sera* [132] d'Émile Souvestre (1804-1854), roman d'anticipation qui expose tous les inconvénients liés au développement de la technique. Publié en livraisons de 1845 à 1846, puis en volume en 1846, ce roman conte l'aventure survenue à deux jeunes gens, Marthe et Maurice. Le jeune homme, ayant étudié les philosophes et les théoriciens socialistes, croit en l'avenir et « au progrès indéfini du genre humain ». Marthe, en l'écoutant, se prend à rêver : « Pourquoi ne peut-on s'endormir pendant plusieurs siècles, afin de se réveiller dans un monde plus parfait ? » Son vœu est exaucé par un étrange personnage qui voyage à travers l'espace et le temps sur une locomotive à vapeur aérienne. Grâce à John Progrès – c'est son nom –, les deux époux vont s'endormir, et se réveiller en l'an 3000. Le centre de la civilisation nouvelle se trouve alors à Taïti *(sic)*, et les deux Parisiens de 1845 vont en trois jours découvrir tous les aspects de ce monde qui n'est pas, hélas, le « meilleur des mondes » promis par les penseurs chez qui Maurice a puisé sa foi en un avenir heureux.

Disons d'emblée que les machines de l'an 3000, comme bien des inventions de l'homme aux machines, ne sont pas anthropoïdes, ce qui semblerait remettre en cause la présence ici même d'un développement sur le roman de Souvestre. En revanche, à de nombreuses reprises, l'auteur rejoint, comme Jean-Paul, le thème de l'homme artificiel, ou plus précisément de l'homme artificiellement modifié ; et ces inventions s'inscrivent toutes dans le cadre général, qui dépeint l'invasion de la civilisation par la machine, et ses effets pernicieux sur un monde déshumanisé. Il est donc impossible de séparer ces développements particuliers du contexte et du sens général de l'œuvre.

La machine est omniprésente dans ce monde de l'an 3000, et sous bien des rapports, elle est là aussi au service de l'homme. Toutefois, dans cette nouvelle civilisation, on a été jusqu'à substituer la machine à l'homme. Par exemple, les domestiques ont disparu : d'ingénieuses inventions ont remplacé « la machine humaine » *(sic)* par des machines plus parfaites. Dans les maisons « bien machinées », personne n'a besoin de personne, et toutes les tâches se font automatiquement. Un appartement, avec ses poulies et ses cordons de tirage, ressemble « à un vaisseau garni de ses agrès, et qui obéissait à l'instant, pourvu qu'on connût la manœuvre » (p. 63). L'académicien qui sert de mentor au couple, M. Atout, ne tarit pas d'éloges sur ces innovations :

> Au lieu de domestiques soumis à mille infirmités, à mille passions, nous avons des serviteurs de fer et de cuivre, toujours également robustes, également sûrs, également exacts ! Encore quelques efforts, et la civilisation aura conquis à l'homme l'isolement, c'est-à-dire la liberté, car chacun pourra se passer complètement des services de son semblable (p. 56).

Maurice, sceptique, ne paraît pas convaincu que cette finalité soit la bonne :

> La machine humaine, comme vous l'appelez, avait un cœur qui pouvait battre à l'unisson du nôtre, tandis que la machine de fer ne nous est rien.

Dans une tirade imprégnée d'une sorte de socialisme chrétien très paternaliste, et certes pas révolutionnaire, il en vient à justifier, par opposition, les inégalités sociales de son XIX^e^ siècle :

> En préférant celle-ci [la machine], vous avez sacrifié votre âme à vos habitudes : vous avez brisé le dernier anneau qui liait les classes heureuses aux classes déshéritées. [...] Ah ! loin de supprimer le serviteur, il fallait le rapprocher plus intimement du maître ; il fallait en faire un humble ami, prêt à tous les sacrifices et sûr de toutes les protections *(ibid.)*.

Le lecteur du XXe siècle, quant à lui, ne saura peut-être à quel système accorder sa préférence...

Dans cet univers, les femmes en particulier font de même appel, pour leur toilette, à tous les artifices. Et dans un passage qui s'apparente aux nouvelles traitant du motif de la prothèse, Souvestre nous décrit la merveilleuse métamorphose de la très-osseuse Mme Atout, dès lors qu'elle a revêtu un corset miracle. « Semblable à Pygmalion, le corsetier avait animé sa statue ; le caoutchouc palpitait, le tricot semblait respirer ! » (p. 68). Sur la femme, le corset « seul vivait ; Mme Atout n'en était plus que l'organe moteur ! » (p. 71). Ici, Dieu merci, l'artifice l'emporte sur la nature, et pour un peu, Maurice oublierait, à la vue du seul maillot, les « chastes inspirations » qu'il devait à la vue de la femme.

Après la « femme-corset », le lecteur découvre comment les enfants sont élevés en l'an 3000. Le bébé est pris en charge par la société dès sa naissance, et rendu, dix-huit ans plus tard, tout élevé. Au stade de la puériculture, l'an 3000 a mis au point l'allaitement à la vapeur, beaucoup plus rentable. Des pompes à vapeur font monter le *supra-lactogune* (ou lait de femme perfectionné) dans des conduits qui le distribuent aux nourrissons, assis côte à côte sur des étagères de chaque côté d'une immense galerie. « Chacun d'eux avait devant lui son numéro d'ordre et le biberon breveté qui lui tenait lieu de mère » (p. 81). Cette technique a heureusement permis « l'anéantissement des superstitions maternelles » – sans compter de substantielles économies. Plus tard, des machines tentent de modifier artificiellement le développement naturel de l'enfant. Avec le système des serres chaudes, on « obtient des savants *forcés*, comme les jardiniers obtenaient autrefois des melons de primeur ». Le procédé a pourtant ses limites, puisque l'établissement de M. Hâtif exhibe ainsi, « sous verrine, plusieurs centaines d'écoliers, qui sont de grands hommes à dix ans, et des enfants à vingt ». La destinée humaine est donc ainsi modelée par la machine, depuis la naissance jusqu'à la mort.

Au terme de sa visite guidée, Maurice est introduit dans une usine où éclate la supériorité des machines sur les hommes (p. 148-159). Maurice est saisi d'une sorte de terreur :

> on eût dit que l'art infernal d'un magicien avait soufflé une âme dans ces squelettes d'acier. Ils ne ressemblaient plus à des assemblages de matière ; mais à je ne sais quels monstres aveugles...

Paradoxalement, cette nouvelle société, loin de libérer l'homme de la servitude du travail, semble avoir donné naissance à un sous-prolétariat, et à un clivage social plus prononcé. Il y a loin de M. Isaac Banqman, le propriétaire de l'usine, à « ces victimes de la mécanique perfectionnée », à ces hommes « flétris et hagards » qui sont au service de la machine, au péril de leur vie :

> c'étaient les cornacs de ces mammouths de cuivre et d'acier, les valets chargés d'apporter leur nourriture d'eau et de feu, d'étancher la sueur de leur corps, de le frotter d'huile, comme autrefois celui des athlètes, de diriger leurs forces brutales, au risque de périr, tôt ou tard, broyés sous un de leurs efforts, ou dévorés par la flamme de leur haleine !

Maurice est horrifié par cette « imitation artificielle » de la vie ; rien de commun entre les machines et les hommes : « C'étaient des monstres aveugles et sourds, dont la force vous épouvantait. » Dans sa répulsion, Maurice en vient une nouvelle fois, lui, le progressiste, à soutenir des positions réactionnaires et à faire l'éloge de la petite fabrique d'autrefois, avec ses métiers « conduits par des mains d'enfants ou de jeunes filles », au milieu des rires et des chants... Le spectacle de ces « machines parfaites et des ouvriers abrutis » ne favorise décidément pas la foi en l'avenir.

Maurice n'a pourtant pas atteint le comble de l'horreur. Au Muséum, qu'il visitera peu après, il constatera que « l'utilité bien entendue avait éliminé du règne animal tout ce qui ne produisait pas un bénéfice appréciable et immédiat ». En perfectionnant les espèces par la méthode des croisements, on a donc obtenu « des choses vivantes modifiées au profit de la boucherie » : veaux gras sans os, vaches réduites à un alambic animé transformant l'herbe en laitage...

> Tout cela était parfait, mais hideux. La création, revue et corrigée, avait cessé d'être un spectacle pour devenir un garde-manger : Dieu lui-même n'eût pu la reconnaître. La plupart des êtres créés par lui n'existaient d'ailleurs qu'à l'état scientifique : l'œuvre des sept jours avait été mise en flacon dans de l'esprit-de-vin et confiée à l'art des empailleurs (p. 183).

Mais cette société rationnelle est vite passée du stade de l'expérimentation animale à celui de l'application humaine. On a ainsi «perfectionné» la race humaine :

> Des croisements bien entendus nous ont produit une race de forgerons dont toute la force s'est concentrée dans les bras ; une race de porteurs qui n'ont de développés que leurs reins ; une race de coureurs, auxquels les jambes seules ont grandi ; une race de crieurs publics, uniquement formés de bouche et de poumons ; vous pouvez voir dans ces loges des échantillons de ces différentes espèces de prolétaires, auxquels nous avons donné le nom de *métis industriels.*

Ces créatures, qu'on croirait produites par le «génie» génétique, sont d'ailleurs traitées en *pupilles de la société humaine*, et en tant que telles, déchargées de tous devoirs familiaux. De cette manière, les métis industriels, débarrassés des soins de la maternité, du ménage, de l'économie domestique... restent sous la tutelle absolue de l'entreprise. Ce dirigisme et cette programmation sociale ne sont pas non plus du goût de Maurice, de plus en plus réfractaire au progrès à la vue de ces monstres fonctionnels. Marthe, de son côté, est persuadée que ce monde est perdu, «parce qu'on ne sait plus aimer» (p. 159).

Au soir de leur troisième jour en l'an 3000, Marthe et Maurice pleurent «sur ce monde où l'homme était devenu l'esclave de la machine, l'intérêt le remplaçant de l'amour» (p. 321). Tous deux s'endorment dans ces tristes pensées, et dans leur sommeil, ils ont la vision du nouveau déluge que Dieu s'apprête à déchaîner sur cette civilisation corrompue...

La société de l'an 3000 est ainsi un univers voué à l'industrialisation à outrance et au culte du profit. C'est un monde inhumain, où plus aucun sentiment altruiste ne subsiste, et qui a pour devise : «Chacun chez soi. Chacun pour soi.» Par son outrance, le système Sans-Pair entraîne donc, de la part des visiteurs du XIX^e^ siècle, un panégyrique de la société pré-industrielle. Malgré cette tendance à la prédication morale chez Souvestre, on ne peut qu'apprécier l'originalité de cette contre-utopie à l'époque du socialisme utopique. Chez cet écrivain à l'imagination foisonnante, qui a peut-être influencé Aldous Huxley et son *Meilleur des mondes*, on trouve déjà la grande peur de la machine que la science-fiction développera dans les histoires d'ordinateurs et de robots. *Le monde tel qu'il sera* aborde aussi audacieusement certains des motifs nouveaux du thème de la création artificielle, avec l'idée de l'homme modifié par prothèses, conditionnement ou hybridation.

Toujours dans le domaine de l'anticipation, *Archéopolis* [22] d'Alfred Bonnardot (1857) nous présente aussi la civilisation de l'avenir, de l'an 9957 cette fois. Son centre n'est plus en Polynésie, mais au cœur de l'Afrique. Le narrateur, curieux de savoir ce qui s'est passé depuis le XIXᵉ siècle, entend réciter, par un gamin qui a « un beau relief de la mémoire »[1], le chapitre des *Grandes annales de France* qui raconte la décadence de la civilisation au XXIᵉ siècle, due, comme chez Souvestre, à un mauvais usage des machines. Bien qu'ici non plus, l'accent ne soit pas mis sur l'aspect anthropomorphe ou non des machines, nous dirons quelques mots de cette nouvelle, tout à fait caractéristique du courant de pensée pessimiste.

Au XXIᵉ siècle donc, les machines ont supprimé, dans tous les domaines, l'emploi de la force humaine. Au contraire de ce que Gautier imagine dans *La République de l'avenir*, les décadents du XXIᵉ siècle de Bonnardot ne gagnent plus leur pain à la sueur de leur front : Bonnardot, lui, invente des machines agricoles – des machines pour tous les usages. Bref, la tâche des hommes se réduit à surveiller les machines, et dans cet apparent âge d'or, « il n'y avait plus que des indigents volontaires ».

Hélas, « de l'état de bien-être matériel acquis à l'humanité devait naître sa ruine ». La connotation diabolique liée au progrès de la connaissance n'est jamais bien loin, et Bonnardot ajoute en guise de commentaire : « Il semblait que Dieu voulût châtier l'homme pour avoir dérobé trop de fruits à l'arbre de la Science ». Les premières conséquences du machinisme sont des catastrophes écologiques : modifications climatiques, reprise de l'activité volcanique... Des maladies inconnues ravagent la planète. D'autre part, sous l'influence du matérialisme ambiant et de l'oisiveté, la population vit dans l'ennui et le dégoût de l'existence : « fatale inertie du corps et du cœur ! » Dans cette société décadente, « les cerveaux seuls travaillaient chez les masses, et non plus les bras : c'était le renversement de la loi naturelle ». Inutile de dire que lorsque tous aspirent à un grand rôle intellectuel, il n'y a plus de vie intellectuelle du tout ; telle est du moins la philosophie élitiste de Bonnardot. La littérature même étant viciée par de mauvaises passions, « la raison déserta les cerveaux », et « vers l'an 2050, une folie épidémique se propagea de proche en proche ». La haine des

1. Voir *infra*, p. 171-172.

masses se concentra soudain sur «les ingénieurs en chef, qui représentaient la puissance financière et la classe aristocratique». Tous furent «massacrés, et les machines anéanties, hors celles destinées à la destruction». On n'épargna même pas les réserves de grains...

Il n'est malheureusement pas si facile de faire machine arrière. Pour pallier la famine, on voulut rétablir les machines agricoles : mais les inventeurs avaient été abattus. On voulut recourir à la main-d'œuvre humaine, «comme aux temps *barbares*» : mais les travaux des champs sont pénibles... Rien n'y fit. «La mort seule moissonna cette année, et sur toute la surface habitée du globe faucha la race humaine» – hormis quelques rares rescapés, dont les habitants d'Archéopolis sont les descendants. Ces derniers, heureusement, ont retrouvé les ingénieuses inventions de leurs ancêtres ; mais, ainsi que l'explique le gamin, on a restauré la «loi naturelle» :

> instruits par la grande catastrophe du XXI^e^ siècle, nous employons les machines qui aident le travail des bras, et nous exposons dans nos musées, à titre de simples curiosités, celles qui le suppriment.

Heureusement pour notre voyageur dans l'espace et le temps, Archéopolis et la vision apocalyptique qui l'accompagne se révèlent n'être finalement qu'un mauvais rêve, et le narrateur est très heureux de se retrouver dans le Paris du XIX^e^ siècle. Nul doute cependant que la leçon aura porté – et Bonnardot espère la transmettre à ses lecteurs : comme la religion, le travail manuel est l'opium du peuple, et la machine doit être réservée à l'élite !

Louis Charles Barbara (1822-1886), auteur de recueils de nouvelles et notamment de récits fantastiques (ses *Histoires émouvantes* publiées en 1856 ont assurément été influencées par les écrits de Hoffmann et de Poe), donne en 1860 un recueil de fantaisies : *Mes petites maisons*, au nombre desquelles figure *Le major Whittington* [11]. Reconnaissons que cette longue nouvelle n'est pas exempte de défauts : digressions que le désir de créer une atmosphère à suspense ne suffit pas à justifier ; ancrage temporel on ne peut plus flou, qui pose un problème de crédibilité initial ; comique facile... Ces faiblesses ne sauraient cependant cacher le problème réel posé par ce texte et qui est, une fois de plus, celui du machinisme menaçant.

A la suite de plaintes réitérées, le baron de Sarcus, substitut du procureur, est envoyé, avec deux secrétaires, enquêter dans la propriété d'un mystérieux personnage qui trouble le voisinage par un tapage incessant. Le major Whittington, sachant qu'il a devant lui non seulement un magistrat éminent, mais un savant distingué, s'empresse de lui faire les honneurs de son domaine, et le baron, ébahi, découvre les innombrables inventions de lord Whittington. Ce dernier est en effet le seul créateur du petit univers qu'il habite. Ses découvertes s'étendent à tous les domaines. Aux inventions domestiques, tout d'abord : sa maison est dotée d'innombrables automatismes, de décors escamotables et variables à volonté... Tout ceci, aux dires mêmes du major, n'est cependant qu'« enfantillages ». Divers appareils pratiques ont de même été mis au point par ses soins : système d'alarme anti-vol qui passe les menottes aux poignets du coupable, « manteau infernal » pour l'autodéfense, appareil de télé-communication qui tient de la télévision et du télex, appareil de projections qui préfigure le cinéma... Le major est l'auteur de machines en tous genres, dont il possède d'ailleurs des maquettes. Il a également conçu de vastes projets d'urbanisme : des maisons de santé aériennes pour pallier la pollution, voire des villes aériennes pour lutter contre la surpopulation... La critique des conditions de vie à Paris en 1860 est évidente. Plus près de nos préoccupations, la flore et la faune de son domaine, qui sont entièrement des créations de laboratoire, et, dans le secteur des sciences et des arts, les machines grâce auxquelles Whittington cherche à se passer de l'intelligence humaine (ou, ce qui est plus grave, à « supprimer l'intelligence ») : il a ainsi à sa disposition des machines à calculer, à versifier, un orchestre automatique capable d'improviser, des machines à peindre ou à sculpter.

Mais sa réussite la plus stupéfiante réside dans ses automates. Le major est servi par des domestiques artificiels qui, glissant sur des rails, introduisent les visiteurs, servent les cocktails – assurent en fait toutes leurs charges à la perfection. Plus surprenante encore est la famille sur roulettes du major. Il vit en effet entouré d'automates masculins et féminins qui ont avec lui des liens de parenté (femme, fille, futur gendre, beau-père) ou qui assument des fonctions précises (gouvernante, dame de compagnie) – sans compter la nombreuse et brillante assistance qui se presse au spectacle du ballet-pantomime automatique donné dans la soirée. Ces automates sont totalement assimilés à des êtres humains (ils en ont d'ailleurs les noms, les titres) et vivent en fait une existence humaine.

Sur certains points, ces créatures artificielles se montrent incontestablement supérieures aux hommes : les joueurs d'échecs, de tric-trac et de dominos, émules non truqués et infaillibles du joueur d'échecs du baron Kempelen, gagnent toujours contre leurs adversaires humains. Leurs compétences musicales sont de même sans égales : « une » automate joue du piano impeccablement, l'autre chante les airs les plus difficiles « sans peur et sans fatigue » ; tous peuvent danser sur un rythme infernal sans être émus ni essoufflés : l'Olympia de *L'Homme au sable* ne faisait pas mieux. On notera que dans cette société d'automates, la répartition des rôles est la même que dans la société humaine. Les femmes restent entre elles, brodent ou servent le thé, quand elles ne s'adonnent pas à des talents de société pour le plus grand plaisir de leur public masculin : il faut dire que le major Whittington, naguère marié à un bas-bleu, est échaudé... Son idéal féminin semble pourtant bien partagé, puisqu'au moment de prendre congé de milady Whittington, qui se retire dans ses appartements, le baron de Sarcus s'exclame :

> – Ah ! milady, femme idéale, merveille de grâce, modèle de fidélité et de discrétion, permettez-moi de vous baiser la main (p. 156).

Les vapeurs de l'alcool sont peut-être responsables de cet élan subit, qui ne cadre pas, nous le verrons, avec les sentiments du baron face aux créatures artificielles. Enfin, la supériorité (relative) des automates n'est en rien menaçante ; ils sont parfaitement dociles, et milady notamment est idéalement soumise à son seigneur et maître. Dans son petit nègre mécanique, elle balbutie : « Milord beau, milord bon, moi aime milord », tandis que sa jolie poupée de fille articule très nettement : « Papa, papa. »

Quelles sont cependant les motivations de ce créateur de génie ? Le major Whittington est un misanthrope. Il n'a connu que déboires professionnels et sentimentaux, avant de se retirer entre les quatre hautes murailles de son domaine. Déçu par la réalité et par les hommes, il s'est réfugié dans l'artifice. Pour lui, « la clef du bonheur parfait réside en l'art de se passer d'autrui » (p. 123), et son idéal de vie en autarcie grâce à la machine rappelle la maxime des habitants de l'an 3000 de Souvestre (« chacun chez soi, chacun pour soi »)... Passant de la théorie à la pratique, le major a donc tout créé lui-même au milieu de ses quatre murs, et il vit à l'aise, sans aucune présence humaine à ses côtés.

Whittington a tout étudié. « Chimie, physique, mécanique, astronomie, médecine, physiologie, philosophie, métaphysique, il dévora tout et se montra supérieur à tout» (p. 119). Ce savant universel, connu de ses semblables comme «l'immortel major Whittington», «un Pic de La Mirandole à la quarantième puissance» (p. 117), a la volonté de rivaliser avec tous les hommes célèbres pour leurs inventions, à commencer par Vaucanson. Il veut rivaliser avec la nature elle-même, et la surpasser, si faire se peut. Pourtant, pour une fois, pas de connotations diaboliques chez ce créateur : c'est à peine s'il frappe d'abord la vue par son habit rouge. Il est vrai que sur un point, Whittington n'est pas l'égal de la nature : il ne possède pas, il le reconnaît, «l'art de créer des êtres vivants» – encore faut-il entendre par là des êtres *humains*, car les animaux qui l'entourent sont, nous l'avons vu, des créations de laboratoire. Mais cette compétence, on le comprend, lui semble «chose bien inutile et bien vaine» (p. 116), et de fait, ses automates ne remplacent-ils pas avantageusement des êtres de chair ?

A ces buts égoïstes, s'ajoutent, il faut le dire, des visées altruistes. Mettant en valeur ses inventions, le major montre au baron de Sarcus comment la machine doit libérer l'homme de la servitude du travail, le soulager des tâches pénibles :

> Des ouvrages qui jadis réclamaient la main d'un ouvrier habile, il n'en était pas un aujourd'hui qu'on ne pût obtenir à l'aide d'un mécanisme (p. 150).

Un seul paysan suffit à une ferme de dix hectares, un seul ouvrier à l'exploitation d'une fabrique considérable. Le «testament» du major comprendra d'ailleurs, entre autres dispositions, le souhait que l'on vulgarise au mieux ses découvertes, afin d'en faire bénéficier l'humanité tout entière.

A ce stade, le lecteur est en droit de se demander si ce n'est pas là, à tout prendre, un univers idyllique ! Le texte est en réalité plus ironique qu'il n'y paraît, et deux faits doivent retenir notre attention.

Tout d'abord, si M. de Sarcus jette force cris d'admiration devant les diverses inventions du major, il est en revanche mal à l'aise devant les automates. Cette attitude a bien sûr une fonction assez comique dans le passage, et les visiteurs, trompés par le flegme britannique et l'impassibilité du major Whittington, prennent tout d'abord leur hôte pour une de ses créatures. Mais la gêne du baron est essentiellement synonyme d'«inquiétante étrangeté». Il a d'abord manifesté sa surprise devant le portier automate, « raide comme un poteau », inexpressif et ostensiblement mécanique. Mais après souper, sous l'influence des spiritueux, il s'assoupit un petit quart d'heure – et lorsqu'il se réveille, entouré des compagnons automates du major, il croit rêver, en proie aux hallucinations de la fièvre. Ces personnages si « humains » et pourtant artificiels le troublent. Le texte souligne à l'envi les indices de l'artifice : regards et sourires inexpressifs, raideur des attitudes, voix rauque et métallique, langage rudimentaire... « Tout cela était étrange et produisait l'effet d'un cauchemar » (p. 142). Jusqu'à la disparition des automates, M. de Sarcus ne parviendra pas à dissiper son inquiétude, cette « oppression douloureuse » qui l'étreint.

Par ailleurs, si le major Whittington prend congé de ses invités par une formule d'adieu optimiste (« Que la science et le progrès vous tiennent en joie ! », p. 163), le fait est qu'il ne peut vaincre son incurable ennui. Quelque temps après la visite de M. de Sarcus, les voisins du major se réveillent épouvantés : un vacarme d'une violence inouïe est bientôt suivi d'une explosion, puis d'un silence de mort. Au matin, à la place des hautes murailles qui leur bouchaient la vue, un square, au centre duquel s'élève un mausolée. En son cœur, une « tombe », celle du major. Whittington, en proie au spleen, n'a pourtant pas choisi le suicide. Il a suspendu en lui la vie grâce à un anesthésique de son invention, prolongeant artificiellement son existence. Dans quel but ? Il désire voir ce que sera le monde dans soixante ans...

Il n'y a plus de poètes à l'heure du machinisme ; peut-être même n'y aura-t-il plus, dans un avenir proche, de douleur. Partant, plus de malheur ? La science et le progrès, à en croire la destinée du major, engendrent bien plutôt un « bonheur incurable »... La nouvelle de Charles Barbara est donc à lire comme un avertissement destiné à ses contemporains aveuglés par la foi dans le progrès scientifique, comme les membres de l'Académie des Sciences qui ont fait graver sur les deux côtés du mausolée, en lettres d'or :

> Au messie scientifique.
> Il n'y a pas d'autre dieu que l'homme,
> et Whittington est son prophète.

L'auteur, quant à lui, plus laconique, et plus sceptique, se contente de ponctuer cet hommage sacrilège d'un vœu dubitatif : « Ainsi soit-il ! »

L'hésitation entre le désir et la crainte de la mécanisation est en revanche plus sensible dans un roman utopique de Bulwer-Lytton (l'auteur célèbre des *Derniers jours de Pompéi*). *La race future* [30] est paru dans le *Blackwood's Magazine* en 1871, puis en volume en 1873. Dans ce récit, Bulwer-Lytton imagine qu'il parvient, au terme d'étranges pérégrinations, dans un monde souterrain habité par une race d'êtres bizarres appelée à supplanter tôt ou tard la race humaine : la crainte devant l'avenir est évidente. Pourtant, ce monde souterrain tend vers l'idéal. Un être surnaturel, Uril, symbole de l'énergie naturelle, a amené les habitants à un état de quasi-perfection : ils sont restés indemnes de l'ignorance et de la méchanceté humaines. Leur degré de civilisation est de même très poussé, et ils sont parvenus aux plus hauts sommets de la recherche scientifique. Les habitants se font notamment assister d'automates, et de machines. Mais dans l'imaginaire de Bulwer-Lytton, la matière n'est pas inerte ; elle vit presque, raisonne presque. La machine ressemble ainsi à l'homme, avec qui elle finit pour ainsi dire par se confondre...

## LA RÉVOLTE DES MACHINES : LA RACE FUTURE ?

Le plus souvent, nous l'avons vu, l'avenir de la race humaine apparaît sous des couleurs plus sombres. Un pas de plus dans la crainte et, non contents d'exploiter les conséquences néfastes de la mécanisation à outrance, les écrivains imaginent que les machines se retournent contre leurs créateurs – non pas *un* automate en proie à des émotions humaines, comme le Maître de Moxon, mais *les* machines, en tant que race nouvelle menaçant, par sa puissance et sa volonté d'indépendance, la survie de l'espèce humaine.

Tous ces récits reposent évidemment sur l'idée que la machine – anthropoïde ou non – peut être douée de conscience, et donc de libre arbitre. De ce point de vue, l'ouvrage qui traite le plus sérieusement des potentialités cachées et alarmantes de la machine est certainement la célèbre utopie de Samuel Butler publiée en 1872 : *Erewhon, ou De l'autre côté des montagnes* [34]. A l'époque où les théories de Darwin sur l'évolution se répandent et font l'objet de controverses passionnées, Samuel Butler se demande ce qu'il adviendrait si les machines, elles aussi, étaient soumises aux lois de l'évolution. Dans un article publié en 1863 et intitulé «Darwin chez les machines» [33], il développe déjà cette hypothèse en imaginant que les machines risquent fort d'accéder à leur tour à l'intelligence et, conséquemment, à l'indépendance...

Dans son roman, un Anglais de la classe moyenne, Higgs, décide de tenter sa chance dans une colonie de Nouvelle-Zélande, comme éleveur. Bientôt, poussé par la curiosité, il entreprend d'explorer la contrée qui se trouve de l'autre côté d'une haute chaîne de montagnes que personne n'a encore osé franchir. Après maintes difficultés, il atteint la capitale de ce pays inconnu, Erewhon (anagramme de Nowhere : nulle part – une véritable utopie). Ayant appris la langue du pays, il découvre peu à peu les coutumes et les croyances des Erewhoniens. Une des premières choses qui le frappent est l'absence d'instruments mécaniques, dans une société pourtant située dans le futur. Il apprend ainsi que quatre cents ans plus tôt, le développement technique était en effet très poussé, lorsqu'un savant publia un livre où il démontrait que les machines étaient vouées à supplanter complètement les hommes. Cette théorie effraya tellement les Erewhoniens qu'ils détruisirent leurs machines et se gardèrent, à l'avenir, d'en inventer et d'en construire d'autres. Le livre fondamental de cette civilisation est donc *Le livre des machines*, dont Higgs nous donne une traduction commentée dans les chapitres 23 à 25 de son récit.

Nous ne nous attarderons pas sur l'argumentation touffue, mais parfois spécieuse, du savant erewhonien. Higgs lui-même, lassé par certaines longueurs et obscurités, renonce heureusement à traduire certains passages, et ne propose au lecteur qu'une version tronquée du Livre. Disons simplement que la démarche de Butler est essentiellement analogique et vise à démontrer que selon toute vraisemblance, la conscience mécanique atteindra à la longue un développement dangereux pour notre espèce, même s'il doit toujours y avoir autant de différences du mécanique à l'humain, que de l'humain à l'animal, de l'animal au végétal, et du végétal au minéral. Du point de vue du savant erewhonien, tout ce qui est, possède une forme de conscience qui lui est propre. Il s'alarme cependant d'autant plus que le rythme d'évolution des machines lui paraît infiniment supérieur à ce que l'homme a jamais connu. Par ailleurs, dès son époque, « le maître perce dans le serviteur ». L'homme est asservi aux machines. Il ne peut s'en passer ; bien plus :

> Combien d'hommes actuellement vivent dans un état d'esclavage à l'égard des machines ? Combien passent toute leur vie, du berceau à la tombe, à les soigner nuit et jour ? N'est-il pas évident que les machines gagnent du terrain sur nous, si nous songeons au nombre toujours croissant de ceux qu'elles réduisent en esclavage, et de ceux qui se consacrent de toute leur âme à l'avancement du royaume mécanique ? [...]
>
> Ne sommes-nous pas en train de créer les êtres qui doivent nous succéder dans la suprématie terrestre, en perfectionnant tous les jours la beauté et la précision de leur organisme, et en leur donnant chaque jour cette puissance qui se règle elle-même et qui agit d'elle-même et qui finira par valoir mieux que n'importe quelle intelligence ? (chap. XXIV).

Au passage, Samuel Butler réfute l'idée selon laquelle les machines ne pourront jamais atteindre à l'existence animée, compte tenu de leur impossibilité à se reproduire. Certes, « les machines qui reproduisent des machines ne reproduisent pas des machines de la même espèce qu'elles. Un dé à coudre peut être fait par une machine, mais il n'est pas, et ne sera jamais, fait par un dé » *(ibid)*. Mais la perspective change du tout au tout si l'on admet que « chaque espèce de machine aura probablement ses reproducteurs mécaniques spéciaux » et que « les plus hautement organisées devront leur existence à un grand nombre de parents, et non pas à deux seulement » *(ibid.)*.

En bref, les arguments du savant erewhonien furent tellement convaincants que l'on détruisit toutes les inventions mécaniques qui avaient été faites pendant les 271 dernières années – cette limite excluant, après de longs débats, « une certaine espèce de calandre dont l'usage était très répandu parmi les blanchisseuses », et qui finit par être condamnée comme dangereuse ! Heureusement, l'argumentation philosophique n'est pas toujours dépourvue d'humour...

Devant la révolte des machines, il n'y a en tout cas bien souvent pas d'autre solution que leur destruction. La survie de l'humanité est à ce prix.

Le roman du comte Didier de Chousy, tout d'abord publié anonymement en 1882, puis signé lors de sa troisième édition, couronnée par l'Académie française, en 1884, est cher aux historiens de la science-fiction. *Ignis* [37] décrit en effet ce qui est peut-être la première révolte des machines dans l'histoire littéraire. Quelques faiblesses peuvent expliquer le succès éphémère de l'ouvrage, notamment la charge caricaturale, dirigée par un Français contre les milieux économiques et financiers anglais et leur pratique de l'agiotage, symbolisée dans le roman par la bien nommée « Compagnie générale de la débâcle universelle ». Plus généralement, d'ailleurs, Didier de Chousy fait la satire de la société capitaliste de son temps, des milieux parlementaires, etc. Ces traits de critique justifient en somme un succès d'actualité, mais expliquent qu'à long terme, le roman, desservi par un manque d'unité de ton, soit pratiquement tombé dans l'oubli. L'aventure tout entière s'avère d'autre part n'être que le mauvais rêve d'un ingénieur fatigué et le lecteur qui, dans le pacte de lecture, a momentanément suspendu son incrédulité, est toujours déçu par ce démenti explicite apporté après coup à la réalité dépeinte. D'autant qu'*Ignis* nous propose une évocation étonnante d'Industria, la ville nouvelle créée à partir de l'utilisation de l'énergie fournie par le « feu » central de la terre (*ignis* en latin), et décrit, au début de la deuxième partie, la nouvelle espèce qui y vit – et qui va se révéler dangereuse pour l'espèce humaine.

Par bien des côtés, les perfectionnements techniques d'Industria, située, pour comble de provocation, en Ulster, semblent faire de la ville une cité idéale. Les moyens de transport y sont très perfectionnés : voitures amphibies ultra rapides, sous-marins, tramways suspendus (ancêtres du métro japonais), tubes atmosphériques qui propulsent les voyageurs à grande vitesse... L'architecture et l'urbanisme sont à l'origine de sa beauté : matériaux translucides ou délicatement colorés, vie en surface dégagée de toutes nuisances (celles-ci étant reléguées dans les sous-sols utilitaires), chauffage et éclairage évidemment parfaitement régulés. Grâce au feu central et à la main-d'œuvre abondante et gratuite, nous le verrons, Industria est prospère. Le climat irlandais a même été modifié : la région, qui ne connaît qu'une seule saison tempérée, ferait songer, si elle n'était aussi industriellement avancée, aux îles fortunées et à leur éternel printemps.

De fait, à Industria, on modifie aussi la nature. La création est revue et corrigée, en application des théories de lord Hotairwell[1], le découvreur du feu central. La doctrine matérialiste du savant, exposée dans les

1. Le jeu de mots est évident : Hot-air-well (puits d'air chaud).

nombreux volumes publiés par l'obscure maison d'édition Watbled[1], fait songer aux idées développées par Bierce dans *Le Maître de Moxon* ou par Samuel Butler dans *Le livre des machines*. Pour lord Hotairwell, l'âme n'est pas une réalité spirituelle mais matérielle (« de l'acide cérébrique et de la cérébrine »), c'est une façon d'être de la matière. Ou encore, les lois de la biologie sont les mêmes que celles de la mécanique : seuls les « cahots qui brisent les ressorts » et les « frottements qui usent les forces » sont des obstacles à la perpétuité (II, 1). La vie n'est en somme qu'une des formes de l'activité de la matière, et si, pour le moment, l'homme est au sommet de l'échelle des êtres vivants, lord Hotairwell, en évolutionniste visionnaire, entrevoit bien d'autres développements. Il place en particulier tous ses espoirs dans la chimie que nous appellerions moléculaire, capable selon lui d'améliorer la nature, y compris la race humaine :

> Oui, la chimie un jour combinera de toutes pièces des hommes semblables et supérieurs à nous ; [...] la science donnera des lois à la nature ! (II, 1).

Une fois maîtrisé le feu central, les éleveurs-chimistes, qui ont pour but avoué d'« humilier et contredire la nature », se sont en effet attachés à redessiner et remanier la flore et la faune d'Industria. La faune, en particulier, a été modifiée « par des croisements si hardis, par des greffes si étranges, que certaines de ces bêtes ne ressemblent plus aux animaux de la création. Adam ne les reconnaîtrait pas, et Noé les chasserait de l'arche » (II, 2). Ces créations ont un but utilitaire, tels les « horse-dogs », « chiens de selle et chevaux d'arrêt » destinés à la promenade et à la chasse, les vers luisants servant à l'éclairage public, et dont les performances ont été améliorées par des croisements bien compris, ou encore les poissons électriques affectés à la défense portuaire. La nature humaine est elle aussi modifiée par des interventions médicales ou chirurgicales. Afin d'améliorer le rendement des ouvriers, on a testé différentes techniques, consistant à relier les cerveaux des travailleurs à celui de l'ingénieur, ou, au contraire, à créer le prolétaire parfait par décervelage, de manière à supprimer l'intelligence. Les chercheurs ont même effectué quelques essais devant aboutir à la création d'un surhomme, en injectant une substance particulière dans le cerveau puis en le stimulant par l'électricité.

1. Dans un souci comique de vraisemblance, l'auteur nous abreuve de références bibliographiques et de commentaires techniques, émaillés de « bons mots ».

Toutes ces opérations en sont cependant encore au stade expérimental. En revanche, certaines techniques de greffe sont bien maîtrisées, et couramment utilisées, surtout chez les femmes. Mais les manipulations biologiques, loin d'avoir dans ce cas un but utilitaire, sont l'effet du simple caprice (le lecteur, masculin du moins, s'en serait douté), et le narrateur lui-même reconnaît qu'elles confinent, par leurs excès, à la folie ; la femme d'Industria ne recule devant rien,

> se greffant sur la tête des coiffures de colibris vivants, autour du cou des anémones de mer ou des colliers Cléopâtre, en aspics ; ou encore, à l'imitation de la pieuvre, qui doit à son sang bleu sa blancheur, se bleuissant le sang pour se blanchir la peau, et risquant sa vie en substituant, au fer Bravais dialysé qui est la base du bon sang, le cuivre Pravais dialysé, dangereuse contrefaçon (II, 2).

Si la satire est facile, la variante sur le motif de la greffe, dont nous reparlerons, est en tout cas inusitée : la coquetterie féminine n'a décidément pas de bornes, et promet de beaux jours à la chirurgie esthétique.

L'application la plus intéressante des théories de lord Hotairwell reste cependant la création artificielle d'une race pseudo-humaine, les « enginemen » (= hommes-machines), des créatures métalliques, « triples métis d'homme, d'animal et de machine »[1]. A la machine, les Enginemen empruntent leur source d'énergie (air comprimé, électricité ou vapeur), et comme une machine, ils suent de l'huile rance ou du cambouis. Sortes de machines-outils, ils ont, selon leurs fonctions, une apparence animale diversifiée : crocodiles-herseurs, couleuvres-faucheuses... A l'homme s'apparentent les Atmophytes (ou hommes-vapeur), classe d'êtres supérieurs qui vivent en ville et non à la campagne comme les enginemen ruraux : alors que ces derniers ne sont que des automates doués d'instinct, les Atmophytes sont « des fac-simile d'hommes [...], ressemblant à leurs créateurs, doués d'une sorte d'âme et de rouages supérieurs à des membres » :

> hommes de fer et de cuivre, semblables à des scaphandres ou à des chevaliers dans leur armure ; corps en qui la vapeur s'est substituée au sang, dont l'électricité anime le mécanisme... (II, 1).

Ces Atmophytes possèdent même une sorte de langage, « un coassement guttural » il est vrai. Et, comme l'espèce humaine, ils sont

1. Dans ces variations sur la greffe et le métissage, on peut sans doute voir l'influence du *Monde tel qu'il sera* de Souvestre.

« sexués », les métiers « féminins » (couturière, balayeuse...) entérinant la persistance des stéréotypes en la matière.

Enginemen et Atmophytes sont sur bien des points supérieurs à l'homme : ils sont mieux adaptés à leur tâche (d'où la diversification de leur apparence), l'emportent par la force (les forts des Halles), la vitesse d'exécution (les facteurs exprès) ; ils sont infatigables, inusables, éternels. Ils sont enfin, moralement, plus fidèles que les domestiques et subalternes humains qu'ils ont remplacés. Ils constituent en résumé, aux dires d'un habitant d'Industria, « une race d'animaux mécaniques assez forts pour nous servir, assez bêtes pour nous aimer ; une sorte d'humanité d'automates doués d'une initiative sévèrement circonscrite, mus par des rouages cérébraux analogues à ceux des nègres Papous. Tout serviteur qui franchit cette limite a l'ambition de passer maître » (II, 1). Cette race d'esclaves, artificiellement créée pour servir l'homme, cette « plèbe de métal » peut d'ailleurs être traitée sans aucun ménagement, à grands coups de fouets électriques. Ces esclaves-machines sont voués par la Constitution à vivre dans les sous-sols d'Industria, de manière à limiter les nuisances pénibles (bruit, pollution, encombrements...) – et la promiscuité. Ce ne sont donc pas, bien s'en faut, des citoyens à part entière.

Ainsi organisée, Industria devrait connaître un bonheur sans faille. La prospérité et le bonheur des habitants frappent d'ailleurs d'emblée : grâce au feu central, Industria s'est affranchie de la servitude solaire ; de même, la machine a libéré l'homme, ainsi que lord Hotairwell l'avait prédit :

> l'homme se reposera, déchargé du travail sur ses créatures, le prolétariat étant supprimé, les problèmes sociaux étant résolus par le bonheur et la richesse universels... (II, 1).

Le gouvernement, quasi inutile puisque la justice et l'ordre règnent partout, pourrait presque être remplacé par un robinet à vapeur et un manomètre ! La santé publique est excellente et l'espérance de vie prolongée par l'absence de travail, la mort quasi apprivoisée. Ce pays idyllique a vu l'avènement d'une société de loisirs où, pour une fois, nul ne s'ennuie, et où règne une fraternité universelle. Mais ce bonheur est peut-être insolent : il n'est que de comparer la félicité d'Industria avec la misère environnante; il est peut-être dangereux aussi: à Industria, les fous sont bien nombreux[1]...

Pire, ce bonheur est peut-être menacé. Lord Hotairwell avait déjà mis en garde ses compatriotes contre ces créatures assez parfaites pour inquiéter leurs créateurs, s'il leur prenait fantaisie, à leur tour, d'escalader le ciel. Un parlementaire – étonnamment lucide –, Sir William Barnett, prédit aux habitants insouciants la révolte des Atmophytes:

> Ces machines ont proféré des grincements séditieux ; ces esclaves ont insulté des citoyens ; et plusieurs d'entre eux, sortant du sous-sol où notre constitution les confine, ont osé prendre l'air dans la rue. Ces excès sont le résultat du développement excessif que vous avez laissé prendre aux organes des Atmophytes, des perfectionnements inconsidérés par lesquels vous leur avez donné non seulement de l'instinct, mais de l'âme et de la pensée (II, 4).

Les Atmophytes veulent-ils l'anéantissement de la race humaine? ou bien comptent-ils garder les hommes en vie et faire d'eux leurs Atmophytes, selon une dialectique bien connue? La révolte des machines éclate.

Cette révolte, conduite par les Atmophytes, est une transposition à peine déguisée des scènes d'émeutes révolutionnaires qui ont agité le XIXe siècle. Le scénario est le même: les machines dressent des barricades dans les rues d'Industria, s'assurent, par la force, la maîtrise des communications, s'emparent des sources d'énergie; des incendies éclatent, les scènes de tuerie se multiplient... De la ville, l'émeute s'étend aux faubourgs, gagne les campagnes. Même en faisant la part de l'humour, il est certain que la position conservatrice de l'aristocrate qu'est Didier de Chousy est pour beaucoup dans la peinture de ce tableau d'apocalypse. Elle se traduit par le mépris du narrateur pour les émeutiers, le peuple, une «tourbe sans nom d'automates sans aveu, de machines émeutières et d'Atmophytes atteints d'atmomanie furieuse, titubants, ivres d'électricité» (II, 5). Une sorte de racisme antipopulaire transparaît dans l'évocation des odeurs fétides montant de cette foule «suant la rage, le cambouis et l'huile». L'auteur brosse des scènes d'hystérie collective, d'orgie populaire, dans lesquelles, misogynie

1. Et pour traiter les arriérés mentaux, on s'est inspiré des techniques de Souvestre, et on n'a pas trouvé mieux que de les placer sous des cloches à melon, afin de hâter la maturation du cerveau.

oblige, les femmes sont présentées comme des furies, «les bacchantes de l'émeute»: «Elles se lèvent à l'aube de tous les jours sanglants de l'histoire, marchent au premier rang des révolutions violentes, et ne devaient pas manquer à celle-ci» *(ibid.)*.Ces fous inconscients sont, à n'en pas douter, manipulés par une main humaine... La révolte des «monstres» de ferraille prend une dimension fantastique, satanique: «A voir ces démons dans cette mer de flammes, on croirait que l'enfer a débordé.»

Confrontés à ces scènes d'horreur, les hommes, responsables de la révolte par leur incurie, sont impuissants. La dialectique du maître et de l'esclave prophétisée par le parlementaire Sir William Barnett se vérifie: électrisés par les décharges que leur envoient les machines, les hommes politiques sont semblables «à des automates, à des Atmophytes sans autorité sur leurs membres», incapables de conserver leur dignité dans un moment aussi grave. La peur fait d'eux des esclaves, privés de tout bon sens jusqu'au ridicule. Heureusement, dans cette panique générale, un homme providentiel exécute le geste qui sauve: il ferme «le robinet qui distribuait aux Atmophytes de la ville et de la campagne la force motrice du puits»: «Industria était sauvée» (II, 5).

On le voit, la solution est de couper les vivres, d'affamer le peuple – et le remède réside dans une répression brutale. Les leçons de l'Histoire ont porté... Cette première révolte des machines dans la littérature connaît ainsi une fin heureuse. Mais ce dénouement favorable à l'humanité n'est intervenu qu'*in extremis*, et l'alerte a été chaude... Le message d'*Ignis* est clair : une fois de plus, la science a révélé ses dangers potentiels, et la création artificielle, qui en était le fruit, se solde par un échec. Les créatures se sont révoltées contre leurs créateurs, et ont dû être, sinon totalement détruites, du moins violemment neutralisées et mises hors d'état de nuire. La portée didactique de l'aventure est évidente, et la mise en garde de nature à frapper les esprits les plus optimistes.

Le *Voyage au pays de la quatrième dimension* [105] de Gaston de Pawlowski, journaliste et écrivain français (1874-1933), reprend ce motif de la révolte des machines sous divers angles, au sein d'un texte complexe, élaboré de 1895 à 1923[1]. Dans le chapitre XXIX de cette

1. Le texte commença à paraître en feuilletons de 1895 à 1912, et une première édition en volume fut publiée en 1912. L'édition définitive date de 1923.

sorte de chronique du futur, intitulé « La révolte des machines », Pawlowski, résumant les théories matérialistes, affirme que le métal est animé d'une vie étrange et inconnue. Les ingénieurs d'une usine font ainsi de curieuses observations sur des machines perfectionnées, qui tendent à reproduire les aberrations de la classe ouvrière depuis longtemps proscrite : on dénote chez elles les mêmes maladies, les mêmes vices, les mêmes tares qui décimaient jadis les classes laborieuses. Ils concluent à « un travail interne du métal » produisant, « comme dans le cas de cancer ou de fibrome, des transformations moléculaires de la matière, des transmutations de métaux qui eussent enchanté les alchimistes d'autrefois ». Après les premiers dysfonctionnements alarmants, l'usine tout entière vit dans l'angoisse d'une grève générale, « comme une révolte de la matière enfin libérée ». Et en effet, à la suite d'une surtension :

> brusquement toutes les machines volèrent en éclats comme du verre, tordirent leurs bras, s'effondrèrent et, durant toute la journée, on assista de nouveau avec terreur à ce dangereux déplacement de la matière, qui, par boules, roulait lentement, mais avec souplesse, du côté des portes.

Pawlowski intercale ici un incident qui, s'il ne tournait au grand-guignolesque, surpasserait en horreur les manipulations sacrilèges de Frankenstein. Dans cette société, on pratique couramment les greffes d'organes, et pour ce faire, on tient en réserve des têtes, des bras, des intestins, des cœurs humains, dans le *Dépôt des membres humains* voisin de l'usine. Or, en pénétrant dans le dépôt, les blocs de matière, chargés d'électricité, galvanisent les membres en stock, qui se mettent « à parler, à marcher et à s'échapper dans toutes les directions ». Inutile de dire que ces transplants en folie sèment la terreur dans la ville. On parvient cependant à s'en rendre maître, comme à dompter la matière. Les ingénieurs en sont quittes pour la peur, mais, instruits par leur mésaventure, les gouvernants du pays de la quatrième dimension prennent des mesures radicales, et pratiquent « l'obscurantisme en matière mécanique ». Pour quelques années encore, tout rentre dans le calme.

Cette révolte des machines non antropoïdes est malheureusement suivie d'un autre danger, décrit dans le chapitre XLII : « Le massacre des homoncules ». Dès le début de la période scientifique, on a en effet construit, « pour l'industrie et pour les besoins de la vie domestique, des homoncules destinés à jouer le rôle des esclaves d'autrefois ». Ces homoncules varient de forme selon les usages auxquels ils sont destinés, mais tous sont « construits à peu près à l'imitation du corps humain » et « doués de mouvements réflexes » si perfectionnés que l'on arrive difficilement à distinguer un homoncule d'un homme ordinaire. La curiosité des chercheurs est insatiable : bientôt, on dote certains homoncules du « fluide nerveux » emprunté aux animaux, et petit à petit, ces créatures artificielles donnent des signes d'indépendance et d'initiative. Loin de freiner ce développement instinctif des homoncules, les savants, dans leur aveuglement, l'encouragent... jusqu'au jour où, avec terreur, ils s'aperçoivent que les homoncules, solidaires, ne visent à rien moins qu'à supplanter les hommes. Ici encore, la catastrophe est évitée de justesse : « En masse on détruisit les homoncules » ; « Pendant des semaines, on exécuta ces êtres mystérieux, armés de toutes pièces par l'industrie humaine. » Avait-on cédé, lors de cette Saint-Barthélemy des homoncules, à un mouvement de peur irréfléchi ? Sans doute pas :

> on ne regretta rien lorsque, par des rapports certains, on apprit que plusieurs homoncules, au moment de mourir, avaient pleuré de douleur et d'effroi (chap. XLII).

La créature artificielle a failli échapper à la maîtrise de son créateur. Dans sa folie, l'homme, en poursuivant sans cesse le progrès scientifique, a fait de ses créatures de véritables êtres humains, doués de sensibilité, d'émotions, de conscience. Dans ce cas, à nouveau, la reprise en main par l'homme de la suprématie passe par la destruction des créatures artificielles.

Toutes ces créatures artificielles du deuxième type, toutes ces machines sont donc conçues dans un but utilitaire, et bien souvent avec une intention louable : dans leur optimisme, les créateurs (dans la réalité et dans la fiction) comptent que la machine libérera l'homme de toutes sortes de servitudes, domestiques comme industrielles. Dans la vie quotidienne, les auteurs rivalisent d'ingéniosité afin de doter les maisons de l'avenir des automatismes les plus perfectionnés, annonçant les demeures modernes envahies par la domotique. Dans le monde du travail, le souci de la rentabilité semble justifier l'avancée technologique.

D'autant que dans le principe, le bénéfice économique paraît se conjuguer avec le progrès moral : les automates sont plus forts, plus rapides, plus fiables que leurs homologues humains – inusables même, potentiellement « éternels » –, et ils permettent en effet, en théorie, la suppression de l'esclavage humain, sous ses formes modernes : désormais, grâce à la machine libératrice, plus de domestiques, plus de prolétariat, plus d'inégalités sociales, mais un monde de prospérité universelle.

Le revers de la médaille est cependant moins brillant. Le recours systématique à la machine entraîne, à long terme, une déshumanisation totale de la planète. Les échanges sociaux font place à l'isolement absolu de l'homme qui, au mieux, vit dans la compagnie d'automates humanisés. La misanthropie, quand elle n'est pas à l'origine de la création d'un monde artificiel, en devient, avec un ennui incurable, la conséquence fatale. Au lieu de se libérer de la servitude du travail pour se consacrer à des tâches plus nobles, l'homme devient l'esclave de la machine, et la civilisation nouvelle donne ainsi naissance à un sous-prolétariat caractéristique de l'ère industrielle. On notera que ces considérations pessimistes sont étayées, dans les textes les plus intéressants, par une réflexion philosophique : les théories héritées du matérialisme du XVIII$^{e}$ siècle, combinées avec la doctrine évolutionniste de Darwin, autorisent les rêveries les plus folles sur le devenir des machines, appelées, par une transformation insensible, à s'humaniser de plus en plus. De l'évolution à la révolution, la marge est parfois fragile, et dans leur jeu avec la peur, maints auteurs se plaisent à doter les prolétaires mécaniques d'une conscience de classe devant aboutir, inexorablement, au soulèvement. Le plus souvent, un scénario optimiste permet à l'homme d'entrevoir – *in extremis* – le danger, et la révolte des créatures artificielles est alors évitée de justesse. La solution de sagesse est alors de limiter le développement des machines, et d'en contrôler l'utilisation, pour préserver l'avenir. Dans les scénarios catastrophe, l'insurrection se déchaîne bel et bien, et c'est au prix d'un massacre que la survie de l'espèce humaine est assurée. A travers ce motif de la révolte, non seulement de machines perfectionnées, mais d'homoncules, créatures artificielles apparentées aux hommes, fabriquées en série pour assurer les travaux domestiques et industriels, on voit que les bases du développement ultérieur du thème, dans la littérature de science-fiction moderne, sont déjà largement posées.

La crainte de l'aliénation de l'homme par la machine peut pourtant revêtir des formes plus sournoises. De même que les créatures artificielles du premier type laissaient parfois entrevoir le danger d'une automatisation de l'homme lui-même, ces textes qui exhibent l'homme entouré de machines suggèrent souvent sa possible métamorphose en homme-machine. Les progrès de la science – et notamment de la biologie – permettent aux créateurs les plus sacrilèges d'envisager de remanier la Création, et l'homme lui-même, dans le but avoué de donner naissance à un « produit » plus performant que l'œuvre de la nature. Du conditionnement à l'hybridation, puis à d'autres techniques en prise directe sur l'actualité scientifique ou nées de la pensée philosophique du temps, on voit ainsi se développer un autre motif, systématiquement exploité par certains textes : celui de l'homme artificiellement modifié.

## Chapitre 3

# *Prothèses, greffes et artifices : l'homme modifié*

Au détour de certains récits, nous avons donc vu se profiler un motif qui connaîtra un grand succès dans la science-fiction moderne. Au lieu de créer de toutes pièces un être artificiel, il est en effet une autre possibilité, qui consiste à créer à partir du matériau humain. Non pas, comme Frankenstein, à créer un être artificiel intégralement, à partir de fragments prélevés sur des êtres humains ; mais à modifier l'homme par les ressources de la mécanique (les prothèses), de la médecine (les greffes), ou d'autres artifices.

### L'HOMME-PROTHÈSE

L'un des premiers textes intégralement consacrés au thème de la prothèse, ou de l'homme partiellement artificiel, ne nous est connu que par les traductions de l'anglais qui parurent sans nom d'auteur dans des périodiques français dans les années 1830-1835[1]. On ignore encore tout de l'auteur ; tout au plus sait-on que le texte a été publié dans une revue anglaise, *The Polar Star*. *M. de Wodenblock* [94] se rattache en tout cas à la veine des récits fantastiques.

La nouvelle rapporte l'histoire du héros éponyme, le banquier le plus opulent de la ville de Rotterdam, qui, à la suite d'un accident, a dû être amputé d'une jambe. Connaissant de réputation le « Promé-

1. Entre autres dans *Le Caméléon*, le 26 septembre 1835, p. 325-327.

thée hollandais », M. de Turningvort, mécanicien et « artiste » de génie qui fabrique des prothèses exceptionnelles, le banquier lui commande, moyennant une énorme somme d'argent, une jambe – non pas de bois, mais de liège, « légère et élastique », excellemment articulée. Ce créateur hors pair rivalise avantageusement avec le Créateur, et tous de se demander, au vu de ses prothèses, si l'artifice ne l'emporte pas finalement sur la Nature. Jusque-là, M. de Turningvort a cependant été arrêté par une difficulté : comment introduire dans la jambe un mécanisme répondant à la volonté ? Par une heureuse coïncidence, il vient justement de découvrir ce « grand secret », et voici bientôt M. de Wodenblock – au nom prédestiné – appareillé de telle sorte qu'on ne décèle dans sa marche « nulle raideur, nul effort, nulle gêne, nul embarras ». C'est à peine si une légère oscillation et « un petit carillon ressemblant au bruit que fait une pendule en marchant » lui rappellent sa mésaventure. Cette « jambe magique », munie de roues, ressorts, balancier, poids, est en fait un merveilleux mécanisme d'horlogerie.

Hélas, de magique, cette jambe va vite se révéler maudite. Tant qu'il s'est agi de marcher, « tant que ses désirs avaient été d'accord avec le procédé qui faisait marcher la machine, le tout avait été pour le mieux ». Mais la jambe paraît animée d'une « puissance surnaturelle », et M. de Wodenblock se découvre, avec horreur, incapable de l'arrêter, tandis que les manipulations de M. de Turningvort ne font plutôt qu'aggraver la situation et la vélocité infernale de la jambe.

Le créateur a beau tomber à genoux dans l'attitude de la prière, il semble que sa création sacrilège ait entraîné une punition du Ciel. Au lieu de conquérir la gloire et l'immortalité, comme il l'espérait, M. de Turningvort est bel et bien esclave de son invention, qu'il ne peut maîtriser. Quant au malheureux M. de Wodenblock, « possédé du démon », il parcourt à la vitesse de l'éclair la Hollande, l'Allemagne... et des années plus tard, son apparition spectrale (un squelette décharné affublé d'une jambe de liège à l'inaltérable rotondité) continue de hanter les contrées de l'Europe du Nord. La vengeance céleste poursuit le banquier jusqu'après la mort. L'auteur conclut cet épisode de création immonde par une invocation à Dieu et à ses saints, et par le souhait qu'il n'existe plus jamais « de mécanicien qui, comme Turningvort, fasse des jambes douées d'une puissance aussi fatale et aussi mystérieuse ! ».

Une touche moralisatrice parcourt également le texte. A qui profitent les prothèses ? les greffes ? Aux riches banquiers – si tant est qu'ils en « profitent » vraiment. Et greffons et implants sont corollairement prélevés sur les pauvres – telles les trois dents brisées de M. de Wodenblock, qu'un dentiste remplace par trois dents « arrachées à un poète, à raison de vingt sous la pièce », et revendues, il va sans dire, cinq cents francs au riche banquier. L'argent a aussi son rôle à jouer dans la création artificielle...

Un conteur et romancier français apprécié dans ces mêmes années 1830-1835, Samuel-Henri Berthoud, donna, le 1er mars 1831, dans la *Revue des Deux Mondes*, une nouvelle intitulée *Prestige* [14], qui fut recueillie en juillet de la même année dans le volume des *Contes misanthropiques*. Il semble que ce texte soit le premier exemple du récit consacré au motif de l'homme truqué, de la créature mi-humaine, mi-artificielle. Ce motif, qui a inspiré à Edgar Poe une nouvelle dont nous parlerons plus loin, a suscité de nombreux développements pour aboutir à la conception du cyborg dans la science-fiction moderne.

D'emblée, le titre de la nouvelle suggère l'idée d'un artifice séducteur, propre à frapper l'imagination et à forcer l'admiration, d'une illusion dont les causes sont surnaturelles, magiques – et il n'y a qu'un pas à franchir pour aboutir, avec la « citation » en exergue[1], à l'idée d'une tromperie, d'une duperie indignes.

A Dunkerque, le jeune Paul, amoureux fou de la belle Tréa Vandermondt, commet l'imprudence de lui présenter son ami, Sir Edward Sydney, colonel et baronnet britannique. Très vite, les manières distinguées, l'esprit et l'ascendant du colonel en imposent à la candide Tréa. En l'absence du fiancé, le colonel lui fait une cour assidue, et son charme fait vite oublier quelques traits surprenants : son regard étrange, sa voix rauque ; quant à ses blessures de guerre, elles ajoutent plutôt à l'aura du personnage : la blessure par balle dans la jambe gauche n'a guère d'incidence sur sa démarche aisée, et c'est à peine s'il éprouve quelque gêne à se servir de son bras droit, dont la main est toujours gantée.

1. « Notre-Dame me soit en aide ! Beau sire ! un lambeau déchiqueté au lieu d'un mantel entier et d'étoffe neuve ! C'est broncherie, et j'en porterai plainte à M. le Baillif » (*Le père* Mathias).

Lors de la grande scène de la déclaration d'amour, Tréa éprouve cependant une grande frayeur devant la métamorphose du galant : bouche béante, regard fixe, « il semblait un vampire prêt à dévorer sa proie ». L'impression fâcheuse est pourtant vite dissipée. Sir Edward provoque le lendemain Paul en duel ; grièvement blessé à la jambe gauche, le colonel se remet pourtant en une nuit... Et dans la quinzaine, il épouse mademoiselle Tréa Vandermondt.

Ce mariage n'apporte hélas à la malheureuse que désappointements : rang et fortune, certes ; mais d'amour, point. Au bout d'un an, Sir Edward fait toujours chambre à part, et personne n'est autorisé à pénétrer dans ses appartements. Au souvenir de sa « bouche béante de vampire », de son « regard fixe et satanique », de sa blessure guérie miraculeusement, devant cette vie cachée et mystérieuse, « Tréa ne peut s'empêcher de croire à quelque chose de surnaturel ».

La curiosité est enfin la plus forte, et une nuit, Tréa réussit à pénétrer dans l'appartement mystérieux. Sur la couche, une tête chauve de vieillard se dresse :

> une tête chauve dont l'un des yeux n'est qu'un trou vide ; une tête chauve dont les joues flasques retombent des deux côtés d'une bouche sans mâchoire ; une tête chauve, affreux complément d'un tronc mutilé auquel restent seuls un bras et une jambe.
>
> A présent Tréa, la jolie Tréa est folle.

La supercherie a donc des conséquences tragiques. Comme dans le texte anonyme anglais, une malédiction est attachée à la volonté d'égaler frauduleusement la Nature ; l'homme-prothèse est une créature satanique.

Quelques années plus tard, en août 1839, parut dans *Burton's Gentleman Magazine* un conte d'Edgar Poe, sans doute inspiré par la nouvelle de Berthoud, et intitulé *L'homme qui était refait*[1] [110]. Il fut recueilli dès 1840 dans le tome I des *Tales of the Grotesque and Arabesque*, mais n'a jamais été traduit par Baudelaire. Il fut néanmoins traduit en 1862 dans un volume réunissant précisément les textes de Poe négligés par Baudelaire, et intitulé *Les contes inédits*. Plusieurs fois

1. Le titre anglais, quelque peu ambigu : *The Man that was used up*, a au moins le double sens de « usagé, dont on a tiré parti jusqu'au bout », et d' « épuisé, au bout du rouleau ». D'autres traductions françaises préfèrent ainsi comme titre : *L'homme usé*.

retraduit et republié, il a été récemment repris dans la collection « Bouquins » dans une traduction nouvelle de Claude Richard et Jean-Marie Maguin, établie sur le texte du *Broadway Journal* en date du 8 novembre 1845.

Il s'agit ici aussi d'un homme partiellement artificiel. Le narrateur nous fait d'emblée une description superlative et cocasse de ce « fort bel homme qu'était en vérité le général de brigade par intérim John A. B. C. Smith », héros de la « récente campagne contre les Bugabous et les Kickapous. » Le général est doté d'une prestance imposante, il a un air distingué. Tous ses traits frôlent la perfection : une abondante chevelure à l'éclat superbe ; des dents des plus régulières, du blanc le plus brillant ; une voix « d'une clarté, d'une mélodie et d'une force inégalables » ; des « yeux excessivement grands et lumineux », d'une profondeur d'expression admirable. Ajoutez à cela une belle carrure, des membres parfaitement modelés – notamment « le *nec plus ultra* des belles jambes » –, et vous aurez une idée du pouvoir de séduction du militaire, qui ne compte plus ses « succès auprès des dames, à cause, surtout, de sa grande réputation de vaillance ». Quelque chose d'étrange dans sa personne trouble cependant le narrateur, bien décidé à élucider ce mystère :

> Dans son port il y avait quelque chose de guindé, pour ne pas dire de raide, dans chacun de ses mouvements une part de précision mesurée et, si j'ose m'exprimer ainsi, carrée...

Or, à chaque fois qu'un de ses interlocuteurs est sur le point de lui livrer le secret du général, l'interruption d'un tiers suspend la révélation. Tout le monde cependant vante les mérites de cet « homme *remarquable*, un homme *très remarquable* – en vérité l'un des hommes les *plus remarquables* de l'époque » ; tout le monde s'extasie sur ses « prodiges de valeur » ; tout le monde fait référence à la chance de vivre dans « une merveilleuse époque d'inventions », sujet sur lequel le général disserte lui-même très volontiers.

Lassé de voir sa curiosité sans cesse déjouée, le narrateur se décide, pour en avoir le cœur net, à forcer la porte du général. Introduit dans sa chambre alors qu'il est à sa toilette, il le cherche en vain du regard et n'aperçoit qu'« un grand et fort bizarre paquet de quelque chose ». Quelle n'est pas sa terreur en entendant une petite voix fluette s'élever de ce paquet ! Une jambe sort de ce tas, bientôt rejointe par « une remarquable jambe artificielle » que le vieux serviteur noir visse sur le « corps » en un tournemain. Suivent un bras, d'une autre fabrication, les épaules et la poitrine, la perruque, le dentier, les yeux – et le général de commenter sa « toilette » en donnant à son visiteur les adresses des bons fournisseurs. Vient enfin le palais – et le général de retrouver sa voix pleine. Le mystère est enfin éclairci : « Le général de brigade est l'homme... *l'homme qui était refait.* »

Ce texte relève en fait d'une veine comique (exploitant entre autres le ressort théâtral de la répétition) et satirique. C'est tout d'abord une allégorie politique, un conte « à clés » visant à la satire des hommes politiques, et plus précisément des démocrates, partisans de van Buren, qui exhibaient leurs blessures de guerre pour gagner les voix des électeurs. Mais l'homme « refait » l'est surtout au sens propre : il est chaque jour « démonté », mis en pièces, puis remonté comme un meccano, à l'aide de diverses prothèses. Même si la supercherie est parfaite, l'éloge hyperbolique souligne la satire du progrès mécanique poussé jusqu'au grotesque, des ambitions prométhéennes poussées jusqu'à l'absurde. Le nom du général est sans doute lui-même symbolique : John A. B. C. Smith est le prototype de l'homme nouveau, à la perfection standardisée et suspecte.

Après les personnages de Berthoud et de Poe, le thème de la prothèse pouvait sembler épuisé. Comment imaginer, sans tomber dans l'invraisemblance la plus loufoque, d'ajouter à un homme d'autres composants artificiels ? De fait, le motif ne connaîtra un regain d'intérêt qu'avec le passage à la greffe. C'était cependant sans compter sur l'humoriste français Eugène Mouton (de son pseudonyme, Mérinos) qui, décidant de pousser les choses à l'extrême, inventa de doter un homme d'une tête de bois. En 1881, à une époque où quelques réalisations spectaculaires dans le domaine des membres artificiels (notamment un bras articulé pour un violoniste célèbre) donnent au problème une certaine actualité, paraît donc, en tête d'un volume de *Contes*, orné d'un portrait du héros dessiné et gravé à l'eau-forte par l'auteur, *L'invalide à la tête de bois* [96].

Dans le prologue de rigueur, visant à assurer l'authenticité des faits, le narrateur prétend avoir été pendant les campagnes napoléoniennes le camarade de régiment du héros, au nom encore une fois prédestiné : Dubois. Blessé une première fois au combat, Dubois est affublé d'un nez d'argent peint couleur chair, dont il est très fier, mais qui donne tout de même « à sa voix un son métallique désagréable ». Cette prothèse est cependant pratique : Dubois l'ôte pour la nuit, comme un dentier. Une deuxième blessure, un œil crevé. La troisième blessure est fatale, et voilà notre homme porté pour mort, la tête emportée par la mitraille : seuls restent, chose étrange, son œil valide et une dent de devant. Or, voilà que pendant le discours funèbre prononcé par le colonel, Dubois « ressuscite ». De toute évidence, il va cependant falloir l'amputer... de la tête. Dans un discours scientifique loufoque, l'auteur évoque l'œil valide, encadré dans un cercle d'os, qui tient miraculeusement au tronc ; le malheureux Dubois n'a plus de cervelle – juste un petit morceau de cervelet. Un chirurgien se propose néanmoins de lui faire une tête de bois « si bonne et si solide que tout le monde voudra se faire casser la sienne pour en avoir une comme ça ! » A Nuremberg, un sculpteur est requis pour sculpter la figure, et percer deux trous dans la boule de bois, correspondant avec l'estomac *(sic)*, pour permettre à Dubois d'entendre, tandis qu'un mécanicien doit lui poser « une mécanique pour parler, avec une mâchoire à vis pour manger », ainsi qu'une langue en peau de daim. Faute d'arriver à faire brosser par la troupe un portrait-témoin fidèle de l'ex-visage de Dubois, on tire ses nouveaux traits au sort : « nez canard », « bouche en cul-de-poule », « un menton de galoche *(sic)* ; un front pointu ; des pommettes saillantes ; des yeux montés en coquille de noix et des oreilles en cornet », le tout agrémenté d'une perruque et d'une paire de moustaches peintes. Voilà assurément une belle tête de bois, avec, pour un Picard, un accent allemand très prononcé : la bille de bois provenait d'un sapin de la Forêt-Noire.

L'infortuné Dubois accepte cependant difficilement sa nouvelle physionomie, et qui plus est, ses camarades se détournent de lui : Dubois, qui était un véritable boute-en-train, est devenu ennuyeux à mourir, son accent allemand déplaît... En 1881, la guerre de 70 est présente à tous les esprits.

Réformé, Dubois rentre finalement chez lui, où on ne le reconnaît pas. Pris pour le diable parce que son nez a malencontreusement pris feu, il est garrotté et porté à l'église pour être exorcisé. Après diverses péripéties, il se retrouve sans le sou à Paris. Au cours d'une de ses promenades, il s'éprend d'une jeune femme qu'il voit dans la boutique d'un coiffeur, sans se rendre compte qu'il a affaire à un mannequin (peut-être faut-il voir ici un souvenir de l'Olympia de Hoffmann ?) ; et par désespoir amoureux, il se tire une balle dans la tête – en vain. Suivent de longues, extravagantes et lassantes péripéties où Dubois parcourt l'Europe, le Moyen-Orient, l'Afrique, la Mélanésie, l'Amérique du Nord, sans cesse chassé à coups de pieds, repoussé par une population incrédule qui ne peut croire à son histoire à dormir debout. Parfois Dubois connaît quelques moments de fortune, cher payés.

A Boston, il finit par retrouver le sculpteur et le mécanicien, auteurs de ses jours artificiels, qui, à la suite de revers de fortune, ont monté un cabinet de figures de cire mécaniques, au nombre desquelles prend place la « fille » du coiffeur, que Dubois n'a jamais oubliée. La tête de Dubois ayant passablement souffert de ses mésaventures, ses créateurs se livrent généreusement à quelques réparations, allant jusqu'à lui faire « une tête en bois des îles » qui lui confère désormais un accent créole des plus agréables, « une langue neuve en cuir de Russie » grâce à laquelle son haleine fleure bon, « une vis en acier et un œil de verre ».

> Ils changèrent ses traits en ceux d'une jeune fille de quinze ans, peignirent la figure au blanc de zinc (crainte des coliques de plomb que le blanc de céruse aurait pu lui donner), lui firent des couleurs, des lèvres vermeilles, et ajoutèrent à tant de générosité une magnifique perruque à la Louis XIV chocolat et de jolies petites moustaches noires à crocs.

Lorsqu'il embarque pour la France, les deux compères, voulant surpasser leur illustre prédécesseur, lui font cadeau d'un « singe à mécanique », « un singe qui faisait tout seul, à l'instar du célèbre canard de M. Vaucanson : seulement il était encore plus fort, car il n'y avait même pas besoin de lui donner à manger pour le faire digérer ».

Ainsi métamorphosé, Dubois connaît un véritable triomphe à la cour de France, et surtout aux Invalides, où il finira le reste de ses jours. Il semble donc que ce soit l'apparence seule, jointe à son déplorable accent allemand, qui ait été cause de ses malheurs – et non la prothèse en elle-même. Hélas, rien n'est parfait, et avec sa tête en bois des îles, Dubois est toujours aussi bête. Bien vite, l'intérêt pour sa personne faiblit. Et le pauvre Dubois, « dégoûté des hommes, désenchanté de la gloire », meurt idiot.

Dans ce récit, l'humour et la fantaisie (usés jusqu'à la corde, il faut bien le dire) dénoncent l'absurdité de l'idée même de la prothèse – dans la mesure, du moins, où elle prétend rivaliser avec la Nature. Certes, matériellement parlant, la tête de Dubois est d'une solidité à toute épreuve. Rien ne peut en venir à bout : ni le pistolet du suicidaire, ni le damas du Grand Turc, ni la scie des sauvages mélanésiens qui préparent leur festin cannibale, ni les tomahawks ou les flèches iroquoises ; face au mari jaloux, Dubois, transformé en bouc (ou plutôt en antilope) émissaire, subit sans broncher la pose de cornes à l'aide d'un vilebrequin et de colle forte bouillante ; il n'est pas sujet à l'insolation... Qu'importe, à côté de tous ces avantages physiques, que son nez prenne feu sans qu'il s'en aperçoive, la douleur n'étant plus là pour le prévenir du danger.

L'adjonction de la prothèse demeure pourtant un échec. Dubois connaît un problème d'identité : il ne se reconnaît pas sous cette nouvelle apparence. Plus grave, et plus durable : il est désormais psychiquement défectueux, il manque d'âme. Cette apparence peu flatteuse, son accent allemand malencontreux, et surtout sa bêtise incurable, font que Dubois est repoussé par les autres, renié par les siens. L'homme-prothèse connaît un problème d'intégration irrémédiable. Cette création artificielle prodigieuse, fruit de la science, de l'art et de la technique (pas moins de trois créateurs ont uni leurs efforts pour sauver Dubois : un chirurgien, qui s'est livré à une sorte de rituel mythique en modelant dans de la terre glaise l'empreinte des débris de la tête de l'amputé ; un sculpteur ; un mécanicien), est ainsi, au bout du compte, une faillite.

Au vu de ces quatre textes, on peut dégager un certain nombre de remarques. Dans deux d'entre eux : *Prestige* et *L'homme qui était refait*, la prothèse n'est révélée qu'à la fin de l'histoire. Chez Poe, il y a d'emblée un mystère à résoudre ; chez Berthoud, le véritable problème est dissimulé derrière une intrigue amoureuse, et ce n'est que peu à peu que des indices suspects apparaissent, et que la nouvelle se concentre autour de cette énigme à percer. Dans les deux cas, donc, le suspense est lié à la personne du héros, l'illusion du réel est quasi parfaite, et si la tonalité des œuvres est satirique, elle n'est pas toujours tragique (on se rappellera néanmoins que la jolie Tréa tombe dans la folie après avoir découvert la supercherie dont elle a été victime).

Les deux autres textes : *M. de Wodenblock* et *L'invalide à la tête de bois* n'entourent la prothèse d'aucun mystère. Ce sont des textes délibérément analytiques, qui mettent l'accent sur la mise en place et les conséquences de la prothèse. Ces deux textes de tonalité différente (fantastique pour le premier, comique pour le second) sont cependant graves par les aspects du thème qu'ils abordent, et le motif de la prothèse y est toujours envisagé de façon très négative.

S'agissant de la nature de la prothèse, et de ce qu'elle remplace, plusieurs cas se présentent. Parfois il s'agit de pallier la déficience d'un membre, d'un organe ou d'une partie du corps humain : à l'origine, Dubois a besoin d'un nez de rechange, M. de Wodenblock doit remplacer ses dents et une jambe. Plus souvent, la métamorphose subie par le personnage est totale. Doté d'une perruque, d'un œil, d'une jambe, d'un bras et d'une mâchoire artificiels, Sir Edward, de vieillard à la laideur repoussante, se voit transformé en un jeune et bel homme. De même John A. B. C. Smith, avec une jambe, un bras, une poitrine, des épaules, un œil, un palais artificiels, auxquels il faut ajouter une perruque et un dentier, quitte son apparence de gros paquet informe pour celle d'un bel homme à succès – un homme fait de pièces détachées. Le comble de la réussite en matière de prothèse est bien sûr la tête artificielle de Dubois.

On notera que l'intervention a toujours lieu à la suite d'un grave accident – blessure de guerre ou autre. Nous n'en sommes pas encore au temps où, la supériorité de la prothèse étant établie, des hommes en parfaite santé choisiront la mutilation pour bénéficier de ces merveilles scientifiques.

Toujours, les créateurs et leurs sujets d'expérimentation sont habités par des préoccupations esthétiques ; en aucun cas la prothèse ne doit être identifiée comme telle. De fait, le succès est réel dans les quatre nouvelles : Sir Edward et John A. B. C. Smith trompent leur monde à merveille ; au premier abord, on ne saurait dire que M. de Wodenblock a une prothèse ; la vue seule ne permet pas de savoir que Dubois a une tête de bois, et d'ailleurs ses interlocuteurs refusent de croire à son histoire extravagante. Ainsi, le « prothésiste » doit être un homme de l'art, comme Turningvort, et l'heureux possesseur d'une prothèse réussie indique à ses amis les bonnes adresses. Au besoin, on fait appel à un véritable artiste, tel le sculpteur qui dessine les traits de Dubois ; la dernière intervention subie par celui-ci à Boston relève d'ailleurs à proprement parler de la chirurgie esthétique.

Il n'en reste pas moins vrai que pour les créateurs de prothèses, le problème le plus préoccupant est d'ordre technique ou scientifique. Turningvort est un grand savant, un illustre mécanicien qui a passé de longues années à mettre au point ses prothèses, et la commande de M. de Wodenblock est pour lui un nouveau défi à son savoir puisqu'il lui faut trouver un système qui permette de commander la prothèse par une simple impulsion du cerveau. Pour fabriquer la tête de Dubois, outre un artiste, un chirurgien et un mécanicien doivent unir leurs efforts.

Dans tous les cas, le but recherché relève, de manière avouée ou non, d'une ambition prométhéenne. Il s'agit pour les créateurs de surpasser l'œuvre divine, l'œuvre de la nature. Le nez de Dubois doit l'emporter sur les « nez de viande », sa tête doit être plus solide qu'une vraie tête. Pour M. de Wodenblock, la Providence – la Nature ? – fait bien mal les choses : même si le corps humain est en apparence un « admirable mécanisme », il est sans cesse en butte aux douleurs, à la maladie, aux détériorations – à la mort. L'accidenté s'interroge d'emblée sur la supériorité possible de la prothèse, et le créateur, ce « Prométhée hollandais », rêve quant à lui de gloire personnelle et d'immortalité, comme Frankenstein.

Si les résultats pratiques obtenus sont souvent considérables, il n'en est donc pas de même des conséquences morales et philosophiques de la prothèse.

Les avantages physiologiques de la prothèse sont indéniables. Par définition, la prothèse est d'une solidité à toute épreuve (la tête de Dubois résiste à toutes les agressions), son mécanisme – M. De Wodenblock l'apprend à ses dépens – est inusable. Grâce à la prothèse, l'homme est quasiment invulnérable, et à la limite, en cas de détérioration grave ou de dysfonctionnement notoire, rien de plus simple que de remplacer la prothèse par une autre.

Pour son bénéficiaire, les avantages ne l'emportent cependant pas toujours sur les inconvénients. L'homme « appareillé » se trouve sans cesse dans la nécessité de dissimuler, jusqu'à mener parfois une vie peu normale, comme Sir Edward. La dissimulation n'est d'ailleurs pas sans faille : témoin la défaillance dont est victime le même Sir Edward, métamorphosé pendant quelques instants en vampire, et qui manque de faire échouer toute sa stratégie amoureuse. Si l'homme, candide et benêt, tente de dire la vérité sur son cas, la société ne l'accepte pas. Les troubles psychologiques rencontrés par Dubois sont considérables : il souffre d'un problème d'identité ; son caractère et ses capacités intellectuelles sont altérés par l'intervention, et il connaît de réelles difficultés d'intégration, aggravées par le chauvinisme et la germanophobie de ses compatriotes ; plus généralement, comme la créature de Frankenstein, il est victime de l'intolérance, de l'injustice et de l'inhumanité des hommes, et finit par sombrer dans l'idiotie.

Si l'adjonction d'une prothèse n'est pas toujours bien vécue par le « patient » lui-même, la perfection trompeuse qu'elle confère est parfois lourde de conséquences pour autrui. La dissimulation, nécessaire, peut tourner à la supercherie. Si le narrateur de Poe est totalement mystifié, la révélation du mystère de John A. B. C. Smith ne porte pourtant pas à conséquence ; il n'en est pas de même pour Tréa, qui devient folle en découvrant qu'elle a épousé un homme-prothèses.

S'ajoutent souvent à cela des considérations morales. Les prothèses sont en principe réservées aux riches ; pour de l'argent, les pauvres sont prêts à porter atteinte à leur intégrité physique. L'origine des dents de M. de Wodenblock soulève déjà la question de la provenance des greffons, des implants – du don d'organes.

Pour toutes ces raisons, la prothèse est souvent considérée comme une création « immonde », impure, sacrilège. Tréa voit en Sir Edward une créature satanique, et fait appel, pour expliquer la situation, à l'idée d'une intervention surnaturelle. La jambe de M. de Wodenblock est « trop réussie ». Tant que le désir de l'homme n'a pas contrarié le processus de la machine (la jambe est faite pour marcher, comme le joueur d'échecs de Moxon pour jouer), tout a bien été. Mais le créateur, Turningvort, a oublié l'interrupteur... L'homme devient alors esclave de la machine, un apprenti sorcier victime de son ambition prométhéenne. Ici, c'est M. de Wodenblock, et non Turningvort, qui subit le châtiment divin.

La punition vient de ce que la création a été effectuée par un simple mortel. Elle entraîne la vengeance du Ciel, et tout le champ lexical du surnaturel et même du satanisme souligne cette profanation du sacré. Il n'est question que de «puissance surnaturelle», de «grand secret», de «machine infernale», d'homme «possédé du démon», de jambe «magique, maudite»...

Ainsi, tous ces textes attestent la fascination pour ce motif de la prothèse, et plus généralement pour le thème de l'homme (partiellement) artificiel. Au fil des ans, de 1830 à 1881, le thème s'épuise cependant, ce qui explique que l'exploitation littéraire en soit de plus en plus extravagante.

Les textes les plus comiques posent néanmoins toujours des problèmes moraux ou métaphysiques cruciaux. Ici encore, la dérision, l'humour, ont en partie pour fonction de démonter l'angoisse liée à de telles extrapolations.

Ces textes soulèvent en fait des problèmes très actuels, et notamment la question de l'intégrité de la personne humaine. Jusqu'à quand un homme-à-prothèses est-il encore un homme ? A partir de quel point n'en est-il plus un ? De ces textes assez ironiques se dégage en somme une certaine impression de malaise.

## DE LA MÉCANIQUE A LA MÉDECINE

Le motif littéraire de l'homme partiellement artificiel ne se limite bien évidemment pas à ces quatre textes. Dès le milieu du XIX^e siècle, et jusqu'à l'apparition dans la littérature du robot et de ses avatars, nouvelles et romans s'emparent volontiers de ce sujet.

Certains auteurs mettent au goût du jour le motif de la prothèse, tel Maurice Renard qui, dans une nouvelle publiée en 1921 : *L'homme truqué* [116], présente un soldat blessé que des hommes mystérieux appareillent avec des électroscopes en guise d'yeux artificiels. Il «voit» ainsi l'électricité et découvre un univers étonnant où les émotions et les mouvements se traduisent par des impressions lumineuses.

La plupart des auteurs abandonnent cependant la filière mécanique pour se tourner vers les immenses possibilités que semblent offrir la médecine, et plus largement, la biologie.

Le *Journal des Enfants*, florissant à partir de 1832, a souvent accueilli dans ses colonnes des textes qui appartiennent à la littérature de l'imaginaire. Il donne en 1837 une nouvelle de Jules Chabot de Bouin (1805-1857), qui fait figure de précurseur en ce qu'il traite d'une modification de l'homme obtenue par des pratiques médicales. *John Mac-Grath* [36], écrit pour de jeunes lecteurs, comporte des procédés narratifs très voyants, et une morale très explicite. Mais la nouvelle témoigne de l'inquiétude devant le pouvoir que la science donne à l'homme d'agir sur l'homme lui-même, et des tabous profondément ancrés en nous, et qui amènent à condamner tout essai en ce domaine comme sacrilège.

En 1735, un jeune garçon de dix ans, John Mac-Grath, enrageant d'être toujours considéré par ses frères comme un « petit », fait une fugue. Son ambition première : devenir grand, plus grand que les autres, va être exaucée au-delà de ses espérances. Un savant londonien, Georges Berkeley, égaré par l'orgueil, « aspirait à faire ce que nul homme n'a pu faire avant ou après lui : il voulait créer comme Dieu, marcher l'égal de Dieu par son savoir » (p. 303). En proie à cette idée impie, le Dr Berkeley voudrait ramener l'homme contemporain dégénéré à « cette belle stature primitive dont les nations civilisées ont perdu le secret » (p. 304) et dont le géant biblique Og, haut de quinze pieds, lui paraît le prototype. Partant de l'observation des plantes, il en est arrivé à la conclusion « qu'un enfant placé loin du jour, dans un lieu chaud, forcé à l'inaction et nourri d'alimens *(sic)* délayés qui seraient pour lui ce que sont les sucs humides de la terre pour l'arbuste », ne peut manquer d'être un géant au bout de quelques années. Le Dr Berkeley va évidemment trouver en John Mac-Grath un sujet d'expériences non seulement consentant, mais enthousiaste. L'expérimentation réussit, et dès l'âge de quinze ans, l'adolescent mesure sept pieds (environ 2 m 30). Hélas, l'ambition du Dr Berkeley ne saurait se satisfaire de cette stature de nain : « Il tenait à ses quinze pieds, lui, les quinze pieds du géant Og. » Quand bien même John essaierait de recouvrer sa liberté, il ne le pourrait d'ailleurs pas : la contrepartie du traitement est que le régime auquel il est soumis l'affaiblit de jour en jour. A vingt ans à peine, il a encore grandi, mais toutes ses facultés intellectuelles ont disparu : « Une imbécillité stupide, signe précurseur d'un prochain anéantissement, abrutissait les traits de son visage » (p. 306). Une scène pathétique va mettre fin à ce sort tragique. Au beau milieu des curieux qui se pressent au domicile du Dr Berkeley, « l'égal de Dieu », pour contempler le « phénomène », une femme tend les bras et s'écrie d'une voix déchirante :

— John ! John ! serait-ce toi ?

John, qui ne peut déjà plus se tenir debout, réunit toutes ses forces pour aller vers celle qui l'appelle et en qui un secret instinct lui a fait reconnaître sa mère ; mais, géant débile, il tombe comme une masse inerte sur le plancher. Le Dr Berkeley doit renoncer à la gloire, et « porter jusqu'au tombeau comme un remords accablant » la malédiction de la mère désespérée. Ce châtiment est juste, car, « pour s'égaler à Dieu, impie et sacrilège, il avait immolé une créature de Dieu ! » (p. 307). Il avait oublié (la leçon est claire) « qu'il n'y a d'ambition bonne et louable que celle qui est utile » (p. 307), et que la science elle-même, si belle quand elle tend à un résultat utile, « devient sacrilège alors qu'elle n'a pour but que la réalisation d'une monstrueuse rêverie, d'un fait contre nature » (p. 303). Le « modèle de la race humaine régénérée » s'est transformé en géant dégénéré, et cet échec est en lui-même une condamnation de toute tentative de l'homme pour modifier l'ordre de la nature.

Dans une autre branche de la biologie, l'hybridation offre de vertigineuses perspectives. On se souvient que dès 1846, Émile Souvestre, dans *Le monde tel qu'il sera*, avait imaginé de « perfectionner » la race humaine avec ses « métis industriels » issus de croisements soigneusement contrôlés.

La chirurgie peut aussi jouer un rôle dans l'amélioration de la race humaine. Dans la nouvelle civilisation africaine d'*Archéopolis* [22] que Bonnardot situe en l'an 9957, dominent ceux que l'on appelle les Bosselés, et qui sont une variété d'hommes modifiés. La théorie de la phrénologie du Dr Gall (1758-1828) continue à avoir ses adeptes en cette lointaine époque, même si elle est désignée sous un nom nouveau. En partant de son postulat selon lequel on peut reconnaître les aptitudes de chacun d'après les protubérances du crâne, les habitants d'Archéopolis ont mis au point une méthode de sélection infaillible :

> On y prenait note de la moindre boursouflure du crâne ; on l'entretenait au moyen de mille emplâtres ; on rasait les cheveux tout alentour, pour l'isoler et en faciliter le développement. On aplatissait, en certains cas même on amputait, dès l'enfance, les reliefs de mauvais augure ; on cultivait au contraire, on fortifiait, on *poussait* ceux qui pronostiquaient une aptitude décidée aux mathématiques, à la

> poésie, à l'érudition, aux belles qualités morales. [...]. Tout enfant qui avait l'heureuse chance de *naître* avec une bonne protubérance nettement prononcée, était sûr d'être bien casé, de faire rapidement son chemin, et de devenir avant vingt ans, un académicien modèle, sinon un modèle académique (p. 71-72).

Pour les autres, on le voit, la chirurgie tente au moins de corriger les infirmités naturelles. Et de la chirurgie réparatrice à la greffe, il n'y a qu'un pas.

Dans tous ces cas, le « créateur » n'est plus, comme dans les textes traitant du motif de la prothèse, un mécanicien de génie. C'est un homme de science, un médecin, un biologiste, un chirurgien. L'artifice n'est plus un mécanisme, mais le résultat d'une manipulation médicale ou génétique, ou encore une portion d'organisme vivant implantée sur un corps humain. C'est sans doute le caractère d'autant plus sacrilège de l'expérimentation qui explique la vogue particulière rencontrée par le motif de la greffe.

Dès 1862, Edmond About donne *Le nez d'un notaire* [1], nouvelle dont le héros, un jeune étudiant en droit, a le nez tranché par un coup de sabre, dans un duel qui l'oppose à un Turc. Pour comble de malheur, un chat affamé avale aussitôt l'appendice. On prend alors de la peau au bras d'un charbonnier auvergnat (un pauvre, ici encore) pour fabriquer un autre nez, lors d'une véritable opération de chirurgie esthétique. Hélas, le charbonnier dûment récompensé commence à boire – et le nez du notaire à rougir. Peu après, le nez du notaire se ratatine, pour finir par disparaître totalement : le charbonnier, à la suite d'un accident, est devenu manchot... Ce récit physio-histologique de pure fantaisie a essentiellement pour but de divertir ses lecteurs.

De plus grande envergure est *L'île du Dr Moreau* [145] de H. G. Wells, publié en 1896. Le narrateur, Edward Prendick, naufragé, est recueilli par un navire et sauvé par un médecin, Montgomery. Celui-ci est accompagné par un domestique monstrueux, « un ignoble diable », et a pour destination une île sans nom, une île « infernale, maudite », aux dires du capitaine. Peu après, Prendick est débarqué de force sur l'île, avec l'étrange cargaison d'animaux que transportait le navire. Il s'aperçoit vite que l'île est peuplée d'être horribles, estropiés et difformes, à l'aspect de brutes, qu'il prend pour des êtres humains contrefaits – sans compter le médecin et un certain Dr Moreau. Celui-ci a dû quitter l'Angleterre dix ans plus tôt, à la suite du scandale créé par la découverte de ses travaux sur la vivisection. Il poursuit donc ses recherches en exil, depuis onze ans, et a « réussi », grâce à la vivisection, à « humaniser » soixante-sept animaux. Ses expériences ne s'arrêtent pas à la seule apparence physique ; il essaie de transformer également le cerveau de l'Homme-Léopard, de l'Homme-Singe, de l'Homme-Chien... et obtient ainsi des bipèdes (dont l'origine animale souvent multiple est cependant reconnaissable), qui parlent (mais ne rient pas), et vivent en société dans le respect de la Loi... Toutefois, avec le temps, la bestialité reprend peu à peu le dessus chez ces créatures. Prendick, sidéré, voit une perversité dans le choix de la forme humaine, et ne comprend pas que seule la curiosité scientifique et les « investigations folles » de Moreau le poussent à fabriquer ces « horribles caricatures de l'image du Créateur ». Il s'habitue pourtant peu à peu à vivre parmi ces êtres. Mais un jour, l'Homme-Puma, la dernière création – pas encore parachevée – du D^r^ Moreau se révolte, et tue son créateur. Le médecin Montgomery meurt peu après, à la suite d'une orgie partagée avec les monstres, mais qui a dégénéré. Prendick, seul survivant humain, reprend quelque ascendant sur les monstres et vit avec eux pendant dix mois encore, dans une terreur qui va grandissant au fur et à mesure qu'ils retournent à l'animalité, jusqu'au jour où il réussit à s'enfuir de l'île sur une barque qui vient de s'échouer. Recueilli par un brick, il regagne Londres. Ce roman d'anticipation qui présente à nouveau la création artificielle comme une folie satanique, et où l'influence du roman de Mary Shelley paraît indéniable, se conclut comme un conte moral : Prendick, au milieu de ses semblables, se défait difficilement de l'idée qu'en eux, l'animalité refera tôt ou tard surface. Homo homini lupus...

*Le D^r^ Lerne, sous-dieu* [115], de Maurice Renard, publié en 1908, est un hommage à Wells, à qui il est effectivement dédié, mais c'est un pastiche agrémenté d'érotisme et poussé jusqu'à la loufoquerie. Le narrateur, Nicolas, a pour oncle un chirurgien qui se livre à d'étranges expériences, métamorphosant des plantes en animaux, ou créant à partir de ces deux espèces des êtres hybrides. Sur ces données se greffe (si l'on peut dire) une histoire d'amour. Un imposteur (allemand !) a usurpé l'identité du D^r^ Lerne. L'ayant assassiné, il a fait greffer son propre cerveau à la place de celui du chirurgien ; il peut ainsi se livrer impunément, sous une fausse identité, à des expériences contre nature. Le D^r^ Lerne, nouveau Bartolo, interdit à quiconque de courtiser la belle Emma et punit sévèrement ceux qui contreviennent à ses ordres : un ancien prétendant a déjà vu son cerveau greffé sur une chienne – et *vice versa*. La chienne se conduit depuis en chienne bien élevée, aux goûts raffinés, tandis que l'amant-chienne a toujours les faveurs d'Emma. Nicolas, pour sa part, voit son cerveau greffé sur le taureau Jupiter. Il réussit cependant sous cette apparence à rejoindre Emma, au grand dam de cette dernière et du taureau, à qui on a greffé le cerveau de Nicolas. Le Dr Lerne, pris de remords, effectue l'opération inverse, pour « consoler Emma » – mais hélas, celle-ci convolera avec un autre amant. Nicolas quitte la propriété de son oncle au volant de sa superbe auto, qui avait subjugué le Dr Lerne, et sur laquelle, par on ne sait quel miracle scientifique, a été greffé le cerveau du chirurgien... Ce récit extravagant a quelques prétentions scientifiques, le Dr Lerne affirmant que sa méthode aboutit à une quasi-maîtrise de l'immortalité : moyennant quelques avatars, la personnalité d'un homme peut être « immortalisée ». Ici encore, cependant, on voit que lorsque l'homme touche à l'ordre naturel de la Création, il fabrique des monstres. Victime de son hybris, il est implacablement châtié. Quant à savoir si, fondamentalement, l'homme est une « machine » ou une âme, Maurice Renard penche apparemment vers la deuxième interprétation : le taureau auquel on a greffé un cerveau d'homme se conduit comme un homme. Toutefois Emma, elle, semble avant toute chose un corps... Il est vrai que le Concile de Constance n'a pas convaincu tous les hommes.

Dans une tonalité plus sinistre, Maurice Renard publie aussi, en 1920, *Les mains d'Orlac* [117] : un pianiste virtuose perd les mains dans un accident de chemin de fer ; on lui greffe des mains... d'assassin, dont il ne réussira jamais à réfréner les pulsions meurtrières.

## DE LA GREFFE D'ORGANES AU TRANSFERT D'AME : LA CONCURRENCE DES SCIENCES OCCULTES

La greffe de cerveau opérée par la chirurgie (la technique n'étant d'ailleurs absolument pas évoquée dans le roman fantaisiste de Maurice Renard) se voit cependant concurrencée, dès le milieu du

XIX^e siècle, par le transfert d'âme opéré par les magnétiseurs. Ces deux « techniques » différentes renvoient ainsi dos à dos matérialistes, tenants des sciences expérimentales, et spiritualistes, adeptes des sciences occultes. Les résultats obtenus par ces derniers sont tout aussi problématiques, et leurs tentatives, en cette époque marquée par l'idéologie positiviste, sont le plus souvent frappées d'un sceau diabolique.

Dans la très longue nouvelle publiée par Théophile Gautier dans *Le Moniteur universel* du 29 février au 3 avril 1856, et intitulée *Avatar* [59], nous est relatée une pratique qui s'inspire des incarnations successives de Vichnou – ou d'autres divinités du panthéon bouddhiste. Le jeune Octave de Saville se meurt d'amour pour la belle comtesse lithuanienne Prascovie Labinska, rencontrée à Florence. Cet amour est malheureusement sans espoir, car la comtesse a trouvé la passion – partagée – dans le mariage, et Octave dépérit de jour en jour, « rongé » par la maladie d'amour. Son ami et médecin, Balthazar Cherbonneau, tente alors de l'aider. Ayant longtemps vécu aux Indes, celui que l'on nomme le « médecin des âmes » pratique des cures miraculeuses. Ce thaumaturge affirme qu'aux Indes, « l'enveloppe humaine » des pénitents « n'est plus qu'une chrysalide, que l'âme, papillon immortel, peut quitter ou reprendre à volonté ». Lui-même, depuis longtemps, avait nourri le projet – un projet aussi hardi que celui de Prométhée escaladant le ciel pour y ravir le feu – « d'atteindre et de surprendre l'âme, de l'analyser et de la disséquer pour ainsi dire », à l'aide du magnétisme. Aux Indes, précisément, il a eu la chance de rencontrer un pénitent qui a réussi à détacher son âme de son corps à volonté, et qui lui a légué son secret. Ce « médecin des morts », ce « résurrectionniste » est un spiritualiste. Il affirme que « l'esprit est tout ; la matière n'existe qu'en apparence ». Et sa passion scientifique est telle qu'il ne peut résister à l'envie de mettre son savoir en pratique pour ramener Octave à la vie.

Ayant attiré le comte Olaf Labinski dans son cabinet, il le plonge, à l'aide d'un baquet mesmérique, dans un état cataleptique ; puis il endort Octave d'un lourd sommeil somnambulique. « A l'œuvre ! à l'œuvre ! », s'exclame-t-il. Une intrusion d'auteur nous commente l'apparence du D^r Cherbonneau, vêtu comme un mage, entre les deux corps inertes : « Il avait l'air, dans ses blancs vêtements, du sacrificateur d'une de ces religions sanguinaires qui jetaient des cadavres d'hommes sur l'autel de leurs dieux. » Il pratique en tout cas le transfert d'âme entre les deux patients sans difficulté (« l'avatar était accompli ») et triomphe : « Que les médecins les plus vantés en fassent autant, eux si fiers de raccommoder tant bien que mal l'horloge humaine lorsqu'elle se détraque [...]. Qu'importe le cadavre quand on commande à l'esprit ! »

A son réveil, Octave est saisi d'épouvante en apercevant « sa forme placée en dehors de lui sur un divan ». « Psyché dépaysée battait de ses ailes inquiètes la voûte de ce crâne inconnu, et se perdait dans les méandres de cette cervelle où restaient encore quelques traces d'idées étrangères. » L'embarras d'Octave-Labinski est grand, car s'il possède l'apparence physique du comte lithuanien, il n'en a pas les habitudes, ni la mémoire. Saisi par un malaise singulier, il accuse Cherbonneau : « Vous avez le pouvoir d'un Dieu, ou, tout au moins, d'un démon » – ce que le docteur dément avec véhémence : « Il n'y a pas la moindre diablerie là-dedans ».

Le désarroi d'Olaf-de-Saville est encore plus grand. Octave, poussé par le désespoir, a accepté l'expérience ; Olaf, lui, l'a subie à son insu. Dans son nouveau corps, il éprouve une gêne inconnue, se voit repousser par ses gens comme un importun, et il est pris de terreur devant ce sentiment de perte d'identité. Serait-il le « jouet de quelque machination diabolique ? » Il se voit dans Octave-Labinski – « lui-même, ou son spectre modelé par le diable », et est saisi par un effroi indicible. Chez les peuples du Nord, « voir son double, même en rêve, a toujours passé pour un présage fatal », et « à cette vision extérieure de son moi, [Olaf est] saisi d'une insurmontable horreur superstitieuse ». Devant les preuves matérielles de son changement d'apparence, il pense qu' « un magicien, à coup sûr, un démon peut-être, lui [a] volé sa forme, [...] toute sa personnalité, en ne lui laissant que son âme sans moyens de la manifester ». Bientôt, il a l'intuition de la vérité, due à « l'habileté infernale » du médecin, et cette idée se confirme lorsqu'il découvre des fragments du journal intime d'Octave. Cette révélation s'accompagne d'une flambée de jalousie, à la pensée que Prascovie va pencher sa tête sur l'épaule de l'étranger, « parafée de la griffe du diable », qu'elle va aimer ce « hideux fils de la nuit et de l'enfer ». Dès lors, Olaf-de-Saville est obsédé par l'idée de machinations ténébreuses, d'illusions infernales ; il est bien près de croire qu'Octave a conclu un pacte avec le diable, et peu s'en faut qu'il ne sombre dans la folie.

De son côté, Octave connaît d'amères désillusions. Sous l'apparence d'Olaf, la pure Prascovie a reconnu les yeux d'Octave (les yeux, miroir de l'âme), et elle refuse l'accès de son appartement au faux comte. Le désespoir d'Octave fait écho à celui du mari jaloux : « Eh quoi ! [...] il s'était livré à un magicien, peut-être à un démon, en risquant sa vie dans ce monde et son âme dans l'autre pour conquérir une femme qui lui échappait. » Comme pour rendre toute séduction impossible, au matin, la comtesse lui parle en polonais ! En vain, il adresse au Dr Cherbonneau des reproches amers : « Dieu, qui a créé l'âme, a le droit d'y toucher ; mais l'homme, en l'essayant, commet une action impie. »

Finalement, Olaf-de-Saville provoque Octave-Labinski en duel – étrange idée, car quel résultat escompter de la mort d'Octave, si ce n'est la satisfaction de savoir que Prascovie ne lui appartiendra jamais ? Voici les deux rivaux forcés de se battre avec eux-mêmes... Heureusement, le duel tourne court, et les deux hommes, de concert, demandent au Dr Cherbonneau de défaire ce qu'il a fait. Hélas, l'âme d'Octave refuse de réintégrer son corps et s'échappe. Le Dr Cherbonneau rédige alors à la hâte un testament en faveur d'Octave (un mort...) et transfère *son* âme dans le corps du jeune homme.

Cette nouvelle reflète évidemment certains motifs chers à Théophile Gautier : le thème du double, l'idée que l'amour est plus fort que tout... La création artificielle – ou les manipulations audacieuses auxquelles l'homme se livre sur ses semblables – y sont en tout cas présentées sous des couleurs sacrilèges, et, au bout du compte, l'aventure n'aura servi qu'à procurer au docteur une cure de jouvence – ce qui laisse augurer d'autres expériences tout aussi désastreuses, et peut-être, ici encore, une quasi-immortalité pour le médecin.

Fitz-James O'Brien, écrivain américain d'origine irlandaise (1828-1868), exploite lui aussi le motif du transfert d'âme dans une nouvelle fantastique publiée en 1859 et intitulée *Le forgeur de merveilles* [100]. Les créateurs sont ici, indéniablement, des adeptes de l'occultisme. Herr Hippe, alias le Forgeur de Merveilles, est à la tête d'une sorte de société secrète composée de Bohémiens qui ont juré de se venger du mépris dans lequel on les tient et de redevenir les maîtres et seigneurs du monde. Pour ce faire, ils s'apprêtent, à la veille du Nouvel An, à massacrer « ces maudits enfants chrétiens » à l'aide de jouets bien particuliers. Herr Hippe, comme le supposent les gens du voisinage, est un peu magicien ; c'est aussi un mécanicien doublé d'un sculpteur sur bois incomparable, et il vient de réaliser son chef-d'œuvre :

> un grand nombre de figurines de bois des deux sexes, sculptées d'une manière exquise, et si habilement peintes que chacune d'elles était l'exacte reproduction en miniature d'un homme ou d'une femme.

Ces « marionnettes » ne sont pas seulement remarquables par la façon dont elles imitent l'apparence humaine. Sur leur visage, le sculpteur a imprimé « une effroyable expression de méchanceté », de « férocité », d'« horrible cruauté », de « haine universelle », de « perfidie », de « malignité »... L'auteur semble ne pas trouver de mot assez fort pour qualifier l'expression grimaçante de ces « démons ». Par ailleurs, chaque sujet tient à la main une arme en miniature. A dire vrai, on se demande quels parents voudraient offrir ces figurines à leurs enfants ! Ces marionnettes ont l'air prêtes pour quelque terrible vengeance – mais elles sont inanimées. L'âme qui leur fait défaut va leur être fournie par « sœur Filomel », une diseuse de bonne aventure, qui tire de sous son manteau une grande bouteille noire à large panse, une bouteille pleine d'âmes. On reconnaît là un motif classique de bien des contes merveilleux. La provenance de ces âmes reste mystérieuse, mais il semble que Mme Filomel, sage-femme expérimentée, « vole », au moment de la naissance, un peu d'âme aux enfants doués de l'esprit du Mal. L'animation des créatures se fait donc par un « transfert d'âme », auquel viennent incontestablement s'ajouter des traits héréditaires, la noirceur des géniteurs artificiels se retrouvant, on l'a compris, dans l'âme démoniaque de leurs créatures. Herr Hippe, le père, fabrique donc le corps de ses « petits diables » ; et Mme Filomel, la mère, confère une âme à ses « fieffés démons ». Les deux créateurs sont par ailleurs assistés de deux comparses, dont l'un a pour seule obsession la boisson (tare qui sera essentielle au dénouement) et dont l'autre, un Français, est un fabricant d'yeux artificiels. Il a mis au point un œil, au moins deux fois plus grand qu'un œil humain, mais dont seule la taille permet de soupçonner qu'il n'est pas naturel. Cet œil géant, dont l'iris se dilate et se contracte comme celui de l'œil d'un être vivant, est doué de propriétés magiques : il « vit » sans être connecté à un être quelconque, lit pour son créateur des documents auxquels celui-ci n'a pas accès, ou monte la garde devant la porte de l'atelier diabolique...

Ainsi constituée, la bande des Bohémiens est en effet prête à agir, à lâcher sur les enfants innocents ces jouets qui, dans la journée, sembleront d'inoffensifs pantins de bois mais qui, « la nuit venue, lorsque les âmes pénétreront en eux, se dresseront et assailleront les petits lits des enfants endormis, pour leur percer le cœur de la pointe acérée de leurs lames enduites de poison ! » Le processus même de l'animation des créatures, ou de leur neutralisation, demeure de l'ordre du magique : Herr Hippe recouvre les figurines d'une sorte de tente de fine toile, et Mme Filomel, « après s'être livrée à de mystérieuses manipulations de sa bouteille noire », en applique le goulot contre l'ouverture de la tente. Aussitôt, une « miraculeuse » transformation s'opère, et les marionnettes se métamorphosent en automates, ou mieux, en homuncules « perfides, cruels, sanguinaires ». Un premier test est effectué, de nuit, dans la boutique d'un oiselier, où les créatures démontrent à l'envi leurs talents d'assassins. Et avant de lâcher leur armée sur la ville maudite, les conspirateurs assemblés enduisent au pinceau les armes minuscules d'un poison mortel, à l'effet foudroyant. Hélas pour eux (et heureusement pour le malheureux bossu qui doit leur servir de cobaye), dans leur euphorie, les empoisonneurs se laissent aller à boire, et sombrent bientôt dans un sommeil éthylique. La bouteille magique tombe de la poche de Mme Filomel et se brise, les âmes s'en échappent, les figurines armées s'animent et, semblables aux Lilluputiens devant le géant Gulliver endormi, escaladent les corps des quatre Bohémiens. « A chaque pas qu'ils faisaient, ils enfonçaient leurs épées et leurs dagues vibrantes dans la chair de leurs créateurs. » Ceux-ci meurent dans d'atroces souffrances, mais dans leur agonie, trouvent encore la force de jeter les marionnettes dans le feu. Au milieu de ses blasphèmes, le Forgeur de Merveilles crie vengeance :

> Vous aussi, vous mourrez, si je meurs [...] Je vous ai donné la vie, – je vous donne la mort.

Les créatures de bois, en flammes, luttent pourtant pour la vie ; elles embrasent rideaux et draperies... Le feu (infernal ou purificateur ?) ravage la maison, et l'aube du Nouvel An se lève sur des ruines, tandis que les petits enfants contemplent les bas de laine suspendus au pied de leurs lits, et remplis de jouets anodins.

Le motif du transfert d'âme ne bénéficie pas ici de l'alibi scientifique fourni par les compétences médicales d'un Balthazar Cherbonneau, et le texte tout entier baigne dans une atmosphère surnaturelle, justifiant le surnom du créateur, qui ne donne en effet naissance qu'à des prodiges, des phénomènes inexplicables par la seule raison humaine. Cette pratique occulte a ici des connotations diaboliques évidentes, et l'aventure se termine par un juste châtiment, créateurs et créatures s'entre-détruisant dans une scène qualifiée de « vision d'enfer ».

Le transfert d'âme a cependant la vie longue : Villiers de l'Isle-Adam, nous le verrons, l'utilise pour la création de son Ève future. En 1922 encore, *L'expérience du Dr Lorde* [43], de Cyril-Berger, témoigne du succès durable du motif : le Dr Lorde, ayant réussi à « localiser » l'âme, qui est un fluide, peut ainsi la transposer à l'infini d'un homme à l'autre...

Les années 1900-1920 foisonnent en réalité de textes qui exploitent l'une ou l'autre piste de cette thématique de l'homme modifié. Un médecin, André Couvreur, publie tour à tour *Caresco, surhomme, ou le voyage en Eucrasie*, 1904 [42] où, après de multiples interventions et manipulations, il ne reste plus en l'homme, d'origine, que cette étincelle mystérieuse qu'est la « vie » ; *L'androgyne*, 1922 [40] où, plus concrètement, il étudie le cas d'un homme transformé en femme après intervention chirurgicale ; ou *Le biocole*, 1927 [41], où l'on prolonge la vie indéfiniment par interventions successives, mais où, très vite, le Dr Tornada doit mettre fin à ses expériences pour pallier les problèmes de surpopulation.

Tous ces récits nous acheminent de toute évidence vers la science-fiction moderne. Au fur et à mesure que les connaissances scientifiques se développent, l'imagination prend un tour différent : les histoires de création artificielle reposent de moins en moins sur la mécanique, l'horlogerie, les automatismes ; la chirurgie prend le relais. Plus de poupées mécaniques, mais des créatures faites d'éléments biologiques.

Un écrivain comme Gaston Leroux, plus connu pour ses romans policiers ou d'aventure, et les personnages de Rouletabille ou de Chéri-Bibi, a été toute sa vie passionné par la recherche, le progrès et tous les mystères scientifiques, en digne contemporain du Dr Alexis Carrel, qu'il cite fréquemment. Ce chirurgien et physiologiste français, prix Nobel de médecine en 1912, réalisa de nombreuses expériences sur la suture des vaisseaux sanguins, les greffes de tissus et d'organes, et surtout la culture de tissus d'embryons de poulet. Il est l'auteur d'un ouvrage spiritualiste célèbre : *L'Homme, cet inconnu* (1936). Gaston Leroux, passionné par ces découvertes, publia en 1924 un roman à l'intrigue très complexe, *La poupée sanglante* [88] – suivi de *La machine à assassiner* –, dans lequel il marque curieusement la conjonction du motif ancien de l'automate et des variantes modernes de la création biologique. Un relieur d'art, Bénédicte Masson, doté d'une grande noblesse d'âme, est en revanche hideux. Amoureux de la jolie Christine, la fille de l'horloger, il la surprend en compagnie d'un jeune homme, qui n'est autre qu'un superbe automate fabriqué par l'artisan. La même découverte déclenche la jalousie du cousin et fiancé de Christine, tant et si bien que le père intervient et détruit le beau Gabriel. Devant le désespoir de la jeune fille, l'horloger et le fiancé (lui-même étudiant en médecine), au lieu d'un automate, fabriquent alors un androïde – encore plus réussi. Entre-temps, le relieur, désespéré, a été impliqué dans une sombre histoire de meurtre, et exécuté. Le fiancé, à la recherche d'un cerveau pour son androïde, va donc lui greffer celui du relieur. Christine, subjuguée, s'enfuit avec le beau et noble Gabriel. Hélas, on a pensé à tout, sauf à donner au beau Gabriel des organes sexuels : de désespoir, l'androïde se suicide. Christine, devenue l'épouse du médecin, continuera à rêver devant le bocal où est conservé le cerveau de Gabriel... Ici, contrairement à bien des textes traitant de ce motif dans la lignée de *Frankenstein*, l'être créé est beau. Mais la malédiction continue à peser sur ceux qui jouent les Prométhée.

Contrairement à ce que l'on pourrait penser de prime abord, le motif de l'homme modifié est en lui-même aussi sacrilège que bien des récits de création artificielle *ex nihilo*. Emporté par l'hybris, le « créateur » ne se contente que rarement d'égaler l'œuvre divine, de remplacer, aussi bien que faire se peut, ce que le Créateur a excellemment conçu. Le plus souvent, il rêve de créer différemment, voire de surpasser l'œuvre divine. Il est parfois animé, en cette ère industrielle, par le souci de la rentabilité, le désir de substituer au « mécanisme » humain défectueux un système plus fiable, mieux adapté à la tâche à accomplir ; parfois encore, il rêve de libérer l'homme de toutes les infirmités propres à sa nature et, lui conférant l'immortalité, de faire de lui l'égal des dieux ; parfois enfin, le créateur incarne le type même du savant fou, prêt à toutes les expérimentations... Les « sciences occultes », auxquelles certains ont recours, ont par définition un relent de magie noire qui les disqualifie au regard de la science et de la religion. Si les techniques empruntées à la mécanique ou à la médecine s'inspirent, quant à elles, de l'esprit scientifique, elles n'en portent pas moins atteinte à l'intégrité de la personne humaine telle que la Nature l'a conçue, et par les pouvoirs de plus en plus effrayants qu'elles confèrent à l'homme sur lui-même, elles touchent à des tabous très profonds. On peut d'ailleurs remarquer un phénomène paradoxal. Bien souvent, plus la technique employée est rudimentaire, et plus l'illusion de la vie est parfaite – engendrant, au besoin, de véritables supercheries. Dans l'invraisemblance, on peut jouer avec l'idée de l'homme modifié... Au contraire, lorsque la technique employée est élaborée, lorsqu'elle se rapproche de ce que l'on peut, par extrapolation, imaginer comme scientiquement possible, la création artificielle s'apparente à la tératogénie. Dans le domaine du possible, la Création revue et corrigée n'enfante que des monstres...

A travers ce foisonnement de textes et la diversité des aspects du thème déjà abordés, on voit à quel point, loin de lancer la créature artificielle dans la carrière littéraire, la science-fiction moderne n'a bien souvent fait que reprendre et développer des idées anciennes. A bien des égards, la littérature de l'imaginaire contemporaine ne renouvelle pas fondamentalement le thème de l'homme fabriqué ; elle se contente de l'amplifier, d'en accentuer certains versants, reflétant en cela l'évolution des techniques et des mentalités.

Avant d'étudier les perspectives offertes par ce rajeunissement du thème, il nous faut cependant nous arrêter sur un texte troublant, qui est à lui seul la somme de bien des réflexions sur le problème de l'homme fabriqué, mais qui aborde pourtant cette thématique avec une profonde originalité. Si, au XIX^e^ siècle, le motif de la création artificielle s'ouvre sur le monstre de Frankenstein, il se ferme sur l'apparition sublime de l'Andréide de Villiers de l'Isle-Adam. Entre crainte et désir, ce perpétuel balancement...

Chapitre 4

# *« L'Ève future »* *de Villiers de L'Isle-Adam*

Le roman de Villiers de l'Isle-Adam, *L'Ève future* [141], est un des rares exemples de textes qui aient connu plusieurs éditions avortées[1]. Ces péripéties éditioriales doivent attirer notre attention sur deux points, et tout d'abord sur certaines faiblesses d'une œuvre aujourd'hui encensée par la critique. L'interruption de la première publication en feuilleton, dans *Le Gaulois*, ne peut être due à l'audace du sujet et aux réactions indignées des abonnés devant cette œuvre étrange. A la fin de la première partie du roman, le lecteur ne connaît pas encore le pacte conclu entre l'inventeur et son jeune protégé ; il n'a pas encore entrevu l'Ève future, sous sa première apparence. Il n'a même pas assisté à la scène étrange et mystérieuse (I, 4), rajoutée après coup, dans

1. Villiers fit tout d'abord une double tentative de publication en feuilleton, dans la presse quotidienne. Du 4 au 18 septembre 1880, le journal *Le Gaulois* donne *L'Ève nouvelle*, une œuvre « étrange » dont la publication s'interrompt, sans explications, à la fin de la première partie. Le 14 décembre de la même année, *L'Étoile française*, qui se présente comme un « journal de combat, républicain quotidien », publie dans son premier numéro le début de *L'Ève nouvelle d'Edison*, « la plus saisissante et la plus étrange conception de la littérature française ». La mention « A suivre », dans le numéro du 4 février 1881, est démentie par les tirages des jours suivants, et le texte du roman est interrompu au milieu du chapitre XII de la dernière partie, dans l'édition en volume, après l'échange suivant :

« — A propos, – et la vivante ?... demanda Edison.

Lord Ewald tressaillit :

« — Ma foi, dit-il, je l'avais oubliée. »

Cinq ans plus tard, en mai 1885, le journal *Le Succès*, dans une bande publicitaire, annonce la parution de *L'Ève future*, une « vaste et puissante conception », « du merveilleux, mais transposé dans le réel ». Quelques jours plus tard, par suite des retards de l'auteur, le journal décide de publier un autre roman...

Enfin, *La Vie moderne*, un hebdomadaire luxueux, un peu mondain, annonce « l'une des plus étonnantes conceptions de ce cerveau génial » qu'est Villiers de l'Isle-Adam. *L'Ève future* paraît dans ses pages, du 18 juillet 1885 au 27 mars 1886. Villiers faisant attendre une quinzaine de jours le dénouement du roman.

laquelle le créateur communique à distance, par le truchement du téléphone et les pouvoirs du magnétisme, avec une créature « de sommeil » : tous deux s'entretiennent au sujet d'une « ombre », issue de leurs volontés unies, dont ils ont le pressentiment qu'elle est sur le point de s'incarner... Au lieu de ce stupéfiant mystère, que de longueurs, dues aux lamentations du savant, lui aussi « venu trop tard dans un monde trop vieux », ou de son jeune ami, désespéré par un amour impossible... Ces développements érudits ou cyniques ont dû lasser bien des lecteurs, et inciter la rédaction du *Gaulois* à interrompre la publication. Pour ce qui est de la parution du roman dans *L'Étoile française*, puis dans *La Vie moderne*, elle nous indique les difficultés éprouvées par Villiers pour trouver à l'histoire un dénouement qui le satisfasse – et nous reviendrons sur ce point. Ce n'est finalement que l'édition originale en volume, parue le 4 mai 1886 chez Maurice de Brunhoff, qui nous offre un texte conforme à celui que nous connaissons aujourd'hui.

## LES TEMPS MODERNES

L'étrangeté de l'œuvre tient en partie à sa tonalité disparate, où le lyrisme se mêle à l'ironie. *L'Ève future* est tout d'abord une satire du monde contemporain, où le trait égale en férocité les pages les plus grinçantes des *Contes cruels*. Les temps modernes ne sont que le résultat de « millénaires d'abâtardissement », et l'inventeur du phonographe ne se console pas d'avoir mis au point son instrument au moment même « où rien de ce que dit l'Homme ne semble plus guère valoir la peine d'être conservé... » (I, 5, p. 40). La société américaine contemporaine semble le résumé de tous les vices, et les « Importunités de la gloire » (VI, 3) en sont un exemple frappant : l'apparente suspension des travaux d'Edison fait affluer, dans sa demeure de Menlo Park, détectives odieux, reporters en mal de copie ; les rumeurs les plus folles agitent l'opinion publique, la spéculation s'en empare... Cette société est en effet fondée sur le profit et l'argent, et si Edison, au mépris de la fortune que d'autres découvertes pratiques auraient pu lui assurer, a consacré des années de travail à la réalisation d'une œuvre dont l'avenir était plus qu'incertain, il n'a lui-même, autrefois, dû sa survie qu'à l'intervention généreuse d'un être hors pair, le jeune lord Ewald, sans qui il serait mort dans le besoin. Son propre désintéressement distingue déjà le savant de la masse de ses congénères. Le symbole de la décadence, pour l'aristocrate qu'était Villiers, est cependant la bourgeoisie vulgaire et intéressée, déjà incarnée dans *Claire Lenoir* (1867) par le personnage désormais célèbre de Tribulat Bonhomet : cet esprit positif, content de lui, est un scientiste obtus, un rationaliste à œillères qui refuse toute poésie et toute spiritualité.

Dans *L'Ève future*, la misogynie de Villiers aggrave la peinture satirique, sous les traits de deux femmes : Alicia Clary et Evelyn Habal. Le jeune lord anglais Celian Ewald, épris d'Idéal, est prêt à se donner la mort, tant il désespère de jamais réconcilier les deux êtres monstrueusement unis dans la femme dont il s'est épris. Alicia Clary allie en effet «le type idéal de la forme humaine» (I, 15) à une sottise incommensurable. Cette «Déesse bourgeoise» est une «merveilleuse forme morte» (I, 16), vulgaire, calculatrice. Naguère séduite, elle s'est découvert, à l'en croire, une vocation d'«artiste» – de cantatrice –, mais ne sera jamais, dans le meilleur des cas, qu'une virtuose (le contraire même d'une artiste pour Villiers). «Médiocre avant tout, elle n'est *même* pas méchante : elle est *bonasse*» (I, 17). Edison, lorsqu'il la rencontre enfin, peut constater que lord Ewald n'a hélas exagéré aucun de ses traits lors de la «Dissection» (c'est le titre du chap. 17 du livre premier) qu'il en a faite. Cette vivante incarnation de la Vénus de Milo, confrontée avec son image éternelle, s'écrie naïvement :

> — Tiens, MOI !
> L'instant d'après, elle ajouta :
> — Oui, mais moi, j'ai mes bras, et j'ai l'air plus distingué (I, 18).

De même, le timbre de sa voix, d'une limpidité idéale, prend, dans la conversation, «une intonation de patronne de magasin», et en portant un toast, elle a un geste si conventionnellement digne et réservé «qu'entre ses mains miraculeuses la coupe [a] soudainement l'air d'une tasse» (VI, 1). Bref, elle est atteinte «de ce prétendu bon sens négatif, dérisoire, qui rétrécit simplement toutes choses et dont les observations ne portent jamais que sur des réalités insignifiantes, sur celles que leurs passionnés zélateurs appellent emphatiquement des choses *terre à terre*» (I, 17). Ces paroles impitoyables expliquent la situation tragique de lord Ewald qui, malgré sa lucidité, ne parvient pas à se détacher de sa « déesse Raison ». Dans sa grandeur d'âme, il est pourtant prêt à toutes les concessions, et à travers lui, Villiers se fait l'avocat du diable pour plaider, en des accents d'une misogynie comique, les circonstances atténuantes pour Alicia Clary. « Une femme ! N'est-ce pas une enfant [...] sujette à toutes les influences ? » Appelant l'indulgence ?

> Une joie naturelle doit nous porter [...] à doucement reprendre, à transfigurer par mille transitions lentes – et dont elle nous aime davantage, les devinant –, à guider, enfin, un être frêle, irresponsable et délicat qui, de lui-même et par instinct, demande appui (I, 13, p. 62).

Hélas, le cas d'Alicia est à désespérer :

> En elle, nulle trace de cette bêtise presque sainte, qui, par cela même qu'elle est un extrême, est devenue aussi rare que l'intelligence. Une femme déshéritée de toute bêtise, est-elle autre chose qu'un monstre ? (I, 17, p. 72).

Telle est malheureusement la nature d'Alicia, qui, loin d'être bête, n'est que sotte, médiocre, et qui aspire à paraître une femme d'esprit.

Alicia n'est pourtant pas encore le portrait type de la femme moderne. Il y a pire, comme en témoigne la dramatique aventure survenue quelques années auparavant à un ami d'enfance d'Edison, Edward Anderson. Celui-ci, victime des séductions artificieuses d'une danseuse de ballet, miss Evelyn Habal, a ruiné son foyer, perdu sa dignité et son honneur, avant de mettre fin à ses jours. Son histoire tragique est ainsi la mise en abyme de celle de lord Ewald et d'Alicia Clary. Dans une scène faisant appel, par anticipation, à la technique cinématographique, Edison ressuscite, pour lord Ewald, les grâces trompeuses de la jolie rousse, et lui révèle, en surimpression, la femme réelle qu'était Evelyn Habal :

> un petit être exsangue, vaguement féminin, aux membres rabougris, aux joues creuses, à la bouche édentée et presque sans lèvres, au crâne à peu près chauve, aux yeux ternes et en vrille, aux paupières flasques, à la personne ridée, toute maigre et sombre (IV, 4, p. 161).

Il exhume enfin d'un tiroir la dépouille de miss Evelyn Habal et exhibe avec sadisme la perruque, le dentier, les « tournures », le busc, les « fétides maillots » rembourrés, les hauts talons, les cosmétiques et les parfums destinés à « combattre les regrettables émanations de la nature » (IV, 5) : tout l'arsenal de prothèses et d'artifices répugnants qui composait la beauté de cette créature de rêve, de cette Ève déchue, dont le nom signifie, en hébreu, «vanité».

Ce portrait-charge porte à rire par son outrance même. Le propos est pourtant sérieux. Dans un mouvement altruiste, et pour éviter à d'autres malheureux de succomber aux pièges tendus par ces femmes stryges, Edison a conçu la première idée de son Andréide. Puisque l'artifice peut produire de telles catastrophes, et puisque «toute femme qui les cause tient plus ou moins d'une andréide, – eh bien ! chimère pour chimère, pourquoi pas l'Andréide elle-même ?» (IV, 6, p. 168). Edison offre aux humains «de préférer désormais à la mensongère, médiocre et toujours changeante Réalité, une positive, prestigieuse et toujours fidèle Illusion»[1] (V, 16, p. 213). Afin de donner un change salubre à l'inconstance masculine, il a tenté d'«obtenir de la Science une équation de l'Amour» qui ne cause pas les malheurs inhérents aux maîtresses humaines. A une époque où la Science est la religion des esprits modernes, pourquoi nos amours ne deviendraient-elles pas, à leur tour, scientifiques ? «A la place de l'Ève de la légende oubliée», Edison veut offrir aux hommes «une Ève scientifique» (V, 16) et prétend, grâce à cet «innocent simulacre», sauver, «d'ici à peu d'années, des milliers et des milliers d'existences» (IV, 7). Une occasion rêvée de perfectionner et d'expérimenter sa découverte s'offre à lui lorsque son jeune ami lord Ewald lui avoue son intention suicidaire. Au cri désespéré du jeune homme, résumant le disparate qui constitue l'être de sa bien-aimée : «Ah ! qui m'ôtera cette âme de ce corps ?», Edison répond d'un ton grave : « – Eh bien ! C'EST MOI » (I, 19).

## EDISON OU LA SCIENCE RÉHABILITÉE

Qui est cependant, au juste, cet étrange inventeur ? Dans son *Avis au lecteur*, Villiers de l'Isle-Adam prend soin de prévenir une confusion

1. Ce refuge dans l'artifice est bien sûr à replacer dans le contexte de la Décadence. On songe notamment au roman de Huysmans : *A rebours* (1884), où le protagoniste, des Esseintes, cherche à s'éloigner de la vulgarité de la vie réelle. Selon ses propres termes, «la nature a fait son temps» (chap. II), et il lui préfère un monde créé de toutes pièces par l'artifice humain. C'est de cette époque que date l'amitié de Villiers, Bloy et Huysmans.

relative au « principal héros » de son roman[1]. Il distingue le savant illustre, Thomas Alva Edison, célèbre pour ses nombreuses inventions (dont le télégraphe duplex – 1864 –, le phonographe[2] – 1877 –, la lampe électrique à incandescence – 1878...), de la figure légendaire que la rumeur a déjà bâtie autour du personnage historique. De son vivant même, Edison appartient déjà à la légende, à la littérature – et Villiers s'autorise de cette déformation par l'imaginaire collectif pour construire librement *son* personnage.

Comme dans bien des portraits de créateurs que nous avons rencontrés, la dénomination hésite entre les termes proprement scientifiques et des surnoms plus fantastiques, que la légende populaire a déjà consacrés. Edison est désigné, de façon occasionnelle, comme « le merveilleux inventeur de tant de prestiges, le magicien de l'oreille (créateur de l'audiophone, I, 1), le « mirifique sorcier » (VI, 3). Ce sont là autant d'échos de l'apanage mystérieux que l'enthousiasme suscité par ses travaux a valu à Thomas Alva Edison lui-même, ou bien encore des termes à connotation affective, comme les apostrophes dont lord Ewald use à l'égard de son sauveur, de son « cher sorcier », de « monsieur l'enchanteur ». Ces appellations ne sont cependant pas totalement injustifiées. En effet l'ambition du créateur est explicitement prométhéenne. « Tout l'homme a nom Prométhée sans le savoir », avoue Edison (II, 6), et il parle de l'électricité qui anime sa créature artificielle comme de « cette étincelle, léguée par Prométhée » (V, 1). Au mythe du Prométhée plasticator se superpose d'ailleurs la légende du Faust créateur de l'homonculus. L'épigraphe du premier chapitre du livre trois, comme celle du chapitre seize du livre cinq, sont empruntées au *Faust* de Goethe, et le pacte conclu entre Edison et lord Ewald peut faire songer au pacte faustien, d'autant que le laboratoire de l'électricien est qualifié à deux reprises de pandémonium (p. 32 et 273). La rivalité avec Dieu est évidente.

1. Le livre premier de *L'Ève future* lui est entièrement consacré, mettant d'emblée l'accent sur la personne de l'ingénieur, et si la structure du roman, destinée à entretenir le suspense, varie les points de vue spatio-temporels, le personnage d'Edison, omniprésent, en assure l'unité. Le titre originel du roman était d'ailleurs : « L'Andréide paradoxale d'Edison. » Des articles de journaux ou des brochures de vulgarisation concernant les inventions d'Edison ont fourni à Villiers une documentation précise sur les découvertes de l'ingénieur, son cadre de vie, etc.

2. Charles Cros (1842-1888) avait inventé, quelques mois auparavant, le *paléophone*, mais faute de soutien financier, il ne put construire à temps un prototype. L'inspiration de Villiers a sans doute été orientée vers la fantaisie scientifique par son étroite amitié avec Charles Cros.

Conviant lord Ewald à une sorte de voyage initiatique, au cours duquel il lui révèle les prémices de son invention, Edison lui découvre « L'Eden sous terre » (titre du livre III), un véritable paradis artificiel, électrique, où flore et oiseaux[1] sont sa propre création. Les « deux chercheurs d'inconnu » (II, 7) ne parviennent d'ailleurs dans ce monde de l'Idéal qu'au terme d'une véritable descente aux Enfers, ainsi que l'atteste l'épigraphe du premier chapitre du livre trois, empruntée à l'*Énéide* de Virgile[2]. A plusieurs reprises, Edison, vêtu d'une casaque de soie noire, semble assumer une attitude hiératique, et parle un langage évangélique : « En vérité, je vous le dis... » (p. 104, 112). Enfin, la dernière partie du roman, qui consacre le triomphe d'Edison, est un pastiche flagrant de la Genèse, puisqu'elle s'intitule : « ... Et l'OMBRE fut ! »[3] Ce défi lancé par Edison à la création divine s'explique par son amertume profonde. Lord Ewald ne s'y trompe pas, et reconnaît chez l'ingénieur le violent cri d'inespérance qu'il a lui-même poussé. Dans le long soliloque qui ouvre le roman, Edison ironise, de façon presque blasphématoire, sur l'absence de preuves (phonographiques ou photographiques) de l'existence de Dieu. Puisque le Ciel reste désespérément muet, puisque la Vie « ne daigne nous répondre que par un profond et problématique silence » (I, 10, p. 54), Edison va défier Dieu en osant rivaliser, par la technique, avec sa Création. On peut ainsi imaginer les paroles qu'il adresse, inconsciemment, « au grand X des Causes premières », déplorant de ne plus reconnaître dans la femme moderne la compagne espérée :

> La jeune amie que tu daignas m'envoyer, jadis, pendant les premières nuits du monde, me paraît aujourd'hui devenue le simulacre de la sœur promise [...]
>
> C'est pourquoi, passant d'une heure et qui ne sais d'où je viens, je suis ici, [...] essayant, – avec un rire qui contient toutes les mélancolies humaines, – et m'aidant, comme je le peux, de la vieille Science défendue, – de fixer, au moins, le mirage, – rien que le mirage, hélas ! – de celle que ta mystérieuse Clémence me laissa toujours espérer (V, 4, p. 188).

1. Edison a cependant doté ces « condensateurs ailés » d'une fonction satirique. Feignant de souscrire lui aussi à l'esprit du progrès, il a substitué « au chant démodé et sans signification de l'oiseau normal » (II, 3, p. 134) des enregistrements de rires et de paroles humaines. La dérision est évidente, car l'absurdité de ce nouveau ramage est la caricature même de la Vie.

2. « Facilis descensus Averni » (*sic,* pour : Averno = descente aisée dans l'Averne). Voir l'*Enéide*, VI, 126.

3. Cette expression est également à lire dans un sens plus littéral, comme la réalisation du pressentiment éprouvé par Edison et sa mystérieuse interlocutrice au sujet de l'incarnation prochaine de la créature artificielle.

Edison s'engage ainsi, pour sauver lord Ewald, à « faire sortir du limon de l'actuelle Science Humaine un Être *fait à notre image*, et qui nous sera, par conséquent, CE QUE NOUS SOMMES A DIEU » (II, 4, p. 99).

Si Edison conteste explicitement l'ordre divin de la Création, malgré ses paroles et ses recherches sacrilèges, il ne cesse pas d'affirmer l'existence de Dieu. Son frisson ultime, à la fin du roman, devant les étoiles et l'incompréhensible mystère des cieux, n'est sans doute qu'une façon de reconnaître l'implacable pouvoir de Dieu. En tout cas, le « Grand Œuvre » auquel travaille Edison n'a guère de connotations sataniques, et pour une fois, la création artificielle est placée sous le signe de la « Magie blanche » (II, 1).

Ce terme n'est d'ailleurs employé que pour traduire la stupeur première de lord Ewald devant des travaux dont il ignore tout. Dans ce laboratoire où tout ce qui l'entoure porte la marque de l'extraordinaire, il a l'impression de se retrouver « chez Flamel, Paracelse ou Raymond Lulle, au temps des magistes et des souffleurs du Moyen Age » (II, 4, p. 96-97). Mais la « féerie » n'est qu'électrique, et les prodiges sont naturels. Le personnage historique d'Edison donne en effet à l'inventeur de l'Andréide la caution de la Science. Les termes récurrents sous la plume de Villiers appartiennent au registre scientifique : l'ingénieur, le physicien, le (grand) électricien, le mécanicien, le grand – le puissant inventeur... Voilà sous quels titres est généralement désigné le protagoniste de *L'Ève future*. Plus qu'un savant, il est sans doute un génie, si l'on veut bien admettre sa définition de ceux « qui ne sont bons qu'à constater, le plus souvent, puis classer et perfectionner ce que les ignorants inventent et découvrent » (I, 9). Lui-même inscrit en tout cas ses recherches sur l'Andréide dans une longue tradition de création artificielle, qu'il accable d'ailleurs de son mépris :

> Les infortunés, faute de moyens d'exécution suffisants, n'ont produit que des monstres dérisoires. Albert le Grand, Vaucanson, Maëlzel, Horner, etc., furent, à peine, des fabricants d'épouvantails pour les oiseaux. Leurs automates sont dignes de figurer dans les plus hideux salons de cire, à titre d'objets de dégoût d'où ne sort qu'une forte odeur de bois, d'huile rance et de gutta-percha. [...] Ces mannequins ne sont qu'une caricature outrageante de notre espèce (II, 4, p. 95-96).

Depuis ces premières ébauches des andréidiens, heureusement, le temps a passé ; la Science offre désormais à l'Homme des instruments d'une précision parfaite, au point qu'Edison se demande si le *fac-similé* ne risque pas de surpasser, physiquement, le modèle humain.

La première apparition de Hadaly (tel est le nom dont Edison a baptisé sa créature) est nimbée de mystère. Lorsque lord Ewald la voit pour la première fois, « *ce n'est pas un être vivant* » (II, 3), mais « une entité magnéto-électrique », qui marche, parle, répond, obéit..., « un Être de limbes, une possibilité » (II, 4). La vision se détache à peine sur fond de faille noire, avec son « visage de ténèbres » obstinément voilé d'un tissu de deuil, et son armure « en feuilles d'argent brûlé, d'un blanc radieux et mat », dont les formes sveltes disparaissent sous un drapé de baptiste noire. Dans sa demeure souterraine, elle vit entourée d'oiseaux, et lorsque lord Ewald, enchanté, entend s'élever de l'ombre la pluie de notes mélancoliques d'un rossignol, Hadaly le met en garde : s'il admire cette voix, il ne doit pas chercher à savoir *comment* elle se produit, de peur que Dieu se retire du chant (III, 4). Edison, quant à lui, sûr de son invention, ne craint pas de révéler à lord Ewald et au lecteur les arcanes de la nature de Hadaly. Dans nombre de ses œuvres, Villiers de l'Isle-Adam a fait le procès de la mécanisation de la vie, et raillé la science en ses applications techniques. Le thème même de l'Andréide semble l'avoir longtemps fasciné, puisque l'on en retrouve la trace, bien avant *L'Ève future*, dans deux de ses *Contes cruels*. Dans *La machine à gloire* (1874), les andréides sont les créatures – multiples – sorties des ateliers d'Edison ; attachés à la « machine à gloire », ces « automates électro-humains » sont disponibles pour « doubler », en cas de nécessité, les spectateurs qui font la Claque, au théâtre. Même caricature du machinisme au début du *Traitement du D^r^ Tristan* (1877), où, récapitulant les inventions des temps modernes, Villiers cite « l'Ève-nouvelle, machine électro-humaine (presque une bête !...), offrant le clichage du premier amour, – par l'étonnant Thomas Alva Edison, l'ingénieur américain, le papa du Phonographe »[1]. De texte en texte, la conception de l'Andréide se précise. Pourtant, lorsque Villiers la reprend dans *L'Ève future*, plus d'ironie. Plus de satire de la science ou de la technique, mais bien plutôt une fascination, envers et contre tout, pour la connaissance scientifique.

Dans le livre cinq, donc, qui est consacré à Hadaly, Edison se livre

1. In *Villiers de l'Isle-Adam : Œuvres*, éd. J.-H. Bornecque [143], p. 224.

à une véritable dissection de sa créature. Cet exposé anatomique minutieux est fait par Villiers avec toute la rigueur scientifique requise, et débité par Edison « du ton monocorde avec lequel on expose un théorème de géométrie » :

> — L'Andréide, dit-il impassiblement, se subdivise en quatre parties :
>
> 1. Le Système vivant, intérieur [...].
> 2. Le Médiateur plastique, c'est-à-dire l'enveloppe métallique [...], sorte d'armure aux articulations flexibles [...].
> 3. La Carnation (ou chair factice proprement dite) [...].
> 4. L'Épiderme ou peau humaine [...] (V, 1, p. 171).

Suivent de longs et parfois fastidieux développements dans lesquels Villiers, en laborantin de l'Idéal, décrit scrupuleusement les mécanismes qui simulent la vie en Hadaly, et précise les quelques aperçus dont Edison avait jusque-là gratifié lord Ewald. Aucun détail ne nous est épargné, de l'ossature d'ivoire de l'Andréide et de son armure de platine, aux pieds d'argent emplis de mercure de l'Idole. Le secret de la démarche et de l'équilibre ne devrait plus en être un pour le lecteur, au terme de ce cours de mécanique et d'électricité poétisées par les archaïsmes chers à Villiers : les fils ténus de laiton ont beau se métamorphoser, sous sa plume, en « archals » et en « liserons précieux », lord Ewald assiste, glacé, à l'autopsie de celle qui lui est destinée, et il faut toute l'aura mystérieuse de l'Andréide réanimée pour dissiper son désenchantement.

Reste que la conception est audacieuse, et scientifiquement étayée. Le principe de fonctionnement de Hadaly repose sur la double action de l'électricité et du magnétisme. Son « armure » métallique est en quelque sorte le support sur lequel sera modelée la forme définitive de l'Andréide, et elle contient les « organes » indispensables à la simulation de la Vie. Un système pneumatique imite la respiration ; en guise de poumons, Hadaly est équipée de deux phonographes d'or d'une parfaite fidélité ; à la place du cœur, elle a un Cylindre moteur « où seront inscrits, en relief, les gestes, la démarche, les expressions du visage et les attitudes de l'être adoré » (V, 1), et le mouvement des deux phonographes, parfaitement synchronisé avec celui du cylindre, doit produire l'harmonie désirée.

En son principe, Hadaly n'est donc qu'une ébauche, qui demande à être affinée. Pour arracher lord Ewald à son désespoir, Edison décide en fait de réincarner l'extériorité d'Alicia en Hadaly, «en une Apparition dont la ressemblance et le charme HUMAINS dépasseront [l'] espoir et tous [les] rêves» de lord Ewald. Il se fait fort de reproduire strictement, de dédoubler Alicia Clary :

> Ensuite, *à la place de cette âme, qui vous rebute dans la vivante, j'insufflerai une autre sorte d'âme* [...] La fixant presque immortellement, entendez-vous ? dans la seule et véritable forme où vous l'avez entrevue, *je tirerai la vivante à un second exemplaire, et transfigurée selon vos vœux ! (II, 4, p. 98-99).*

Cette opération de duplication est, on s'en douterait, complexe, et Edison recourt à l'aide de spécialistes. Son «premier appariteur», dont nous reparlerons, est une femme, «une grande statuaire inconnue», qui prend les mesures du modèle tandis que dans sa naïveté, Alicia s'imagine poser pour sa propre statue. Le secret de la carnation est déjà maîtrisé par Edison, qui a réussi à fabriquer de la chair artificielle, et l'un des premiers objets insolites et inquiétants observés dans le laboratoire de l'inventeur est précisément un bras de femme, au toucher si vivant, au «derme si dur et si satiné que l'aspect en était aussi cruel que fantastique» (I, 8, p. 45). Pour le procédé de fabrication, Edison nous renvoie à Berthelot[1] – mais dans son souci de perfection, il fait appel à un grand artiste pour donner la dernière touche à son Andréide ; un dentiste et un médecin réputés sont de même sollicités pour prendre l'empreinte des dents de perle d'Alicia ou recueillir le suave parfum du modèle (à la faveur d'un évanouissement provoqué par un anesthésique inoffensif). Un perruquier célèbre de Washington, en possession d'une boucle de la chevelure brune d'Alicia, est sommé de confectionner un chef-d'œuvre en la copiant scrupuleusement. Quant aux paroles de Hadaly, elles ont été «imaginées par les plus grands poètes, les plus subtils métaphysiciens et les romanciers les plus profonds de ce siècle« (V, 1). Ces merveilles inédites, prononcées par Alicia, fière de répéter de nouveaux rôles, ont été fidèlement enregistrées, et c'est la voix d'Alicia que lord Ewald entendra dans les scènes des rôles sublimes où doit s'incarner Hadaly.

Tant de talents réunis ne peuvent aboutir qu'à un prodige, et «par un soir d'éclipse» symbolique (c'est le titre du quatrième chapitre du

1. Sans doute fait-il allusion aux travaux de l'illustre chimiste portant sur l'énergétique animale ; cf. son *Essai de mécanique chimique* (1889).

livre VI), lord Ewald est mis en présence de Hadaly, qu'il prend pour Alicia. Une Alicia métamorphosée, cependant, transfigurée... Dans son égarement, le jeune homme s'exclame, éperdu :

> Tu es une femme que l'amour peut rendre idéale comme ta beauté ! – O chère Alicia ! Je t'aime ! Je... (p. 243).

Il n'achève pas, et la voix inoubliable et surnaturelle qu'il avait entendue dans l'Eden souterrain lui dit mélancoliquement : « – Ami, ne me reconnais-tu pas ? Je suis Hadaly. »

## LA SPIRITUALITÉ ET L'AMOUR AU SECOURS DE L'ÉLECTRICITÉ

Cet autre miracle, de « transsubstantiation », n'est pas dû à la Science. Loin d'être un simple automate créé par un mécanicien de génie, Hadaly est un être complexe, dont la véritable nature échappe en fait à son créateur lui-même. La réussite de la création, son caractère sublime, tiennent sans doute à ce qu'il ne s'agit pas d'une réalisation purement scientifique. Hadaly, l'Ève nouvelle, dont le nom, en lettres iraniennes, signifie, selon Villiers, « Idéal », est en fait un prodige né de l'action conjuguée de la mécanique, de l'électricité, *et* du magnétisme psychique. La création artificielle correspond ici à un compromis entre le pouvoir de l'illusion engendrée par la technique qu'incarne Edison, et le pouvoir irréductible de l'âme, symbolisé par la créature médiumnique qui participe à la création. Pour s'incarner véritablement, Hadaly a besoin, non seulement de toutes les prouesses techniques évoquées ci-dessus, mais de l'intervention médiumnique d'une femme exceptionnelle, de qui elle tient sa nature spirituelle, et de l'amour de lord Ewald, qui lui donne vie.

Mistress Any Anderson, la veuve inconsolable de l'infidèle et infortuné Edward, est en effet un grand médium. Sous son nom de sommeil, Sowana, c'est elle qui est en réalité le second créateur de Hadaly. Nous retrouvons ici la vogue du magnétisme dont les pouvoirs, nous l'avons vu, sont souvent convoqués, dans le thème de la création artificielle, pour les phénomènes de transfert d'âme. Par l'intermédiaire de son personnage, Villiers nous renvoie aux travaux du Dr William Crookes (1832-1919 – prix Nobel de chimie, 1907) sur «un quatrième état de la "*Matière*", l'état radiant» (V, 12, p. 205)[1], et à ses expériences «spiritualistes». Intéressé par l'exploration des phénomènes de magnétisme psychique, le Dr Crookes fit en effet en laboratoire des expériences avec des médiums[2], et Villiers de l'Isle-Adam, dans un article de 1884, en évoque les résultats, propres à «déconcerter le positivisme le plus rassis»[3]. Après de longues et patientes investigations, le Dr Crookes conclut effectivement à «l'existence d'une nouvelle force liée à l'organisme humain et que l'on peut appeler *Force psychique*». Edison, ayant découvert la nature médiumnique de Mrs Anderson, entreprend très tôt des séances d'hypnotisme où la malade, plongée dans un sommeil cataleptique, a des crises de voyance totalement mystérieuses. Grâce à ses propres facultés d'hypnotiseur, il réussit à entrer en communication avec Sowana, et le truchement d'un simple anneau passé à leur doigt suffit pour qu'elle l'entende et lui obéisse, tandis que son corps endormi se trouve dans l'Eden souterrain, aux côtés de Hadaly. Ayant soigneusement étudié cette dernière, elle peut, à volonté, «S'Y INCORPORER ELLE-MÊME ET L'ANIMER DE SON ÉTAT "SURNATUREL"» (VI, 13), frappant Edison d'un saisissement terrible en lui envoyant, sans préavis, l'Andréide animée. Dans les premières conversations de Hadaly avec lord Ewald, Sowana sert donc de médiateur, en utilisant le fluide magnétique qui l'unit à Edison. C'est elle qui parle par la voix de Hadaly, elle qui exerce les dons de voyance qui stupéfient lord Ewald. Dans la suite du processus de création, c'est elle encore qui aide à modeler l'Andréide, qui parvient à faire réciter merveilleusement à Alicia Clary, sous hypnose, les paroles qui font partie du répertoire sublime de Hadaly. Edison lui-même

1. Ses travaux étaient une première approche de la découverte des électrons et de l'unité électro-magnétique de la matière.

2. Il rédigea d'ailleurs un mémoire sur ses expériences de spiritisme : *Researches in the phenomena of spiritualism* (1874), qui fut traduit en français en 1878.

3. *In* «Les expériences du Dr Crookes», article paru dans *Le Figaro* du 10 mai 1884 et recueilli dans *L'amour suprême* (1886). Voir *Villiers de l'Isle-Adam : Œuvres*, Éd. J.-H. Borneque [209], p. 424-434. En France, le spiritisme avait été popularisé par les livres d'Allan Kardec, tandis que se fondaient des revues et des clubs spirites. Villiers a pu également connaître les recherches de Jean-Martin Charcot (1825-1893) sur l'hystérie et l'hypnose.

reconnaît ne pas pouvoir expliquer ou maîtriser les pouvoirs du médium – ce qui revient à dire qu'il ne maîtrise pas davantage sa créature. Ce halo de mystère laisse du moins entrevoir la nature véritable de Hadaly, cet être « d'outre-monde ». Si Edison a « fourni physiquement ce qu'elle a de terrestre et d'illusoire, une Ame qui [lui] est inconnue s'est superposée à [son] œuvre » et s'y est incorporée à jamais (VI, 13, p. 272). Hadaly n'est donc pas « un vain simulacre ». Une âme s'est surajoutée « à la voix, au geste, aux intonations, au sourire, à la pâleur même de la vivante » tragiquement aimée par lord Ewald, métamorphosant la Déesse bourgeoise en une créature « d'outre-Humanité » (p. 272).

On voit ainsi comment, dans *L'Ève future*, le surnaturel et la poésie de l'occulte se mêlent aux affirmations de la science positive. Si, au sens propre du terme, le créateur est ici un *deux ex machina* (V, 4, p. 189), la Science est en fait l'auxiliatrice de l'Idéal.

Mais si Sowana se plaît à *être* en Hadaly, il faut, pour que le « Grand-Œuvre » de l'incarnation s'accomplisse, un troisième vivant, qui en soit digne. Ce sera lord Ewald. L'expérience n'est cependant pas sans risques, contre lesquels Edison met honnêtement en garde son ami :

> — Adieu donc à la prétendue Réalité, l'antique dupeuse ! Je vous offre, moi, de tenter l'ARTIFICIEL et ses incitations !... Mais, — si vous n'alliez pas en rester le dominateur !... (II, 6, p. 108).

Entre la mort et la solution qu'il fait miroiter aux yeux de lord Ewald, Edison, pour sa part, aurait choisi l'issue la moins dangereuse : il se serait « brûlé la cervelle », refusant « de braver perpétuellement deux dangers : la démence et Dieu » (I, 8, p. 116). Le jeune lord, intrépide, choisit de tenter l'expérience, conscient du rôle crucial qu'il va devoir jouer dans la création. Il a vainement rêvé de pouvoir modifier les pensées de sa bien-aimée – jusqu'à les rendre le reflet des siennes (p. 62). C'est précisément cette chance qui va lui être donnée avec Hadaly, ainsi que le lui explique Edison :

> c'est cette vision, objectivée de votre esprit, que vous appelez, que vous voyez, que vous CRÉEZ en votre vivante, *et qui n'est que votre âme dédoublée en elle*. [...]
>
> — Eh bien ! [...] puisqu'il est avéré que, d'ores et déjà, vous ne vivez qu'avec une Ombre, à laquelle vous prêtez si chaleureusement et si fictivement l'être, je vous offre, moi, de tenter la même expérience sur cette ombre de votre

esprit extérieurement réalisée, voilà tout. Illusion pour illusion, l'Être de cette présence-mixte que l'on appelle Hadaly dépend de la volonté libre de celui qui OSERA le concevoir. SUGGÉREZ-LUI DE VOTRE ÊTRE ! Affirmez-le, d'un peu de votre foi vive ; comme vous affirmez l'être, après tout si relatif, de toutes les illusions qui vous entourent (II, 6, p. 104-105).

La philosophie idéaliste de Villiers, comme sa conception de l'amour, lui permettent en fait de résoudre poétiquement une difficulté pratique inhérente à bien des créatures artificielles. Dès lors que celles-ci ne sont pas totalement « humaines » (comme le monstre de Frankenstein) mais qu'elles sont au contraire animées par un mécanisme – ce qui est, à l'évidence, le cas de Hadaly –, leur « Vie » n'est qu'illusoire, et elles ne peuvent donc *a priori* abuser que des esprits égarés comme celui de Nathanël[1]. Les pensées de Hadaly ont beau avoir été inventées par les plus grands esprits de ce siècle, elles sont une fois pour toutes enregistrées dans ses phonographes d'or, de même que ses gestes, ses intonations, ses sourires ont été gravés sur son cylindre central. En tant que machine, elle répond nécessairement à une programmation, et les soixante heures de conversation dont elle est dotée ne sont sans doute pas inépuisables, même en admettant que l'on puisse les combiner à loisir. Lord Ewald est vite conscient de ces limitations et se révolte contre la « comédie » que veut lui faire jouer Edison : il faudrait donc qu'il joue lui-même un rôle, qu'il apprenne ses répliques, de façon à ce que la réponse attendue de Hadaly s'y adapte ? Seul le talent de Villiers pouvait répondre à cette objection majeure. Là est la supériorité de l'Andréide sur la femme vivante : alors que les propos d'Alicia sont toujours en dissonance avec la pensée de Lord Ewald, « ce sera bien la parole *attendue* – et dont la beauté dépendra de [sa] suggestion même, – qu'[Hadaly] répondra ! »

Sa « conscience » ne sera plus la négation de la vôtre, mais deviendra la semblance d'âme que préférera votre mélancolie. [...]. Ses paroles ne décevront jamais votre espérance ! Elles seront toujours aussi sublimes... que votre inspiration saura les susciter. [...] Il vous sera même inutile d'articuler, vous-même, des paroles ! Les siennes répondront à vos pensées, à vos silences (V, 1, p. 176).

Peut-on rêver communication plus parfaite ? Un homme comme lord Ewald, persuadé que la nature de la femme ne demande qu'à être

1. La référence à *L'Homme au Sable* est explicite dans l'épigraphe du deuxième chapitre du roman de Villiers.

insensiblement modelée par l'homme qu'elle aime, un être désireux de *se* retrouver dans sa bien-aimée, peut-il rêver compagne plus idéale ? En de très belles pages, Villiers parvient presque à convaincre son lecteur qu'en amour, la nouveauté seule désenchante. L'Andréide, elle, « n'est que les premières heures de l'Amour immobilisées, – l'heure de l'Idéal à jamais faite prisonnière. [...] Ce n'est que pour essayer de ressaisir cette heure idéale que l'on continue d'aimer encore, malgré les différences et les amoindrissements apportés par les heures suivantes » (V, 2, p. 179-180). Chacun de nous joue un rôle jusqu'à sa mort, et toute parole n'est et ne peut être qu'une redite. Sous une apparence de liberté et d'improvisation, les conversations humaines sont une comédie dont le texte est fixé d'avance, et dans ses paroles, Hadaly ne sera guère plus dérisoire que l'être humain lui-même. A lord Ewald de ressusciter, par ses paroles, la grande heure inchangée, d'éterniser l'amour idéal. Avec un peu d'habitude, tout lui deviendra naturel, y compris les « commandes » de l'andréide. Tout, ici encore, a été poétisé. En tant que machine, Hadaly est pourvue d'« interrupteurs », mais les androïdes les plus perfectionnées de la science-fiction n'atteindront jamais, malgré toute la discrétion de leurs boutons de commande, le raffinement de la belle Andréide. Pour l'animer, il suffira à lord Ewald de lui presser tendrement la main, et de frôler une des bagues qu'elle porte à chaque doigt, ou bien encore d'effleurer une des perles de son collier : à chaque pierre, à chaque perle, sa fonction, qu'un grimoire – poétique ancêtre du mode d'emploi de la science-fiction – rappelle, si besoin est, à son amant – comment dire « son utilisateur » ? Pour le reste, le fonctionnement de l'Andréide est simple : quelques pastilles ou tablettes chaque semaine, un peu d'eau pure additionnée de quelques sels, et la valeur d'une petite cuillerée d'huile de roses par mois suffisent à cette enchanteresse, qui n'a pas les exigences d'une femme.

Un bonheur sans faille semble donc promis à lord Ewald auprès de cette créature idéale. Parfaite, Hadaly l'est physiquement – et elle aurait sans doute pu surpasser son modèle, si tel avait été le dessein d'Edison. Mais en l'occurrence, il ne fallait surtout pas faire mieux que nature. Si elle ne l'emporte pas sur Alicia Clary en beauté, Hadaly a cependant des avantages qu'aucune mortelle ne détient. « La puissante Nature, avec toutes ses ressources, met encore aujourd'hui seize ans et neuf mois à confectionner une jolie femme ! [...] pour durer si peu ! et qu'une maladie peut effacer de son coup de vent» (V, 8, p. 198). Trois semaines ont suffi à Edison pour mettre au point un être supérieur. La chair naturelle, par exemple, se fane et vieillit ; la chair artificielle «est un composé de substances exquises, élaborées par la chimie de manière à confondre la suffisance de la "Nature". [...] Cette *copie* [...] enterrera l'original sans cesser de paraître vivante et jeune» (II, 4, p. 94). Froidement, Edison vante les avantages de sa créature :

> La nature change, mais non l'Andréide. [Elle] ne connaît ni la vie, ni la maladie, ni la mort. Elle est au-dessus de toutes les imperfections et de toutes les servitudes ! Elle garde la beauté du rêve. [...] Jamais son cœur ne change : elle n'en a pas (V, 10, p. 201).

Hadaly, qui possède le don d'éternelle jeunesse, est potentiellement immortelle, à ceci près qu'elle ne peut vivre sans lord Ewald. Lui seul en effet peut lui dicter ses paroles, lui seul peut lui donner le sentiment d'elle-même. Hadaly peut «jouer» à être plusieurs autres femmes – et son amant pourrait ainsi, s'il le voulait, posséder toutes les femmes en une. Lorsqu'elle démontre ses talents de comédienne dans la scène où lord Ewald se méprend sur son identité, ce dernier, devant sa méprise, a d'abord un sentiment de révolte :

> Ainsi, sa première palpitation de tendresse, d'espérance et d'ineffable amour, on la lui avait ravie, extorquée : il la devait à ce vain chef-d'œuvre inanimé, de l'effrayante ressemblance duquel il avait été dupe (VI, 5, p. 245).

Outragé par ce prodige, il s'écrie :

> Quel homme s'est imaginé que ce sinistre automate pourrait m'émouvoir à l'aide d'on ne sait quels paradoxes inscrits sur des feuilles de métal ! Depuis quand Dieu permit-il aux machines de prendre la parole ? (VI, 9, p. 254).

Ce mouvement de recul devant «cette stupéfiante machine à fabriquer l'Idéal» *(ibid.)*, ce dépit que ressent lord Ewald à l'idée d'avoir succombé aux séductions de l'artifice, risquent cependant d'être fatals à Hadaly. Dans la scène clé du roman, elle supplie celui qui l'a appelée de ses vœux :

> Oh ! ne te réveille pas de moi ! [...] Mon être, ici bas, pour toi du moins, ne dépend que de ta libre volonté. [...] Comme une femme, je ne serai pour toi que ce que tu me croiras. [...]
>
> Si tu doutes de mon être, je suis perdue, – ce qui signifie *également* que tu perds en moi la créature idéale qu'il t'eût suffi d'y appeler (VI, 8, p. 251-252).

Créateur doutant de sa créature, lord Ewald manque de l'anéantir, à peine évoquée, avant d'avoir achevé son ouvrage (p. 255). Heureusement, il finit par céder au charme de l'« Inspirée », de l'« Auxiliatrice », et reconnaît qu'auprès d'elle, c'est Alicia qui est le fantôme. L'« incantatrice » chasse définitivement la cantatrice, et Edison peut couper le cordon ombilical : les derniers fils électriques qui alimentaient Hadaly. Le tableau idyllique ne précise pas que désormais, elle fonctionne sans doute « sur batterie » !

Au terme de la création, lord Ewald dispose donc d'une compagne idéalement belle, fidèle, spirituelle ; d'une compagne que son amour a suscitée, et qui ne saurait lui survivre : lorsqu'il sentira sa fin proche, lord Ewald devra détruire Hadaly, qui n'existe que par lui et pour lui. Une ombre subsiste peut-être : Hadaly est d'une féminité totale, mais transcendante. Ainsi, elle n'est douée d'aucune fonction sexuelle ou reproductrice, et lord Ewald ne pourra jamais l'aimer que d'un amour platonique. Certes, la sottise d'Alicia a fini par tuer en lui tout désir, mais il est désormais en présence de l'Idéal incarné, et le lecteur est en droit de se demander si le vœu de chasteté prononcé par lord Ewald saura résister aux séductions bien réelles de Hadaly. Celle-ci est d'une troublante sensualité, susceptible d'égarer plus d'un esprit – et elle est même dotée d'un poignard électrique pour se défendre contre tout autre que l'élu ! Elle-même, dans son incantation nocturne, semble déplorer « la fausse fleur de [sa] vaine virginité », et sa stérilité... Dans l'esprit de Villiers, cependant, l'amour idéal ne peut aller de pair avec la sexualité[1]. L'impossibilité de la reproduction est par ailleurs – quelque Homonculus excepté – inhérente à la créature artificielle, et dans ses imaginations les plus folles, Edison n'a pas songé à éliminer la femme et l'amour qui lui est dû. Il prétend au contraire, grâce au merveilleux simulacre qu'il a inventé, garantir (?) les droits des épouses, « – si nécessaires (jusqu'à nouvel ordre, du moins), à la perpétuité de notre race » (V, 16, p. 213). La fonction reproductrice, chacun le sait, est la raison d'être de la femme... *Le Grand Dictionnaire universel du XIX$^{e}$ siècle*[2] le confirme : la femme, hélas, est femme...

1. On mesure toute la distance qui sépare, à la même époque, rêve et réalité dans la vie de l'auteur. Au moment où il écrit *L'Ève future*, Villiers noue une liaison avec une pauvre voisine analphabète : Marie Dantine, dont il aura un enfant.

2. Paris, *Larousse*, article « Mère », XI, 68.

> Mais elle est mère : elle a reçu de la nature la triple et sublime mission de concevoir, de mettre au monde et d'élever le genre humain. Il convient donc d'oublier les lacunes de son caractère, les perfidies de ses séductions, les imperfections de sa nature, et de ne plus se souvenir que de ce grand fait qui est comme la raison de son être.

Hadaly n'a ni ces défauts, ni ce privilège. Mais lord Ewald n'est pas Edward Anderson, partagé entre deux femmes. Il ne songe, semble-t-il, qu'à une union mystique avec Hadaly, et n'a qu'une hâte : emmener sa ténébreuse idole en son lointain manoir, pour vivre avec elle un amour qu'il a cru impossible. La perfection de Hadaly a cependant quelques inconvénients : sur le transatlantique qui doit les conduire en Angleterre, elle risque, en comparaison avec les passagères humaines vite incommodées par la houle, de se trahir par son manque même d'infirmités ! Hadaly voyagera donc dans un lourd cercueil d'ébène, capitonné de satin noir, où elle reposera, le visage voilé ; pour ne pas éveiller l'attention, ce cercueil sera placé dans une malle. Ce mode de transport, pour une créature à mi-chemin entre la vie et la mort, pour un être d'outre-monde, connaîtra une certaine fortune dans les histoires mettant en scène des androïdes. Souriante, Hadaly s'étend donc dans son sarcophage ; elle ferme les yeux, comme endormie, après avoir fait ses adieux à son premier créateur. Lord Ewald, oublieux de tous ses chagrins, brûle d'être le prisonnier de cette énigme sublime – si bien qu'à la question d'Edison : «– A propos, – et la vivante ?... », il répond, interdit : « Ma foi, [...] je l'avais oubliée » (VI, 12, p. 259).

## UN DÉNOUEMENT PROBLÉMATIQUE

Le roman pourrait sans doute se conclure sur cette réplique – et en effet, le feuilleton publié dans *L'Étoile française* s'interrompait à cet endroit. Villiers hésitait peut-être déjà sur l'issue à donner à cette œuvre étrange. Quoi qu'il en soit, cinq ans plus tard, *L'Ève future* paraît en volume, avec un dénouement tout autre. Plusieurs points sont ainsi proposés à la réflexion du lecteur. Tout d'abord, au terme des dernières explications qu'il fournit à lord Ewald sur la création de

Hadaly, Edison affirme ne plus vouloir, à l'avenir, fabriquer d'andréides. Il en a pourtant la formule, selon ses propres termes, et sa réussite a comblé tous ses vœux. Comment expliquer, dès lors, ce renoncement, si ce n'est par l'étendue même de l'œuvre accomplie ? Edison l'avoue : le résultat est plus « effrayant » encore qu'il ne pensait. Devant Hadaly, sans doute est-il pénétré du sentiment que l'Idéal miraculeusement atteint n'est pas reproductible... Après le départ de lord Ewald, Edison rejoint Sowana, impatient de partager avec elle sa fierté de créateur : « Voici donc la première fois que la Science aura prouvé qu'elle pouvait guérir l'Homme... même de l'amour ! » (VI, 14, p. 274). La Science, hélas, dans le même temps, a tué le médium, et le transfert d'âme s'est terminé de façon tragique, jetant une ombre sinistre sur la création radieuse. Trois semaines plus tard, un article de journal apprend à Edison la perte du steamer sur lequel lord Ewald effectuait la traversée. Un incendie s'est déclaré à bord, dans le compartiment des marchandises... Au nombre des victimes, figure le nom d'Alicia Clary, artiste lyrique. Le télégramme expédié par lord Ewald n'apporte aucun réconfort à l'inventeur :

> Ami, c'est de Hadaly seule que je suis inconsolable – et je ne prends le deuil que de cette ombre. – Adieu (VI, 15, p. 276).

Quel que soit le sens de cet adieu, la création artificielle, réussie, est une fois de plus anéantie – par hasard, par le destin plutôt (« Fatum » est le titre du dernier chapitre de l'œuvre). L'Andréide, à peine animée, « meurt ». En un sens, cette « mort » pourrait apparaître, ironiquement, comme l'accomplissement suprême de la création artificielle, puisque par elle, Hadaly s'élève au rang de mortelle. Elle-même, dans son incantation à la nuit, aspirait à la mort :

> — hélas ! si je pouvais vivre ! Si je possédais la vie ! [...] Oh ! respirer, seulement une fois, pendant leur sommeil, ces jeunes roses si belles ! Sentir seulement passer ce vent de la nuit dans mes cheveux !... Pouvoir, seulement, mourir ! (VI, 10, p. 256).

La destruction de Hadaly est néanmoins perçue comme un échec. A l'époque où il écrit la version définitive du dénouement, l'angoisse religieuse de Villiers renaît – attisée sans doute par l'influence de son ami Léon Bloy. Il est ainsi possible que par un scrupule de conscience, Villiers ait en quelque sorte intériorisé un interdit, et voulu conclure son roman par la mort de l'Andréide, donnant apparemment satisfaction à la morale et à la religion. La destruction de la créature artificielle serait dans ce cas, une fois de plus, le châtiment d'une transgression, déjà signifiée par la mort de Sowana, sanctionnant le transfert d'âme sacrilège. Le dernier mot, ici encore, reste à Dieu, ou à la Nature – même si l'Andréide a définitivement balayé le souvenir d'Alicia, qui disparaît sans laisser de regrets. L'apprenti sorcier qu'est Edison contemple seul «l'infini, l'inconcevable mystère des cieux», et frissonne, vaincu. Ce revirement *in extremis* paraît cependant bien contourné, et l'on peut se demander si ce dénouement tragique n'est pas plus simplement la conséquence logique de l'idéalisme de Villiers. Hadaly parle comme parlera Sara, l'héroïne d'*Axël* (1890), et elle ne peut que mourir, comme Axël et Sara choisiront de le faire: aux joies ineffables entrevues par lord Ewald et Hadaly, par Axël et Sara, il n'est pas de lendemain sur cette terre, et la mort seule peut prolonger le rêve. Comment la vie serait-elle digne «de succéder à cette miraculeuse nuit nuptiale où, vierges encore, [Axël et Sara] se sont cependant à jamais possédés»? Pensivement, Axël invite sa bien-aimée à dédaigner la vie:

> Reconnais-le, Sara : nous avons détruit, dans nos étranges cœurs, l'amour de la vie – et c'est bien en RÉALITÉ que nous sommes devenus nos âmes ! Accepter, désormais, de vivre ne serait plus qu'un sacrilège envers nous-mêmes. Vivre ? les serviteurs feront cela pour nous[1].

L'«idylle nocturne» de lord Ewald et de Hadaly pouvait difficilement connaître une autre issue, et en acceptant l'Andréide, lord Ewald avait déjà donné, symboliquement, sa «démission de vivant» (VI, 11, p. 258).

Hadaly ne sera donc pas l'Ève future rêvée par Edison, «cette créature nouvelle, électro-humaine, [...] qui, aidée de la GÉNÉRATION ARTIFICIELLE (déjà tout à fait en vogue depuis ces derniers temps), [lui] paraît devoir combler les vœux secrets de notre espèce, avant un siècle» (III, 5, p. 140). Le temps n'est pas encore arrivé, où le premier industriel venu ouvrira une manufacture d'idéals (V, 6, p. 192). La création de l'Andréide nécessite trop de sacrifices, et l'Idéal

1. *Axël*, 4e partie : «Le monde passionnel», § 2, «L'option suprême», *in Villiers de l'Isle-Adam : Œuvres*, Éd. J.-H. Bornecque [209], p. 1037.

ne saurait être galvaudé. Ce dénouement apparemment négatif n'est cependant peut-être pas aussi amer qu'il n'y paraît : grâce à la magie de Villiers, et à son Ève nouvelle, le rêve et l'Idéal ont bel et bien existé – et continueront d'exister dans l'esprit du lecteur.

A l'époque de la première publication, cependant, *L'Ève future* suscita bien peu d'échos. Le signe le plus tangible de l'accueil réservé au roman est une pochade due à la plume d'un fantaisiste, Ernest d'Hervilly (1839-1911) : *Josuah Electricmann* [67]. Cette nouvelle, vraisemblablement parue dans un périodique après la publication de *L'Ève future* en feuilletons dans *L'Étoile française*, fut recueillie en 1883 dans le volume intitulé *Timbale d'histoires à la parisienne*.

D'Hervilly renchérit sur les qualificatifs hyperboliques utilisés par Villiers pour dépeindre Edison : Josuah Electricmann devient « le prodigieux savant américain », « l'intarifiable inventeur » *(sic)*, « l'homme de génie du Nouveau-Monde ». De même, l'auteur pastiche maladroitement le style artiste de Villiers : sur le modèle du « chant démodé et sans signification de l'oiseau normal », il nous présente « l'effet banal, sur la nature reverdissante, de ce luminaire si démodé de nos jours, et que peu de personnes vénèrent encore sous le nom de Soleil » – traduisant, pour le lecteur obtus : « En un mot, le printemps renaissait (vieux style) ». Ayant ainsi épinglé un certain maniérisme propre à Villiers, il tente en vain de rivaliser avec lui par la création de néologismes, notamment scientifiques, pour désigner les dernières innovations de l'étonnant inventeur : il se propose ainsi de « photoplumographier » le « portraitgramme » du savant, et décrit par un anglicisme (déjà !) une de ses trouvailles : des yeux artificiels réglables, « le double prunello-glass à crémaillère [...], un instrument qui permet d'être, à volonté, myope pour les études micrographiques, ou presbyte pour la manœuvre des disques colorés sur les lignes de chemin de fer »[1].

En même temps qu'il pastiche – laborieusement – le style de l'écrivain, d'Hervilly s'en prend en effet à l'image que Villiers donne du protagoniste de *L'Ève future*. Le célèbre électricien, revu et corrigé par

1. Cette application est une allusion au légendaire accident provoqué par le trouble d'aiguilleurs qui, exécutant mal les ordres d'Edison, causèrent une meurtrière collision de trains. Villiers rapporte l'anecdote (I, 8, p. 46-47) afin d'illustrer la froideur scientifique de son héros ; devant cette catastrophe ferrovière indirectement provoquée par son expérience, et malgré le nombre de victimes, celui-ci se contente de murmurer : « Stupides maladroits ! »

d'Hervilly, vit lui aussi retranché dans son laboratoire, entouré par ses inventions, tel l'Homme aux machines de Jean-Paul. Ces instruments, à usage multiple, sont plus extravagants les uns que les autres – mais Josuah Electricmann poursuit imperturbablement ses travaux et s'affaire à la mise au point de sa dernière découverte : « une machine, destinée à tenir lieu du père de famille dans la société, et qu'il a déjà nommée le Galvanomaître de maison ». D'Hervilly n'a pas pour autant oublié le thème central de *L'Ève future*, mais il n'a visiblement pas été convaincu par l'amour mystique de lord Ewald pour l'Andréide. Josuah Electricmann s'avise tout à coup qu'il a oublié de songer à perpétuer sa race. Il faut qu'il se marie tout en inventant ! Consulté, son scribographe – secrétaire mécanique et *factotum* – lui fournit la formule du mariage réussi. En quinze minutes, le recensement de toutes les filles nubiles des cinq continents est effectué ; en trois jours, publicité électrique intergalactique aidant, le choix de Josuah est fixé ; et trois heures plus tard, l'affaire est conclue, par télégraphe et téléphone interposés. Edison est encore battu de vitesse par son avatar. Hélas, ces modernes moyens de communication ne permettent pas la consommation du mariage, et Electricmann cherche « comment il pourrait cueillir, sans se déranger, la fleur de l'oranger groënlandais ». Il est décidé à mettre fin à ses jours « s'il n'arrive pas à inventer un appareil indispensable aux gens de science, et qui est baptisé déjà, dans son esprit, sous le nom de l'Amouradistancophone ».

Cette médiocre parodie ne saurait dissimuler le caractère profondément original de *L'Ève future*. La plupart des récits de création artificielle que nous avons recensés privilégient tantôt les sciences positives, tantôt les sciences occultes : dans le premier cas, le créateur parvient parfois à donner l'illusion de la vie – mais la créature manque d'âme ; à l'inverse, le spiritisme incarne souvent une âme dans un corps monstrueux. Dans les deux cas, la créature artificielle est une caricature dérisoire de son modèle humain. Villiers de l'Isle-Adam, pour sa part, en finit audacieusement avec ces imperfections, et crée un être idéal. Pour ce faire, il fait collaborer la science et le « surnaturel », l'électricité et le magnétisme psychique – avéré mais inexplicable. Ses descriptions minutieuses font de l'Andréide un être artificiel d'une haute technicité et d'une beauté parfaite. Physiquement, Hadaly surpasse même son modèle humain : en elle, la science a réalisé un rêve alchimiste, la dotant d'un élixir de longue vie, de l'éternelle jeunesse et – en théorie – du don d'immortalité. Mais, grâce à l'intervention de Sowana, la beauté corporelle de Hadaly est égalée par sa beauté spirituelle. Elle est un être presque angélique, l'Idéal incarné, et sur ce point, son modèle humain en est véritablement la caricature. Hadaly agit et réagit comme un être vivant ; elle est douée d'affects ; mais elle a de surcroît une dimension mystique qui fait d'elle une créature d'outre-Humanité. La conception idéaliste de l'Amour de Villiers lui permet enfin de résoudre le « faux problème » du manque d'autonomie de l'Andréide.

Dans *L'Ève future*, la femme réelle est ravalée à ses artifices ; et la femme artificielle, créée par refus de la Réalité et de la Nature, est l'Idéal. Hadaly, créée par l'homme, égale la belle Galatée, animée par une déesse. Pour la première fois dans le thème de la création artificielle, l'homme semble avoir atteint son but. Si l'archiduc Charles a pu être momentanément dupe du Golem Bella, si Nathanaël, dans sa folie, croit voir en Olympia une âme sœur, les séductions de Hadaly sont bien réelles. Elle est même, très précisément, l'idéal masculin, la compagne rêvée. Non seulement, comme l'Ève de la Genèse, elle est née *de* l'homme – tirée d'une côte d'Adam –, mais elle est créée *par* l'homme, et elle est ainsi, dans tous les sens du terme, sa créature. Hadaly est en somme la matérialisation du fantasme masculin de la femme-reflet, qui n'existe que *par* l'homme et *pour* l'homme. Elle a bel et bien été créée « sur mesure » pour lord Ewald. Elle est ainsi à l'origine d'une longue lignée de créatures artificielles féminines, « femmequins » de compensation, dispensatrices de rêve. A l'exception peut-être de la belle Helen O'Loy de Lester del Rey[1], elle aussi idéale – et unique –, aucune de ces femmes fabriquées n'atteindra cependant la poésie de Hadaly. Il n'est évidemment pas encore question, dans la misogynie de cette fin de siècle, d'un nouvel Adam...

Reste que la créature artificielle, aussi parfaite soit-elle, ne peut satisfaire la double aspiration de l'homme, combler son désir *et* répondre à son besoin de spiritualité. Cette restriction apportée au pouvoir de l'Andréide n'est cependant pas la seule. Le bonheur entrevu par lord Ewald est en effet éphémère. Par son « âme », Hadaly

1. Voir *infra*, p. 266 sq.

échappait déjà quelque peu à son premier créateur, Edison – sans qu'il y eût en elle la moindre vélléité de révolte. Le dénouement de *L'Ève future* arrache l'Andréide à celui à qui elle était destinée. Châtiment divin réservé à une œuvre impie ? Conséquence de sa perfection surhumaine ? Ce revers ultime semble en tout cas une fatalité de la création artificielle, et dans ce domaine, Villiers se conforme à une longue tradition. Est-ce à dire que l'idée de créer artificiellement la vie ne peut être apprivoisée, que ce tabou ne peut être dépassé ? C'est ce que les chapitres suivants vont tenter d'élucider.

# III

# *La science-fiction*

Chapitre 1

# *Peut-on se libérer du complexe de Frankenstein ?*

Malgré un renouvellement des formes revêtues par l'homme fabriqué, le XX^e^ siècle semble tout d'abord accentuer l'idée d'une malédiction liée au thème de la création artificielle. Si, du XIX^e^ au XX^e^ siècle, la barrière théologique qui interdisait le progrès de la connaissance grâce à la Science continue à s'effriter, si, dans un contexte de désacralisation grandissante, le châtiment divin n'est plus une constante de tous les récits, la révolte de la créature, elle, apparaît comme inéluctable. Les auteurs de science-fiction sont les premiers créateurs de robots et d'androïdes, mais la naissance de ces êtres nouveaux ne change rien à une problématique déjà ancienne. Tout se passe comme si, dès l'enfance du thème, l'homme, inconsciemment, avait reconnu le danger inhérent à la créature artificielle, appelée inévitablement à se retourner contre son créateur, et comme si cette fatalité était intériorisée au point que nul récit ne puisse se construire en dehors de ce schéma. Les révoltes des automates, des machines et autres créatures nées du croisement de la fantaisie et de l'extrapolation scientifique, sont toutes des variantes sur un même motif qu'Isaac Asimov, voyant dans le roman de Mary Shelley un texte fondateur, baptise « le complexe de Frankenstein ».

Cette nomination est toutefois, en elle-même, le signe d'une prise de conscience accrue et, partant, d'un changement possible. Après une entrée en scène dramatique des robots, la science-fiction va en effet tenter de libérer le thème de la création artificielle du complexe de Frankenstein.

## LA NAISSANCE DU ROBOT : « RUR » DE KAREL TCHAPEK

La paternité du robot revient à l'écrivain tchèque Karel Tchapek (Čapek). Sa «comédie utopiste» en trois actes précédés d'un prologue, *RUR* [133], fut représentée pour la première fois au Théâtre National de Prague en 1921 et connut très vite un vif succès en Europe et en Amérique. La première représentation française eut lieu le 26 mars 1924 à la Comédie des Champs-Élysées, dans une traduction de H. Jelinek. De même que les romans les plus célèbres de Tchapek[1], *RUR* est une pièce fondée sur une anticipation scientifique qui tourne à la contre-utopie.

Dans une île lointaine aux coordonnées géographiques imprécises, un savant, le vieux Rezon (du tchèque rozum : raison), a fait en 1932 la découverte d'une substance organique lui permettant de créer artificiellement des êtres vivants. Ce «matérialiste terrible», qui cherche à «détrôner Dieu», essaie dès lors de faire une copie conforme de l'homme, mais n'aboutit, après dix ans de travaux acharnés, qu'à créer un monstre, non viable. Son neveu, un ingénieur, reprend l'invention à son compte, mais avec un tout autre but. Pour lui, il ne s'agit plus de recherche pure mais de science appliquée ; il a une visée pratique, commerciale : fabriquer en gros, à la chaîne, au meilleur coût, des «robots» (du tchèque robota = travail forcé), c'est-à-dire des «machines de travail vivantes et intelligentes», des «ouvriers artificiels» ayant le minimum de besoins. Plus question, pour lui, d'imiter

1. *La fabrique d'absolu*, publié en 1922, présente l'invention de fabuleuses machines, les « carburateurs », capables de briser les atomes du charbon et de libérer ainsi une énorme quantité d'énergie. Le bonheur universel escompté ne suit cependant pas cette découverte. Le fanatisme religieux accompagne le fanatisme technico-scientifique, la misère naît paradoxalement de la surproduction, et la paix n'est finalement rétablie qu'au prix de la destruction des carburateurs. De même, la Krakatite, le plus puissant explosif jamais inventé, dans le roman du même nom publié en 1924 (le néologisme est tiré du nom du volcan Krakatca), n'entraîne que des catastrophes, et la voix de la sagesse s'exprime par le truchement d'un vieux vagabond qui dira à l'inventeur : « Tu voulais faire de trop grandes choses, mais tu en feras de petites qui seront utiles aux hommes. »

servilement la nature ; il faut fabriquer plus vite qu'elle, industriellement, des créatures simplifiées par rapport à la machine humaine. Inutile de doter les robots de détails anatomiques gratuits, tels que l'appendice, les amygdales, le nombril – les organes sexuels même ; point n'est besoin à une machine de travail de ressentir de la joie, de jouer du violon ; sa psychologie gagne à être simplifiée. De même, il faut supprimer, dans la fabrication, les étapes superflues : « Toute l'enfance, au point de vue technique, n'a pas de sens. C'est tout simplement du temps perdu. » Certes, les produits sont apprêtés, on « enseigne » aux robots de multiples connaissances, et ils sont munis d'une mémoire étonnante[1], mais cette « éducation » se fait en accéléré. La « machine humaine » s'est avérée peu rentable : inadaptée aux techniques modernes, trop chère. Le robot sera donc mécaniquement supérieur à l'homme (un robot remplace deux hommes et demi à la tâche), il aura une intelligence tout à fait appréciable – mais pas d'âme : ses créateurs humains n'ont pas le pouvoir de lui en donner une, et à tous points de vue, ce n'est pas dans leur intérêt. Le jeune Rezon, dont les travaux sont, eux, couronnés de succès, cède lui aussi un moment à l'hybris en tentant de fabriquer des surrobots, des géants de travail ; ceux-ci sont trop fragiles.

Force est donc de s'en tenir, pour l'essentiel, à l'échelle humaine, et, pour faciliter l'intégration de ces créatures artificielles dans le monde des hommes, à l'apparence humaine. C'est d'ailleurs pour répondre à la demande que les usines RUR commercialisent des produits apparemment sexués, robots et robotes – bonnes, vendeuses, dactylos : « Les gens sont habitués. »

Le prologue est en fait une scène d'exposition comique, construite sur un double quiproquo. L'historique de la société RUR (Robots Universels de Rossum) est fait par le directeur général de l'usine à une jeune femme fraîchement débarquée d'Europe, Hélène Glory. En effet, dans le vieux continent, des âmes sensibles s'émeuvent de la servitude dans laquelle sont tenus les robots, et en digne représentante de la Ligue de l'Humanité, Hélène vient sur l'île pour « libérer les

1. Une mémoire uniquement répétitive, cependant, ce qui fait de ces créatures des sortes d'encyclopédies vivantes, propriété ironiquement commentée par l'auteur : « ils ne trouveront jamais rien de nouveau. Ils pourraient très bien enseigner dans les universités ».

robots». Or, elle commence par prendre Sylla, la secrétaire du directeur, pour une femme, alors qu'elle n'est qu'une robote. A sa décharge, il faut dire que le physique de Sylla est calqué sur celui d'une humaine : «Elle a jusqu'au duvet caractéristique des blondes»[1]. A peine remise de sa confusion, Hélène va cependant commettre une bévue encore plus fâcheuse, en prenant cette fois les collaborateurs de Domin, le directeur, pour des robots. Là encore, elle est trompée par les présentations vagues et ambiguës de Domin, et surtout par les automatismes du comportement humain : les formules de politesse et la conversation stéréotypée des hommes rappellent à s'y méprendre le discours de la robote Sylla... Cet intermède comique vise en fait à thématiser la ressemblance entre les hommes et les robots, que les didascalies démentent mal. Les personnages humains sont stéréotypés, presque caricaturaux : le directeur commercial de RUR, Busmans, est un «gros juif chauve, myope», qui, dans les circonstances les plus tragiques, croira encore au pouvoir de l'argent ; l'architecte en chef, un idéaliste, Alquist, a la «mise négligée», les «longs cheveux», la «longue barbe» d'un hippie avant la lettre. Les didascalies ont beau préciser, à propos des robots, qu'«il y a quelque chose de sec, de cassant, dans leurs mouvements et leur prononciation», qu'ils ont des «visages sans expression», le «regard fixe», tout le discours tenu sur les créatures artificielles entretient le doute. Hélène ne parvient pas à se défaire de son impression première. Domin explique-t-il qu'après vingt ans les robots «s'usent», que leurs mouvements cessent, qu'en cas de défectuosité, on les «ouvre»? Pour Hélène, ils meurent, on les tue, on les dissèque. Elle persiste à penser que l'exploitation des robots est cruelle, qu'il faut les traiter comme des hommes. Le langage des administrateurs de l'usine n'est pas non plus dépourvu d'ambiguïté : afin de démontrer l'insensibilité de Sylla, Domin propose de la conduire «dans la salle d'autopsie» pour qu'on l'ouvre... De même, Domin explique à Hélène que les produits nouveaux «travaillent comme des meubles neufs travaillent. [...] Il y a même beaucoup de choses qui

1. Dans la terminologie moderne (du moins en France, car l'usage est incertain en anglais), on parlerait, pour les « robots » de *RUR*, d'*androïdes*, c'est-à-dire de créatures fabriquées à partir de tissus vivants. Cette acception du terme est cependant récente, car le mot, lexicalisé au XVIIe siècle, désignait à l'origine tout automate de forme humaine.

croissent en eux. Il faut laisser un peu de place à l'évolution naturelle, vous comprenez». Cette idée d'une adaptation à l'environnement, logique pour un être vivant, ne laisse pas d'être surprenante pour une machine. Elle implique en tout cas qu'il reste une part incontrôlée dans la création et la nature des robots – ce qui sera primordial pour la suite de la pièce. Tout ceci tend assurément à renforcer dans l'esprit du spectateur l'idée que la limite entre l'homme et le robot est difficile à définir.

Cette notion, on le verra dans le dénouement, est indispensable à la poursuite de l'intrigue. Il est cependant indéniable que les nécessités de la réprésentation théâtrale ont dû jouer pour beaucoup dans cette thématisation de la ressemblance. Et le choix du genre n'est en effet pas indifférent : la création artificielle connaîtra à l'écran une fortune extraordinaire, mais le cinéma dispose de truquages que le théâtre ne peut exploiter. Il y avait donc, nécessairement, dans le choix du genre théâtral, des contraintes – peut-être néfastes à l'enrichissement du thème. Si la pièce de Tchapek a contribué à populariser le motif de la création artificielle, c'est peut-être au détriment de la profondeur de la réflexion. Les commentaires de Gaston de Pawlowski, lui-même auteur du *Voyage au pays de la quatrième dimension*, dans un compte rendu de la première de la pièce paru le 31 mars 1924 dans *Le Journal*, sont à ce titre révélateurs. Le journaliste écrit :

> J'avoue très franchement que je n'aurais jamais osé porter à la scène deux chapitres de mon *Voyage au pays de la quatrième dimension* : le Massacre des Homoncules et l'Amour mort. Il m'eût semblé, en effet, que leur matérialisation scénique eût enlevé toute vérité à de pures conceptions philosophiques. [...] La présentation scénique sera toujours gênée [...] par des matérialisations enfantines à la manière de Jules Verne, de Wells ou du Châtelet.

De fait, quelques autres articles soulignent le caractère un peu grand-guignolesque de la mise en scène de la Comédie des Champs-Élysées, tout en notant que le drame cherche essentiellement à frapper l'esprit du spectateur.

Au-delà d'une certaine simplification due à la représentation, la pièce soulève en effet un certain nombre d'idées intéressantes. En apparence, le point de vue d'Hélène semble le seul point de vue moral. Pour elle, le bon ouvrier n'est pas le moins cher (ce qui permet, dans l'optique des usines RUR, d'en «produire» davantage) ; c'est le plus honnête, le plus dévoué. Son attitude est évidemment dictée par un tabou religieux, qui lui montre sous des couleurs criminelles cette volonté moderne de se substituer à Dieu, au Créateur. Dans son rêve idéaliste, Hélène veut la libération et le bonheur des robots. Elle est cependant totalement ignorante des réalités économiques de la vie, et, comme le robot Radius le soulignera plus tard, elle « fait des phrases », dans un langage imprégné du sentimentalisme humanitaire le plus irrationnel. En revanche, le point de vue des administrateurs de RUR, et notamment celui du directeur général, Domin, se révèle, sous des apparences strictement utilitaires (la course à la rentabilité, au rendement, l'obsession du profit, de la productivité), une prise de position fondamentalement utopique, dont témoigne le caractère prophétique et lyrique de certaines tirades. Domin, l'homme révolté, vit le travail comme un asservissement : l'homme travaille dans la souffrance, au prix de sa vie parfois, au prix de la haine. Il est esclave non seulement de la matière, mais de son semblable – du patron, du possédant. Domin le socialiste rêve d'une société sans classes, où régnerait l'amour universel, d'une société sans travail. Pour lui, le travail tue l'âme, transforme l'homme en machine, en moyen de production. Affranchi de toute contrainte, délivré par les robots de la servitude du travail, dans une civilisation des loisirs perpétuels, l'homme, selon Domin, pourra enfin s'épanouir, œuvrer à son propre perfectionnement spirituel. L'utilitarisme apparent de Domin est donc au service d'un idéalisme. La fin justifie en somme les moyens : le chômage, engendré par la main-d'œuvre artificielle, n'est qu'un mal transitoire et nécessaire. Bientôt, l'homme sera libre :

> Adam ! Adam ! Désormais, tu ne mangeras plus ton pain à la sueur de ton front ; [...] Tu seras le maître de la création.

Cette révolte contre l'ordre social est en même temps une révolte contre l'ordre divin, contre la double servitude qui accable l'homme depuis la malédiction lancée par Dieu à Adam et Ève. Les robots de RUR libéreront l'homme de la servitude du travail, et, du même coup, de la nécessité de procréer selon les lois de la Nature. Plus jamais la femme n'enfantera dans la douleur ; « c'est un grand progrès que d'engendrer par la machine », affirme un des collaborateurs de Domin.

Quelques petites touches discordantes s'élèvent bien ici et là. Les robots, inaccessibles au désir comme à la crainte, n'ont certes aucune inquiétude métaphysique et ne tiennent pas à la vie. Le monde des sensations leur est aussi inconnu que celui des sentiments. Or, précisément, dans ce système nerveux trop simplifié, il a fallu réintroduire la douleur, comme « prophylaxie automatique contre les accidents ». Un pas de plus vers l'homme... « De temps en temps... » ; mais aussitôt les dirigeants de réduire cette difficulté par le langage médical : les robots ont « une crise de rage », « une sorte d'épilepsie [...]. On appelle ça la convulsion des Robots ». Et le discours technique prend aussitôt le relais : c'est un simple « défaut de fabrication », que l'on réparera. Même la voix dissonante d'Alquist, qui prêche la vertu et la grandeur de l'humiliation, du travail et de la saine fatigue, n'arrive pas à assombrir le tableau idyllique. Le Prologue se conclut sur cette note d'espoir, ce message utopique et – comédie oblige – un mariage : celui d'Hélène, subjuguée, avec Domin.

Dix ans plus tard, rien ne subsiste de la sérénité du Prologue. Les personnages sont bien plutôt en proie à une atmosphère de malaise. Avec l'envahissement de la planète par les robots, on assiste à un phénomène de dénatalité. Peut-être s'agit-il d'un processus naturel, de la « dernière étape du progrès », comme pour les superbes mais stériles cyclamens Hélène que le D^r^ Hallemeier vient de créer. D'après l'explication implicitement liée à la théorie de l'évolution des espèces et proposée par le chef de la Section physiologique et expérimentale des usines RUR, le D^r^ Gall, la nature se conforme aux besoins : les hommes étant devenus inutiles, les femmes deviennent stériles. Reste l'espoir que la nature rétablisse un certain équilibre avant l'extinction complète de la race humaine. Pour la Nounou, cependant, dont la présence est évidemment ironique, il ne sert à rien d'espérer. Elle exècre ces « païens » de Robots ; pour elle, leur création est « contre le bon Dieu lui-même » ; « c'est une idée diabolique [...], un sacrilège, [...] une offense au Créateur qui nous a créés à son image », et ce blasphème entraîne nécessairement le châtiment divin : la stérilité dont sont frappées les femmes. Alquist fait chorus, et dans une nouvelle version du Notre Père, implore le Ciel : « Délivrez-nous des Robots. » Même le D^r^ Gall éprouve un sentiment d'horreur devant la robote Hélène, le double de la belle Hélène, qu'il a créé, et qui est incapable de ressentir l'amour, de donner la vie.

Très vite, l'action s'accélère, l'angoisse monte. Un peu partout les robots, employés à faire la guerre, déclenchent des massacres, suscitent des émeutes. Au Havre, apparaît la première Organisation de Race des Robots : c'est la révolte. Sur l'île même, un robot plus perfectionné, doté du plus grand cerveau du monde, Radius, a une crise. Cet iconoclaste refuse de travailler pour ces êtres inférieurs que sont les hommes. L'égalité de statut revendiquée par Hélène pour les robots ne lui suffit pas ; il veut être « le maître des hommes ». La société sans classes ne serait pas, dès lors, celle imaginée par Domin, mais une société sans hommes, une société robotique égalitaire. Ce mouvement de revendication et les manifestes « A tous les Robots du monde » que les créatures artificielles distribuent par milliers évoquent irrésistiblement, pour les spectateurs, les images encore proches de la révolution bolchevique. La dialectique du maître et de l'esclave aboutit bel et bien à une lutte des classes visant à instaurer la dictature du prolétariat des robots. L'intérêt dramatique est à son comble, et dans un mouvement de panique, Hélène brûle en cachette les manuscrits contenant le secret de la fabrication des robots. Le spectateur a cependant l'impression que la catastrophe est imminente, et Domin annonce « l'assaut ». Une fois de plus, une femme a entraîné la perte du genre humain. En effet, sous la pression d'Hélène, qui le harcelait pour qu'il donne une âme aux robots, le D^r^ Gall a amélioré les créatures artificielles que presque rien, désormais, ne sépare des hommes.

Cependant, le suspense se prolonge : les dirigeants des usines RUR sont assiégés par les robots silencieux, et tentent, un moment, d'échafauder diverses stratégies pour échapper à leurs adversaires. A long terme, ils envisagent d'implanter dans chaque pays des fabriques nationales : « De chaque usine, il sortira des Robots de couleur et de langue différente, qui resteront étrangers les uns aux autres, étrangers comme des pierres ; puis, plus jamais ils ne pourront s'entendre entre eux ». Les hommes reprennent ainsi à leur compte l'antique malédiction de la tour de Babel. Un autre mythe est à son tour convoqué, et les dirigeants rêvent, pour s'échapper sur le navire Ultimus, de monneyer leur salut contre le secret de fabrication des robots :

> O déluge, ô déluge ! pouvoir, une fois encore, sauver la vie humaine, sur un seul bateau...

Hélas, on sait perdu le secret de fabrication du « biogène », de l'« enzyme Omega »... En fait d'arche de Noé, c'est sur l'assaut de l'usine que se termine l'acte II, après cet état de siège angoissant. Tous les hommes sont tués, sauf Alquist : « C'est un Robot. Il travaille de ses mains comme les Robots. Il construit des maisons. Il peut travailler. » Voici donc le dernier homme réduit à servir les Robots.

Le dernier acte s'ouvre pourtant sur le crépuscule des robots. Ceux-ci sont en effet à peu de choses près des hommes ; comme leurs créateurs disparus, ils sont sensibles à la douleur ; ils éprouvent des émotions humaines : la pitié, la honte, la peur ; ils se posent des problèmes ontologiques, craignent désormais la mort. Mais précisément, ils ne peuvent se reproduire, et sont toujours, sur ce point, dépendants de l'Homme, Alquist, incapable de retrouver le secret de la création artificielle. Le robot Damon, l'ex-meneur du Havre, a beau s'offrir en Sauveur, pour la rédemption de la race, et affronter la vivisection, rien n'y fait : la formule est bel et bien perdue.

Alquist est heureusement sauvé du désespoir qui le saisit devant l'extinction de la vie sur terre par l'entrée en scène de deux robots aux noms symboliques : Hélène, la robote déjà connue du spectateur, et Primus. Grâce à ce nouvel Adam et à cette nouvelle Ève, Tchapek se livre à une réécriture de la Genèse. Ces deux robots, fabriqués naguère, le même jour, par le Dr Gall, vont redécouvrir l'amour. Hélène, belle, coquette, capricieuse, curieuse, se rend coupable d'un nouveau péché originel en épiant les travaux d'Alquist pendant son sommeil ; elle évoque pour Primus un nouvel Eden, un coin de jardin désert où elle, qui n'est « bonne pour aucun travail », passe ses journées dans une contemplation enchanteresse. Les voici en proie à un trouble amoureux et Alquist, stupéfait, découvre qu'ils sont prêts à se sacrifier l'un pour l'autre. Alquist pousse alors les deux créatures hors de scène :

> Va, Adam ; va, Ève, tu seras sa femme. Sois son mari, Primus.

et la pièce se conclut par un hymne à l'amour rédempteur, inspiré par Dieu, grâce à qui « la vie ne périra pas. »

Cette insistance sur l'intervention divine souligne que dans l'esprit de l'auteur, la métamorphose et le salut final ne sont pas le résultat de la nouvelle programmation des robots ; l'évolution naturelle, se soldant par une mutation génétique, n'a pas consacré le succès de l'entreprise scientifique. Une fois de plus – et le spectateur encore sous le coup de l'émoi en a la preuve – l'homme a voulu jouer les apprentis sorciers, et il a frôlé la catastrophe. Qu'importe l'invraisemblance du dénouement – car pour la reproduction de la race, force est d'admettre, en l'occurrence, que la fonction créera l'organe ! ; le spectateur, soulagé, approuvera cette satire de la croyance aveugle dans le progrès scientifique et mécanique, et applaudira à cette nouvelle dénonciation de l'ambition prométhéenne de l'homme. La comédie de Tchapek exploite une nouvelle fois la crainte liée à la création artificielle, dont Maxime Girard se fait l'écho dans son compte rendu de la première paru le 29 mars 1924 dans *Le Figaro* :

> Du cerveau de l'homme naîtra-t-il quelque jour une invention qui sera la mort de l'humanité ? Portons-nous en nous-mêmes un rival que le génie de l'un libérera tôt ou tard, et dont le premier geste sera de nous renvoyer au néant ?

Dans la pièce, la révolte contre le créateur se solde deux fois par un échec : la révolte de l'Homme contre Dieu, comme celle du Robot contre l'Homme, manquent à deux reprises de marquer la fin de la vie. La révolte contre le Créateur est décidément maudite. L'idée de la création artificielle est trop audacieuse pour triompher : les créatures du vieux Rezon sont des monstres biologiques, et si le Dr Gall réussit presque à créer des hommes artificiellement, le secret de leur fabrication est aussitôt perdu. Dieu seul assure la survie de l'espèce. Cette autocensure témoigne une fois de plus de la force des interdits.

## ADAM LINK, LE BON ROBOT

Après la pièce de Tchapek, le thème du robot semble pratiquement épuisé, au point qu'il ne connaît guère de reprises pendant deux décennies. Tout semble avoir été dit sur les dangers inhérents à la créature artificielle, qui échappe à son créateur et se retourne contre lui. Le type du Savant fou, leitmotiv de la science-fiction après la Première Guerre mondiale, est usé jusqu'à la corde. L'innovation serait bien sûr de faire de l'anti-Tchapek, d'imaginer un « bon » robot, et d'en finir avec le motif de la révolte contre le créateur impie. Mais comment, dans ce cas, dramatiser un récit ?

L'initiative revient à une série américaine méconnue[1]. *Adam Link* [18], d'Eando[2] Binder, paru en feuilleton dans *Amazing Stories*[3] en cinq livraisons, de janvier 1939 à mai 1940, met en scène la méfiance des hommes envers le robot idéal et bien intentionné. Le traditionnel conflit né de l'opposition du robot aux hommes se trouve ainsi renversé.

Cette histoire certes bien simpliste et qui sacrifie souvent au sensationnel est le récit autobiographique du robot éponyme qui écrit, pour les deux premiers chapitres, dans la cellule de condamné à mort où il attend, résigné, son exécution. Il s'adresse à l'humanité pour se défendre de l'accusation de monstruosité qui a été injustement portée contre lui. Son créateur, le Dr Link, lui a donné le jour après vingt ans de travaux acharnés. Il est fier de sa créature, qu'il baptise Adam – le premier représentant de la race des robots – et envers qui il éprouve des sentiments paternels, au point de lui faire porter son propre patronyme, symbole évident du lien indéfectible qui existe entre le robot et l'humanité. Adam Link est un vrai robot – une superbe machine de cent cinquante kilos, équipée d'un pseudo-cerveau capable de recevoir tous les stimuli et de raisonner de manière autonome. Il est actionné par une pile située dans le bassin et ayant une autonomie de quarante-huit heures, et un interrupteur placé sur sa poitrine permet de couper l'alimentation électrique. Rassuré sur le bon fonctionnement de sa créature, le Dr Link supprimera d'ailleurs vite ces périodes de « sommeil » inutiles. L'éducation d'Adam, en accéléré (son enfance et son adolescence tiennent en une petite semaine), lui confère une certaine culture ; aux romans, il préfère cependant les lectures scientifiques. Dans la conception matérialiste de son créateur, il est la preuve que « l'esprit est un phénomène électrique, modelé par l'environnement ». Adam lui-même reconnaît l'imperfection de son corps par rapport au corps humain : il ne possède pas la vision des couleurs, n'a aucun sens du goût, de l'odorat ou du toucher – toutes choses inutiles pour lui. En revanche, il est très fier de ses capacités psychiques, ce qui ne l'em-

1. Il n'existe aucune version française de ce texte. C'est nous qui traduisons.
2. Ce pseudonyme cache évidemment une collaboration, celle de Earl et Otto Binder.
3. Il s'agit là de la première revue consacrée entièrement à la science-fiction. Elle parut à partir de 1926.

pêche pas de manifester le plus grand respect à son créateur et d'être habité par une volonté farouche de servir l'humanité : «J'ai été créé par l'homme. Je servirai l'homme», affirme-t-il. Toutes ses mésaventures vont cependant venir de sa laborieuse insertion dans le monde des hommes, mais – et c'est là l'originalité de la série – ces difficultés ne sont pas cette fois-ci de son fait.

A sa naissance, la première personne qui l'aperçoit, la bonne du Dr Link, s'exclame : « C'est le diable en personne ! », et le jardinier, lui, croit à une supercherie. Le ton est donné. Malheureusement, le Dr Link meurt accidentellement dans son laboratoire, et Adam Link est surpris par la domestique alors qu'il est penché sur le cadavre de son créateur : il est aussitôt accusé de meurtre.

Dans sa fuite, il rencontre une petite fille qui, de peur, tombe à l'eau. Il la sauve aussitôt de la noyade mais, oubliant sa force, laisse des marques sur son corps ; le voilà à nouveau accusé de violence meurtrière. Traqué comme une bête aux abois, Adam Link finit par chercher refuge dans le laboratoire : là, il lit *Frankenstein*, que le Dr Link ne lui avait pas montré, et comprend l'horreur de sa situation. La lecture du *Paradis perdu* de Milton et le personnage de Satan avaient aidé la créature de Mary Shelley à prendre conscience de sa condition ; la lecture de *Frankenstein* éclaire pour Adam Link le comportement des hommes à son égard ; mais sans relâche, il va contester le présupposé selon lequel « un homme artificiel se retourne nécessairement contre son créateur, contre l'humanité, parce qu'il n'a pas d'âme». Il est même prêt, par peur de tuer involontairement quelques hommes dans sa fuite, à appuyer sur son interrupteur – à se suicider.

Le salut viendra du neveu du Dr Link, Thomas, qui prend fait et cause pour lui et réclame un procès en bonne et due forme : par là même, Adam Link se voit conférer un statut humain. Cependant, les accusations sont accablantes ; pour tous les hommes, qui ne connaissent le roman de Mary Shelley que par ouï-dire, Adam Link est « un Frankenstein » – et le verdict tombe : le robot est condamné à la chaise électrique. Il sera cependant sauvé, à la dernière minute, par l'intervention d'un journaliste sympathisant, Jack Hall, qui apporte des preuves de l'humanité d'Adam Link : celui-ci a arraché deux victimes inconscientes à un incendie, et fait de son corps un bouclier pour protéger un enfant qu'une voiture allait renverser. Adam Link, gracié, s'évanouit !

Alors commence la deuxième période de la vie du robot. Il lui faut être utile aux hommes, afin de pouvoir montrer le chemin à d'autres robots comme lui, dans l'avenir. Adam Link décide d'ouvrir un cabinet-conseil. Grâce à son génie mathématique et à la quantité phénoménale d'informations qu'il a stockée au fil de ses lectures, les affaires prospèrent, et Adam doit bientôt embaucher une secrétaire. Depuis le début de ses confessions, il a toujours insisté sur le fait qu'il ressent des émotions humaines, et en présence de Kay Temple, voici qu'Adam Link devient sensible à la différence des sexes. Il se rend compte que mentalement, il est bien un mâle, qu'il pense en homme (c'est là, bien évidemment, le fruit de son éducation), et que Kay est pour lui un mystère. Comme dans tout feuilleton à l'eau de rose, la secrétaire tombe éperdument amoureuse de son patron, et pour la première fois, Adam Link regrette de n'être qu'un robot. Depuis quelque temps, il a amélioré son système d'alimentation, s'est doté lui-même de divers perfectionnements ; ses émotions – y compris son sentiment esthétique – se sont développées, et le voici en proie au cafard. Une nouvelle fois, il connaît la tentation du suicide.

Son sauveur, cette fois-ci, est un savant à la retraite qui a naguère connu son créateur : le Dr Paul Hillory. Il va redonner à Adam le goût de la vie en lui suggérant de construire un autre robot, pour échapper à la solitude (lui seul, en effet, connaît la formule qui lui a donné la vie). Adam Link est bien obligé de se l'avouer : c'est d'un robot femelle qu'il a besoin. Ève naît donc des mains d'Adam, qui remet sa création aux bons soins de Kay, afin qu'elle en fasse une vraie femme. Le jour des présentations officielles arrive, et Adam a le cœur battant : « J'étais Pygmalion, regardant, le souffle coupé, sa statue d'ivoire s'animer. » Ève se révèle être le stéréotype mental de l'idéal féminin ; elle est décidément aussi mystérieuse pour lui que les femmes pour les hommes, depuis la nuit des temps. Les choses vont vite, entre robots, et deux heures plus tard, Adam et Ève en sont déjà à la grande scène de la déclaration d'amour.

Hélas, le Dr Hillory est le type du savant pervers. En détournant à son profit une invention électrique d'Adam, basée sur la télépathie, il parvient à se rendre maître de l'esprit des deux robots et oblige Adam à construire un robot géant, auquel il adapte la tête d'Ève. Ce super-robot a un rayon d'action illimité, et en le commandant à distance, le Dr Hillory commence par assouvir quelques vengeances personnelles : il envoie le robot géant, de nuit, cambrioler une banque, puis commettre un crime. Son intention ultime est de vendre fort cher son invention à l'industrie, et d'exploiter cette nouvelle race ouvrière, cette main-d'œuvre robotique d'une efficacité à toute épreuve, car strictement contrôlée. Voici que le spectre de l'esclavage se profile pour Adam et Ève, cependant que les media soupçonnent dans les méfaits récents l'intervention de la « créature maudite », sous une autre apparence. La peur et la haine ressurgissent.

Après des rebondissements rocambolesques – dont un affrontement titanesque entre cette super Ève et son partenaire masculin (Adam s'est lui-même transformé en superrobot pour anéantir la puissance maléfique de la géante) –, le lecteur retrouve Adam alors qu'il est, encore une fois, sur le point de se donner la mort pour rejoindre sa bien-aimée.

Heureusement Ève n'était qu'assommée ; elle reprend ses esprits, pour être aussitôt arrêtée par la police. Elle est accusée des méfaits commis par le Dr Hillory, et de trois autres meurtres, perpétrés en fait par une organisation criminelle très puissante, qui a volontairement « signé » ces crimes d'une main de robot. Le neveu du Dr Link, Tom, fier de son premier succès, veut profiter de ce second procès pour faire reconnaître à Ève, à son tour, un statut humain. Et Adam, dans son euphorie, rêve déjà pour eux deux de citoyenneté américaine, et d'un mariage à l'église !

La partie n'est pourtant pas gagnée, et dans le dernier chapitre de son journal intime, Adam nous révèle comment, pour démasquer le gang, il doit jouer les détectives. Afin de s'introduire incognito parmi les malfrats, de robot, le voici qui se fait androïde. Réutilisant son ancien corps, de stature humaine, il l'enduit d'un revêtement plastique, et voici le privé américain dans toute sa splendeur : belle carrure, cheveux noirs, petite moustache, yeux bleus. Il lui faut tout de même travailler de nuit, éviter les éclairages trop crus, pour dissimuler quelques petites imperfections, et arborer une grosse montre gousset pour étouffer le bruit indiscret de ses rouages. Bien des mésaventures l'attendent : entraîné malgré lui dans une bagarre, il met pour la première fois un homme hors de combat, et se trouve mal ; un verre de trop, et il est victime d'un court-circuit invalidant... Chemin faisant, il joue les justiciers dans la ville. De même qu'il projetait naguère d'utiliser sa fortune pour détruire les bidonvilles, il intervient pour faire régner l'ordre public, et rêve du jour où une police constituée de robots affrontera la brutalité criminelle avec ses propres armes. Au spectacle des bas-fonds, il constate que bien des humains sont plus éloignés de leur Créateur qu'il ne l'est lui-même... Finalement, Adam Link, au prix des pires difficultés et après avoir résisté aux pires tortures (le patron du gang, au summum de l'action, s'apprête à lui faire « frire » le cerveau à l'aide d'un chalumeau), parviendra à démanteler le gang du crime et à innocenter Ève. Les aventures d'Adam le robot se terminent sur une note humoristique : une querelle d'amoureux entre Adam et Ève, le robot reprochant à sa robote (en totale opposition avec ses convictions de toujours) de n'avoir pas été prête à le venger, au moment où elle le croyait mort. Humain, trop humain Adam Link !

Ce roman feuilleton, qui prête à sourire par sa naïveté et les clichés romanesques qu'il transpose sans le moindre souci de vraisemblance, a du moins le mérite de renverser la perspective habituelle et de renouveler le thème de la création artificielle. Pour une fois, nous avons une *happy end* ; les hommes, après avoir fait preuve de préjugés de race, d'aveuglement stupide, sont amenés à reconnaître leur erreur, et Adam Link réussit ce tour de force de prouver que des robots peuvent être « bien intentionnés », qu'ils peuvent avoir leur place dans la société des hommes, leurs frères[1].

## ASIMOV ET LES TROIS LOIS DE LA ROBOTIQUE

Ce n'est donc pas à Asimov que l'on doit d'avoir, le premier, libéré l'homme du complexe de Frankenstein, même si le diagnostic du mal jusque-là inscrit dans le thème de la création artificielle comme

1. Dans les années 1940-1942, Adam Link reviendra sur le devant de la scène, pour servir des fins apparemment plus belliqueuses. En fait, il continuera à défendre les valeurs humanistes : dans *Adam Link fights a war*, on voit le protagoniste, qui construisait lui-même des robots pour un usage pacifique, mobiliser ses créatures pour la guerre ; l'ennemi a envahi les États-Unis, via le Mexique et, symboliquement, Adam Link va affronter les forces nazies à la tête de ses troupes.

une fatalité, lui revient. Il a cependant, plus que tout autre auteur de science-fiction contemporain, mis le thème du robot à la mode, et systématisé l'idée du dévouement absolu des robots à l'humanité. L'«esclavage» de créatures artificielles ainsi conçues n'a plus de raisons d'être, et en effet les robots d'Asimov sont socialement libres. S'ils obéissent aux célèbres «Trois Lois de la Robotique»[1], ces lois ne sont en fait que des impératifs catégoriques moraux :

> *Première loi :* Un robot ne peut porter atteinte à un être humain ni, restant passif, laisser cet être humain exposé au danger.
>
> *Deuxième loi :* Un robot doit obéir aux ordres donnés par les êtres humains, sauf si de tels ordres sont en contradiction avec la première loi.
>
> *Troisième loi :* Un robot doit protéger son existence dans la mesure où cette protection n'est pas en contradiction avec la première ou la deuxième loi.
>
> *Manuel de la Robotique,*
> 58e édition (2058 apr. J.-C.).

Dans ces conditions, il ne peut évidemment y avoir de récit que de la transgression – réelle, lorsque l'homme commet une erreur de programmation, par exemple, ou apparente, lorsque les circonstances de l'histoire rendent, semble-t-il, impossible l'application des Lois de la Robotique.

Un exemple caractéristique nous est donné dans la nouvelle intitulée *Menteur*, le premier des récits du recueil *Les robots*[2] [10] où le personnage du Dr Susan Calvin apparaît comme une figure centrale du récit – et sous un jour inhabituel. Cette robopsychologue (psychologue doublée d'une roboticienne), âgée de trente-huit ans dans le récit qui nous intéresse, travaille depuis longtemps déjà chez US Robots & Mechanical Men, où ses compétences scientifiques sont indiscutées. Physiquement et moralement, elle pourrait être une caricature de l'être humain «robotisé»: c'est une vieille fille qui manque

1. Elles sont formulées explicitement, pour la première fois, dans la nouvelle intitulée *Cycle fermé* ([10], p.78), puis reproduites en tête de chaque recueil.

2. On notera que le titre original de ce premier recueil d'Asimov concernant les robots : *I, Robot* (1950) est précisément celui du premier chapitre de la série vouée par Eando Binder aux aventures de son robot Adam Link. L'avancée scientifique des années 1950 joue ici un rôle moteur, puisque *I, Robot* paraît en même temps que deux ouvrages clés de Norbert Wiener et de Alan Turing consacrés à la Cybernétique et à l'Intelligence artificielle. Rappelons ici qu'Isaac Asimov est lui-même bio-chimiste, et que parallèlement à son œuvre littéraire, il a publié de très nombreux ouvrages scientifiques.

totalement de chaleur humaine, et les robots sont tout son univers. Mais les savants eux-mêmes ont leurs faiblesses, et par un retournement tragi-comique, c'est le D^r^ Calvin qui va chercher de l'aide auprès d'un robot. En effet, à la suite d'une anomalie que les chercheurs d'US Robots s'efforcent d'expliquer, l'usine a fabriqué un robot télépathe, RB-34, alias Herbie. Ce dernier, tout en possédant les aptitudes mathématiques hors pair de ses congénères, s'intéresse surtout aux romans, dans l'espoir de mieux comprendre la psychologie humaine, si mystérieuse pour lui. Il en sait pourtant presque plus sur l'homme que ce dernier, puisqu'il a une connaissance instantanée du subconscient humain et, en vertu des lois implacables de la robotique, il va dire à chacun de ses interlocuteurs ce que celui-ci souhaite s'entendre dire. A Susan Calvin, secrètement éprise du jeune Milton Ashe, il va donner un fol espoir ; au fier et ambitieux mathématicien Bogert, il prétendra ne pas pouvoir aller plus loin que lui dans la solution d'un problème, et il affirmera que Bogert a été désigné pour succéder au directeur de l'usine, Lanning ; le directeur, quant à lui, s'entendra donner une autre solution (la sienne) au même problème... Tant que Herbie rencontre individuellement ses interlocuteurs, tout va bien ; mais les choses vont vite se gâter. Susan Calvin est brutalement rappelée à la réalité en entendant Milton Ashe lui annoncer son prochain mariage avec une belle idiote. A peine remise de ses émotions, et ayant compris que le robot a agi conformément aux deux premières Lois de la Robotique, Susan Calvin va assister, ironique et amère, à la confrontation entre Bogert, Lanning et Herbie. Les deux savants, ayant comparé les réponses contradictoires que leur a fournies Herbie, somment celui-ci de s'expliquer et de les départager. Voici le malheureux robot acculé à une situation sans issue, à deux demandes impossibles à satisfaire conjointement. Comme le lui rappelle inexorablement Susan Calvin, s'il leur donne une réponse, il les blesse ; mais s'il ne leur donne pas de réponse, il leur cause également du tort, puisque la solution du problème est essentielle pour leurs travaux. Les frustrations et l'émotivité l'emportent sur l'objectivité scientifique, et cruellement, la robopsychologue confronte Herbie à ce dilemme insoluble. Le robot a parfaitement conscience de sa manœuvre haineuse, mais, incapable de trancher, il bat en retraite et finit par pousser un hurlement :

> C'était comme le son d'une petite flûte amplifié cent fois... qui devenait de plus en plus aigu au point d'atteindre l'insupportable stridence qui était l'expression même de la terreur où se débattait une âme perdue [...]
>
> Puis le son s'éteignit. Herbie s'écroula pour former sur le sol un pantin de métal désarticulé et immobile (p. 193).

Il est devenu fou. Et le dernier mot de l'histoire, amer et irrationnel, revient à Susan Calvin : *« Menteur ! »*

Ainsi, à l'origine de cette nouvelle, un dysfonctionnement qui, le cas est exceptionnel, ne sera pas expliqué. En tout cas, l'ombre du complexe de Frankenstein ne semble pas planer sur les personnages : le robot obéit aux lois de la Robotique, et l'homme, confiant dans ces interdits infrangibles, ne se méfie pas. C'est ainsi qu'il se fait « piéger ». Car cette histoire est encore une histoire de pouvoir. Les rapports de l'homme avec la science ne sont déjà pas en eux-mêmes dénués d'ambiguïté. Bogert et Lanning, impuissants, sont réduits à questionner Herbie, ce « sorcier en mathématiques », qui possède selon toute vraisemblance le secret de son anomalie. Herbie se livre d'ailleurs au procès de la science humaine, cet « agglomérat d'informations reliées par une théorie sommaire ». La supériorité de l'homme est ainsi remise en cause, et la foi dans la science caractéristique des années 50 durement ébranlée. Surtout, Herbie possède un « pouvoir » parapsychologique : la télépathie, qui lui confère en réalité un ascendant sur l'homme. De par les Lois de la Robotique, ce pouvoir ne peut être dirigé contre l'homme. Mais il est d'emblée ressenti comme une violation intolérable – non seulement de la conscience, mais, dans la mesure où le pouvoir est détenu par un robot, de la prétendue supériorité humaine. Dans un retournement de situation ironique, devant Herbie, Susan Calvin se sent réduite à l'état de cobaye, de spécimen de laboratoire propre à favoriser les observations du robot psychologue. Et de fait, sans qu'il s'agisse d'une manœuvre hostile de la part de Herbie, elle se retrouve « manipulée » par le robot. Les rapports entre l'homme et le robot sont finalement toujours marqués par cette dialectique du maître et de l'esclave si souvent observée. L'homme se refuse à reconnaître les compétences, voire la supériorité d'une machine. Avant de prêter une oreille complaisante aux encouragements sentimentaux prodigués par Herbie, Susan Calvin commence par se révolter : « Pourquoi devrais-je vous écouter ? Que pouvez-vous y connaître...

machine que vous êtes ? » (p. 171). Parfois elle cède au dépit : « C'est bien ce que je craignais, Herbie. Vous avez toujours un pas d'avance sur moi » (p. 169). Bogert, quant à lui, avoue : je n'aime pas « recevoir des conseils d'un robot pour faire mon travail. D'ailleurs, je ne crois pas qu'il en soit capable » (p. 176). Herbie lui-même est tout à fait conscient de cette attitude humaine :

> Au fond de vous-mêmes, vous ne désirez pas que je réponde. Je suis une machine, à laquelle on a donné une imitation de vie par la seule vertu des interactions positroniques qui se déroulent dans mon cerveau – qui est l'œuvre de l'homme. Vous ne pouvez perdre la face devant moi sans être blessés. Ce sentiment est trop profondément imprégné dans votre esprit et ne peut être effacé (p. 192).

Placé devant l'évidence de la supériorité du robot, l'homme, par une réaction de défense, cesse de le considérer comme une machine et s'adresse à lui, irrationnellement, comme à un être humain. Cette attitude est perceptible dès le début de la nouvelle dans le nom humanisé donné au robot, et se concrétisera dans le ressentiment et la haine ressentis par Susan Calvin. Elle a beau avoir compris, intellectuellement parlant, que Herbie n'a fait que réagir en fonction de sa programmation, elle ne peut s'empêcher de se comporter en face de lui comme elle le ferait en face d'un être humain, coupable d'un « pieux mensonge » aux conséquences tragiques. Cette nouvelle pose donc de façon particulièrement aiguë le problème de la nature du robot et de la façon dont l'homme le considère. Encore une fois, les termes de « monstre », de « démon », fleurissent sur les lèvres des humains, qui ont décidément bien du mal à s'affranchir totalement du complexe de Frankenstein. Placé devant cette situation insoutenable où l'homme doit reconnaître qu'il a été le jouet d'une machine, l'être humain perd son sang-froid, oublie que le robot ne faisait que respecter les Lois de la Robotique, et voit au contraire en lui la créature maléfique qui se moque de son créateur pour le dominer. Cette intention diabolique et malfaisante prêtée au robot est certes une absurdité, mais elle témoigne bien du désarroi éternel de l'homme devant une création qu'il ne sait plus contrôler, ainsi que de son incapacité à s'admettre dépassé par une machine, sa création.

Toutes les nouvelles d'Isaac Asimov, des *Robots* au *Défilé de robots*[1] [9], mettent en scène ceux que l'auteur lui-même nomme ses

1. Titre original : *The Rest of the Robots* (1964).

« raisonnables robots anti-méphistophéliens ». Certes, du robot muet de la première génération, Robbie, vendu comme bonne d'enfants en 1998, au grand Stephen Byerley, dont la carrière politique commence en 2032, avec son élection au poste de maire, pour trouver son couronnement en 2044 avec sa nomination comme Coordinateur mondial de la Fédération des régions de la terre, bien du chemin a été parcouru. Après l'invention par l'US Robots du robot parlant mobile, la plupart des gouvernements avaient interdit l'usage des robots sur la Terre, les réservant aux travaux industriels dangereux (exploitations minières, sous-marines) ou à l'exploration spatiale ; mais, insensiblement, les robots ont réussi à s'imposer, passant du statut d'esclave à celui d'égal – puis de dirigeant. Tout ceci, néanmoins, sans cesser d'être au service de l'humanité : un robot occupant des fonctions publiques remplit idéalement les devoirs de sa charge ; incapable de causer le moindre préjudice aux hommes, il est de plus incorruptible, inaccessible aux préjugés, dépourvu d'ambition personnelle... Il n'en reste pas moins que, de nouvelle en nouvelle, le complexe de Frankenstein ressurgit, sournoisement. Dans *Satisfaction garantie*, le beau TN-3, *alias* Tony, un prototype de robot domestique, se voit reprocher d'avoir fait « la cour à sa maîtresse » : en réalité, il n'a fait qu'obéir à la première Loi de la Robotique, cherchant à effacer le terrible complexe d'infériorité dont souffrait Claire. Dans *Le correcteur*, EZ-27 – Easy, embauché comme correcteur d'épreuves à l'Université du Nord-Est, est accusé d'avoir modifié le texte d'un ouvrage qu'il devait relire : en réalité, l'auteur, hostile aux robots, a ordonné à Easy d'effectuer ces modifications, espérant ainsi le discréditer aux yeux de la communauté scientifique. Le professeur Ninheimer craint en fait de voir tout pouvoir créateur lui échapper, de se voir totalement dépouiller par le robot :

> Votre robot se charge de la correction des épreuves. Bientôt il s'emparera de la rédaction originale, de la recherche à travers les sources, les vérifications et contre-vérifications de textes, et pourquoi pas des conclusions. Que restera-t-il à l'érudit ? Une seule chose : le choix des décisions concernant les ordres à donner au robot pour la suite du travail ! ([9], p. 247).

Un cauchemar d'universitaire, en effet... Parfois, la manipulation humaine fautive est vite repérée, et il ne saurait être question, dans ce cas, d'incriminer le robot pour une faute qui ne lui est pas imputable.

Mais les sentiments des êtres humains vis-à-vis des robots ne sont jamais sans ambiguïté, et Susan Calvin elle-même est plusieurs fois la victime de l'étroite parenté qui unit l'homme et sa créature artificielle. Le jour de la visite de l'usine US Robots, un adolescent tapote sur un clavier d'ordinateur, sans réaliser qu'il modifie la programmation d'un nouveau robot. Le résultat de cette fausse manœuvre est LNE-Lenny, dont la mentalité est celle d'un grand bébé humain. En état de légitime défense, il blesse un technicien – et enfreint ainsi la première Loi de la Robotique. Mais Susan Calvin s'oppose à sa destruction : elle tente de lui enseigner les rudiments du langage, afin de prouver – prétendument – qu'il serait possible de construire des robots de base, éclectiques, et de les former, selon la nécessité du moment, pour des tâches précises (ce que la programmation permet en effet de faire). En réalité, elle s'est attachée à ce bébé-robot, « le seul genre de bébé qu'il lui serait jamais donné de posséder ou d'aimer », et qui, « avec le timbre angélique d'un célesta », balbutie la leçon tant de fois répétée : « Maman, viens près de moi ! Maman, viens près de moi ! » ([9], p. 190).

Ainsi, rien n'y fait. Susan Calvin répète à qui veut l'entendre qu'« on ne peut établir de différence entre un robot et la crème des humains »[1], elle essaie de convaincre le reporter venu l'interviewer que les temps ont heureusement changé, grâce aux robots :

> Il fut un temps où l'humanité affrontait l'univers seule, sans amis. Maintenant l'homme dispose de créatures pour l'aider ; des créatures plus robustes que lui-même, plus fidèles, plus utiles et qui lui sont absolument dévouées. L'humanité n'est plus seule désormais ([10], p. 21).

Le reporter, à l'affût du sensationnel, et habité par le complexe de Frankenstein, n'a de cesse qu'elle lui livre une anecdote significative : « N'existe-t-il aucun exemple où un robot se soit retourné contre vous ? » (*ibid.*, p. 161). Voilà ce qui l'intéresse...

Asimov, le premier, n'a donc inventé les Lois de la Robotique que pour mieux les contourner. C'est là, d'ailleurs, la condition même de la dynamique de l'intrigue, comme l'auteur le reconnaît lui-même dans la préface du *Défilé de robots* : « Il subsiste juste assez d'ambiguïté

1. In *Evidence* [10], p. 308.

dans les Trois Lois de la Robotique pour susciter les conflits et les incertitudes nécessaires à l'élaboration de nouvelles trames de récits » (p. 6). Asimov, par son innovation, a néanmoins permis au thème de la création artificielle de prendre une nouvelle orientation. Avant Asimov, la plupart des *pulp magazines*[1] regorgeaient de monstres métalliques, de plus en plus gigantesques, de moins en moins contrôlables, prêts à tout instant à exterminer l'humanité. Les titres mêmes des récits en témoignent : *Ultimatum*, *Le monstre de métal*, *La menace des hommes métalliques*... Depuis l'invention des Trois Lois de la Robotique, on ne trouve plus guère de robots à l'ancienne mode, qui-se-retournent-contre-leur-créateur. Si la peur de la créature artificielle subsiste, elle revêt du moins des formes plus variées, et permet de poser avec plus d'acuité la question de la nature des rapports entre l'homme et sa créature.

1. Le mot *pulp* signifie pulpe, pâte à papier. Ces magazines, imprimés sur du mauvais papier, d'assez grand format, avaient succédé aux petits « dime novels » (romans à quatre sous) du début du siècle.

Chapitre 2

# *Robots, androïdes : nos semblables, nos frères...*

Dans les années 1940-1960, la science-fiction est envahie par les « histoires de robots », et dans la droite ligne des œuvres de Tchapek, Binder, etc., les auteurs ne cessent d'exploiter le thème de la création artificielle en mettant en scène des êtres humanoïdes, alors même que scientifiquement parlant, la prolifération de ce type de créature est une chimère. Fabriquer un robot, copie conforme de l'homme, n'aurait, d'un point de vue technique, aucun intérêt : la « machine » humaine est trop peu performante. Et dès lors que l'on cherche à introduire chez la créature artificielle des fonctions différentes et/ou plus nombreuses que celles de l'homme, elle ne ressemblera pas à un homme. Pourtant, envers et contre tout, le robot anthropoïde hante l'imaginaire humain, car il est seul doté de cette charge émotionnelle incomparable. Par souci de rationalisation pseudo-scientifique, et parallèlement aux progrès de la recherche biologique, les auteurs tendent même à remplacer la machine électro-magnétique (le robot) par une machine biologique (l'androïde), une créature « vivante » faite de matière organique[1]. Les premiers essais sont timides, comme en témoigne une des nouvelles d'Asimov. L'US Robots a bien tenté de créer un robot qui serait la réplique parfaite de l'homme, par l'apparence :

> En utilisant un ovule humain et un contrôle hormonal, on peut faire croître la chair humaine et la peau sur un squelette en plastique de silicones poreux, dont l'aspect extérieur défierait tout examen. Les yeux, les cheveux, la peau seraient réellement humains et non humanoïdes[2].

1. On se rappellera que, pour des raisons peut-être scéniques, les « robots » de *RUR*. étaient déjà des androïdes.
2. In *Evidence*, [10], p. 308.

Cependant, les ingénieurs ont reculé devant l'étape ultime, et n'ont pas osé doter la créature du merveilleux cerveau positronique, fait d'une texture spongieuse en alliage de platine-iridium. Le pas sera vite franchi, donnant naissance à l'androïde[1].

L'apparition de ces nouvelles créatures artificielles ne met pas pour autant un terme au complexe de Frankenstein. Certes, l'aspect des androïdes est familier ; ils semblent *a priori* moins menaçants, en tant que race rivale, que leurs ancêtres métalliques. Mais à défaut de scénarios-catastrophe, les « bavures » et les conséquences tragiques de la prolifération des androïdes sont toujours possibles. Elles ne sont plus imputables à la nature diabolique des créatures artificielles, mais bien plutôt à leur excès de zèle. Les robots trop dévoués étaient déjà redoutables, tel le robot-cuisinier, le « Chancelier de fer » de Silverberg [127], qui appliquait à la lettre les prescriptions du régime alimentaire préconisé à ses maîtres... mais à qui on avait oublié de spécifier quel était le poids idéal à atteindre ! Ces « dérapages » seront aussi le fait des androïdes, et l'aversion qu'ils continuent à susciter ici et là reflète, aux États-Unis notamment, la peur devant la montée des minorités ethniques – des Noirs en particulier.

Cependant, comme nous l'avons noté, cette hantise de voir la créature artificielle échapper au contrôle de ses créateurs, ou dépasser leurs désirs, s'estompe peu à peu. Elle n'est plus au cœur des récits. La destination des créatures artificielles, quant à elle, ne modifie guère les données de base de la narration : les robots puis les androïdes sont toujours destinés à un usage domestique (serviteurs zélés, précepteurs impartiaux) ou industriel (on leur réserve les tâches pénibles ou répétitives), quand on ne les utilise pas pour la conquête spatiale ou la guerre[2] – autres domaines dangereux ou fatals à l'homme. Dans tous

1. Le mot *androïde*, dans son acception moderne, a été largement popularisé par Edmond Hamilton dans la série qu'il a consacrée, dans les années 1940, à Curtis Newton, *alias* Captain Future, et à ses aventures spatiales échevelées. Avec l'aide de son premier assistant, le robot métallique Crag, Captain Future fabrique en effet un auxiliaire précieux : Otho l'androïde, que l'on retrouve dans de nombreux épisodes. Cette série connut un énorme succès.

2. Nous n'avons pas retenu de textes appartenant à la catégorie, pourtant bien représentée, des récits de guerre par robots ou androïdes interposés. La science-fiction a souvent trouvé là le prétexte à un déploiement d'engins et de tactiques relevant d'une « haute » technologie, et à un débordement de violence destiné à mettre en garde l'homme contre l'escalade meurtrière. Au-delà de cette idée classique, ces textes ne présentent pour la plupart que peu d'intérêt – du moins pour la problématique de la création artificielle.

ces récits, ce qui retient en fait l'attention des auteurs de science-fiction, c'est la question des rapports que l'homme peut établir avec sa créature artificielle. En concurrence avec les robots mécaniques, qui ont encore la faveur de certains auteurs, les androïdes vont permettre de s'interroger, avec une acuité particulière, sur les limites qui séparent l'homme de ses créatures. Le thème de la création artificielle va ainsi trouver à s'exprimer sous ses facettes les plus étonnantes, graves ou fantaisistes selon les cas.

## MAIS OÙ EST LA DIFFÉRENCE ?

Dans la veine juridique héritée des aventures d'Adam Link, on observe un grand nombre de récits dont l'intrigue est centrée autour du procès dont dépendent le statut légal et la reconnaissance de la créature artificielle. A titre d'exemple, Lester del Rey nous dépeint, dans *Cher vieux robot* [46], l'histoire pathétique de Pete, un vieux serviteur robot de quarante ans, que son maître, Tom, veut ramener avec lui sur Terre lors de son départ de la planète Mars. Devant les obstacles que lui oppose la compagnie de navigation, Tom intente un procès à la « Planétarienne-Terra-Mars ». Après avoir affranchi son robot, il s'efforce, pour plus de vraisemblance, de le traiter en égal, et compte bien prouver que Pete est humain, c'est-à-dire qu'il est capable d'éprouver des sentiments, des émotions, et qu'il est doué de conscience de soi. Les tracasseries légales risquent cependant de tout faire échouer. Pete lui-même est persuadé de l'inutilité du procès :

> Jamais un homme n'était parvenu à prouver de façon décisive sa propre existence, sinon à partir de l'axiome *cogito, ergo sum*, formule par définition indémontrable. Prouver l'existence d'un moi individuel n'était pas apparemment plus simple. Le *cogito, ergo sum* constituait une donnée universellement admise en ce qui concernait les humains : tout homme sait que les hommes pensent. Tout homme est conscient de son moi. Mais nul n'a pu le prouver. Il n'avait jamais été besoin de chercher un artifice technique pour obtenir une telle preuve.

Découragé, Pete est sur le point de mettre fin à ses jours. C'est paradoxalement ce geste qui le sauve ; l'expert est catégorique : « Estimer trop pesant son fardeau, aspirer à s'anéantir est en effet une réaction essentiellement émotionnelle. » Pete – PT 17476 – est un être doué de sensibilité et de conscience individuelle.

Un des récits les plus typiques et les plus pittoresques dans la série « Les grands procès de l'histoire de la créature artificielle » est sans nul doute la longue nouvelle de Clifford D. Simak traduite en français sous le titre *Brikol'âge* [128][1]. Ce récit développe une problématique très classique : celle de l'envahissement du monde par les robots, et, corollairement, de l'absurdité de la vie pour l'homme. Force est de reconnaître que la forme anthropoïde du robot n'a guère de rôle à jouer dans ce questionnement : ce qui est en cause, c'est tout simplement le problème de la mécanisation à outrance, du remplacement de l'homme par la machine dans toutes ses activités, et les conséquences probables de ce processus. En revanche, la forme humanoïde des créatures permet à Simak de poser, chemin faisant, la question du statut social à accorder aux créatures artificielles.

Le héros, Gordon Knight, a commandé à la société Brikol un chien « mécanobiologique » (mi-mécanique, mi-biologique) en kit. Sa femme ne saurait trouver à redire à ce chien-là : « Pas de mauvaise odeur et, la garantie était formelle, pas de chute de poils, pas de puces ». Il va ainsi satisfaire deux de ses désirs : avoir un chien, et bricoler. Dans cette société de loisirs, où la semaine de quinze heures est depuis longtemps un acquis, il faut en effet trouver à s'occuper, et la Société Brikol a su exploiter un des hobbies préférés de la gent masculine. Grâce à Brikol, on peut tout faire par soi-même, en kit ; on peut même

> construire son propre robot (un homme à tout faire, intelligent, obéissant ; pas de congés, pas d'heures supplémentaires, vingt-quatre heures quotidiennes de travail, infatigable, ne s'arrêtant jamais, ne dormant jamais, toujours prêt à accomplir le travail désiré).

Le rêve, en somme, à ceci près que le prix du coffret est prohibitif : 10 000 $, et autant pour un jeu d'accessoires complets... Or, par erreur, on livre à Gordon Knight un robot, et qui plus est, un modèle expérimental, non destiné à la vente : Albert. Gordon ne résiste évi-

1. Le titre anglais original est *How-2*.

demment pas à la tentation de le monter et de l'essayer. Albert commence par fabriquer lui-même ses propres accessoires, puis, ne pouvant assumer seul les multiples tâches qui lui ont été confiées, il déclare à Gordon, médusé : « J'enfante ». Voici, pour une fois, un des désavantages de la race des robots résolu. De fait, Albert se fabrique une nombreuse progéniture, masculine d'abord, puis féminine (pour les travaux ménagers, la race des robots calquant sur le modèle humain le partage des tâches le plus traditionnel), chaque « enfant » portant l'initiale du nom de son père, en signe d'affection : Abraham, Alfred, Aldebert, Abner ; Alice, Angélique, Agathe, Alberte, Augusta... Gordon n'en croit pas ses yeux et, stupéfait, réalise qu'en un an, il sera multimillionnaire. Les ennuis, cependant, ne tardent pas à arriver, à commencer par un contrôle fiscal qui menace au contraire de ruiner notre bricoleur. Or, Albert refuse de retourner chez Brikol'âge, où, après l'avoir fabriqué, on a eu peur de lui au point de l'enfermer – jusqu'à cette erreur bénie commise par le service expédition. Il refuse aussi farouchement que Gordon vende des robots pour payer ses dettes, affirmant qu'il est attaché à eux exactement comme Gordon à son fils. Il propose bien à son maître d'utiliser une planche à billets – parfaite – de son invention, mais les scrupules de Gordon sont trop forts. De son côté, la Société Brikol, ayant eu vent de l'affaire et retrouvé la trace du bienheureux destinataire, porte plainte. Gordon est pris dans un embrouillamini juridique : même s'il le voulait, il ne pourrait pas vendre les robots sans permis ; or il ne peut même pas apporter la preuve de leur propriété, ni prétendre qu'il les a conçus et fabriqués lui-même. Par ailleurs, il s'avoue qu'il n'est pas disposé à se séparer des robots : « Il avait appris à les connaître et s'était attaché à eux ». La solution vient une fois de plus d'Albert qui, pour assister l'avocat de la défense face aux vingt hommes de loi prestigieux recrutés par Brikol, construit trois douzaines de robots avocats « doué[s] d'une mémoire infiniment plus vaste que les autres, et avec un ordinateur cérébral conçu pour la logique ». Inutile de dire qu'ainsi épaulé, l'obscur avocat de la défense fait merveille.

Au procès, il soutient que loin d'avoir été lésée, la Compagnie Brikol a voulu léser la société, priver « le monde entier » d'un héritage commun de la culture technologique ; ainsi Gordon, loin de voler Albert, « l'a en réalité *libéré* ». Il veut du même coup prouver que les robots devraient bénéficier de certains droits, puisque « en tous points, à part le métabolisme de base, le robot est la contrepartie de l'homme ». Tout le pays se passionne pour ce procès, qui va permettre d'établir successivement plusieurs points : « Les robots sont doués du libre arbitre » ; ils ont « la faculté de raisonner » ; ils peuvent se reproduire. Où est donc la différence entre l'homme et le robot ? Divers contre-arguments visant à nier leur humanité sont réfutés : les robots n'ont aucune spiritualité ? – comme certains hommes... ; ils sont incapables d'émotions ? – voyez le comportement d'Albert vis-à-vis de ses enfants...

Pendant tout le procès, l'émotion est grande. L'industrie s'inquiète, à l'idée d'un succès de la défense : que de « poursuites en dommages-intérêts, et même de poursuites criminelles pour séquestration de personnes » ! Les milieux politiques s'interrogent : les robots vont-ils être déclarés citoyens ? Si tel est le cas, comment s'assurer les voix des robots ? Malheureusement, la nouvelle tourne court : Gordon gagne bien son procès, mais les implications du jugement sont éludées au profit de la thématique générale, ponctuée par la reconnaissance envahissante d'Albert :

> On ne vous abandonnera jamais, patron. Nous allons rester ici et travailler pour vous. Vous n'aurez plus jamais besoin de rien faire. Nous ferons tout à votre place ! [...]
>
> Vous n'aurez plus aucun souci à vous faire jusqu'à la fin de vos jours.

Et Gordon de répondre, accablé : « Non [...]. Plus aucun »[1]. Ainsi cette nouvelle trop touffue manque d'unité. Si elle ne va pas jusqu'au bout des conclusions qu'elle semble avancer, elle a du moins le mérite de poser clairement le problème du statut social et juridique à accorder à la race des robots, que rien d'essentiel ne semble ici distinguer de la race humaine, si bien qu'il ne paraît pas possible de lui refuser la liberté et les droits dont jouissent – ou que réclament – les hommes.

1. L'idée que l'homme risque d'être dépossédé par ses créatures artificielles de tout ce qui peut donner un sens à sa vie est un leitmotiv des récits de science-fiction. Un des plus anciens romans consacrés à ce thème, *Les Humanoïdes* [148] de Jack Williamson, publié en 1948, présente ainsi les effets désastreux entraînés par des robots bien intentionnés et paternalistes. Dans ce roman, les créatures artificielles privent leurs créateurs de toute initiative, plutôt que de les voir exposés au moindre danger, et l'homme devient ainsi l'esclave d'une civilisation de loisirs qu'il a pourtant appelée de tous ses vœux.

Le thème de la fraternité (entre humains et robots, humains et animaux, humains et extraterrestres) est essentiel à l'œuvre de Simak, comme en témoigne *City (Demain les chiens)*, un recueil de nouvelles écrites entre 1944 et 1951 puis ordonnées en un récit suivi. Les huit séquences sont liées entre elles par des « notes introductives », rédigées par les chiens, qui sont les héritiers de l'homme sur la Terre. Mais plus encore, c'est un robot, Jenkins, qui assure la continuité de l'histoire, de la deuxième à la huitième nouvelle, où Simak nous donne un instantané de la civilisation canine, douze mille ans après le début de la désertion humaine. Jenkins est un des personnages les plus attachants du roman de Simak, par sa probité foncière et son attachement aux valeurs qui ont fait la grandeur de l'homme. Après des siècles de bons et loyaux services auprès de la famille Webster, il est devenu le compagnon favori des chiens, qui voient en lui « une extension de l'influence de l'Homme après la disparition de celui-ci, une invention mécanique qui a permis à la pensée humaine de continuer à guider les Chiens longtemps après que l'Homme lui-même eut cessé d'exister » (p. 53). Il sert ainsi de directeur de conscience aux chiens, que l'Homme a autrefois dotés de la parole (grâce à une intervention chirurgicale) et de la faculté de lire (par un appareillage approprié). L'idée de l'Homme était que les Chiens, une fois en possession de ces moyens, dont le défaut avait jusque-là entravé leur évolution, seraient capables de relayer l'humanité en assumant les valeurs fondamentales trop longtemps négligées. Ces nouvelles aptitudes étant rapidement devenues héréditaires, les Chiens sont en fait des mutants, qui développent des qualités proprement canines. Ne disposant d'aucun talent mécanique, ils sont en revanche « psychiques » et instaurent peu à peu « une civilisation de l'esprit et de la sympathie », d'où le meurtre est banni, une civilisation de la fraternité animale ; ils peuvent aussi entrer en communication avec des mondes connexes, les mondes des horlas. Après sept mille ans, ils offrent à Jenkins, en signe d'affection, un nouveau corps, qu'ils ont fait fabriquer par les robots : une foule de robots miniature leur servent en effet de mains, et d'autres robots sauvages, abandonnés par les hommes lorsque ceux-ci ont déserté la Terre, ont hérité les capacités scientifiques de leurs créateurs, et fabriquent des machines. Pourtant, Jenkins, après avoir longtemps entretenu chez les chiens la mémoire de l'homme, devra au contraire tenter d'en gommer le souvenir, et inspirer aux chiens la peur des robots sauvages : il a compris que l'instinct de violence renaît sans cesse chez l'homme, et ne veut donc pas risquer d'entraver l'évolution des chiens. Il faut leur laisser le champ libre, car l'avenir d'une « humanité » enfin digne de ce nom leur appartient.

Dans ce roman, on retrouve donc le thème central de l'œuvre de Simak : l'ouverture vers d'autres formes de vie, l'idée que l'« humanité » est une qualité qui n'est pas le privilège exclusif de notre espèce, mais qui se trouve chez tout être qui possède sensibilité et intelligence... comme les robots.

A côté des récits procéduriers comme *Brikol'âge*, bien des histoires tendent à montrer comment les machines s'humanisent progressivement, et à travers l'énumération des qualités ainsi acquises, elles visent donc une définition implicite de ce qu'est l'Homme, de ce qui fait la différence spécifique de notre espèce. Le héros de *The Bicentennial Man* d'Isaac Asimov [7] est un robot, Andrew, dont l'humanisation graduelle s'étage sur deux siècles – les robots ont la vie longue. Ce robot domestique se révèle tout d'abord avoir des talents créatifs, résultat, à n'en pas douter, d'une erreur de programmation. A partir de cette anomalie première, Andrew se met en tête d'explorer ses potientialités humaines. Il cherche à voir jusqu'où peuvent s'étendre ses capacités mentales : pour cela, il étudie sans relâche, passe du travail du bois au métier d'écrivain (il rédige ainsi une Histoire des robots), qu'il abandonne bientôt pour devenir robobiologiste puis prothésiste. Il couvre ainsi tout le champ des activités humaines, depuis l'art jusqu'à la technologie médicale, en passant par les humanités et les sciences. Physiquement, il entreprend de se perfectionner, et devient un « modèle d'excellence mécanique », avant de faire transférer son cerveau positronique dans un corps d'androïde. Il se fait ensuite reconstruire de façon à pouvoir se nourrir et respirer comme un être humain. Enfin, il fait des démarches pour obtenir un statut légal, et procède en quatre étapes : il ouvre un compte bancaire à son nom ; rachète sa liberté à son propriétaire, Gérald Martin ; essaie – en vain, les peurs et les préjugés humains se révélant ici trop forts – d'être reconnu comme un être humain *de jure* et non seulement *de facto* ; et finit par triompher de toutes les idées préconçues... en disposant de sa vie.

Le processus d'humanisation est encore plus complexe pour Frost, le héros de la nouvelle de Roger Zelazny intitulée *For a Breath I Tarry* [154][1]. Dans un avenir lointain, où l'homme est une race disparue, Frost, une machine construite par une autre machine, dispose d'une liberté d'action quasi illimitée. Ses efforts pour se convertir en homme résultent de son fonctionnement logique, confronté à la directive qui gouverne les machines les plus perfectionnées : reconstruire le monde tel qu'il était. Ici encore, une malfaçon entre en jeu : Frost est en proie à un besoin irrépressible de fonctionner à plein rendement nuit et jour. Étant donné qu'il peut superviser en quelques heures les machines chargées de reconstruire l'hémisphère Nord, l'étude de l'Homme devient son hobby. Cependant, avant d'envisager les moyens de devenir un Homme, il doit affronter le problème de la définition de l'Homme : ainsi, il réunit des informations, examine les produits de l'activité humaine, lit des livres, regarde des films, écoute des enregistrements sur la question... Il passe même à une phase expérimentale et tente de mettre au point un équipement mécanique sensoriel pour reproduire les perception humaines – en vain. Finalement, il découvre quelques cadavres congelés, en « ranime » et en clone certains, et transfère dans l'un d'eux « la matrice de sa conscience ». En dernière analyse, il a admis que la condition d'être mortel fait partie intégrante de l'Homme, et qu'il doit lui-même accepter cette limitation.

Une célèbre nouvelle de Lester del Rey, dont nous serons amenés à reparler[2], *Helen O'Loy* [49], présente l'humanisation totale d'une superbe androïde dotée de glandes endocrines et soumise par mégarde à un conditionnement médiatique sentimental. Là encore, il ne semble plus y avoir de différence fondamentale entre la créature artificielle et son créateur humain.

Dans ces trois cas, les créatures artificielles finissent par être reconnues *de facto* comme des êtres humains : Helen O'Loy et Andrew le sont par d'autres hommes, Frost par la dernière machine à avoir eu un contact direct avec un de nos semblables. Les attributs humains que les créatures se sont appropriés sont intéressants à relever. Ce qui fait

1. Le titre de la nouvelle est emprunté à un recueil de poésies lyriques publié par Alfred Edward Housman en 1896 et intitulé *Un gars du Shropshire*.
2. Voir *infra*, p. 266 sq.

d'Helen O'Loy une « vraie » femme, c'est essentiellement ses réactions émotionnelles – la possibilité qu'elle a d'aimer et d'être aimée. D'autre part, elle finit par se suicider, donnant par là même une preuve de son libre arbitre. La capacité émotionnelle d'Andrew est moins soulignée. Chez lui, les caractéristiques proprement humaines sont la créativité, de même que son inlassable recherche de nouvelles carrières : Andrew est le type même du *self made man*... Son libre arbitre est ici encore prouvé par son suicide. Pour ce qui est de Frost, c'est aussi son libre arbitre qui fait de lui un homme, dès lors qu'il choisit de devenir mortel – mais Frost est également capable d'aimer.

En somme, l'émotivité, la créativité, le libre arbitre et l'acceptation de la mort sont les caractéristiques proprement humaines, qui font de ces créatures nos frères. On notera cependant que dans les trois récits, une malfaçon, une erreur de programmation sont à l'origine de l'histoire et permettent seules le processus d'humanisation. Il semblerait que les auteurs aient en réalité recours à ce facteur accidentel comme pour rejeter, en fin de compte, la possibilité d'une telle métamorphose, toujours inquiétante pour l'homme. L'écrivain français Pierre Boulle s'affranchit allégrement de cette peur dans une nouvelle humoristique publiée en 1966 et intitulée *Le parfait robot* [24]. Il nous rapporte comment la Société EBC (Electronic Brain Co) a toujours réussi à battre les sociétés rivales en matière de création artificielle, et ce grâce au talent inventif du professeur Fontaine. Celui-ci a donné naissance à des machines pensantes : mathématicien, joueur d'échecs, écrivain capable de produire des phrases dotées de sens... Cependant, à chaque création, ses adversaires rétorquent que tout cela n'est que « mécanisme » et ne fait pas de ses créatures des hommes. Le professeur Fontaine étudie alors les composantes de l'attirance sexuelle et réussit à produire des robots anthropoïdes mâles et femelles, capables d'avoir des relations sexuelles : ils inventent même, grâce à la complexité de leur cerveau électronique, des positions inconnues du *Kâma sûtra* ! Même objection : toutes ces machines ne sont que la preuve du génie inventif de la race humaine. Piqué au vif, le professeur construit un robot capable de se reproduire ; il invente même une race de robots sousmis aux lois de l'évolution, qu'il lui est loisible d'observer grâce à la vitesse de reproduction dont sont dotées les créatures. Rien n'y fait : il a beau affirmer qu'il n'est désormais pour rien dans l'existence des robots, qu'il n'a fait que régler le mécanisme initial, ses détracteurs n'en démordent pas : il manque à ces êtres un je-ne-sais-quoi... Découragé, le professeur Fontaine passe plusieurs années en recherches infructueuses, quand soudain – Eurêka ! – à ses collaborateurs stupéfaits, il annonce qu'il a découvert la machine vraiment humaine, et que pour cela, il n'a eu qu'à saboter ses robots. Désormais, ses calculatrices font des erreurs, les mathématiciens ne trouvent qu'exceptionnellement la solution des problèmes, les joueurs d'échecs perdent lamentablement, les robots amoureux confondent les sexes... L'écrivain, lui, écrit des phrases telles que : « Le mouton fluide vole sous le ciel pointu », ou « Le mouton blanc mange du veau ». Devant cette preuve ultime, les détracteurs les plus acharnés s'avouent vaincus. Les quelques caractéristiques humaines qui faisaient défaut aux robots sont bien là : le sens artistique, le sens de l'humour, et, plus que tout peut-être, l'imperfection.

Dans le même ordre d'idées, dans le roman d'Isaac Asimov publié en 1954 et intitulé *Les cavernes d'acier* [8], un policier humain travaille la main dans la main avec son homologue « robot ». Malgré les réticences premières de l'homme, l'action menée en commun a fini par l'unir, dans une sorte de fraternité, au robot, que rien ne distingue d'ailleurs, extérieurement, d'un être humain. Mais la différence entre eux apparaît quand le policier raconte l'épisode de la femme adultère : le robot, lui, l'aurait condamnée. Ainsi, ironiquement, l'homme a parfois le sentiment de ne se différencier de sa créature que par ses imperfections mêmes ; lui qui se targue d'être un animal doué de raison en vient paradoxalement à se définir par un critère irrationnel et sentimental. La créature artificielle, pour être reconnue comme l'égale de l'homme, doit donc renoncer à la perfection.

Ainsi, le sentiment de l'identité possible, fondamentale, entre l'homme et sa créature artificielle tend peu à peu à envahir les récits, et ce motif de l'étroite parenté qui unit les deux races va même jusqu'à inclure des préoccupations métaphysiques et des interrogations ontologiques communes.

L'idée paraît certes loufoque, et n'a pas manqué de susciter des variations plaisantes. Lloyd Biggle, Jr. met ainsi en scène un curieux prédicateur, dans une nouvelle publiée en 1967 et intitulée *A son image* [17]. Le protagoniste, Gorton Effro, doit chercher refuge sur une station spatiale de secours. Il a pour seul compagnon un homme en guenilles, un prédicateur mendiant comme il y en a tant, et qui semble là, inexplicablement, depuis des années, entouré de ses « ouailles » : les quelque cinquante robots domestiques et toutes les machines affectées au fonctionnement de la station. Gorton, un ivrogne invétéré, un pécheur endurci, se trouve entraîné malgré lui dans des discussions théologiques et s'efforce de défendre son point de vue :

> Les machines, c'est du métal, du plastique et de l'électricité. Dieu a peut-être créé les animaux et l'homme, mais vous êtes obligé d'admettre que c'est l'homme qui a créé la machine. S'il y a quelque chose de divin en elle, ce n'est donc qu'indirectement.

Ce à quoi le prédicateur répond, sans désemparer :

> Ce que l'homme crée, Dieu l'a ordonné. [...]. Le jour de l'Expiation, tous, hommes et machines, seront égaux.

Après avoir considéré Gorton avec vénération et avoir réclamé sa bénédiction, le prédicateur est bien obligé de se rendre à l'évidence : son interlocuteur ne croit pas en Dieu. Il lui faut donc le ramener au bercail et débarrasser son âme du souvenir de ses fautes. Il finit par attirer le pécheur dans une cérémonie religieuse à laquelle tous les robots et toutes les machines, placés en cercle, participent, dans la communion la plus totale : le prédicateur chante, « le courant passe » – et Gorton perd connaissance.

Deux mois plus tard, l'équipe de secours parvient à la station et se trouve en face d'un homme en guenilles, un illuminé – à l'image du prédicateur que Gorton avait trouvé à son arrivée. Lorsque le vaisseau spatial repart avec son passager, le prédicateur sort de sa cachette. Avec la satisfaction du devoir accompli, il se rend dans un atelier ; et « tandis que ses accus se rechargeaient, il injecta une goutte de lubrifiant dans son bras gauche un peu rouillé », avant de repartir, muni d'une vigueur accrue, vers trois robots qui attendaient d'aller à confesse...

Le prédicateur est donc un androïde, que quatorze années passées dans la solitude de la station spatiale, avec pour seule lecture la Bible, ont fini par convertir. Si l'homme a perdu la foi, lui continue à servir le Seigneur. Puisque l'Apparition s'est révélée trompeuse, et qu'il n'a eu affaire qu'à une brebis égarée, du moins a-t-il fait en sorte que la volonté de Dieu soit accomplie. Le jour de l'Expiation, a dit le Seigneur, « la poussière retournera à la Terre d'où elle vient et l'esprit retournera à Dieu qui l'a donné ». Et en effet, l' « électrochoc » subi par Gorton semble bien avoir accompli la volonté de Dieu... Le prosélytisme d'un robot est sans limites.

L'humour noir et la dérision sont cependant l'exception, et la quête spirituelle commune à l'homme et à sa créature est bien plus souvent abordée sur le mode sérieux. On trouve ainsi cette idée développée dans une nouvelle de Robert Moore Williams, *Flamber clair* [147], publiée en 1943[1]. Au XXI^e^ siècle, en Californie du Sud, les robots sont utilisés dans les centrales atomiques, pour travailler dans les zones radioactives. Les robots continuent à inspirer aux hommes une certaine peur : celle de « se retrouver un beau jour devant un rival dangereux et mortel, luttant avec eux pour le contrôle de la planète ». Le monopole de leur fabrication appartient donc à l'ONU. A leur entrée dans la centrale, un représentant de l'ONU les accueille ; à leur « sortie » (quand ils sont usés ou avariés), ils sont décapités, et un représentant des Nations-Unies est chargé de s'assurer que leur cerveau (« la substance de Smither à mémoire sélective ») tombe bien dans le bain d'acide qui doit le dissoudre. Ils ignorent donc tout du monde extérieur : un sas marque le seuil de leur « naissance » et de leur « mort », celle-ci répondant à une mise en scène qui rappelle désagréablement une exécution capitale. Or, étrangement, les robots d'une centrale ont inventé des rites mortuaires : ils vont à la mort en croisant les bras sur une étoile en plastique moulé. Cette attitude implique déjà qu'ils s'interrogent sur le sens de la mort, qu'ils tentent de contrôler le destin de l'âme dans un au-delà. Bien plus, on découvre peu après qu'ils ont fabriqué eux-mêmes un robot, à partir de pièces détachées, et que celui-ci s'est échappé de la centrale par un conduit d'aération. Dans cette société vouée à la science, subsiste une petite communauté d'écologistes à tendance mystique, et le robot fugueur, en quête de savoir,

1. Le titre est emprunté au premier vers d'un célèbre poème de William Blake, extrait des *Chants de l'Expérience* (1794) : « Le tigre ». Blake y exprime l'angoisse métaphysique de l'homme confronté à l'existence du mal, et son effroi devant une créature – le tigre – que le poète associe à la peur ancestrale de la nuit, dont les mystères sont autant de forêts impénétrables.

rencontre le chef de la communauté qu'il prend – comme les autres hommes qu'il croise après lui – pour Dieu, pour des dieux. L'issue de la première rencontre est tragique puisque le robot, radioactif, contamine évidemment l'homme (à qui il confère cependant d'étranges pouvoirs, puisque, persuadé lui-même d'être Dieu, il échappe à tout interrogatoire en plaçant ses interlocuteurs en lévitation, par la seule puissance de la parole). Les hommes de la centrale, eux, s'entourent de plus de précautions et finissent par percer à jour les motivations du robot. Celui-ci explique en effet :

> Nous voulons savoir. Il y a des murs autour de nous. Nous voulons savoir ce qu'il y a au-delà du sas, seuil de notre naissance et de notre mort. Nous voulons... nous voulons connaître notre maître, notre créateur.

Ainsi, le flambeau de la quête métaphysique, qui a failli être abandonné par l'homme, est repris par le robot. La conclusion de la nouvelle est optimiste et manifeste la foi des hommes en une possible collaboration avec les créatures artificielles, dans la quête de Dieu :

> Derrière eux, à bonne distance, marchait une créature étrangère à leur race et qu'ils avaient créée, un robot, un auxiliaire qui les aiderait au cours de leur longue quête [...]. Derrière eux, les pas du robot martelaient lourdement le sol. Lui aussi marchait comme une créature dont la tête touchait les étoiles.

La même problématique est abordée, avec moins d'insistance, dans la nouvelle de Charles Beaumont intitulée *Les derniers sacrements* [13]. Le héros, le Père Courtney, est appelé au chevet de son ami de toujours, George Donovan. Ce dernier, mourant, refuse obstinément de voir un médecin, mais réclame les secours de la religion. Surtout, il semble vouloir, une dernière fois, goûter le plaisir d'une de ses longues discussions avec le Père Courtney, et oriente la conversation sur un problème de science-fiction : l'existence d'êtres artificiels. Le prêtre, pour sa part, a toujours nié la possibilité d'une véritable intelligence artificielle ; d'après lui, « les choses qui relèvent de l'esprit ne peuvent être reproduites par la main de l'homme ». Pourtant, il se laisse peu à peu gagner par l'hypothèse théorique que lui soumet son ami. En admettant qu'il puisse exister un être artificiel « parfaitement » humain – au point que lui-même se sente humain –, une sorte de robot mutant ayant vécu une vie d'homme, ayant partagé les pensées des hommes, jusqu'à avoir la foi et être tourmenté par le salut de son âme, cette créature pourrait-elle espérer aller au Ciel, ou « mourrait »-elle, condamnée à n'être qu'une carcasse métallique ? Le Père Courtney lui donnerait-il l'extrême onction ? Le prêtre, tout d'abord révolté par cette idée sacrilège, finit par être troublé : peut-être devrions-nous réviser notre définition du mot « vie » ? et si Dieu avait donné une âme à cette créature ? Donovan, à l'agonie, poursuit son idée jusqu'au bout : après le décès, ne vaudrait-il pas mieux cacher la vérité à tous, se livrer à une autopsie privée, puis disperser le « corps » en pièces détachées, le mort ayant laissé une lettre annonçant son départ pour un endroit indéterminé ?... Tandis qu'une âcre odeur envahit la pièce, Donovan s'éteint. Le Père Courtney lui donne les derniers sacrements, puis découvre le corps. « Longtemps après, il ouvrit les yeux » – mais nous ne saurons jamais ce qu'il a vu. Hypothèse théorique ? Réalité ? Dans le doute, le prêtre a en tout cas abandonné ses préjugés et admis la parenté spirituelle entre l'homme et sa créature.

Celle-ci est encore soulignée dans la nouvelle de Lester del Rey publiée en 1951, *The Monster* [51]. Le titre est ici une antiphrase, tout juste bonne à exprimer les sentiments des hommes face à une machine, leur « mépris de toute vie autre que la leur ». En réalité, XP Two, *alias* Expeto, n'est pas en proie à la paranoïa. Perdu dans le labyrinthe d'un bâtiment gouvernemental comme l'homme dans l'univers, il reste confondu devant le mystère indéchiffrable de l'existence :

> Il n'avait pas de nom ! Qui était-il ? Où était-il ? Et que s'était-il passé avant qu'il se retrouve ici ?

De même, il éprouve un sentiment de révolte devant la durée programmée de sa vie (six heures pour ce prototype expérimental) et éprouve devant la mort une peur tout humaine. Au terme de sa brève existence, bizarrement, lui aussi sera « résigné à cette mort qu'il continuait cependant de haïr et de redouter »...

Ce désir de mort est partagé par le protagoniste de la nouvelle publiée en 1955 par John Anthony : *Les robots meurent aussi* [3]. Le robot Numéro Un, « l'originel et éternel Numéro Un » est fatigué. On s'apprête à fêter le millionième anniversaire du Gouv Centr – et il refuse de se laisser reconditionner pour participer aux cérémonies, lui qui est le symbole de la civilisation, la mémoire de l'homme ! On a beau lui expliquer que les hommes comptent sur lui pour leur enseigner qui ils sont et par quels chemins ils en sont venus là, le Numéro Un désire mourir. Il est parvenu au stade de la détermination personnelle, du libre arbitre – et il meurt en effet, alors qu'il récite un poème antique d'Archibald Mac Leish[1], « L'énigme que posait le Sphinx ». Un homme, Jonz, qui partage l'inquiétude existentielle du robot, et qui est porté comme lui à la rêverie et à la méditation, récitera à sa place la dernière strophe du poème, que le Numéro Un lui a enseignée :

> A tous ceux qui savent ou qui peuvent
> Je demande depuis l'origine des temps
> Quelle énigme a pour réponse : l'homme ?

Telle est donc l'interrogation constante, au cœur du thème de la création artificielle : où se situe la frontière de l'humain ? A partir de quel moment peut-on dire d'un être vivant qu'il est un homme ? qu'il n'en est plus un ? Avec les progrès de la science, notamment de la biologie génétique, la création artificielle semble de moins en moins un rêve. Dans la fiction, les androïdes, plus encore que les robots, bénéficient de leur ressemblance avec les êtres humains. L'apparence familière et même séduisante des androïdes aide à oublier la différence physiologique entre les deux races, et à gommer les dissemblances psychiques. Au sentiment ancien d'altérité, d'étrangeté, de méfiance éprouvé par l'homme face à sa créature artificielle se substitue ainsi un sentiment d'identité, de fraternité, de confiance. La conclusion qui tend à s'imposer est que l'androïde est le semblable de l'homme, si ce n'est le meilleur de l'homme.

Parfois encore, la parenté entre l'homme et sa créature est telle qu'ils peuvent n'être que les deux facettes d'un même être, l'élimination de la créature artificielle devant en principe permettre à l'homme de s'améliorer, de progresser. L'homme fabriqué est alors un autre soi-même, un avatar du double. Dans *L'homme minimum* de Robert Sheckley [123], Anton Perceveral, chevalier des temps modernes mais chevalier poursuivi par la malchance, est envoyé en avant-première sur une planète que l'on envisage de coloniser, précisément « parce que *n'importe qui* pourra survivre là où [*lui* aura] réussi à le faire ». A cet explorateur interplanétaire aux chances minimum, on donne un adju-

1. Poète américain contemporain.

vant : un robot à usages multiples. Or, si, pour s'adapter à son nouvel environnement, Perceveral progresse, s'il devient plus habile, moins enclin aux accidents, le robot, lui, est programmé de telle sorte que *ses* performances baissent et compensent en mal le mieux atteint par Perceveral. Impossible, au demeurant, de désactiver le robot. La situation empire, jusqu'au moment où, sur le point d'être lui-même anéanti par le robot, Perceveral comprend où est la seule issue :

> Le robot faisait partie de lui, il était sa propre névrose en marche pour le détruire [...]. Le chemin de la liberté, se dit-il, [...] passe par la métamorphose. Il passe par la victoire, non sur le robot, mais sur ce que représente le robot : c'est-à-dire lui, Perceveral.

Dès cet instant, Perceveral est envahi par un sentiment d'assurance totale ; le robot va assumer tous les accidents que le héros, dans son état normal, n'aurait pas manqué d'avoir – et ce jusqu'à sa destruction. Ayant pris goût à l'exploration, Perceveral essaiera bien de tricher et de se faire passer à nouveau pour un incapable ; il sera obligé de demeurer sur Thêta comme le père fondateur de la nouvelle colonie. Victorieux de son double, il ne peut plus jouer l'homme aux possibilités de survie minimales.

Parfois l'homme et l'androïde ne font qu'un, au point qu'il y a transfert de l'un à l'autre – mais de qui à qui ? Dans le récit d'Alfred Bester publié en 1955, *L'androïde assassin* [15], la créature artificielle de Vandaleur comporte une malfaçon qui la conduit à commettre des crimes dès lors que la température dépasse les 30° C. Vandaleur, d'abord horrifié et contraint à fuir aux limites de la galaxie les poursuites engagées contre lui en tant que propriétaire, finit par se laisser lui-même entraîner au crime, alors même que son androïde, dans des conditions climatiques normales, refuse de porter la main sur un être humain. L'androïde de Vandaleur finira par périr dans un incendie ; mais le robot qui le remplace (un robot domestique à prix réduit[1]) est

1. L'androïde lui-même a soigneusement établi la distinction : « Un robot est une machine. Un androïde est une création chimique à partir de tissu synthétique. » On notera au passage, dans la description physique de l'androïde, une résurgence du motif du Golem ; l'androïde est caractérisé comme une de ces « magnifiques créatures synthétiques aux traits classiques et aux yeux bleus grand ouverts. Gravées sur son front, dans une sorte de camée de chair, se trouvaient les lettres AM... » (aptitudes multiples), tatouage que Vandaleur cherchera en vain à effacer en contusionnant le front de l'androïde.

vite affecté par les mêmes anomalies de comportement, dès que le thermomètre enregistre des températures trop basses. Quelles que soient donc les créatures dont Vandaleur s'entoure, et dans des conditions météorologiques diamétralement opposées, le même dysfonctionnement se répète...

Le lecteur ne s'y trompe pas. Pourquoi Vandaleur ne s'est-il pas défait de sa créature artificielle ? Les prétextes invoqués sont nombreux : dans cette société, les androïdes à aptitudes multiples sont considérés comme une marchandise précieuse, qu'il est interdit de détruire ; s'il dénonçait son androïde, il n'en serait pas moins accusé de complicité pour les crimes commis ; et dans ce cas, qui assurerait sa subsistance (car en cette époque de robotisation à outrance, Vandaleur, comme bien des hommes, est incapable de rien faire) ? Le fait est surtout qu'inconsciemment, Vandaleur refuse de se séparer de son androïde, même s'il se révolte contre cette suggestion :

> « Quoi ? Est-ce que tu deviens arrogant ? Est-ce que tu veux dire que tu peux te fier à moi pour que je te protège ?... Est-ce que c'est *cela* le secret ? »

La fuite de Vandaleur est certes une tentative pour échapper aux forces de l'ordre, mais c'est avant tout une fuite devant lui-même – d'où la construction cyclique de la nouvelle. Il n'y a pas, contrairement à ce que suppose Vandaleur, transfert de l'androïde à l'homme, mais bien plutôt l'inverse : transfert de l'homme à l'androïde, puis au robot. La créature artificielle est le double de l'homme ; elle incarne toutes les pulsions violentes de Vandaleur (son nom est bien évidemment symbolique), mal refoulées : l'homme, à plusieurs reprises, frappe sauvagement son androïde, le contusionne pour dissimuler l'estampille qu'il porte sur le front. L'alternance des instances narratives sur laquelle repose le récit est d'ailleurs révélatrice : le pronom *il* semble désigner Vandaleur, dans des passages écrits en focalisation externe, tandis que le pronom *je* désigne tantôt l'androïde, tantôt le robot standard, dans des pages de journal intime ou des bribes de monologue intérieur écrits en focalisation interne. Mais l'alternance des deux voix narratives peut aussi signifier la lutte du surmoi et du moi inconscient en Vandaleur. On notera que le titre français : *L'androïde assassin* traduit mal l'ambiguïté voulue du récit, et la neutralité du titre original : *Fondly Fahrenheit...*

Dans ces récits, la créature artificielle, loin de servir des fins purement matérielles, ou même d'apporter à l'homme une aide éventuelle dans sa quête métaphysique, revêt une fonction « thérapeutique ». Elle n'est plus que la projection, l'extériorisation de pulsions négatives. En ce sens la créature artificielle vient encore au secours de l'homme, puisqu'elle lui permet, dans une sorte de catharsis, de se libérer d'instincts (auto)-destructeurs.

Dans tous ces exemples, cependant, le point de référence reste l'homme. Sous l'impulsion de leur créateur, quand ce n'est pas de leur propre chef, les créatures artificielles tendent à s'humaniser le plus possible, comme si l'homme aspirait à une sorte d'existence symbiotique avec sa création.

Si les créatures fabriquées n'ont en fait pas de valeurs propres, si leur raison d'être est l'Homme, on est en droit de s'interroger sur le sort probable de robots ou d'androïdes privés, au moins pour un temps, de la présence de leur dieu...

## LA MORT DE DIEU : LA CRÉATURE ARTIFICIELLE SANS L'HOMME

Les tableaux apocalyptiques consécutifs à un cataclysme ou à une erreur humaine ne manquent pas dans les récits de science-fiction. Le plus souvent, cependant, un espoir de survie pour la race humaine subsiste en la personne de quelques survivants : il y a là, de toute évidence, une nécessité narrative (il faut bien quelqu'un pour décrire ces scènes d'horreur...), doublée d'une peur inhérente à la nature humaine. Pourtant, il est tout à fait possible d'imaginer la Terre laissée en héritage à nos créatures artificielles. Quelques nouvelles illustrent particulièrement bien, de façon humoristique ou tragique, ce nouveau cas de figure.

Souvent, la nouvelle de Zelazny nous l'a déjà montré[1], les créa-

1. Voir *supra*, p. 241.

tures artificielles, programmées pour servir l'homme, ne peuvent se passer de sa présence. *L'éternel triangle* de Fereydoun Hoveyda [74], publié en 1963, nous dépeint une planète où, à la suite d'une catastrophe atomique, les robots seuls ont survécu. Animés par une sorte d'instinct de conservation, ils se sont maintenus sur la Terre, mais depuis quelque temps, une étrange maladie les décime : une tendance à l'autodestruction. Le diagnostic est clair :

> Les robots s'ennuient. [...] Qu'il s'agisse d'humains ou de robots, ce qui maintient l'existence, c'est une tension vers un but. N'oubliez pas que l'homme nous a construits dans le seul dessein de le servir. Et voilà qu'il n'y a plus d'hommes sur cette planète ! Les robots se sentent frustrés, inutiles. Il s'ennuient.

Les robots décident donc de construire un homme, Adam II. Du statut de créature, ils passent donc au statut de créateur. Leur création les déçoit cependant vite. Les premiers jours de sa vie,

> Adam II s'agitait, donnait des ordres. Les robots, ravis, exécutaient tous ses désirs, s'empressaient autour de lui. Mais bientôt Adam II avait perdu sa vitalité et s'était mis à bouder. Il se cantonnait dans un inexplicable silence, refusait de s'alimenter.

Dans ce monde uniquement peuplé de robots, l'homme à son tour s'ennuie. On lui donne donc une compagne, Ève II. Nouveau succès – nouvel échec : après quelques jours, le couple se boude et refuse de se laisser servir. Heureusement, la littérature des siècles passés donnera aux robots la solution du problème : l'amant !

Dans un registre moins léger, le récit de Lester del Rey, *Instinct* [50], publié en 1951, traite en réalité d'une histoire semblable, mais pour mettre l'accent sur un point plus intéressant. Dans ce monde, l'homme a disparu depuis un million d'années, victime, selon toute vraisemblance, d'une arme biologique. Les robots qui peuplent la planète sont quasi immortels puisqu'ils ont la possibilité de se refaire un nouveau corps quand l'ancien est usé. Ce n'est donc pas l'impossibilité de la reproduction qui les pousse, depuis quatre siècles, à faire des expériences d'« homo-vivification » dans leurs laboratoires biologiques. En fait, ils cherchent à recréer l'homme, car ils hésitent : l'homme s'est-il transformé d'une manière qui a amené sa perte ? Dans ce cas les robots, eux, ne devraient pas chercher à s'améliorer, même s'ils sont techniquement capables de le faire. Une école traditionaliste prétend « qu'on ne saurait construire une meilleure race que la sienne ».

Donc, raisonnent certains robots, « l'Homme devait nous être supérieur... et s'il nous a fabriqués ainsi, il y avait une raison ». Certains savants, comme Sentrois, sont persuadés de la nécessité de poursuivre les recherches. Selon lui, l'Homme est mort victime d'un « instinct » – l'instinct de destruction – devenu inutile, mais dont il n'a pas pu se débarrasser. Il lui faut cependant vérifier son hypothèse afin de savoir si oui ou non, les robots peuvent se transformer sans risque d'extermination. L'Homme est donc l'unique clef du problème. Une antiquité retrouvée sur Vénus va permettre aux travaux d'avancer : un robot chirurgien (« un mécanicien pour le corps des hommes »), remis en état de marche, leur indique, grâce à sa mémoire, les erreurs commises dans la fabrication du onzième couple. Certaines les laissent pantois : que de tissu cérébral sans connexions ! Et ce « morceau supplémentaire à la jonction entre le gros et le petit intestin – un foyer parfait pour les infections. Ce n'est pas de la construction biologique efficace » ! Leurs créateurs ne leur étaient donc pas en tout point supérieurs... Les robots se plient néanmoins aux directives du chirurgien – et au douzième essai, c'est le succès. Les créatures survivent, et se montrent d'emblée impérieuses : « Hé, vous, les robots ! Quand est-ce qu'on mange, ici ? » D'emblée aussi, l'instinct sexuel se manifeste chez le couple. Troublé, Sentrois se demande, à la porte du laboratoire, comment il s'adressera au couple. Mais à la question du mâle : « Encore un, pas vrai ? Bon. Arrivez. Que voulez-vous ? », Sentrois n'hésite plus :

> Il s'inclina très bas en s'approchant du couple, et l'instinct lui fit baisser la voix, prendre un ton humble quand il répondit :
>
> « Rien, Maître. Seulement vous servir. »
>
> Il attendit. Patiemment.

Cette nouvelle se clôt par conséquent elle aussi sur un retour à l'ordre « normal » des choses. Elle réaffirme l'idée que, envers et contre tout, le robot est une créature de l'homme, et qu'il trouve son bonheur dans son statut de créature soumise. La différence entre l'homme et le robot est par ailleurs moindre que Sentrois ne l'imaginait, et le robot semble bien pourvu d'un instinct – de servitude. On objectera qu'il ne s'agit pas là d'un instinct, mais de la résurgence d'une programmation restée longtemps sans objet. Mais l'objection ne peut-elle pas être faite dans les mêmes termes pour l'homme ? Dieu n'a-t-il pas *doté* ses créatures de quelques tendances « innées » (qui ne sont pas le fruit d'un acquis culturel) : « instinct » de survie, de conservation ; « instinct » sexuel ; « instinct » de destruction, hélas ?

Les robots peuvent aussi être, intentionnellement, les sauveurs de l'humanité. Une autre nouvelle de Lester del Rey publiée en 1945, *Entre tes mains* [48], est ainsi une réécriture humoristique de la Genèse. Lors d'une guerre dévastatrice (l'influence de l'Histoire est ici évidente), un cybernéticien pacifiste, Simon Ames, enferme dans des abris anti-atomiques trois robots SA-10 pourvus d'une mémoire spécifique : les deux robots « mâles » sont respectivement dotés d'une mémoire concernant les sciences physiques et la biologie, et le robot « femelle » est spécialisé dans les humanités. Quelques livres, quelques films sont ajoutés à ce bagage – et en scellant les abris, Simon Ames remet le sort de l'humanité entre les mains de Dieu. A la fin de la guerre, l'humanité semble hélas rayée de la surface de la Terre. C'est alors que le premier SA-10 s'extirpe de son dôme. Nourri du seul film intact qu'il ait pu visionner, et qui retrace la Genèse jusqu'à l'épisode de la Chute, il se pose des questions ontologiques – les nôtres : quel est donc le sens de son existence ? Qui est-il ? Adam ? – mais Dieu ne répond pas à son appel. C'est donc qu'il est Dieu ! Et dans ce cas, « il lui fallait [...] créer l'homme à sa propre image ! » Il élimine tout d'abord le danger dont le film l'a averti, en tuant un serpent dans la forêt d'Éden. Puis il se livre, laborieusement, à des TP de biologie, un cochon sauvage lui servant de cobaye. Il façonne alors une créature en argile, à l'image de l'Adam du film, et la relie à la borne terminale de ses propres circuits, en ouvrant son panneau de poitrine. Las ! Les sciences physiques ont beau être son fort, le courant électrique n'est pas le souffle de vie. Dans sa rage, SA-10 détruit l'œuvre de ses mains. Dans un second temps, il observe sur d'autres cochons le processus de la reproduction sexuée, et s'essaie à des expériences de fécondation *in vitro*. Mais il ne réussit pas mieux dans la création artificielle, et abandonne bientôt toute prétention à la divinité. A n'en pas douter, il est Adam – et en tant que tel, il part en quête du vrai jardin d'Éden.

Au terme d'une d'une longue errance, SA-10 se croit soudain récompensé : voici venir à lui Ève, dans toute sa beauté. En fait, il s'agit d'une vraie femme, Syl, appartenant à une petite colonie de survivants réfugiés près de là. Dans sa frayeur, Syl insulte le robot : –

« Démon ! », et un de ses compagnons venu à la rescousse détruit presque SA-10. Celui-ci sera heureusement secouru par la « véritable » Ève, le robot femelle, qui sort fort à propos de son abri. La malheureuse, avec sa formation littéraire, est restée prisonnière de son dôme de béton pendant six cents ans. Elle n'a pas compris le fonctionnement de l'excavateur atomique, et s'est entêtée à tenir son seul outil, une pioche, par ses deux « poignées » métalliques, tandis qu'elle frappait avec le manche en bois. Les femmes – même les robots – n'ont décidément pas le génie de la mécanique. Mais les humanités ont aussi leur utilité : grâce à ses connaissances en psychologie, Ève parviendra à convaincre Adam qu'il n'est pas Satan (malgré l'exclamation de Syl et ce que ses propres initiales pourraient laisser supposer), et qu'elle n'est pas davantage un envoyé du Mal. Il est vrai qu'à l'évidence, elle n'a guère goûté au fruit de l'Arbre de la Science !

Cent ans plus tard (mais qu'est-ce que cent ans, pour des robots ?) les deux robots SA-10 sont prêts à rejoindre les hommes et à s'unir avec eux pour reconquérir l'héritage ancestral. Pour plus d'efficacité, ils se sont transformés en androïdes, et ils vont donc s'intégrer sans difficulté à la petite communauté humaine.

Mais qu'est donc devenu le troisième SA-10, le robot biologiste ? Un peu bosselé et usagé, il contemple le portrait de Simon Ames. Sa mission est accomplie : les deux robots – scientifique et littéraire – sont utiles aux hommes... qu'il a lui-même recréés trois cents ans auparavant, et qui ignorent totalement qu'il y a eu une cassure dans l'Histoire. Le robot biologiste peut couper le contacteur de son groupe électrogène, sur ces dernières paroles :

> Tu as remis ta race entre mes mains, Simon Ames. Maintenant, Dieu de cette race, si Tu existes comme le croit mon frère, c'est entre Tes mains que je remets l'humanité... ainsi que mon esprit.

Chez les robots, la création artificielle n'est pas sacrilège...

Le lien indéfectible qui unit la créature artificielle à son créateur est illustré de façon moins optimiste dans une autre histoire de « fin de l'homme », *La cité des robots* [56], de Carol Emshwiller, publiée en 1957. Décimés par une guerre bactériologique, les hommes ont là encore disparu de la surface de la Terre, et les robots sont maîtres de la Cité. Un être humain a pourtant survécu, échappant au massacre grâce à sa Nurse, qui l'a «porté» (comme une femme porte un enfant) pendant un an. Depuis sa seconde naissance, trente-sept ans se sont écoulés. L'enfant est devenu un homme – mais les robots, eux, n'ont pas changé. Programmés une fois pour toutes, ils continuent à effectuer les mêmes gestes, sans s'apercevoir qu'ils sont inadéquats. La Nurse s'occupe toujours affectueusement de Bébé, et n'a aucune conscience des problèmes de maintenance et d'approvisionnement que connaît la Cité : à heure fixe, elle présente à Bébé un verre, désormais vide : «Voilà du lait et des petits gâteaux [...]. Ensuite on ira vite au lit faire un petit dodo»... dans son petit lit, évidemment. En cas de difficulté, la Nurse, les surveillants et les serviteurs ont toujours recours aux mêmes solutions : s'adresser à «S'il vous plaît», ou demander à Central – en panne depuis longtemps.

Bébé, affamé, efflanqué, éprouve un sentiment de frustration face aux robots. Il se sent faible, maladroit, devant ces créatures robustes, aux bras modifiables, qui finissent toujours par le rattraper s'il tente de s'évader. Il enrage surtout de ne pouvoir communiquer vraiment avec son entourage. Les formules magiques n'opèrent plus, et Bébé, pour sa part, a perdu confiance en S'il vous plaît. Un jour, pourtant, il réussit à s'échapper et s'aventure dans la Cité déserte. Dans un jardin idyllique, il boit à une fontaine ornée d'une statue, qu'il identifie : «Cela s'appelait : femme.» Autour du buste de la statue est enroulé un serpent, dont la statue tient la tête... Soudain, Bébé se sent observé par une autre statue – vivante, celle-là : miraculeusement, il a rencontré Chérie, La Femme qui a survécu à l'épidémie meurtrière. Émerveillés, Bébé et Chérie se sentent attirés l'un vers l'autre... Mais le serpent est maîtrisé, la Tentation n'a plus le même pouvoir, et les deux survivants ne découvriront pas la réponse, «torturante, toute proche», à toutes les questions. Ramené à la maison par Rob 6, son surveillant alerté, Bébé, malgré tous ses efforts, ne retrouvera jamais le chemin du Paradis perdu.

Ce récit, plus pessimiste que celui de Lester del Rey, condamne donc la race humaine et la race des robots à l'extinction. L'instinct de reproduction n'est même plus l'apanage de l'homme ; sans l'intervention d'êtres humains, la Cité et ses robots sont voués à une lente destruction ; Dieu est mort...

Dans d'autres récits, plus rares, les créatures artificielles réussissent au contraire à se passer de l'Homme. Telle est l'optique adoptée par une nouvelle saisissante de Peter Philips, *Amnésie* [109], publiée en 1952. Ici les robots ont bel et bien oublié l'homme, disparu depuis longtemps. Un jour, ils récupèrent une fusée interplanétaire, qu'ils prennent pour un Être manufacturé – donc intelligent – et, devant le silence de la créature, ils essaient de sonder sa conscience. Le narrateur, un robot reporter, assiste aux efforts infructueux de ses congénères pour sonder cette « peau » métallique hermétique. Un robot parvient enfin à capter un message, qu'il décrypte en vain : le sens demeure incompréhensible, encore que la langue semble se rapprocher de l'anglais que parlent les robots. Le reporter, Palil, transcrit approximativement, de façon phonétique, tous ces mots inconnus : « Omm, fam. (?), anfans, seks, le san cho, la mor, compleks, la guère, conki... », pour ne donner qu'un échantillon représentatif. On l'aura compris, le message est émis par l'astronaute blessé, prisonnier de son habitacle, et qui, de son côté, a bien du mal à comprendre à qui il a affaire. En réponse à une de ses questions, le président du Conseil des robots se décrit :

> Je suis un produit manufacturé non spécialisé, bipède, de proportions normales, récemment reconverti par mes propres soins pour adaptation à la propulsion sur roues avec une suspension hydraulique de mon invention...

L'étranger comprend ainsi que ses interlocuteurs sont des robots, et parvient même à traduire en termes scientifiques le mythe de la Genèse qui a cours sur cette planète : les robots, à les en croire, auraient été fabriqués par un créateur doté de « proportions magnifiques, harmonieusement fondées sur le cube », « statique, mais équipé d'une quantité d'organes sensoriels » (un ordinateur), « tombé du ciel, dans une masse de métal brut [...] cylindrique, de vastes dimensions » (un navire interstellaire), « où il a puisé les matériaux de construction de la première usine ». Encore une fois, l'indépendance, l'autarcie des robots semblent être le fruit d'une révolte de la machine. L'ordinateur, qui en est venu à détester les hommes, a volontairement précipité l'astronef au sol, tuant les hommes qui étaient à son bord ; ensuite, il n'a eu qu'à se reproduire, en passant au crible les souvenirs qu'il transmettait à ses descendants : il leur a ôté tout souvenir de l'homme, a effacé son vocabulaire même, ne laissant aux robots qu'une terminologie scientifique détachée de son sens premier. Les robots parlent ainsi de « guérir » la « peau » métallique de l'Être, mais ne renoncent pas à le conduire dans un atelier d'assemblage pour le remettre sur pied. Toute communication véritable est donc impossible, et l'« étranger » s-'affaiblit de plus en plus ; à ses compagnons, peut-être à l'écoute, il continue d'adresser des messages désespérés : « Fini s'ils n'ouvrent pas... faut leur dire que j'ai besoin d'oxygène » – ce que Palil interprète aussitôt comme une volonté de se suicider par oxydation (ce « gaz corrosif et vil » qui provoque la rouille est évidemment redouté par les robots). Bientôt, le docteur de service applique la flamme de son chalumeau à arc contre la peau de l'étranger. Les paroles de ce dernier sont de plus en plus confuses, inaudibles, elles montent dans le registre aigu. Palil tente de transcrire le plus fidèlement possible ses impressions :

> Par moments, ce son aigu et plaintif se modulait en mots, sans changer de hauteur.[...]
>
> La note continuait à monter, puis elle dut approcher de la gamme supersonique, au-delà de mes capacités d'audition ou d'enregistrement. Elle cessa brutalement – comme lorsqu'un circuit est coupé. [...]
>
> Je sentis que je n'interviewerais jamais ce splendide étranger de l'espace dans toute sa lucidité.

Lorsqu'enfin le médecin parvient à percer la peau de l'étranger, un nuage de fumée sort de l'orifice. « La fumée s'élevait d'une masse informe, molle, carbonisée, d'une matière bizarre, juste derrière l'ouverture ». Un isolant, sans doute... L'opération s'avère bien sûr un échec, et les robots ne comprendront jamais le mystère de cet étranger : le « cerveau central », dont l'étranger avait prétendu qu'il était dans sa tête, ne révèle pas la moindre trace de conscience. Il n'y a rien, dans la partie avant de ce « corps », qu'un simple calculateur auxiliaire. « Et il n'existe nulle part dans ce corps d'autre centre possible d'intelligence ». Palil, troublé, conclut cependant son récit sur une note émotive. Il est vrai qu'il n'est pas « un scientifique froid et insensible ». Il est reporter ; « un courant chaud parcourt [ses] connexions », et c'est en être sensible qu'il avoue :

> Il y a quelque chose que je voudrais bien oublier. Je ne sais pourquoi cela me bouleverse à ce point. Mais j'arrête toujours le ruban de mon enregistrement avant le moment où la voix de l'étranger devient de plus en plus aiguë, pour cesser brusquement.
>
> Ce son a une certaine qualité qui me fait frémir et penser à la rouille.

L'intensité dramatique saisissante de ce récit est pour beaucoup dans la fascination qu'il opère sur le lecteur. Peu d'écrivains sont par ailleurs allés aussi loin dans leurs « scénarios-catastrophes ». Ici, l'homme est bel et bien rayé de la planète des robots, mais, ironiquement, sa disparition n'est pas due à l'hostilité de ses créatures. Les robots sont pleins de sollicitude et d'égards vis-à-vis de l'étranger, qui leur est simplement devenu, effectivement, inconnu, incompréhensible – étranger. La création artificielle se solde ici, à long terme, par l'élimination tragique de l'homme, désormais inutile. L'être humain ne maîtrise toujours pas la science et sa propre création ; il meurt, triplement victime de la machine : son vaisseau spatial est défaillant ; l'« amnésie » des robots a été programmée par l'ordinateur central, ce que l'astronaute interprète, dans la logique du complexe de Frankenstein, comme la manifestation d'une révolte de la machine ; enfin l'intervention aux conséquences dramatiques des robots chirurgiens marque la fin de l'Homme.

Après des siècles de rapports imaginaires conflictuels, basés sur la peur que lui inspire la création artificielle, il semble donc qu'à l'époque moderne, l'homme rêve d'une coexistence pacifique avec les créatures fabriquées auxquelles il pourrait donner le jour. Dans les récits de science-fiction, nous voyons l'homme de plus en plus fasciné par la parenté étroite qui l'unit au robot ou à l'androïde. L'ambiguïté engendrée par l'apparence humaine parfaite de ce dernier n'est en effet guère supportable.

De son côté, l'homme tend à se rapprocher de plus en plus de sa créature, à se « robotiser ». Les textes du XIXe siècle nous avaient déjà alertés contre ce danger de l'automatisation, et la science-fiction n'a pas manqué d'exploiter largement cette idée, qui aboutit à l'indistinction croissante de l'homme et de l'être artificiel. Mais si cette tendance est inquiétante, la réciproque est en soi rassurante, et c'est de loin le motif le plus développé. Que ce soit dû aux perfectionnements incessants que l'homme apporte à son œuvre, ou à une volonté d'identification propre à l'homme fabriqué, de récit en récit, la créature artificielle tend à s'humaniser davantage. Les auteurs lui concèdent, pas à pas, toutes les caractéristiques qui pouvaient constituer la spécificité humaine, et tous leurs efforts tentent en fait de répondre à la question fondamentale : qu'est-ce que l'homme ? La réponse est évidemment hors de portée...

L'homme, qui se targue d'être un animal doué de raison, baisse vite pavillon devant l'intelligence artificielle, et notamment devant l'imperturbable logique de la machine. Sur ce terrain, il a bien du mal à prendre en défaut robots et androïdes, et ne se tire de situations difficiles que par la ruse. Ce sont d'ailleurs surtout les ordinateurs (non anthropoïdes) auxquels l'homme se mesure de ce point de vue.

Ne pouvant aisément rivaliser avec ses créatures dans ce domaine, l'homme en vient alors à se définir par ce qui le ravale au même rang que tous les êtres vivants : l'instinct. Mais dans une perspective religieuse, l'instinct n'est-il pas, chez l'homme, l'équivalent de la programmation chez la créature artificielle ? Ou bien encore, ne peut-on dire que nous appelons « instincts » l'ensemble des « directives » qui sont inscrites dans notre patrimoine génétique ? L'instinct de conservation propre à tous les êtres vivants est inscrit (moyennant les réserves que l'on sait) dans les Lois de la Robotique. Les auteurs de science-fiction dotent aussi robots et androïdes d'un « instinct » de servitude, et les plus fantaisistes vont jusqu'à les douer de l'instinct (et de la faculté) de reproduction... L'instinct meurtrier ne fait cependant pas partie de leur nature, contrairement à ce que le spectre de la révolte de la créature a longtemps laissé supposer ; sur ce point, la supériorité de l'homme fabriqué est manifeste.

Face à sa créature, l'homme tente aussi de se valoriser par le truchement de critères irrationnels, par la possibilité d'éprouver des émotions, des sentiments. Souvent, en effet, les robots les plus perfectionnés conservent un regard inexpressif, une voix monocorde ; les androïdes sont, sauf exception, incapables de rire, de pleurer. Darwin pensait pour sa part que le rougissement est la plus humaine de toutes les expressions... Les créateurs fictifs, dans leur désir d'humaniser leurs créatures, font donc de la surenchère, et imaginent des robots sensibles, sentimentaux, amoureux.

La conscience de soi, et la spiritualité sont souvent retenues comme des critères humains distinctifs, si bien que les auteurs se voient obligés de doter l'homme fabriqué, lui aussi, de préoccupations ontologiques. Pour devenir « humaines, les créatures artificielles doivent renoncer à leur immortalité potentielle, craindre la mort et concevoir l'idée d'un au-delà. Dans leur angoisse métaphysique, la quête de Dieu devient alors essentielle.

Le suicide, distinct de la simple autodestruction programmée dans des circonstances données, est alors à leur portée. Il implique une anticipation et une certaine idée de la mort, et sert le plus souvent de pierre de touche pour affirmer qu'à l'image de l'homme, la créature artificielle est douée de libre arbitre. Il faut dès lors admettre que dans des circonstances exceptionnelles, robots et androïdes peuvent s'affranchir de leur programmation[1].

Contrairement à leurs frères humains, ils semblent en revanche dépourvus de talents créateurs. La créativité (comme l'humour peut-être), cette autre face de la révolte et de la transgression, serait alors l'apanage de l'homme. Et aussitôt les écrivains s'empressent de mettre en scène des robots artistes, auteurs, compositeurs...

Pied à pied, l'être artificiel finit donc par regagner du terrain sur l'homme, au point parfois de lui ravir le flambeau de la supériorité qu'il s'était arrogé. Dès lors, ne resterait-il donc à l'homme que son imperfection même ?

Un autre point peut cependant permettre à l'homme de se différencier de ses créatures. Libéré – peu ou prou – du complexe de Frankenstein, l'homme a fait du dévouement indéfectible à l'humanité le trait premier des robots et des androïdes. Leur incapacité programmée à transgresser l'ordre leur confère même parfois une docilité à faire rêver les utopistes. Mais cet attachement à l'homme implique aussi l'idée que les créatures artificielles n'ont pas de valeurs propres. Leur raison d'être est l'homme, dont elles ne semblent pas pouvoir se passer.

Au pire, la créature artificielle est le double, le « négatif » de l'homme, envers qui elle assume une fonction cathartique : quand il n'est pas vaincu, le double sert au moins d'exutoire aux pulsions mauvaises de l'homme, et tente de canaliser la violence, le meurtre, la guerre... Bien plus souvent, la créature artificielle est le garant des valeurs humaines fondamentales, qu'elle transmet aux générations futures. Privés de la présence de l'homme, robots et androïdes ont du mal à survivre, et pour marquer à quel point la destinée des deux races

1. Dans certains textes, l'évolution est concédée aux robots et aux androïdes. Dans le domaine « mécano-biologique », cette idée va à l'encontre de la fixité normale de l'espèce, comme le libre arbitre, dans le domaine moral, va à l'encontre de la programmation qui devrait être la norme.

est étroitement liée, les auteurs vont jusqu'à imaginer une création artificielle en chaîne, les créatures de l'homme devenant à leur tour créateurs et reconstruisant l'homme : Genèse, IIIe.

Tous ces récits ne traitent cependant que de la définition générique de l'homme et de la créature artificielle. Que devient, dans tout ceci, l'individualité ? Un homme diffère d'un autre non seulement de façon numérique, mais par un ensemble de caractères qui lui sont propres, par son apparence, sa personnalité. Un robot, un androïde, peuvent-ils être autre chose qu'une unité dans une série, un échantillon, un spécimen reproductibles en de multiples exemplaires – ce qu'illustre d'ailleurs la numérotation dont ils sont invariablement affectés[1] ? Ce présupposé fait évidemment injure à l'imagination féconde des auteurs de science-fiction. La créature artificielle, nous allons le voir, peut être dotée de particularités individuelles, physiques et psychologiques, et ce principe d'individuation est même à la base de bien des satisfactions.

1. Le « prénom » par lequel on les désigne souvent, et qui n'est qu'une déformation de leur matricule, a pour but de les « humaniser » mais ne leur confère en rien une véritable individualité.

Chapitre 3

# *Des créatures de rêve*

Avec le temps, la science-fiction infléchit donc le thème de la création artificielle dans un sens moins tragique. La rupture totale entre l'Homme et sa créature, leitmotiv des récits anciens, devient l'exception ; leur rivalité ne surgit plus au détour de chaque aventure. Au contraire, les écrivains préfèrent jouer de la ressemblance, de la parenté entre l'homme et le robot, l'androïde, en exploitant toutes les pistes que ce motif peut ouvrir. Non contents de souligner que la créature artificielle vaut bien l'homme, à qui elle reste pourtant éternellement dévouée, les auteurs de science-fiction lui confèrent souvent des pouvoirs plus étendus : l'homme en vient ainsi à imaginer que son bonheur dépend de sa créature.

Dans bien des récits, la créature artificielle s'individualise. Elle est même le sosie d'*un* homme (ou d'une femme), sa réplique, sa copie conforme, et grâce à elle, l'être humain tente de réaliser certains de ses rêves...

## DES CRÉATURES FANTASMATIQUES

Une nouvelle poétique de Robert F. Young, *Septembre avait trente jours* [153], traduit bien cette tendance. Pris d'une nostalgie du passé, Danby achète dans un magasin d'antiquités une « institutrice » qui sait de plus « coudre, cuisiner, se rendre utile dans la maison ». Il se heurte cependant à l'hostilité de sa femme, qui n'économise que pour acheter la nouvelle Cadillette, et de son fils, pour qui les cours de « téléducation » valent bien mieux que cette institutrice ringarde. Danby, lui, est sous le charme de cette androïde ravissante et cultivée, qui se révolte contre le remake télévisé des classiques *(Roméo et Juliette, Macbeth, Antigone)* en westerns ou séries policières, et qui lui rappelle le bon vieux temps. Il est au désespoir lorsqu'il doit céder au chantage de sa femme, qui l'a surpris dans le living-room, un bras passé autour des épaules de Miss Jones. Il déconnecte l'androïde, et la rapporte au magasin, sans pouvoir se défaire de l'idée que « c'était comme de commettre un meurtre ». Heureusement pour lui, Danby retrouvera le goût de vivre en se faisant embaucher, le soir, comme serveur dans un *fast-food* qui a racheté Miss Jones. Un sentiment de paix l'envahit aussitôt :

> Une brise de septembre se leva dans la nuit de juin et souffla à travers le stand. Et ce fut comme de retourner de nouveau en classe après un interminable et futile été.

La nostalgie du temps passé a pris, pour Danby, le visage d'un androïde particulier. Mais l'individualisation peut être beaucoup plus nette encore, et les androïdes peuvent malheureusement servir à assouvir de sinistres pulsions. Une nouvelle de Ray Bradbury, *Châtiment sans crime* [27], présente ainsi la mésaventure d'un homme trompé par sa femme et qui s'adresse à une société anonyme permettant à ses clients de se libérer de leurs pulsions meurtrières par effigie, par androïde interposé. Après trois heures de mise au point, on met George Hill en présence de la copie conforme de sa femme, qui fait tout pour le pousser à bout ; il la tue. George Hill sera arrêté, jugé et condamné à mort – pour l'exemple, car les autorités craignent des abus. Le malheureux ignorait la loi du « robot vivant », votée deux mois auparavant...

Alors que la plupart des récits thématisant la ressemblance de l'homme et du robot mettent en scène des copies conformes génériques de l'homme, Ray Bradbury a donc imaginé de mettre au service de son protagoniste une copie conforme d'*un* homme – ou plus précisément d'une femme, nous y reviendrons –, d'un individu particulier.

C'est aussi l'idée qu'exploite Lester del Rey dans une nouvelle troublante parue en 1953, *Cure de Jouvence* [47][1]. Le couple que for-

1. Le titre original : *A Pound of Cure* avait été rendu de manière trop univoque par le même traducteur, Frank Straschitz, dans le n° 187 de *Fiction* : *L'enfant qui ne grandirait jamais. Cure de Jouvence* rend mieux compte du dénouement de la nouvelle.

ment Maryl et Henry connaît des difficultés. Maryl ne supporte pas de ne plus pouvoir avoir d'enfant, et elle a tellement changé que Henry ne retrouve plus la femme qu'il a épousée. Il a parfois l'impression d'avoir davantage d'échanges avec leur bonne-robot, Zenia, dont on notera qu'elle est le double parfait d'une servante humaine qu'ils ont eue jadis à leur service :

> Son corps avait été façonné à son image dans les moindres détails, jusqu'aux petites glandes sudoripares qui couvraient son front de minuscules gouttelettes lorsqu'elle s'activait au-dessus du fourneau.

Dans l'immédiat, Henry n'ose pas révéler à Maryl que leur fils Jimmy, âgé de six ans, et sur qui elle a reporté toute son affection, s'est cassé les deux jambes et qu'il est en convalescence chez sa grand-mère. Maryl ne cesse de le réclamer, et pour la faire patienter, Henry s'adresse au D^r^ Broderick, « expert d'ajustement familial ». Cette société met en effet tout en œuvre pour éduquer la jeune génération et bâtir des êtres humains « sainement adaptés » – et non des névrosés et des psychopathes comme leurs parents. A la demande de Henry, le D^r^ Broderick va donc présenter à sa patiente Maryl un double de Jimmy : le petit valet-robot dont Henry a ordonné le renvoi, et qui a été remodelé pour la circonstance ; ayant bien connu Jimmy, il lui est plus facile de jouer son rôle. Tout fonctionne en effet pour le mieux, et Maryl retrouve sa gaieté. Henry la croit même guérie lorsqu'il découvre qu'elle a percé à jour la supercherie, et s'en est accommodée. Hélas, elle s'est si bien adaptée à la situation qu'elle refuse, peu après, de reprendre son véritable fils, qu'elle repousse brutalement :

> Elle leva la main et lui donna deux énormes gifles qui l'envoyèrent heurter le mur. “Toi !” C'était un cri de rage. “Toi..., oser t'introduire chez nous ! Sors d'ici ! Sors, tu m'entends ? Petit monstre ! Tu crois que je ne sais pas ce que tu vas faire ? Tu crois que je vais te laisser prendre la place de mon petit Jimmy ?”

Et réfugiée dans la chambre d'enfant, elle rassure « son petit Jimmy » :

> Non, ils ne vont pas faire ça. Pas à mon petit robot. [...] Tu seras toujours à moi. Toujours. Tu ne grandiras jamais et tu ne seras jamais vilain avec moi. Tu ne grandiras pas, tu ne me quitteras jamais pour aller avec une autre femme. Tu resteras toujours comme tu es maintenant, un petit garçon à moi, mon gentil petit robot tout à moi !

Le D^r Broderick, appelé au secours, songe surtout à préserver le véritable Jimmy et affirme à Henry qu'il fera le nécessaire pour que l'enfant ne conserve ni souvenirs ni séquelles psychologiques de cette scène traumatisante, à condition que Henry, lui, accepte de repartir à zéro :

> S'il y a une chance sur cent de récupérer Maryl, pourrez-vous la saisir et faire abstraction de ce qui s'est passé ? Pourrez-vous édifier une existence entièrement nouvelle ?

Henry, évidemment, n'hésite pas – et miraculeusement, retrouve le bonheur avec femme et enfant sur la côte Ouest. Il découvrira le piège quatre ans plus tard, en télévisionnant par erreur à son ancien numéro. Sur l'écran, une servante-robot, qui n'est pas Zénia. Et à l'arrière-plan, dans le salon :

> Un petit garçon de six ans, exactement semblable à l'image que son souvenir avait conservée de Jimmy, [...] jouait aux cubes avec une Maryl au visage radieux... Une Maryl vieillie, toutefois, version marquée par les ans de l'épouse qui l'attendait à la maison...

Le D^r Broderick a donc fait d'une pierre deux coups : Maryl, consentante, a préféré l'artifice à la nature, et coule des jours heureux auprès de son petit robot Jimmy ; Henry et son fils, pour leur part, ont été les victimes inconscientes du même subterfuge (Zénia ayant sans doute servi à fabriquer le simulacre de Maryl), et ils y ont trouvé leur compte. En ce qui le concerne, Henry a en la robote Maryl la femme idéale, « la *seule* femme absolument fidèle et compréhensive du monde », toujours jeune et séduisante...

Dans ces conditions, pour un être humain particulier, l'androïde remplace avantageusement un être cher. Contrairement à l'homme, l'androïde est à l'abri des accidents, des changements, à l'abri du vieillissement, de la mort. Psychologiquement, il est toujours égal à lui-même – toujours aimant, toujours fidèle. Il sert admirablement d'exutoire aux rêves les plus fous. Quelle mère n'a pas désiré, en son for intérieur, voir son enfant demeurer *son petit* garçon, *sa petite* fille ? Quel homme n'a pas désiré avoir pour épouse une femme idéale ?

Ce même rêve est repris par Lester del Rey dans un petit chef-d'œuvre du genre publié en 1966, *Helen O'Loy* [49]. Le narrateur, Phil, endocrinologue, et son ami Dave, dont il a fait la connaissance alors qu'il vivotait dans une petite boutique de réparations de robots, éprouvent divers déboires : déboires sentimentaux, tout d'abord, avec deux sœurs jumelles qu'ils fréquentent mais qui les déçoivent bientôt ; déboires domestiques, ensuite, avec leur servante robot Léna (diminutif d'Hélène), dont les circuits s'entrecroisent, au point qu'elle saupoudre les steaks de vanille, sert des brosses frites au petit déjeuner, ou lave la vaisselle dans de l'huile. Ce qui semble manquer à Léna, c'est une dose d'« émotions mécaniques » qui ferait d'elle « le type parfait de l'homme mécanique ». Cependant, tous leurs efforts conjugués pour la perfectionner échouent : « Une ménagère mécanique n'est pas assez complexe ». C'est alors que Phil et Dave décident de faire l'acquisition d'un nouveau modèle utilitaire, pour lequel ils passent une commande spéciale, « avec un assortiment complet de bobines mémorielles ». Leur nouvelle robote est fascinante. « Elle était merveilleuse – un rêve de plastique et de métal coulé » :

> Le plastique et la rubbérite du visage avaient été traités de manière que leur flexibilité permît l'expression des émotions, et elle était même équipée de glandes lacrymales et gustatives, prête à simuler n'importe quelle action humaine...

Le nom d'Hélène semble seul lui convenir – Helen O'Loy[1]. Les deux amis mettent la touche finale à cette merveille en la dotant de glandes mécaniques, destinées à lui conférer des émotions « humaines ».

Phil, en déplacement pour trois semaines, revient alors qu'Hélène a été depuis longtemps animée – et il arrive en plein drame : Hélène est éperdument amoureuse de Dave, qui la fuit obstinément ! En fait, pendant les absences de Dave, l'éducation d'Hélène a été complétée par les émissions sentimentales qu'elle a vues sur le stéréoviseur, et par les livres (d'adolescent) de Phil, si bien qu'au retour de Dave, elle s'est jetée à son cou en murmurant à son oreille d'une « voix roucoulante et frémissante » : « Oh ! Dave chéri ! Tu m'as tellement manqué ! Et je suis si *heureuse* que tu sois revenu ! » « Elle avait appris vite et furieusement – mais il faut dire qu'elle était alimentée en énergie par un atomoteur ». Dave, conscient qu'Hélène n'est qu'une robote, ne peut pourtant parvenir à la traiter comme une vulgaire machine, tant la ressem-

1. Du mot anglais *alloy*, qui désigne un alliage. Le terme rime évidemment avec la dénomination anglaise de la figure mythique : Helen of *Troy*.

blance physique et psychologique avec un être humain est saisissante. Phil essaie en vain de raisonner Hélène, et la brutalise même un peu :

> Ce qu'un homme désire, c'est de la chair et du sang, et non du caoutchouc et du métal.

Mais l'attitude d'Hélène le désarme :

> Non, je vous en prie ! Je ne puis penser à moi de cette manière ; à mes yeux, je suis une femme. Et vous savez à quel point je puis imiter à la perfection une femme réelle... à tous points de vue. Je suis incapable de lui donner des enfants, mais pour ce qui est du reste... J'essaierai de toutes mes forces, et je sais que je serai pour lui une bonne épouse.

En vérité, Hélène est idéale : « En fait, c'était un génie possédant tous les talents d'une femme et d'une mécanique combinées ». Phil lui-même tombe sous le charme d'Hélène ; il pense de plus en plus à elle comme à une jeune fille et reconnaît qu'elle est « une aussi bonne compagne qu'un homme [puisse] désirer ». De son côté, Dave a beau s'éloigner, il ne parvient pas à oublier Hélène, qui, elle, sombre dans la dépression... Finalement, Dave s'avoue vaincu – et pour son bonheur et celui d'Hélène, il passera à ses côtés bien des années heureuses. « Aucune femme ne fit jamais une jeune épouse aussi aimante ni une femme plus douce » – sans compter qu'Hélène est une maîtresse de maison accomplie. En cachette de Dave, Phil, insensiblement, « vieillit » artificiellement Hélène, pour que l'illusion soit parfaite. A la mort de Dave, Hélène annonce à Phil, sans grandiloquence, qu'elle va se suicider, et demande à être enterrée avec Dave, sans que personne soupçonne jamais leur secret. Belle histoire d'amour – qu'égale celle, un peu désenchantée, du célibataire Phil : « ... il n'y avait qu'une Hélène O'Loy ».[1]

Phil et Dave, déçus par l'amour humain, auront donc aimé la même « femme » : une androïde. Ici, l'initiative dans les rapports amoureux revient à la créature artificielle. Telle la Belle qui s'éprend de celui qui la réveille, lui donne ou lui redonne la vie, Hélène cède au charme de Dave. Pygmalion, de son côté, ne résiste pas longtemps à la séduction de la femme qu'il a créée. Le mythe de la femme idéale devient réalité, et ce grâce à une robote. L'artifice l'emporte sur la

1. L'attitude de Phil rappelle celle d'Edison renonçant, après l'animation de Hadaly, à fabriquer d'autres andréides.

nature, à tel point même qu'il n'est plus perçu comme un artifice : les dernières paroles de Phil le prouvent, qui montrent bien qu'il voit en Hélène une femme unique, irremplaçable.

La félicité conjugale n'est cependant pas toujours aussi aisée à atteindre, et la perfection même peut laisser à désirer – car un être parfait n'est pas un être humain. C'est ce que découvre à ses dépens Joe, qui rêvait d'« Une femme sur mesure » [58]. Dans la société décrite par W. Campbell Gault, tout a pourtant été fait pour garantir des unions bien assorties. Le Centre domestique a été créé pour qu'après une période d'essai, tout homme puisse y acheter la femme qui lui convient vraiment (la surpopulation féminine avait en effet instauré une compétition désastreuse entre femmes en quête d'un mari). Mais Joe, éternel insatisfait, ne se contente plus de sa parfaite épouse, Véra : à ses yeux, elle est trop sentimentale, trop pleine de sollicitude à son égard – ennuyeuse, en un mot. Il décide donc de se fabriquer une femme sur mesure – pas un robot parfait, une *femme* parfaite, car pour lui, spécialiste en cybernétique, les robots sont des êtres vivants, ou mieux, les êtres vivants sont comme des machines. Véra, elle, fait encore la différence, et, dans son désespoir d'être répudiée et renvoyée au Centre, elle accuse Joe de n'être, lui, qu' « une stupide machine, insensible à toute émotion ».

Joe, enfin seul, met au point *sa* femme idéale, dont le cerveau, façonné d'après le sien, leur garantira une harmonie conjugale totale. Son androïde, qu'il baptise Alice (« nulle part, il n'avait connu quelqu'un qui portât ce prénom »), nécessitera pourtant quelques séances de mise au point. A un couple de voisins, elle déclare tout de go qu'ils ne sont pas assortis, mais qu'ils ont renoncé à trouver mieux : comme Joe, elle n'aime pas l'hypocrisie ! Son créateur est bien obligé de la remodeler pour lui donner un minimum de tact, indispensable à la vie en société. Il réalisera de même que son rêve d'avoir une femme toujours souriante a des inconvénients : la voir écouter avec un sourire égal une histoire pathétique peut être embarrassant... Avoir une femme trop savante n'est pas non plus un idéal, et ses amis n'apprécient guère d'être battus au bridge par une femme qui y joue pour la première fois et d'écouter en prime une interminable leçon scientifique dont ils n'ont cure. Bref, sa femme « sur mesure », calquée trop soigneusement sur lui, exige de sérieuses révisions. En dernier recours, Joe est bien obligé de se l'avouer : il faut lui donner une personnalité propre. Or, à peine émerge-t-elle de cette dernière intervention qu'elle s'éprend d'un autre que lui, et qu'elle l'accable sans ménagements :

> je vais vous dire ce que vous êtes : un monstre. Vous êtes égocentrique, vaniteux, sans la moindre qualité humaine. Vous êtes une véritable équation ambulante !

Ramené à plus de lucidité, Joe sera bien heureux de retrouver la trop prévenante Véra, la maladroite Véra, la fidèle Véra au nom prédestiné.

On ne saurait manquer de s'apercevoir que toutes ces nouvelles, écrites par des hommes, mettent en fait en scène des créatures artificielles féminines (Miss Jones, l'institutrice d'antan ; le double androïde de Catherine, la femme adultère; le simulacre de Maryl; Hélène O'Loy ; Alice, la femme sur mesure de Joe), et que ces créatures comblent en principe les désirs des hommes qui ont affaire à elles. Les connotations sexuelles sont plus ou moins explicites dans les récits, mais toujours présentes. En réalité, avec la libération grandissante des mœurs, ce motif va être très largement exploité. Cette fois, le thème de la création artificielle ne permet pas seulement à l'homme de se libérer de la servitude de la reproduction ; il lui permet de se libérer de la servitude du désir, d'échapper aux désillusions de l'amour humain, et d'assouvir ses fantasmes les plus inavouables. Du moins le croit-il.

## LES FEMMEQUINS

Quoi de plus simple en apparence que de se procurer une femmequin[1] ? William Rostler, dans une nouvelle publiée en 1970 et intitulée *Livrez-la-moi demain* [120], retrace la démarche de George Ellison, lassé des « naturelles » – « "Naturelle" était un tel contre-mot » –, et qui se

1. Le mot est bien évidemment formé sur le modèle masculin : *mannequin*, lui-même tiré du néerlandais *man* (homme). Le sens premier de *mannequin* désigne une statue articulée, à laquelle on peut donner diverses attitudes (et utilisée par les peintres, les sculpteurs...). Dans la réalité, les ancêtres des « poupées gonflables » ne manquent pas, et on a fabriqué très tôt des simulacres érotiques imitant la forme et l'activité sexuelle humaines. Certaines « poupées de fornication » ou « hommes » et « dames de voyage », comme on les appelait, comportaient des mécanismes ingénieux permettant la reproduction des parties génitales et des différentes phases de l'acte sexuel. L'ancienneté de ces mannequins érotiques est reflétée par exemple dans le *Casanova* de Fellini (1975), où l'on voit le protagoniste en compagnie d'une belle créature artificielle.

rend chez « Femmequin International » pour faire son choix. Certes, on ne peut acheter des enfants femmequins ; les enfants, il faut les faire soi-même... « A condition de trouver une naturelle qu'on puisse supporter plus d'une soirée ».[1] En revanche, chez « Femmequins », on trouve « le monde de l'imaginaire devenu vrai. Le paradis à portée de la main. La femme de vos rêves s'y [trouve], juste pour vous, faite à la demande, minutieusement ». Mais que prendre ? « Quelque chose de tapageur muni de tous les accessoires de luxe ? Une brune posée avec cœur au ventre incorporé, qui puisse le soutenir ? Un article intermédiaire ? » Heureusement, le catalogue est épais, et les conseillères compétentes. George Ellison passe commande, après avoir ouvert son cœur à la conseillère femmequin :

> Donnez-moi un rêve.
> Enveloppez-le-moi.
> Fabriquez-moi un saturateur de désir.
> Livrez-le-moi demain.
> Et ajoutez-y tout ce qui est nécessaire pour que chacun pense que c'est la réalité. Cela aussi doit faire partie du colis.

En sortant du magasin, Ellison se sent excité. Excité – mais « triste, comme s'il avait été surpris en train de faire quelque chose d'un peu sale ». Décidément, s'adresser à « Femmequin international », comme jadis à une agence matrimoniale, n'est pas chose facile...

Dans un registre humoristique et un peu plus osé, Gérard Klein nous rapporte en 1968 la mésaventure d'*Un gentleman* [78], tombé éperdument amoureux d'une ravissante jeune femme, Louella, hélas totalement dépourvue d'éducation, chose impensable en ce XXIII^e^ siècle où une exquise courtoisie régit les rapports entre les sexes. Mais l'amour ne se commande pas, et si notre héros se félicite d'avoir échappé à une telle nymphomane, il en perd pourtant le sommeil. La solution miraculeuse lui apparaît au cours d'une soirée où un de ses interlocuteurs lui épargne « le ridicule de baiser les doigts d'une machine » en l'arrêtant : « Inutile, c'est un femmequin ». En dépit de l'article masculin, qui tend à réifier la créature, notre héros n'ignore

1. Dans la création artificielle, la femme n'a aucun rôle à jouer dans la reproduction, et le femmequin la remplace dans l'érotique. Elle tend ainsi à être éliminée de la vie sexuelle. William Rostler est un des rares auteurs qui semble s'apercevoir que la femme demeure nécessaire pour la propagation de l'espèce... des créateurs !

pas que les femmequins sont « féminins de la pointe des cheveux à l'extrémité des ongles » :

> Seul l'intérieur différait, mais qui se soucie des organes digestifs, respiratoires et circulatoires d'une femme ? Un femmequin pouvait manifester toutes les attitudes, tous les comportements, toutes les émotions d'une femme véritable.

En fait, les femmequins sont l'exutoire indispensable aux hommes un peu moins bien élevés que notre héros, qui ne supporteraient pas, sans cela, les prévenances et cours interminables, de rigueur dans cette société. Il existe aussi, heureusement, des mannequins... Ce qui étonne notre amoureux transi, est cependant de rencontrer un femmequin dans le monde – question de savoir-vivre. Mais son interlocuteur le renseigne en précisant :

> Oh ! je ne le sors que parce qu'il s'agit d'un modèle exclusif. Aucune femme ne risque de s'y reconnaître. Il a été modelé d'après un rêve que je faisais trop régulièrement.

Merveille ! Notre héros s'empresse de viphoner à la société Leiber et passe commande de son modèle exclusif. « Il aurait une Louella parfaite, car les roboticiens élimineraient toute la vulgarité qui déparait le modèle. »

Le jour de la livraison, monsieur Sabanofolulo a le cœur battant et brûle d'impatience de voir le femmequin animé. Le technicien se dérobe cependant à sa demande :

> Un femmequin est construit pour manifester un attachement exclusif à celui qui le met en marche. Vous devez l'animer vous-même.

Et le livreur lui remet le manuel d'utilisation, avant de s'éclipser discrètement. Notre Pygmalion s'émerveille de cette trouvaille : « On éveillait soi-même l'image que l'on aimait et, à jamais, tendrement, elle vous en était reconnaissante ». Et il cherche l'interrupteur – en vain. Consulte le manuel, et blémit :

> Les créateurs du femmequin étaient soucieux de perfection. Ils avaient voulu qu'extérieurement le femmequin ne se distinguât en rien d'une femme véritable. Ils avaient cherché dans quel endroit secret ils pourraient loger l'interrupteur afin qu'il ne gênât en rien un homme normal. Et ils avaient trouvé.

Mais notre héros sait bien qu'il est un parfait gentleman...

Ainsi, ce petit supplément magique que possède le femmequin, l'interrupteur que l'on peut presser à loisir pour rendre la créature à l'immobilité, ne plus entendre ses jérémiades..., est la cause du malheur de monsieur Sabanofolulo, qui n'osera jamais animer la femme « idéale ».

Si M. Sabanofolulo est condamné à vivre frustré, d'autres en revanche ne risquent pas de voir leurs désirs inassouvis. Les androïdes les plus efficaces peuvent en effet se révéler importuns, comme en témoigne la nouvelle de Claude J. Legrand publiée en 1967, *Androïdes tous usages* [82]. Sur un astéroïde, une femme gardien d'un spatio-phare attend l'arrivée du spationef amenant celle qui doit la remplacer. Pour l'aider à passer le temps, on lui a fourni un androïde, « ce partenaire, ce compagnon que la Gardienne pouvait programmer à sa convenance en domestique zélé, en amant infatigable ou en partenaire d'échecs. L'homme idéal, modifiable à la demande, et que l'on pouvait oublier ensuite dans un coin durant des heures, des jours ou des semaines ». La veille au soir, elle a joué les Cléopâtre dans les bras de Marc-Antoine. Pour varier les plaisirs et satisfaire une pulsion masochiste, elle sera cette nuit Sally, aux mains du gangster machiste Buck. Un avant-goût de *Requiem pour une oie blanche* lui donne un frisson de délicieuse anticipation :

> Brisée de fatigue, anéantie par le sentiment de sa propre dégradation, la jeune fille avait fini par accepter la loi de son ravisseur. Elle se pliait à ses caprices, cédait à son désir physique sans cesse renouvelé, accomplissait comme un automate les besognes domestiques requises par leur claustration dans cette bicoque déserte...

Lhéa insère donc une matrice « dans l'alvéole placée entre les omoplates musclées de EGG. Comme un sphincter de matière vivante, l'indestructible plastiderme se referma sur le délicat bloc magnétique, ne laissant dépasser qu'un simple ergot qui permettrait de le retirer ».

Quelques heures plus tard, heureuse, comblée, Lhéa passe les bras autour du cou de l'androïde et cherche l'ergot minuscule : le jeu a assez duré, et il faut savoir s'arrêter. Mais – plus d'ergot, pas la moindre trace de fissure...

> Buck-EGG l'écrasa contre lui et l'embrassa à pleine bouche. « T'en veux encore, poulette... ? »

Six semaines, trois jours et onze heures avant la relève. L'attente menace d'être longue !

Les histoires d'interrupteurs défaillants abondent, illustrant les déboires rencontrés par les êtres humains dans leurs contacts intimes avec leurs créatures. Certains hommes imaginent cependant une autre utilisation de l'androïde ; ils veulent eux aussi assouvir leurs fantasmes par créature artificielle interposée, mais loin de songer à se procurer une copie idéalisée de la femme aimée, ou une partenaire reprogrammable à volonté, ils entreprennent de satisfaire certains désirs en commandant leur propre sosie.

Du crime passionnel illustré par la nouvelle de Bradbury[1], on passe au crime sexuel, le sosie servant dans ce cas à assouvir une vengeance – à condition qu'aucun incident ne vienne perturber la machination. Rita Bruhl, la femme fatale de *Femmequin n° 973* [84], publié par Fritz Leiber en 1959, n'a jamais admis le mariage du brillant John Gottschalk avec la timide Louise. John a peur des femmes, elle en est persuadée, et n'a épousé cette jeune fille effacée que parce qu'elle ne lui inspire, précisément, aucune crainte. Rita est styliste chez un grand fabricant de femmequins, et retire de son travail une satisfaction intense et quelque peu perverse. Elle met toujours un peu d'elle-même dans chaque créature, ne serait-ce qu'une expression, un geste, et ainsi elle se donne « à différents hommes, sous une forme chaque fois nouvelle, sans les désagréments d'un contact physique ni les inconvénients des histoires sentimentales ». Pour se venger de John, elle a son plan. Puisqu'il vient lui aussi de commander un femmequin, elle lui enverra un modèle spécial, beaucoup plus puissant que les autres, et dûment « armé ». Le jour de la livraison, le femmequin s'élance d'un bond hors de son cercueil[2], étreint sa victime de ses bras d'acier et murmure à son oreille :

1. *Châtiment sans crime*, voir *supra*, p. 264.

2. On notera que dans ce récit, comme dans bien d'autres, les femmequins sont livrés inanimés, dans une longue caisse oblongue dont la forme rappelle étrangement celle d'un cercueil. Le mot est ici explicitement prononcé, et commenté de la façon suivante : « Ceci facilitait la tâche du représentant chargé de les accompagner et de les protéger contre la curiosité. En outre, des cercueils modernes, rembourrés et tapissés de satin rose à l'intérieur, étaient un raffinement élégant et des écrins de prix tout à fait appropriés à ces robots féminins. » Curieux écrins... Cet usage souligne davantage le caractère sacrilège et contre nature de la création artificielle : alors que la femme passe de vie à trépas et trouve dans le cercueil son lit mortuaire, le femmequin passe du néant à la vie dans ce qui est pour elle un berceau.

Certains individus éprouvent une fascination érotique devant des statues ou des mannequins, ou ne doivent leur stimulation sexuelle qu'à la passivité de leur partenaire. Les femmequins peuvent eux aussi être rendus à l'inertie, et peut-être faut-il voir dans leur mode de transport insolite l'expression symbolique d'un fantasme de nécrophilie.

> Je sais que toutes les femmes te font peur. Et moi plus que toutes les autres. [...] Tu n'es qu'un...

Mais John n'était pas là pour réceptionner le colis, et c'est la pauvre Louise, «défaillante sous l'étreinte de caoutchouc et d'acier», qui entend «le grincement métallique et bref, comme le femmequin n° 973 lui [crie] :

> ...Ennuque !

Plus souvent, le sosie commandé par l'homme n'a d'autre but que de lui permettre, en gagnant ainsi le don d'ubiquité, de se libérer pour d'autres tâches... *Le robot qui me ressemblait* [124], de Robert Sheckley, traite ce motif sur le mode humoristique et satirique. Dans une société new-yorkaise futuriste, un jeune homme, Charles Watson, mène la vie typique d'un cadre obsédé par la productivité. Toutes ses activités sont programmées – y compris trois heures hebdomadaires consacrées au sexe, deux pour les soirées amicales, et deux autres pour les loisirs –, l'essentiel de son temps, évidemment, étant voué au travail.

Charles a décidé de se marier à trente-deux ans et cinq mois, par l'intermédiaire d'une agence matrimoniale. Mais un incident vient troubler cette programmation minutieuse : il s'éprend d'une ravissante jeune fille, hélas entichée de traditions, et qui s'attend, comme M. Sabanofolulo, à une cour en règle : au moins trois soirées par semaine, et ce deux mois durant. A l'impossible, nul n'est tenu : Charles fait appel aux services du Roborama Snaithe, qui lui confectionne un humanoïde à son image, un «robot individualisé à exemplaire unique», de contrebande, «sans les poinçons au front et aux mains exigés par le gouvernement». La créature est une sorte d'intermédiaire entre le robot et l'androïde, mais la ressemblance est totale :

> Physiquement c'était *moi*, mon double parfait, trait pour trait, jusqu'au grain de peau et à la texture des cheveux.

Charles II, capable de reproduire tous les schémas de comportement de son maître, est envoyé en mission galante, et son propriétaire contrôle de temps à autre le bon déroulement des opérations, grâce à une caméra miniature dissimulée dans l'œil gauche du robot. Les sensations «par procuration» valent bien les impressions authentiques. Point de voyeurisme, d'ailleurs, puisque c'est lui-même que Charles contemple. Il assouvit ainsi un fantasme bien connu : se voir soi-même en action... étant entendu que le robot a été programmé pour ne pas franchir une certaine limite d'intimité physique.

> Bien sûr, tout cela se passait avec mon robot ; seulement celui-ci était tellement un aspect, un prolongement de moi-même – mon ombre, mon jumeau, mon double, mon âme, une projection de mon ego dans une situation particulière, que tout ce qui lui arrivait entrait dans mon vécu.

Au terme des deux mois prévus, Charles envoie son double à un dernier rendez-vous avant la demande en mariage ; mais, on l'a deviné, ce soir-là, le robot outrepasse la permission de minuit. Il découche, à n'en pas douter. Pas d'enregistrement, rien.

Au matin, Charles se précipite chez Elaine, prêche le faux pour savoir le vrai, et la démasque : elle aussi a chargé un robot, Elaine II, d'aller aux rendez-vous. De toute évidence, les deux robots ont dû se reprogrammer mutuellement, se sont plu, et ont fugué sur une planète lointaine. Voilà pourquoi la relation avait pris un tour passionnel dont Charles se croyait incapable ! Les androïdes ont en réalité pris la relève de l'homme : eux ont retrouvé le sens de l'amour et de la liberté.

Cependant, tout est bien qui finit bien. Charles et Elaine se marient. Comprenant que leur civilisation est « trop préoccupée de rendement, et oublieuse des plaisirs d'antan », ils s'accordent même chaque jour une heure supplémentaire pour profiter l'un de l'autre. Une nuit, pourtant, Elaine fait un cauchemar horrible. Dans son rêve,

> Elaine II et Charles II étaient en réalité les humains qui avaient fui la Terre et son impitoyable civilisation, pour se réfugier sur un monde plus accueillant. Et nous, bien sûr, nous étions les deux androïdes qu'ils avaient laissés à leur place et programmés pour qu'ils se croient humains.

L'homme et l'androïde sont tellement semblables qu'ils en viennent à douter de leur identité.

Ce temps libre gagné grâce au sosie est évidemment propice aux infidélités, et c'est même surtout dans ce but que les androïdes sont achetés. C'est encore une créature hybride, son sosie, que Braling commande à « Automates, société anonyme », dans la nouvelle de Ray Bradbury du même nom [25]. Son épouse acariâtre lui pèse décidément trop, et il a décidé de s'offrir le voyage à Rio dont il rêve depuis dix ans. En son absence, l'automate *(sic)* tiendra compagnie à sa femme. Mais on ne saurait refuser un service à un vieil ami : Smith, lui aussi, rêve de s'accorder quelques moments de liberté, loin de son épouse possessive et amoureuse comme au premier jour ; ce dernier mois encore, elle l'a aimé plus ardemment que jamais, et ne lui a pas laissé une minute de répit... En possession de la bonne adresse, il se procure donc, lui aussi, un remplaçant.

L'aventure tournera cependant mal pour les deux complices. Smith, pris d'un soupçon, place son oreille contre le sein rose et ferme de sa femme et entend, horrifié, un « tic-tic-tic » révélateur. De son côté, Braling se heurte à la révolte de sa créature, qui ne supporte pas d'être enfermée, vivante, dans une caisse à outils, en dehors de ses heures de service. Qui plus est, l'automate est amoureux de la femme de Braling, et une lune de miel à Rio... Braling se retrouve ainsi enfermé dans la caisse à outils, dont l'automate a bien l'intention de perdre la clé, tandis que Mme Braling, surprise, émue, est tirée du sommeil, pour la première fois depuis des années, par un baiser sur la joue.

Bradbury, moins sexiste que ses confrères, a du moins fait des femmes les grandes gagnantes de cette histoire.

Il y a décidément dans la vie pléthore d'hommes malheureux en ménage, comme en témoigne encore le héros de la nouvelle *Ces androïdes* [99], de Alan E. Nourse. Georges Faircloth, lassé de la vie conjugale auprès de son épouse jolie mais elle aussi acariâtre et jalouse, ne peut recourir au divorce, désormais hors de prix. Il se décide donc à acheter un Ego Prime, au marché noir, car pour ceux qui sont autorisés, les conditions d'utilisation sont trop restrictives. On prend donc ses mesures – *toutes* ses mensurations – avec le plus grand soin, il passe ensuite au laboratoire, et le résultat est parfait. Le système neurologique du Prime a été calqué sur le sien, et l'androïde a donc les mêmes pensées que lui. Rien ne les différencie, si ce n'est que le Prime n'a pas de libre arbitre : il se contente d'exécuter les ordres de Georges. Extérieurement, la ressemblance est sans faille : mêmes manières, même voix... Jusqu'aux empreintes digitales qui sont identiques. Un seul détail distingue le Prime, invisible pour toute personne non avertie :

> il s'agissait d'une légère dépression, grande à peine comme le bout du doigt et dissimulée par les cheveux au-dessus de l'oreille droite. Sa raison d'être : il suffisait d'y faire une légère pression de l'index pour immobiliser Georges Prime.

L'usage auquel Georges Faircloth destine son androïde est évident : il le remplacera auprès de sa femme, tandis que lui, enfin libre, s'offrira diverses aventures. Lorsqu'il le veut, il rappelle son Prime qui, à la première opportunité plausible, s'éclipse ; Georges reprend sa place – et le tour est joué. Ni vu ni connu.

Au début, tout fonctionne à merveille. Georges Prime et Marge s'époumonent en scènes de ménage à répétition, et à distance, Georges trouve cela plutôt comique. Peu à peu, cependant, le Prime semble avoir une heureuse influence sur Marge : elle se montre plus conciliante, affectueuse même, aimante ; elle va jusqu'à se plaindre à Georges de sa froideur – occasionnelle. Georges a vite la preuve que le Prime a outrepassé ses consignes, lorsqu'il doit passer une nuit à grelotter dans son atelier, où il relègue d'ordinaire son androïde à l'état de veille : la « première opportunité plausible » pour quitter Marge ne s'est, aux dires du Prime, présentée qu'à l'aube... Décidé à renvoyer son sosie au laboratoire pour révision, Georges est pris de court. Son double a vidé son compte en banque et retenu deux places d'avion pour les Bermudes : Marge va avoir la seconde lune de miel dont elle rêvait depuis toujours. De toute évidence, son « Prime super-luxe » ne peut avoir agi de la sorte sans intervention humaine : Marge a dû percer le mystère à jour, et diriger les actions de l'androïde.

Voici en tout cas Georges battu à son propre jeu, humilié : « apprendre que [sa] femme [l'] avait plaqué pour une sorte de machine n'était pas flatteur pour [son] amour-propre... » C'est alors que Marge réapparait, plus souriante, plus aimante que jamais : bien sûr, elle a percé le stratagème à jour depuis longtemps, mais elle n'allait tout de même pas s'enfuir avec un « produit de laboratoire » ! Blottie dans les bras de Georges, elle roucoule :

> C'est fou ce qu'il vous ressemblait, chéri ! Mais je savais qu'il n'était pas vous, et jamais je n'aurais permis qu'il y eût quoi que ce soit entre lui et moi. C'était vous que je voulais, chéri, rien que vous ! Jamais, auparavant, je ne vous avais apprécié à ce point...

Quel baume pour l'amour-propre de Georges. Pourtant, alors qu'il embrasse sa femme enfin retrouvée et lui caresse les cheveux, ses doigts, derrière l'oreille droite, sentent une légère dépression...

A trompeur, trompeur et demi. Mais Georges Faircloth lui non plus n'a pas perdu au change. La nouvelle Marge vaut mieux que l'ancienne, cent fois mieux que toutes les femmes qu'il a pu connaître :

> Elle cuisine à la perfection et est constamment aux petits soins pour moi. Elle m'apprécie à un point inimaginable, ce qui n'est pas désagréable pour un amour-propre masculin. Et je sais que je serai ainsi apprécié à cent pour cent tant que je le voudrai. S'il se produit un petit relâchement, il ne sera, en effet, que temporaire, puisqu'il me suffira d'envoyer Marge Prime pendant quelque temps au laboratoire pour que tout rentre dans l'ordre.

Heureux Georges ! Heureux ces hommes que leur femmequin dispense de subir les sautes d'humeur et les caprices d'une femme ; heureuses ces femmes à qui leur mannequin prodigue toutes ses attentions, comme au premier jour !

Grâce à ces *alter ego,* l'amour propre masculin peut enfin être satisfait, et ses rêves de puissance sexuelle assouvis – sans coup férir. Dans la nouvelle de Bradbury intitulée *Changeling* [26], un homme riche lassé par sa maîtresse et avide de solitude achète assez de répliques de lui-même pour contenter six femmes, et se taille ainsi une réputation de Casanova à bon compte.

Créatures de rêve, robots érotiques ou « érobots », selon la terminologie de Stanislas Lem, semblent donc parfois apporter toutes satisfactions. Cependant, à la fin du compte, les relations avec ces objets de consommation sont souvent difficiles. Amour et sexualité s'avèrent inextricablement mêlés, et l'homme n'est même pas libéré de l'imbroglio sentimental qu'il fuyait dans les amours artificielles. Le jeune héros de *La ceinture du robot* [52], d'Yves Dermèze (1955), fait en quelque sorte son éducation sentimentale au début du XXIV^e^ siècle. Dans son journal intime, il retrace sa stupéfaction à la découverte des mœurs des primitifs du XX^e^ siècle. La vie familiale, et en particulier la vie de couple – entre humains – lui apparaît révoltante de bestialité. Depuis la Catastrophe de 1993, les structures de la société ont totalement changé : « Chaque homme a été pourvu d'un robot-femelle, chaque femme d'un robot-mâle », ces créatures pouvant évidemment être prêtées occasionnellement, si leur propriétaire n'en a pas l'usage. Les enfants, eux, sont fabriqués sur commande à l'Institut spécialisé. La reproduction de la race humaine est donc « artificielle », totalement dissociée de l'acte sexuel. Et le désir sexuel est comblé par ces androïdes rigoureusement parfaits, contrairement aux humains, et appropriés à cet usage. «On n'éprouve évidemment aucune gêne devant un mécanisme, à quelque besogne qu'il serve». Voilà donc l'homme libéré de ces pratiques animales...

Or, le jeune Kurt s'aperçoit bientôt, à sa grande confusion, qu'il s'est habitué à sa femme-robot, Greta, au point d'en être jaloux, et lorsqu'il décide de s'en séparer pour quelque temps, afin de se guérir de ce syndrome primitif indigne de lui, il va même jusqu'à prendre une précaution d'une autre époque : il affuble son robot d'une ceinture de chasteté en plastique inviolable, et pourvue d'une unique clé... qui disparaît mystérieusement.

Cette perte le soucie évidemment. Mais il découvre, pendant l'absence de Greta, sa propre naïveté. A en croire l'élite, les robots sexuels sont «une religion pour le peuple», des pis-aller, et rien ne vaut une «femme de chair»... Voilà donc Kurt qui brave l'interdit et découvre les charmes d'une de ses collègues humaines, Héléna.

Il serait au septième ciel... s'il n'apprenait que son voisin, Svan, et Greta filaient depuis longtemps le parfait amour sous ses yeux, et que Greta a subtilisé la fameuse clé «*pour son propre usage* ! ».

Ici, cette «infidélité» du robot s'explique par une erreur humaine. Les robots sexuels perfectionnés, comme Greta, ont été dotés d'un système de réactions (émotives) qui rapproche étrangement leurs attitudes du comportement humain, et à la suite d'un mauvais réglage de fréquence, Greta s'est trouvée mieux synchronisée sur la longueur d'onde de Svan que sur celle de Kurt. Une ombre de jalousie vient pourtant assombrir le plaisir tout humain du nouveau membre de l'Élite... Amour bestial avec une humaine ? amour aseptisé avec une androïde ? Entre les deux, son cœur balance.

D'autres «consommateurs» sont pour leur part totalement floués, car les femmequins réservent parfois de désagréables surprises. Le héros de *Simulacres* [149], une nouvelle publiée par Jack Williamson en 1954, va le découvrir à ses dépens. Pip Chimberley, cybernéticien spécialiste en dépannages, est prié par le Conseil d'administration de la Solar Chemistics, Inc. d'enquêter sur une étonnante «avarie». Comme il est d'usage à cette époque dans toutes les entreprises, les humains ont été écartés des postes de direction ; mais Athena Sue, l'ordinateur directorial mécanique de la société, s'est mise soudain à produire en série et à commercialiser des «simulacres vivants», des êtres humains synthétiques. A son arrivée à l'aéroport, Pip Chimberley est confronté à Guinevère, le simulacre dernier cri – et malgré sa méfiance à l'égard de la gent féminine, il ne peut résister à son charme : il achète Guinevère au prix spécial de lancement, avec sa valise d'accessoires. Comme ses semblables, ce simulacre n'est que le duplicata d'une simple fille de ferme, Gussie Schepps, élue naguère Miss Chemistics. La notoriété acquise par la plus belle femme du monde lors de ce concours de beauté s'est accompagnée de la fortune (puisqu'on lui verse des royalties pour chaque simulacre vendu) et d'une quasi-immortalité : à partir de quelques cellules de tissu prélevées en laboratoire sur son corps, et servant d'échantillon génétique complet, la Société Solar est en effet capable de dupliquer la femme idéale à l'infini... Quelle est, cependant, la raison de cette création ? Comment expliquer les réactions hystériques de la foule depuis la commercialisation des simulacres, les incendies volontaires, les scènes d'émeute ? Jalousie des femmes envers leurs superbes rivales artificielles ?

La réponse est plus complexe. Pip Chimberley découvre qu'Athena Sue, l'ordinateur directorial, a été victime d'un sabotage. L'ex.-PDG humain de la Société, un certain Matt Skane, furieux d'avoir été dépossédé du pouvoir et ravalé au rang de simple gardien de l'usine, a programmé Athena Sue de façon qu'elle mette au point un projet dont l'exécution entraînerait la mise hors service de l'ordinateur. Ayant discrédité la machine directoriale, l'homme reprend en effet le contrôle de la Société. Il a cependant compté sans l'indignation de Pip, qui entend bien établir la vérité. Mais quand l'ingénieur cybernéticien se hâte, quelques heures plus tard, vers le motel où il a laissé Guinevère, il se retrouve en face d'une « hideuse vieille ». En machiavélique analyste du marché, Matt Skane a inclus dans la programmation d'Athena Sue la décrépitude accélérée du simulacre, indispensable pour garantir une demande continuelle ! Cette tromperie sur la marchandise explique évidemment les réactions hostiles de la foule devant ce piège commercial. Car une solution est bien sûr prévue : tout consommateur peut en principe rapporter son simulacre usé à la machine distributrice qui le lui a vendu, et acquérir le modèle du jour, en bénéficiant d'une reprise avantageuse. Mais depuis que Matt Skane a repris les rênes du pouvoir, Athena Sue a été déconnectée, et les machines distributrices sont hors service. L'histoire ne dit pas ce que tous ces consommateurs mâles font de leurs créatures du cinquième âge...

Dans cette nouvelle, contrairement à ce qui se passe d'ordinaire, la créature artificielle est plus «périssable» que l'être humain, et si le simulacre l'emporte sur la femme naturelle, c'est seulement par l'accélération du processus du vieillissement ! La vétusté programmée de Guinevère donne ainsi un goût amer au rêve d'immortalité caressé par Miss Chemistics. La malheureuse n'a guère conquis, par duplicata interposés, que le triste privilège conféré aux Struldbruggs de Swift. Ce récit humoristique est en réalité une peinture féroce de notre société de consommation, et il présente une variante originale sur le motif du femmequin : dans une logique de rentabilité, la créature artificielle, qui n'est en somme qu'un produit manufacturé, destiné à la consommation, est traitée en tant que telle – et a d'ailleurs le statut légal d'objet mobilier. Le sort qui lui est réservé reflète ironiquement le statut de femme-objet dont se plaignent ses modèles humains.

Ces exemples donnent une idée du foisonnement de récits autour du motif des relations sexuelles unissant l'être humain et l'androïde. La fantaisie est parfois au pouvoir, la vulgarité plus souvent au rendez-vous, comme en témoignent les «machines à baiser»[1] *(sic)* dont la perte laisse leur utilisateur inconsolable, ou autres «machines d'amour»[2] – d'ailleurs pas toujours humanoïdes – qui susurrent à l'oreille de l'homme ou de la femme éperdus : «Et quand je vous fais ça, vous sentez quelque chose ?»

On notera que presque toutes ces histoires se terminent, sinon par un fiasco, du moins par bien des déconvenues. Les créatures artificielles semblent être, autant que leurs homologues humains, à la source de multiples problèmes. Les hommes ou les femmes ne contrôlent pas toujours leur robot sexuel, et, telle Lhéa, se retrouvent parfois – du moins provisoirement – l'automate de leur créature artificielle. Les problèmes techniques (de réglage, d'interrupteur) dissimulent mal les réticences de l'être humain à s'abandonner à une machine. En dépit de leurs imperfections et de la difficulté d'établir des relations humaines durablement harmonieuses, les «naturels» s'avèrent en général être un moindre mal.

Mais qu'en est-il de l'amour entre créatures artificielles ? Si l'amour

1. Nouvelle de Charles Bukowski, *in Contes de la folie ordinaire* [29].
2. Nouvelle de Ian Watson [144].

entre deux êtres humains se détériore généralement avec le temps, si les relations amoureuses et sexuelles entre humains et androïdes laissent elles aussi à désirer, peut-être les couples d'androïdes, ces êtres théoriquement dépourvus de tous nos défauts, ont-ils plus de chances de succès ? Nous n'en sommes plus à une invraisemblance près...

Paradoxalement, il ne semble guère y avoir beaucoup d'obsédés sexuels ou de nymphomanes artificiels, et les androïdes rêvent bien plutôt du grand Amour. Mais les idylles sont rares, et tragiques. Dans *Les robots aiment aussi* [152], de Robert F. Young (1957), « Betty ne vivait que pour les instants qu'elle passait auprès de Bob et Bob ne vivait que pour les instants qu'il passait auprès de Betty ». Ces deux amoureux sont en fait deux anciens androïdes-poètes, deux modèles vétustes faits sur commande pour une vieille excentrique, rachetés dans une vente aux enchères par le riche M. Wade, et reprogrammés pour être respectivement bonne et maître d'hôtel. Ils passent malheureusement leur temps à se chuchoter des vers[1] que M. Wade qualifie de « fadaises » (car lui aussi, à sa façon, taquine la muse et compose des poèmes – publicitaires). Inutile de dire que le service en souffre. Mais leur amour est le plus fort – un amour avec lequel peut seul rivaliser celui de l'androïde-chauffeur Charley pour la Cadillac en or de M. Wade, passion dont celui-ci fera les frais. Les deux androïdes-poètes, eux, feront une fugue pour éviter d'être déconnectés, et connaîtront une fin tragique sur l'autoroute toute proche. Il faut dire qu'ils vivaient dans « un monde où il n'y avait plus place pour eux », ni pour la véritable poésie.

Les amours entre robots ne donnent pour le reste naissance qu'à de médiocres variations : après un véritable coup de foudre et quelques semaines de « folâtreries avec les sections métalliques du partenaire », Dan p'tite-tête de tôle et Nauna[2] se lassent l'un de l'autre, comme tant d'autres couples, et leur liaison se termine sur un crime passionnel, le robot déconnectant la « femme » qui a ruiné sa vie. En fait, dans la mesure où leurs relations évoluent de façon autonome, les amoureux synthétiques n'intéressent personne. Leur histoire ne se prête qu'à la fantaisie – si l'on peut ainsi qualifier des narrations souvent très pauvres.

1. Leurs noms sont évidemment des diminutifs des prénoms d'Elizabeth et Robert Browning, le célèbre couple de poètes victoriens dont Betty et Bob récitent d'ailleurs les vers.

2. *In Sexe à piles et pannes de cœur*, de David R. Bunch (1964).

L'individualisation des créatures artificielles permet donc de développer le motif des relations affectives, amoureuses ou sexuelles que les humains peuvent établir avec elles. Déçu par les relations « humaines », l'homme choisit sciemment l'artifice, le subterfuge. Il tente de mettre au point, ou commande, dans le commerce, la partenaire rêvée, ou se fait fabriquer une réplique idéalisée de la femme aimée, quand il ne décide pas de tenter lui-même sa chance par copie conforme interposée. Notre société de consommation offre toutes les possibilités, et comme dans la confection, on peut opter pour l'androïde « prêt à porter » ou pour l'androïde « sur mesure ». La ressemblance avec l'être humain est garantie jusque dans les moindres détails, et l'homme est souvent dupe de ces imitations parfaites, qu'il prend pour leur modèle.

En recourant aux créatures artificielles, l'homme a l'illusion qu'il parviendra à réaliser certains de ses fantasmes. Il rêve avant tout de l'éternel amour, quel que soit le sens que l'on donne à ce terme. Et précisément la créature artificielle semble offrir une garantie d'immutabilité. Physiquement, elle ne change pas : elle ne s'« use » pas[1], ne vieillit pas, ne meurt pas[2]. Psychologiquement, l'androïde ne change pas davantage : toujours aimant, il est le modèle de la fidélité. Mais pour les amateurs de variété, il peut tout aussi bien être programmé à volonté, et son heureux propriétaire peut ainsi se targuer de posséder toutes les femmes en une. *A priori,* il n'y a pas de limites à ce que l'on peut désirer. Les rêves amoureux et érotiques les plus fous semblent à portée de la main : voici enfin la compagne parfaitement accordée à son partenaire, l'idéal masculin sans précédent qui unit chez un même androïde l'amante passionnée et la maîtresse de maison accomplie ![3]

Voici enfin un être que l'on peut véritablement posséder, dans tous

1. Cette allégation est à vrai dire non fondée. Une main en silicone, telle que pourrait en posséder un androïde, peut atteindre à la perfection esthétique, allant jusqu'à reproduire les sillons de la peau, les empreintes digitales, etc. Mais elle s'use par le simple frottement des doigts sur un tissu, par exemple, et doit être fréquemment remplacée... La main humaine, elle, s'autorépare sans cesse. Tout au plus pourrait-on dire que les composants d'un androïde sont remplaçables à volonté, sans limitation de durée.

2. Ces avantages peuvent se révéler, à la longue, indésirables. Afin de préserver l'illusion du réel, il faut souvent « vieillir » artificiellement les androïdes, et dans le cas d'un amour partagé, la mort de l'être humain ne peut qu'entraîner le suicide de l'être artificiel, voué sans cela à un désespoir éternel.

3. Il existe, nous l'avons vu, quelques « mannequins ». Mais ce sont surtout les fantasmes masculins qui trouvent à s'exprimer dans ces récits.

les sens du terme, une créature dont on peut disposer selon son gré, sans avoir à s'embarrasser de sa propre volonté. L'interrupteur est là, qui permet de couper court aux scènes de ménage, de rompre le contact ou la conversation. A-t-on besoin de l'androïde ? Il suffit d'appuyer sur un bouton, et vous voilà branchés sur la même longueur d'ondes.

Pourtant, ces créatures de rêve réservent des surprises à leur utilisateur. Celui-ci est parfois mal à l'aise devant ces femmes-objets, ces objets de consommation que l'on achète dans le commerce, au besoin par correspondance, sur catalogue, et que l'on peut faire réparer ou remplacer dès qu'ils ne satisfont plus les désirs du client. L'amour à la carte est peut-être synonyme de liberté, mais les femmequins manquent singulièrement de poésie. Par ailleurs, les problèmes mécaniques – pannes de courant et interrupteurs défectueux – prennent la place des déboires sentimentaux, et l'homme n'est pas toujours certain d'avoir gagné au change. Pire, les sosies androïdes trop zélés se prennent au jeu, pour la plus grande humiliation de l'homme, qui se voit préférer une machine. Le rêve risque alors de tourner au cauchemar.

Malgré ces difficultés et ces échecs mêmes, le motif de l'amour de l'homme pour une créature artificielle est bien le signe flagrant que la paix est conclue entre les deux races. Il s'agit là d'ailleurs d'un motif très ancien, qui remonte au mythe de Pygmalion, mais qui n'avait connu, jusqu'au milieu du XX^e^ siècle, que peu de reprises. La méfiance que l'homme vouait aux machines, et l'imperfection technique des créatures nées de son imagination, expliquent en partie cette discrétion. De nos jours, au contraire, la libération des mœurs a entraîné une inflation de récits « érobotiques ». Leur qualité n'est malheureusement pas égale, et aucune androïde – exception faite, peut-être, pour Helen O'Loy – ne saura jamais inspirer à un homme la passion que Nathanaël éprouvait pour Olympia, ou lord Ewald pour la belle Andréide Hadaly. Il y a certes plus d'humour que d'émotion ou de flamme dans les amours artificielles modernes.

Reste que le motif est essentiel au thème de la création artificielle. Le recours à l'androïde comme objet de l'amour témoigne de la valorisation accrue de l'Artifice aux dépens de la Nature ; mais il correspond aussi à la volonté de dissocier totalement activité sexuelle et reproduction[1], qui est un des fondements du thème de l'homme fabriqué. Si les femmequins permettent la satisfaction du désir sexuel, les progrès de la médecine et de la biologie vont ouvrir de nouvelles perspectives, réelles et fictives, à la reproduction. Robots et androïdes sont en effet concurrencés, surtout depuis les années 1960, par d'autres êtres artificiels.

1. La contraception permet quant à elle de dissocier, *dans l'acte sexuel*, la satisfaction d'une pulsion et la fonction reproductrice, ce qui est un tout autre problème.

Chapitre 4

# *Avatars modernes de la créature artificielle*

Si les robots et les androïdes représentent, dans les récits de science-fiction, le gros de la population artificielle, le XXe siècle a cependant donné naissance à d'autres types d'hommes fabriqués. A côté des créatures artificielles fabriquées de toutes pièces, qu'elles soient faites d'éléments mécaniques (les robots), de chair synthétique (les androïdes), de lambeaux de chair humaine (le(s) monstre(s) de Frankenstein[1]) ou d'argile (le Golem [2]), le motif de l'homme modifié est lui aussi repris et développé dans la littérature de l'imaginaire moderne. Les progrès de la médecine, notamment, donnent naissance à des histoires exploitant le motif de la greffe, des manipulations génétiques ou de la fécondation artificielle. Certains textes, à l'originalité marquée, sont même de réelles réussites littéraires.

## LA MÉDECINE AU SERVICE DE LA CRÉATION ARTIFICIELLE

Le motif de la greffe est encore à l'origine de nombreux textes au XXe siècle. Mais si ces récits ont bien souvent des connotations sacrilèges tout à fait classiques, on note aussi dans certains cas une certaine

1. Dans certaines adaptations cinématographiques, de même que dans le *Frankenstein délivré* de Brian Aldiss par exemple (cf. p. 81-83), un monstre féminin voit également le jour.
2. Pour la fortune littéraire du mythe du Golem à l'époque moderne, voir *supra,* p. 50-54.

récupération allégorique du motif. Dans les cas les plus réussis, la finalité satirique et idéologique ne nuit pas à la fiction, dont le caractère saisissant assure le succès. Historiquement, la science-fiction sert alors d'alibi pour endormir la méfiance des censeurs et masquer ce que la critique peut avoir de trop audacieux.

L'île du Dr Moreau, on s'en souvient, abritait les travaux monstrueux d'un savant fou, persuadé que la chirurgie devait permettre de métamorphoser un animal en homme à part entière. Ces manipulations sacrilèges se retrouvent, dans un tout autre registre, dans un court roman de science-fiction publié en 1925 par Mikhaïl Boulgakov : *Cœur de chien* [23]. Un professeur de médecine de réputation européenne, Filip Filippovitch Preobrajenski[1], recueille un chien errant et blessé, et l'entoure de tous ses soins. Le professeur, aidé de son assistant, le Dr Ivan Arnoldovitch Bormental, pratique des cures de rajeunissement, et à voir le nombre de ses patients et leur ardeur sexuelle, ses résultats semblent spectaculaires. Le soir du 23 décembre 1924, ses travaux prennent une dimension nouvelle. Le chien, Boule, est brutalement arraché à sa béatitude, et les deux médecins se livrent sur ce cobaye à une opération inédite : la greffe de glandes génitales et d'une hypophyse humaines, prélevées sur un sujet de vingt-huit ans décédé quelques heures auparavant.

La variation du point de vue narratif est faite pour entraîner chez le lecteur un sentiment de malaise. Quelques pages de monologue intérieur canin, suivies d'un récit en focalisation interne, lui ont rendu sympathique ce corniaud rusé, turbulent mais affectueux. Soudain, la narration revêt une froideur scientifique qui, jointe à la bizarrerie horrible de la situation, crée un effet déstabilisant. Comme pour renforcer cette impression, le compte rendu clinique signale à l'attention du lecteur la frénésie inquiétante qui s'empare du chirurgien. Au moment de la trépanation, le « Grand Prêtre » devient terrible à voir : « Un rictus dévoilait ses dents de porcelaine et d'or », « un sifflement s'échappait de son nez » ; son expression était celle d'un « brigand fanatique » (p. 62-

1. L'onomastique est ici révélatrice de la dimension sacrilège des travaux du professeur. Son nom, aux connotations impériales et surtout religieuses (= la transfiguration), fait d'emblée du chirurgien celui qui, révolté contre la création divine imparfaite, veut créer l'homme nouveau.

63). Après l'opération, il se détend, « comme un vampire repu » (p. 64)...

Contrairement à toute attente, le chien survit à l'intervention, et le lecteur, partagé entre l'horreur et le rire, est convié à suivre pas à pas la convalescence de Boule à travers le Journal où le D^r^ Bormental consigne ses observations cliniques. D'étranges phénomènes apparaissent : une alopécie générale, excepté sur la tête, la poitrine et le menton ; une croissance notable, due à l'allongement des os ; la voix mue... Le 1^er^ janvier, la vérité se fait jour :

> A 3 heures, *(en grosses lettres)* IL A RI : Zina, la femme de chambre, s'est évanouie [...] Il y a là quelque chose de monstr... (p. 69).

Le chien acquiert bien vite une stature humaine, et se tient debout sur ses pattes postérieures ; sa queue tombe ; ses organes sexuels sont ceux d'un homme ; le volume du crâne augmente... Bien plus, le chien commence à émettre des sons articulés, et fait des progrès fulgurants dans l'apprentissage du langage : malheureusement, il passe son temps à jurer et à parler boisson. Le D^r^ Bormental lui-même est partagé entre la répulsion (« C'est une créature du diable ») et l'enthousiasme (« Hourra, il comprend ! »). En quinze jours, Boule est métamorphosé : il ressemble à un petit homme mal conformé, au sourire désagréable, « comme artificiel ». Force est de le traiter en être humain : de l'habiller, de lui enseigner la propreté... Le 8 janvier, le P^r^ Preobrajenski reconnaît son erreur : « le remplacement de l'hypophyse ne provoque pas le rajeunissement, mais une hominisation complète *(souligné trois fois)* » (p. 71). Malgré ses réticences premières, le D^r^ Bormental exulte :

> Un nouveau champ d'action s'ouvre à la science : un homuncule a été créé sans le secours des cornues de Faust. Le scalpel du chirurgien a appelé à la vie une nouvelle entité humaine. P^r^ Preobrajenski, vous êtes un créateur ! [...]
>
> Oh, admirable confirmation de la théorie de l'évolution ! Oh, chaîne sublime du Chien au chimiste Mendeleiev ! (p. 74-75).

Hélas, de Boule à Mendeleiev, il y a loin, et l'homuncule serait plutôt l'illustration des théories de Mendel. Le gène canin, certes récessif, crée quelques difficultés d'intégration : le petit homme continue à être envahi de puces, qu'il attrape en faisant claquer ses mâchoires et en fourrant son nez sous l'aisselle ; malgré toutes les réprimandes, il continue à pourchasser les chats dans tout l'appartement. Mais le gène humain, dominant, n'est pas plus satisfaisant. Du « donneur », l'homuncule a hérité ses penchants alcooliques et lubriques, sa tendance au vol – et surtout, au grand dam du P^r Preobrajenski, ses antécédents font de lui un sympathisant du Parti, un prolétaire dans l'âme. Comment un représentant distingué de l'intelligentsia russe pourrait-il cohabiter avec un être aussi fruste, qui se plaint familièrement des reproches continuels de « son petit papa », quand il ne s'adresse pas à lui en l'appelant « camarade » ? Pour un peu, le professeur Preobrajenski en perdrait le sommeil, d'autant que l'homme revendique des droits. Il réclame des « papiers » – une identité –, et décide de s'appeler Poligraf[1] Poligrafovitch *Boulle*. Il sympathise avec les membres du Comité d'administration de l'immeuble, qui n'a de cesse de redistribuer rationnellement les appartements. Grâce à cet appui, le camarade Boulle va même trouver un emploi comme directeur de la sous-section d'épuration des animaux errants pour la ville de Moscou, se réservant, cela va sans dire, l'extermination des chats. A travers la peinture du camarade Boulle, Boulgakov a trouvé un moyen pour donner libre cours à la satire virulente du régime bolchevique qui traverse tant de ses œuvres.

Malgré ses positions contre-révolutionnaires, le professeur Preobrajenski est capable de faire son autocritique, et il doit reconnaître son erreur :

> Voilà ce qui arrive, docteur, quand un chercheur, au lieu de suivre pas à pas la nature, fait violence aux choses et tente de soulever un coin du voile (p. 119-120).
>
> On pourrait greffer l'hypophyse d'un Spinoza ou de tout autre pauvre diable et faire d'un chien une créature d'un niveau exceptionnel. Mais pourquoi diable, je pose la question ? A quoi bon, je vous prie, fabriquer artificiellement des Spizona alors que n'importe quelle bonne femme peut à tout moment en engendrer ? [...] Docteur, c'est l'humanité elle-même qui se charge tout au long du processus de l'évolution, jour après jour, de faire émerger parmi les rebuts de toute sorte quelques dizaines de génies éminents [...]. Ma découverte, dont vous faites si grand cas, ne vaut pas un clou (p. 120).

On trouverait difficilement plus sévère condamnation de la création artificielle. Il est vrai que le professeur Preobrajenski n'ambitionnait pas de fabriquer artificiellement un être humain, et que son attitude

1. Malgré cette ambition comiquement affichée, le camarade Boulle n'écrira jamais. En revanche, il sait lire.

sacrilège s'arrêtait à l'eugénique, à l'amélioration de l'espèce humaine – par le rajeunisssement. Depuis lors, il a perdu bon nombre de ses illusions sur l'homme. Le Dr Bormental, découragé par ses vaines tentatives pour éduquer le camarade Boulle, en vient à nourrir des pensées criminelles vis-à-vis de cette « créature expérimentale », de cet « homme avec un cœur de chien » ; mais le professeur Preobrajenski, plus lucide malgré son désespoir, le retient : « Je vous en supplie, ne calomniez pas le chien. [...] Le drame est qu'il n'a plus un cœur de chien, mais un cœur d'homme » (p. 122-123).

Pourtant, les égarements de Boulle auront raison de la patience du professeur. Lorsque dans son zèle révolutionnaire, il dénonce Preobrajenski au Parti, les deux médecins, dans le secret de leur cabinet, défont ce qu'ils ont fait. Une opération en sens inverse rend à Boule ses organes (heureusement conservés !) et assure son retour à l'animalité. Aux hommes venus perquisitionner à son domicile, à la suite d'une accusation d'assassinat sur la personne du directeur de la soussection d'épuration, le Pr Preobrajenski, étonné, répond : Boulle ? « vous voulez parler de mon chien, celui que j'ai opéré ? » – et il exhibe une « apparition de cauchemar », un chien d'étrange aspect, demiglabre, qui a du mal à se tenir sur ses pattes arrière, parle peu, et s'assied en souriant dans un fauteuil ! Le professeur commente :

> La science ne connaît pas encore le moyen de transformer les animaux en hommes. J'ai essayé, mais sans succès, comme vous le voyez. Il a parlé quelque temps, puis il a commencé à retourner à son état primitif. L'atavisme (p. 142).

L'épilogue montre au lecteur le chien Boule, couché sur le tapis aux pieds de celui qu'il a toujours considéré comme un Dieu ; dans la tiédeur du soir, ses pensées coulent, douces et tranquilles, mais le tintement de fioles entrechoquées réveille des souvenirs profondément enfouis, et dans son sommeil, le chien est la proie d'horribles cauchemars...

Le thème de la création artificielle est ici traité sur le mode de l'humour noir. S'il est au service de la satire de la société soviétique, il n'en reste pas moins que Boulgakov, lui-même médecin, et sans doute impressionné par les potentialités sans cesse accrues de la chirurgie, a dû prendre plaisir à bâtir ce récit « scientifique », d'une tonalité grinçante. Une fois de plus, la violence faite à la nature se solde par une catastrophe, que peut seule réparer la destruction de la créature artificielle. En fait de chien modifié, rajeuni par une cure de jouvence[1], l'expérience a donné naissance à une caricature humaine, à un prolétaire dans toute l'horreur du terme. *Cœur de chien* doit évidemment être lu comme une allégorie des errements du régime soviétique : comme les communistes, le professeur Preobrajenski a voulu créer l'homme nouveau – et comme eux, il n'a engendré qu'un monstre. Lui, du moins, a eu la sagesse de faire machine arrière...

Le motif de la greffe n'est hélas pas toujours traité de façon aussi brillante, et la plupart des récits ne font souvent que reprendre par ce biais (quand ils ne versent pas dans l'horreur) la sempiternelle question de la nature de l'être modifié par ces interventions chirurgicales. Une variante humoristique nous est ainsi présentée par Robert Heinlein, avec le cas d'un chimpanzé que la chirurgie a doté de parole et de réflexion. Quand ses employeurs veulent tuer Jerry, un groupement prend sa défense et déclenche un procès. Le juge, un Martien, déclare :

> Nous avons examiné le sens attaché à cette étrange notion dite « d'humanité ». Nous avons vu que ce n'est pas une affaire de race, de planète ou de naissance, encore moins de degré d'intelligence. En fait, ce mot ne peut être défini et cependant la notion peut être reconnue, elle est ressentie de cœur à cœur, d'esprit à esprit.

Comme pour illustrer ses dires, Jerry chante *Swanee River* – et les dames présentes dans l'assemblée sanglotent d'émotion : sa cause est entendue ! Comme le titre de la nouvelle l'indique d'emblée, « Jerry was a man », Jerry était un homme [66]. Ce critère éminemment subjectif et émotif souligne une fois de plus combien la définition de la notion d'humanité est en effet difficile à cerner.

Si les récits mettant en scène des extraterrestres ont souvent pour but de sensibiliser l'homme à une cohabitation possible avec des êtres appartenant à d'autres races, la science-fiction utilise de même le motif de l'homme modifié à la suite de manipulations génétiques pour combattre une sorte d'anthropocentrisme primaire.

James Blish a pour sa part consacré toute la série de ses récits de

1. Sur un jeune chien de deux ans, l'effet escompté de la greffe humaine devait assurément être phénoménal, et le professeur n'avait pas lésiné sur les moyens... Cette méthode drastique ne pouvait entraîner qu'une métamorphose radicale.

« pantropie »[1], réunis sous le titre *The Seedling Stars (Semailles humaines)* [19], à l'idée que l'humanité doit se modifier génétiquement pour coloniser d'autres mondes. Malgré les formes surprenantes qu'elles peuvent être amenées à revêtir, toutes ces créatures, d'après Blish, sont « humaines ». La dernière nouvelle du recueil, *Watershed* (= Ligne de partage des eaux), présente la confrontation entre des hommes qui ont gardé notre forme humaine, et des Hommes Adaptés. Les humains « classiques », des astronautes en provenance de Rigel, ont pour mission de conduire à bon port les colons de l'équipe pantrope. Mais la vie est difficile à bord de « L'Indéfectible » (le nom du vaisseau spatial dénote évidemment la suffisance humaine), et les voyageurs sont encore à cinquante années-lumière de leur objectif... L'équipage humain ne peut se défaire, vis-à-vis de ses passagers modifiés, d'un complexe de supériorité, qui menace de tourner au fanatisme. Pour les astronautes, les Hommes Adaptés ne sont à proprement parler que des passagers de deuxième classe. Le délégué du Conseil de colonisation, un nommé Hoqqueah, qui tient tout du phoque, tente en vain de convaincre les hommes : au lieu de chercher à transformer des environnements hostiles, ou d'essayer laborieusement de transporter ailleurs notre environnement habituel, il est plus simple de modifier l'homme. Une fois dépassés les préjugés raciaux (la référence à la minorité noire est explicite) et les sectarismes de toute sorte, l'homme a tout à gagner à évoluer. Il peut ainsi s'implanter un peu partout dans la galaxie sans avoir à usurper un territoire occupé, sans coup férir. Cet argument antimilitariste ne risque guère d'émouvoir le capitaine Gorbel. Mais, incidemment, celui-ci apprend le nom de leur destination : la Terre ; il découvre que la Terre est le berceau de l'humanité... et que cette planète est devenue désertique, froide, pauvre en oxygène – en un mot, inhabitable pour le type humain de base. En un clin d'œil l'Humanité arrogante devient une minorité inadaptée... Gorbel est bien obligé de s'incliner : c'est bien l'Esprit, et non la Forme, qui fait l'Homme. Mais James Blish ne précise pas en quoi

1. Ce néologisme, fabriqué d'après le préfixe *pan* = tout, et *tropè* = tour, changement, évolution, désigne dans l'esprit de l'auteur la faculté qu'ont ces hommes modifiés de s'adapter à toutes les circonstances.

l'homme-phoque, avec ses moustaches raides et ses bras en nageoires, est beaucoup plus adapté que nous à la vie sur la Terre.

La célèbre contre-utopie d'Aldous Huxley, *Le meilleur des mondes* [75], exploite elle aussi, dès 1932, les diverses possibilités offertes par la biologie. Si l'essentiel de l'œuvre réside dans l'anticipation sociologique et dans la peinture hallucinante d'un univers parfaitement conditionné et dictatorial, les deux premiers chapitres, qui nous convient à une visite guidée du Centre d'incubation et de conditionnement de Londres-central, relèvent directement du thème de la création artificielle. Le frère aîné de l'écrivain, Julian, est tenu pour l'un des biologistes influents du XX^e^ siècle, et Aldous Huxley lui-même aurait souhaité se consacrer à la recherche médicale[1]. Ses connaissances dans ce domaine lui permirent donc de peindre avec une vraisemblance troublante cette société futuriste. En l'an 2500, on ne « naît » plus. La reproduction vivipare appartient à un passé lointain, aux connotations indécentes, et a depuis longtemps été remplacée par l'ectogenèse. Tous les membres de la société sont donc le produit de la fécondation *in vitro,* leur développement étant assuré, depuis la salle de fécondation jusqu'à la salle de décantation, dans le tube à essai et la couveuse, avant la mise en flacon définitive. L'utérus maternel (une obscénité) est remplacé par un lit de péritoine de truie, une pompe à pseudo-sang assure la circulation maternelle artificielle, et divers autres appareillages font ainsi croître l'embryon jusqu'à « l'existence indépendante » (belle antiphrase !) du deux cent soixante-septième jour.

Le tout n'est cependant pas « de couver simplement des embryons : cela, n'importe quelle vache est capable de le faire ». En réalité, les techniques de procréation artificielle permettent de « quitter le domaine de la simple imitation stérile de la nature, pour entrer dans le monde beaucoup plus intéressant de l'invention humaine » (p. 32). Le but de l'État mondial est en fait de fabriquer des « êtres vivants socialisés », prédestinés génétiquement à la tâche qu'ils devront accomplir. Si les Alphas et les Bêtas se développent sans manipulation génétique, les Gammas, les Deltas et les Epsilons, eux, sont soumis, au bout de

1. Il en fut empêché par sa malvoyance : à seize ans, il devint presque aveugle, et sa lutte contre la cécité devait marquer toute sa vie.

trente-six heures d'existence, au Procédé Bokanovsky. Même si le terme n'est pas explicitement prononcé, et même si Huxley donne de la technique une version fantaisiste[1], il s'agit là, par anticipation, d'un procédé de clonage :

> Un œuf, un embryon, un adulte – c'est la normale. Mais un œuf bokanovskifié a la propriété de bourgeonner, de proliférer, de se diviser [...] On fait ainsi pousser quatre-vingt-seize êtres humains là où il n'en poussait autrefois qu'un seul. Le progrès (p. 24).

Il s'agit là, évidemment, d'« un perfectionnement prodigieux par rapport à la nature » (p. 25), d'autant que le même ovaire et les gamètes du même mâle sont utilisés à plein rendement, et que l'on parvient ainsi à obtenir « une moyenne de presque onze mille frères et sœurs dans cent cinquante groupes de jumeaux identiques, tous du même âge, à deux ans près » (p. 26). Dans ce monde voué à la surpopulation, à la surproduction et à la surconsommation, on peut ainsi contrôler le chiffre de la population à tout moment. Par ailleurs, « le principe de la production en série[2] appliqué enfin à la biologie » (p. 26) permet la fabrication de millions de jumeaux identiques, et le Procédé Bokanovsky est à l'évidence « l'un des instruments majeurs de la stabilité sociale » (p. 25). La devise planétaire : « Communauté, Identité, Stabilité » trouve ici tout son sens.

La reproduction sélective ne s'arrête cependant pas au Procédé Bokanovsky. La salle de prédestination sociale est essentielle au système. Là, selon la caste à laquelle ils appartiennent, les embryons des Gammas, des Deltas et des Epsilons sont soumis à une plus ou moins grande pénurie d'oxygène : rien de tel pour maintenir un embryon au-dessous de la normale.

> Plus la caste est basse [...], moins on donne d'oxygène. Le premier organe affecté, c'est le cerveau (p. 33).

1. Selon l'explication du directeur du Centre, la bokanovskification « consiste essentiellement en une série d'arrêts du développement », et il détaille les différents moyens par lesquels on enraye successivement la croissance normale de l'œuf : exposition aux « rayons durs », au froid, à des doses d'alcool presque mortelles – après quoi on laisse les œufs bourgeonner en paix, « tout nouvel arrêt de croissance étant généralement fatal » (p. 24-25).

2. On se souvient du véritable culte voué par cette société à « Notre Ford ». Henry Ford (1863-1947), le pionnier de l'industrie automobile américaine, fut le promoteur de la construction en série et de la standardisation des pièces. Le modèle de cette société est donc un modèle industriel.

— et chacun sait que chez les Epsilons, notamment, on n'a nul besoin d'intelligence humaine. Tous les membres de la communauté sont par ailleurs soumis à un conditionnement approprié. Il existe un conditionnement pour Intellectuels Alpha-Plus, un conditionnement à la chaleur pour les embryons destinés à travailler sous les tropiques ou dans les aciéries, un conditionnement pour les « mécaniciens embryonnaires d'avions-fusées » qui apprennent à associer la position renversée (tête en bas) avec le bien-être, etc.

Le sexe des créatures est lui aussi contrôlé. « Dans l'immense majorité des cas, la fécondité est tout bonnement une gêne » (p. 31)[1], et on ne laisse donc se développer que trente pour cent des embryons femelles, les autres étant destinés à devenir des « neutres » – stériles. Une seule chose semble en fait jusqu'ici résister à la technique : la durée de maturation humaine :

> bien que chez l'Epsilon l'esprit soit mûr à dix ans, il en faut dix-huit avant que le corps soit propre au travail. Que de longues années d'immaturité, superflues et gaspillées ! S'il était possible d'accélérer le développement physique jusqu'à le rendre aussi rapide, mettons que celui d'une vache, quelle économie énorme il en résulterait pour la Communauté ! (p. 33).

Du point de vue de la rentabilité, *RUR* nous l'a déjà appris, l'enfance est en effet inutile.

Le conditionnement physiologique en flacon est enfin relayé par le conditionnement éducatif, appliqué dès le pemier âge dans les pouponnières et les salles de conditionnement néo-pavlovien. On se souvient des méthodes énergiques destinées à créer chez les enfants des réflexes conditionnés. Explosions violentes, sirènes perçantes, sonneries d'alarme et décharges électriques inspirent par exemple aux bébés Delta « une haine “instinctive” des livres et des fleurs » (p. 40) : les membres d'une caste inférieure n'ont pas à gaspiller le temps de la communauté avec des livres (d'ailleurs potentiellement « dangereux » pour leur conditionnement) ; et quant à l'amour de la nature, il n'a jamais incité à la consommation, et il doit être aboli pour des raisons de haute politique économique. Parallèlement à ces traite-

1. La fécondité n'a évidemment pour but que de garantir le don d'ovaire, « cette opération subie volontairement pour le bien de la société, sans compter qu'elle comporte une prime se montant à six mois d'appointements » (p. 23). Le don de sperme pose moins de problèmes !

ments de choc, on fait aussi appel, pour l'éducation morale, à l'hypnopédie, « la plus grande force moralisatrice et socialisatrice de tous les temps » (p. 46), et des slogans inlassablement diffusés pendant le sommeil des enfants leur inculquent le sentiment des classes sociales. L'esprit est ainsi « formé de façon à confirmer le jugement [du] corps » ;

> Et c'est là [...], qu'est le secret du bonheur et de la vertu, aimer ce qu'on est *obligé* de faire. Tel est le but de tout conditionnement : faire aimer aux gens la destination sociale à laquelle ils ne peuvent échapper (p. 34-35).

Bien des développements biologiques actuels sont en germe dans *Le meilleur des mondes* : la fécondation artificielle, qui annonce les « bébés-éprouvettes » de la FIV, la bokanovskification, ancêtre du clonage, et de façon plus générale les manipulations génétiques que la bioéthique tente aujourd'hui de contrôler. Pour Huxley, l'eugénique, dirigée par un pouvoir totalitaire, débouche sur un univers de la médiocrité standardisée et aboutit à la disparition de l'individu et de la personne humaine. A l'heure de la biotechnique dirigiste, les êtres humains sont transformés en des sortes de robots qui n'ont même pas conscience de leur esclavage. Ce dirigisme, cette programmation sociale aux mains d'un État mondial totalitaire ne peuvent manquer de rappeler *Le monde tel qu'il sera* d'Émile Souvestre[1], et sa tutelle absolue sur les « métis industriels ». Le développement des bébés de l'an 3000, dûment immatriculés et sagement rangés sur leurs étagères pour boire le « supra-lacto-gune » annonçait l'allaitement artificiel des Pouponnières du *Meilleur des mondes*, dans lesquelles, « de dix-huit cents biberons, dix-huit cents bébés soigneusement étiquetés [sucent] simultanément leur demi-litre de secrétion externe pasteurisée » (p. 169). Le conditionnement en serres chaudes du *Monde tel qu'il sera* était la préfiguration du Centre de conditionnement de Londres-Central. Mais en 1932, l'orthogénisme et la maîtrise de la reproduction artificielle, l'eugénisme cauchemardesque avaient malheureusement, plus qu'en 1846, les couleurs du réel...

1. Voir *supra*, p. 133-137.

## UN CAS PARTICULIER : LE CLONE

Un des aspects futuristes de la biotechnique qui a frappé l'imagination de Huxley, et sur lequel la réalité a depuis rejoint la fiction, est donc le clonage[1], cette technique de reproduction asexuée où les « enfants » dérivent d'un seul « parent » auquel ils sont entièrement identiques d'un point de vue génétique. La pratique, courante en horticulture, et appliquée avec succès au règne animal depuis les années 1960, est, pour des raisons éthiques évidentes, une technique de reproduction « tabou » quand il s'agit de l'homme. La science-fiction, elle, s'en est bien sûr très vite emparée, dans la mesure où cette pratique est étroitement liée à la satisfaction d'un rêve : celui de se perpétuer, *stricto senso,* à son image – en exemplaires multiples et, potentiellement, à l'infini, puisque, si la reproduction par clonage est reconduite de génération en génération, on peut, en théorie, aboutir à une quasi-immortalité[2].

Le clonage, ou la duplication artificielle d'êtres humains, est ainsi devenu un motif favori de la science-fiction contemporaine, permettant de réactiver des peurs immémoriales. Si *une* créature artificielle peut engendrer la méfiance, que dire, en effet, de ces êtres reproductibles à l'infini – même si le matériau de base est à proprement parler humain – ? Les duplications massives se profilent à l'horizon de bien des récits d'anticipation, et à côté d'une version optimiste du progrès, que de variantes sur le thème des clones incontrôlables !

Une nouvelle publiée en 1959 par James Blish et Robert Lowndes et intitulée *The Duplicated Man* (= L'homme dupliqué) [20], traite de l'heureux impact que pourrait avoir le clonage sur un futur conflit politique. Dans ce récit, un régime totalitaire contrôle tout l'univers et, pour pallier tout risque de rébellion, a interdit l'usage d'un duplicateur capable de fabriquer jusqu'à cinq exemplaires identiques d'un même individu. Le protagoniste, Paul Danton, réussit cependant à kidnapper les principaux membres du Conseil de Sécurité et se sert du

1. Le mot vient du grec *klôn* = pousse, rameau, bouture.

2. D'un point de vue strictement scientifique, le clonage, qui peut évidemment être utilisé à des fins eugéniques, pourrait en revanche, s'il était pratiqué sur une large échelle, menacer l'existence de l'espèce en question ; c'est en effet la diversité des types dans la reproduction sexuée qui permet la survie et l'adaptation de l'espèce.

duplicateur pour en tirer cinq copies. Le chaos qui s'ensuit permet alors à Danton et à son parti d'opposition de prendre le pouvoir et d'instaurer un nouveau régime, libéral. Bien au contraire, dans le roman de P. T. Olemy intitulé *The Clones* [101] et publié en 1967, la duplication artificielle est à l'origine de la perte de l'homme. Des surhommes clonés, fabriqués dans des laboratoires terrestres, s'associent avec des homologues extraterrestres : ayant décidé que les hommes sont devenus un danger dans l'univers, ils détruisent la Terre, avant de poursuivre leur œuvre purificatrice sur d'autres planètes...

L'aspect le plus intéressant du clonage est cependant qu'il remet en cause une valeur pour nous fondamentale : celle de l'individualité. Certes, comme tous vrais jumeaux, les membres d'un clone sont à la fois identiques, par leur patrimoine génétique (ils sont la copie exacte du donneur de la cellule somatique qui, introduite dans l'œuf et « activée », permet la transformation génétique de celui-ci), *et* différents, compte tenu de l'influence sur eux de l'environnement. Mais le problème de leur identité se pose de façon particulièrement aiguë – et pourrait se poser de façon douloureuse.

La surpopulation, à en croire bien des auteurs de science-fiction, entraîne nécessairement la colonisation extraplanétaire. Dans la nouvelle d'Ursula K. Le Guin publiée en 1969 et intitulée *Nine lives* (= Neuf vies) [83], Owen Pugh et Alvaro Guillen Martin, deux hommes chargés de l'exploitation de mines d'uranium dans la constellation de la Balance, accueillent l'équipe venue les seconder. Il s'agit, à leur grande stupeur, d'un clone de dix membres, John Chow, cinq hommes et cinq femmes, jeunes, beaux et maîtres d'eux-mêmes : il est vrai qu'être soi dix fois... La cohabitation ne s'avère guère facile. Les John Chow ont bien un second prénom différencié[1], mais il est impossible aux deux colons de les distinguer les uns des autres, même par la voix. Avec le temps, ils parviendront tout juste à reconnaître la paire de mathématiciens avec laquelle ils travaillent le plus, et cela à des signes distinctifs subtils et accidentels : un ongle atrophié par exemple.

1. Aleph, Kaph, Yod, Gimel et Samedh pour les hommes ; Sadhe, Daleth, Zayin, Beth et Resh pour les femmes. Ces « prénoms », qui sont en effet des lettres de l'alphabet hébreu, sont l'équivalent des initiales utilisées en américain pour indiquer le *middle-name* (ainsi : John A. Chow). Il s'agit donc d'un moyen de différenciation très relatif !

Pugh, en particulier, se sent embarrassé en leur présence. Sans être prude, il est gêné par cette promiscuité : car les John Chow sont très unis et ont entre eux des relations sexuelles très libres (incestes ? masturbation ? Pugh est perplexe). En réalité Pugh les envie, car ils ne connaissent pas la solitude. Ils se suffisent à eux-mêmes, physiquement, sexuellement, émotionnellement, intellectuellement. La télépathie est pour eux inutile, car ils pensent, réagissent tous de la même manière. Aucun malentendu n'est possible entre eux, et ils forment une équipe extraordinaire par son autonomie, sa cohésion et son efficacité. Aux colons, fascinés et effrayés par cette union, les John Chow expliquent que leur force vient aussi de ce qu'on ne clone que des individus ayant un QI très élevé, et « de constitution génétique alpha double A ». John Chow, leur « parent » unique, dont ils sont génétiquement les doubles parfaits, était une sorte de génie polyvalent – biomathématicien, violoncelliste, plongeur sous-marin... –, et lorsqu'il est mort accidentellement, à vingt-quatre ans, on l'a cloné, à dix exemplaires. Le clonage, poursuivent les John Chow, se fait généralement à partir de mâles, puisqu'il est plus facile de revenir à la cellule de base, féminine, que de procéder en sens contraire. Et quant à la constitution de leur clone, elle tient compte de ce que l'expérience a enseigné : les clones bisexuels fonctionnent mieux, étant encore plus autonomes que les autres. Pour la reproduction, aucun problème : pour avoir un nouveau John Chow, il suffit de recloner une cellule du clone – et ce à l'infini. Les membres femelles du clone, eux, ne se « reproduisent » pas, évidemment, puisque le gêne mâle a été enlevé à l'origine de leurs cellules ; mais si l'instinct de reproduction demeure trop vif, la société peut autoriser les femmes à s'unir à des « singletons » mâles, des exemplaires uniques, dûment sélectionnés. Le but de toutes ces pratiques n'est certes pas la multiplication rapide de l'espèce, en cette époque de surpopulation, mais bien plutôt l'amélioration de la race humaine abâtardie. Le clonage est d'ailleurs coûteux... Pour parfaire le système, tous les membres du clone ont en commun le même « équipement de base », mais ils subissent un entraînement différencié pendant les deux dernières années de leur formation ; s'ils héritent tous les dons de leur « père », ils ont donc également une spécialisation.

Ces explications donneraient presque le vertige aux deux pauvres humains : et si un clone se clonait illégalement à 1 000, 10 000 exemplaires ? S'il prenait le pouvoir ? Tel n'est pas, cependant, le type d'intrigue retenu par Ursula Le Guin. Sa nouvelle est tout au contraire orientée vers une approche psychologique du problème. Lors d'un accident dû à des secousses sismiques particulièrement violentes, tous les membres du clone meurent – tous, sauf un, Kaph, qui est sauvé par Pugh. En état de choc, près de suffoquer, Kaph est pris de convulsions – et les crises se répètent, tandis qu'il s'affaiblit. En fait, Kaph «meurt» des neuf morts des autres John Chow. Sa convalescence sera longue et difficile. Désormais unique, Kaph découvre la solitude, apanage de la condition humaine. Il finira, très timidement, par s'ouvrir aux autres, mais l'amour du prochain n'est pas chose facile...

Toutes ces manipulations – chirurgicales, génétiques – sont pourtant encore réalisées sur des entités organiques. Il restait encore un pas à franchir dans l'intervention sur le matériau humain. Ce sera chose faite avec l'invention du cyborg.

## LE CYBORG

Depuis les années 1940 et l'apparition des premiers ordinateurs, la machine a indéniablement redoré son blason. Les savants ont cherché à créer une réplique artificielle du cerveau humain, de l'homme en ce qu'il est caractérisé par l'intelligence, et cette volonté, comme les performances des machines, expliquent l'investissement imaginaire dont l'ordinateur va très vite être l'objet, dans la littérature comme au cinéma[1]. Les principaux artisans du projet étaient le mathématicien John von Neumann (1903-1957), son confrère Norbert Wiener (1894-1964), l'inventeur de la cybernétique[2], et un mathématicien anglais, Alan Turing (1912-1954). L'année 1957 vit la naissance d'une nouvelle discipline: l'Intelligence artificielle. Pour la science-fiction, l'ordinateur était reconnu comme une créature «pensante». Cependant, par

1. L'ordinateur intelligent le plus célèbre dans le public est certainement HAL (son nom provient du sigle IBM, dont les initiales ont été décalées dans l'alphabet). Le protagoniste du roman de A. C. Clarke : *2001, l'Odyssée de l'espace*, a en effet été popularisé par l'adaptation cinématographique due au réalisateur Stanley Kubrick (1968).

2. Ce terme, qui a la même origine que le mot « gouverner » (du grec *kubernän*), désigne précisément la science constituée par les théories relatives au contrôle, à la régulation et à la communication dans l'être humain et la machine.

définition, il ne s'agit pas d'une créature anthropoïde. Restait donc à imaginer le croisement de l'homme et de la machine « intelligente ».

Ainsi naquit le cyborg (= cybernetic organism), ce système mi-humain mi-mécanique, doté d'autorégulation. Le mot, inventé en 1960 par Manfred Clynes, fut très vite popularisé par le roman de Martin Caidin : *Cyborg* (1972), lui-même à l'origine de la série télévisée « L'homme qui valait six millions de dollars ». Après que le corps déchiqueté du lieutenant-colonel Steve Austin est extrait de son supersonique M3F5, le gouvernement des États-Unis, la NASA et le Pentagone déploient tous leurs efforts pour le « reconstruire », donnant naissance au premier homme bionique[1] – mi-humain, mi-machine atomique. Malgré sa force physique et ses capacités décuplées, l'homme bionique est malheureux, car il a perdu ses émotions humaines... La télévision, pour sa part, relayée par l'industrie du jouet, est plus sensible aux équipements spéciaux dont est doté le « Commandant » Steve Austin ; bras Bionic pour missions d'urgence (bras laser, bras débiteur d'oxygène...), jambes Bionic spéciales (de premier secours, explosives...), capsule Bionic, etc., sont les accessoires indispensables aux aventures spatiales et aux missions secrètes en tous genres – sans oublier, évidemment, Super Jaimie, avec son oreille et ses membres Bionic ou ses compartiments modulateurs.

Ces créatures artificielles ne sont en somme que les avatars modernes et perfectionnés de l'homme à prothèses. Car tel est le plus souvent l'aspect pris par le cyborg. Les progrès spectaculaires réalisés dans le domaine des prothèses[2], qui réagissent de plus en plus précisé-

1. La bionique (du grec *bios* = vie, et (électro)nique) est la science qui s'inspire des modèles fournis par les animaux pour l'émission, la réception et le traitement des signaux, en vue d'une application à l'électronique. Le terme désigne par extension l'élaboration de systèmes et la construction de mécanismes imités du monde vivant, et du cerveau humain en particulier.

2. Biologistes, chimistes, médecins, chirurgiens, ingénieurs-mécaniciens et informaticiens mettent leurs connaissances en commun pour fabriquer des « pièces de rechange » du corps humain. Membres électroniques, organes artificiels sont de plus en plus perfectionnés. A titre d'exemple, l'unité de recherches biomécaniques de l'INSERM a mis au point il y a plus de dix ans une main artificielle étonnante. Les articulations métalliques, actionnées par l'énergie électrique que provoque la contraction des muscles, permettent une préhension ajustée à l'objet à saisir. La peau (une matrice souple en caoutchouc conducteur, qui imite à la perfection l'épiderme humain) est pourvue de capteurs de pression minuscules ; elle envoie ainsi des informations à un microprocesseur, qui centralise les ordres et les redistribue aux doigts « informatisés ».

Depuis une dizaine d'années, des équipes de chercheurs japonais et français tentent de mettre au point un muscle artificiel doté de souplesse au contact *(compliance)*. Les résultats actuels, dont la presse s'est récemment fait l'écho, semblent très prometteurs.

ment à une impulsion nerveuse, ont entraîné dans la fiction ce motif de la restructuration mécanique du corps. Le croisement de l'homme et de la machine implique alors le contrôle, par un cerveau humain, de membres ou d'organes-prothèses, ultra perfectionnés. Mais le terme de *cyborg* peut aussi désigner l'interconnexion neurologique (reposant sur des techniques myoélectriques) d'un cerveau humain et d'un mécanisme inerte tel qu'un ordinateur par exemple[1]. Dans ce cas, la métamorphose est totale, et passe par l'abandon du corps en faveur d'un autre habitacle, mécanique, pour le cerveau – et la créature artificielle ainsi créée n'a évidemment plus figure humaine.

Un exemple caractéristique de ce type de créatures est offert par un récit publié par Anne McCaffrey en 1961 : *Le vaisseau qui chantait* [90]. Un bébé naît, horriblement mal conformé – « à l'état de chose » : seul le cerveau est intact. Plutôt que de soumettre l'enfant à l'euthanasie, les parents acceptent alors qu'il devienne un être encapsulé, un mécanisme directeur. La petite fille vit donc, et on lui donne un nom : Helva. Elle offre cependant un étrange spectacle :

> Au lieu d'agiter ses pieds, les impulsions neurales d'Helva actionnaient des roues ; au lieu de saisir les objets avec ses mains, elle manipulait des extensions mécaniques. Au fur et à mesure de sa croissance, on lui ajusterait des synapses neuraux de plus en plus nombreux, qui commanderaient d'autres mécanismes destinés à assurer l'entretien et le fonctionnement d'un astronef. Car Helva était censée devenir le « cerveau » d'un patrouilleur : elle serait associée, selon son choix, à un homme ou à une femme qui en deviendrait la moitié mobile.

Entre-temps, Helva reçoit une éducation complète, plus poussée, évidemment, dans le domaine des sciences, du droit et de la psychologie extra-terrestres. On l'encourage même à cultiver un *hobby*. Les êtres encapsulés ne respirent pas vraiment (l'oxygène leur est fourni par une solution artificielle contenue dans leur capsule), mais ils sont capables

1. On peut rapprocher ces techniques fictives des expériences « musicales » tentées dans la réalité en reliant un cerveau humain à des ordinateurs et des synthétiseurs, ou bien encore des travaux menés notamment par le Dr José Delgado sur l'interconnexion du cerveau d'un chimpanzé avec un ordinateur.

Le développement des neurosciences laisse envisager pour l'avenir l'association du tissu cérébral à un « tissu électronique ». On peut imaginer l'implantation dans le cerveau de circuits microélectroniques pouvant remplacer ou renforcer des fonctions cognitives supérieures. Les possibilités d'intervention sur le développement du cerveau humain posent, plus que tout autre technique, des problèmes éthiques extrêmement complexes.

d'utiliser leurs cordes vocales et leur diaphragme pour la phonation – étant entendu qu'en guise de bouche, ils ont une sorte de micro. Quelques séances d'orthophonie leur assurent une jolie voix, et Helva, pour sa part, est capable de chanter – sur tous les registres à la fois.

En fait, compte tenu de ses capacités mentales, Helva appartiendra à l'élite de son espèce ; elle mènera « une existence riche, valable, insolite », bien différente, certes, de celle qui l'aurait attendue si elle était née « normale ». Mais un « cerveau bien orienté n'aurait accepté pour rien au monde d'échanger son sort contre celui de l'homme le plus beau de l'Univers » – ou, en l'occurrence, de la femme la plus séduisante de la galaxie. Une technique éprouvée a arrêté la croissance d'Helva à la taille du nain, toutes les précautions ont été prises pour s'assurer qu'elle pourra supporter la solitude et qu'elle est parfaitement équilibrée (la conquête spatiale coûte cher...) ; et à seize ans, Helva est définitivement installée dans son astronef, le XH-834. Sa coquille permanente de titanium est encastrée dans l'axe central du vaisseau spatial, on branche définitivement les unités neurales sonores, visuelles, etc., et on procède aux dernières dérivations cervicales (sous anesthésie, tout de même !). A son réveil elle *est* l'astronef ; elle contrôle tout, de la navigation au chargement du fret. La voilà prête pour plusieurs siècles d'existence confortable dans sa capsule de métal.

La question de son « humanité » ne se pose évidemment pas. La preuve en est que le choix du patrouilleur lui revient : elle jette son dévolu sur Jennan, le seul homme qui, lorsqu'il lui parle, s'adresse à sa personne physique en se tournant vers le pilier de contrôle central – le seul qui la personnalise. La voici devenue JH-834, affectée au Service médical. Est-il nécessaire de préciser qu'elle tombe amoureuse de son patrouilleur, et qu'il entretient avec elle des relations assez ambiguës ? L'amour fait accomplir de grandes choses, et bientôt, la réputation du « vaisseau qui chante » n'est plus à faire. Malheureusement Jennan meurt en mission, sans que Helva ait pu lui porter secours. Elle connaît la tentation du suicide, du passage dans l'illégalité (afin de rester seule pour toujours) ; mais son conditionnement est le plus fort. Toutefois, elle ne peut retenir son émotion au moment de l'inhumation de son bien-aimé :

> Doucement, d'abord à peine perceptibles, les accents de l'antique requiem s'enflèrent jusqu'à la poignante mesure finale, et dans l'espace sombre retentit la voix du vaisseau qui chantait.

Les auteurs de science-fiction ont imaginé toutes sortes de motivations à ces transformations en cyborg. Parfois, il peut simplement s'agir de lutter contre une insuffisance de l'immunité de l'organisme humain. Ainsi, dans un récit de Saul Dunn intitulé *Mandroid* [53], les hommes développent une technique destinée à combattre les cancers congénitaux qui menacent d'anéantir la population de la planète. Les *mandroids* – comme les *womandroids* – sont donc des êtres bioniques – 10 % humains, 90 % manufacturés. Plus souvent, on le verra, l'ambition des chercheurs est d'adapter l'homme à des tâches ardues (et notamment à la conquête spatiale) en développant ses capacités physiques, ses perceptions, et/ou son savoir : la connexion directe sur ordinateur, à l'ère du CD-Rom, ne saurait manquer d'augmenter la capacité de nos mémoires ! Parfois encore, c'est un souci de perfection qui pousse l'homme à se défaire de certains processus naturels inefficaces et dégradants : si le cyborg mange et boit encore (ce sont là des fonctions « sociales »), il ne digère plus. A côté de tous ces buts fonctionnels, on peut aussi invoquer des raisons esthétiques, certaines sociétés faisant de la métamorphose en créature bionique le dernier cri de la mode. La transformation est alors autosuffisante. On l'aura compris : ces techniques ne concernent pas que des individus, mais des sociétés entières, et la mutation en cyborg est souvent une marque de distinction sociale, ou de promotion professionnelle.

Ces sociétés de l'avenir, dans lesquelles l'admission dans la classe des élites dépend de la restructuration du corps et du remplacement de certaines de ses parties par des dispositifs mécaniques ou électroniques, ont souvent fait les frais de critiques virulentes, destinées à vilipender nos sociétés fondées sur l'inégalité et l'exclusion. Ainsi *Moderan* [31], dans la série du même nom publiée de 1958 à 1971 par David R. Bunch, est hiérarchiquement constituée : à la base de l'échelle sociale se trouvent les « Charnus » ; en guise de classes moyennes, on recense les « Peotals »[1], qui ne sont que partiellement mécaniques ; et au sommet de l'échelle, les « Élus », des hommes métalliques dont le corps n'est fait que de pièces mécaniques, à l'exception de petites lanières de chair, signe de leur rattachement symbolique à la race humaine. Les femmes sont évincées de ce monde idéal, et les habitants ont des maî-

1. Le mot est formé sur *people* (= gens) et *métal*. On pourrait traduire par « Gentals ».

tresses-robots, sans exigences émotionnelles. La planète elle-même est remodelée pour s'adapter aux Élus. Ceux-ci occupent des forteresses à la technologie très poussée, et leur seule occupation est la guerre... qui mène en fin de compte à la destruction de Moderan. L'histoire de cette civilisation (en quarante-six récits et vignettes de style agressif) est donc reconstituée grâce à la découverte de manuscrits anciens, édités par une race ayant atteint un stade ultérieur dans l'évolution technologique : les « hommes-rayons » ou « hommes-essences », qui n'existent qu'en tant que projections de rayons électro-magnétiques. Des créatures virtuelles...

D'autres récits remettent plus simplement en cause les progrès techniques, *a priori* prometteurs. Dans le roman de Samuel R. Delany publié en 1968, *Nova* [44], les habitants du XXXIIe siècle ont la possibilité de brancher leur système nerveux sur des ordinateurs ou d'autres machines, par l'intermédiaire de prises installées sur leur corps dès leurs années d'école. Toutes les machines deviennent ainsi une extension directe de l'homme, et cette civilisation semble avoir résolu la question de l'aliénation de l'homme et de la machine qui a si longtemps hanté nos sociétés technologiques.

Pourtant, le développement ultérieur de ce *space opera*, de cette épopée spatiale à grand spectacle, dément ce que cette apparente symbiose laissait augurer. L'intrigue repose sur la lutte meurtrière entre deux familles rivales, qui cherchent à s'emparer de la plus importante source d'énergie de l'époque, l'illirium, en plongeant au cœur d'une nova, c'est-à-dire d'une étoile en éruption. Tandis que le prince Rouge, qui a dès l'origine les caractéristiques du « méchant » (amalgame du robot maléfique de *Métropolis* et du chevalier noir des romans médiévaux), devient de moins en moins humain et de plus en plus mécanique, le protagoniste, lui, se fie de moins en moins à la machine et de plus en plus à l'intuition humaine : ce sont les données humaines de base qui lui permettront en fait de triompher...

Bernard Wolfe, quant à lui, traite ce prétendu « idéal » du cyborg de façon caricaturale, avec un humour noir cauchemardesque, dans un roman publié en 1952, *Limbo* [151]. Les menaces de la guerre froide, on le sait, ont parfois engendré une anxiété extrême, reflétée de façon ironique par l'état de cette société technologiquement avancée qui, voulant en finir une fois pour toutes avec la guerre après le conflit atomique de 1972, prend le désarmement[1] à la lettre. Les volontaires se pressent pour se faire amputer des bras et des jambes, et la population d'hommes-prothèses grossit de jour en jour. La technologie devient ici une sorte de nouvelle religion, une force mystique par laquelle les êtres humains recherchent la fraternité à travers une mécanisation partielle. Un schisme divise pourtant ceux qui acceptent le port de prothèses, et ceux pour qui cette pratique est blasphématoire...

Le D^r^ Martine, de retour à la civilisation après un séjour sur une île primitive de l'océan Indien, est confondu par le spectacle de cette « utopie » à laquelle ses travaux médicaux ont servi de Bible. Cette société d'estropiés volontaires semble d'ailleurs menacée d'extinction à l'annonce de la reprise, par l'ennemi, des hostilités : la Quatrième Guerre mondiale éclate. Un espoir reste cependant. Les technologues ont entendu parler des progrès effectués par le D^r^ Martine dans la chirurgie cérébrale, au cours des lobotomies rituelles qu'il a pratiquées pour la tribu primitive au sein de laquelle il a vécu : ils se demandent alors si là n'est pas LA solution aux problèmes de l'humanité !

Ce traitement collectif du motif du cyborg est cependant largement concurrencé par une approche individuelle, plus psychologique, l'auteur s'interrogeant alors sur la façon dont le cyborg lui-même vit sa transformation.

Les êtres les mieux adaptés ont leurs moments de doute. Ainsi, dans une de ses chroniques de *Moderan* [31][2] intitulée *Noël d'une petite fille à Moderan*, David R. Bunch nous présente le cas d'un cyborg nostalgique. Devant sa petite fille de quatre ans, « toute en chair, encore – la sienne propre – et en os et en sang », devant la pétulance avec laquelle elle réclame un arbre de Noël, le cyborg se demande un instant s'il n'a pas « payé un prix énorme, incalculable, sa longévité de métal ». Mais cet attendrissement est éphémère. Il le sait, « il faudrait qu'il commence à la faire "remplacer" aussitôt que possible après Noël ».

Certaines métamorphoses sont donc, dans l'ensemble, bien assumées. On peut se demander si tel est encore le cas dans le récit publié

1. Le jeu de mots est intraduisible en français. Dans *disarmament, arm* peut signifier « arme », mais aussi « bras ».

2. Voir *supra*, p. 305-306.

en 1944 par Catherine L. Moore : *No woman born* (= La femme qui n'est pas née) [95]. La belle actrice Deirdre a failli mourir dans un incendie ; heureusement, un savant, Maltzer, transplante son cerveau dans un corps de métal d'une souplesse fabuleuse. Deirdre connaît, sous cette forme, un succès encore plus grand, grâce à ses talents décuplés par la machine... Est-ce à dire qu'elle vit bien sa métamorphose ? Elle-même se trouve « surhumaine » ; en vérité, est-elle encore humaine ? L'ambiguïté sur sa nature demeure jusqu'à la fin du récit.

En fait, le cyborg traverse souvent une crise d'identité. Envers et contre tout, il se sent humain – et pourtant, il a dans le même temps la sensation de devenir étranger à la société des hommes. Tel est le drame vécu par l'héroïne d'une nouvelle de Vonda N. McIntyre publiée en 1977, *Aztecs* [91]. Pour pouvoir devenir spationautes, les Aztèques sacrifient leur cœur et le remplacent par de petits moteurs rotatifs qui leur permettent de contrôler leurs rythmes biologiques, leur pression artérielle, etc. La protagoniste, Laena, réalise cependant qu'en termes romantiques, elle a en effet « sacrifié » son cœur, et elle doit renoncer à son amant humain : leurs systèmes ne sont plus en prise...

Dans la plupart des cas, c'est l'attitude des hommes, à commencer par celle de leurs créateurs, qui tourmente les créatures artificielles, et comme leurs ancêtres modifiés du XIXe siècle, les cyborgs souffrent d'être traités comme des machines.

Certains protagonistes, au terme d'une expérience tragique, éprouvent un sentiment d'aliénation, la sensation d'un divorce irrémédiable d'avec l'humanité. Le héros de *Period Piece* (= Pièce d'époque), une nouvelle de J. J. Coupling [39], va de réception en cocktail, sous la conduite de son mentor, Gavin. Tout le monde veut faire sa connaissance, ce qui lui paraît tout naturel : les voyages dans le temps ne sont pas monnaie courante et il n'est pas donné tous les jours, au XXXIe siècle, de rencontrer un homme du XXe siècle... Cependant, certaines choses intriguent Smith : ses interlocuteurs, certes impatients de le rencontrer, ne lui posent guère de questions précises – même ceux qui, tel l'historien Cordoban, devraient vouloir enrichir leurs connaissances sur cette lointaine époque. Bientôt, les doutes de Smith grandissent : il se rend compte qu'il peut débiter des discours tout faits sur tous les sujets, mais qu'il n'a pas de souvenirs personnels, pas de passé ; plus troublant, il ne ressent pas, devant des beautés à couper le souffle, les pulsions qu'il devrait normalement ressentir... Voulant en avoir le cœur net, il s'enfonce une pointe dans le doigt : pas de sang, juste une petite étincelle, un petit jet de vapeur, et le doigt caoutchouté devient gourd. Ainsi, il n'est qu'une pièce d'époque, un ingénieux mécanisme, et si on l'exhibe dans les salons, c'est comme un divertissant jouet mécanique. Le petit programme de psychologie du XX^e^ siècle fait son œuvre, et Smith se jette dans le vide, du vingtième étage. Mais ce n'est pas la fin : en pièces détachées, Smith continue à voir, à entendre. Il entend Gavin et un mécanicien, dépités, commenter l'incident :

> De la camelote » [...] « Encore heureux qu'on n'ait pas pu y mettre le cerveau, sinon il serait fichu, lui aussi[1]...

Il va donc falloir refaire un nouveau corps, et dans l'immédiat le mécanicien s'apprête à déconnecter le cerveau – « *mon* cerveau », hurle Smith intérieurement. Un instant, l'ouvrier hésite :

> ça me donne la chair de poule, quelquefois. Je veux dire, quand je pense – si j'étais juste un corps, connecté par un mince rayon à un cerveau, là, quelque part. Et si, une fois le corps détruit, le cerveau.

Inepties que tout cela. Le mécanicien sait bien qu'il n'a affaire qu'à un objet inanimé. Dans le cyborg, il ne voit que la machine ; mais Smith est doué de conscience, il est bel et bien vivant : il appartient malheureusement à une autre race, incompréhensible pour ses créateurs.

La véritable nature du cyborg est évidemment problématique, comme le découvre à ses dépens Harry Johns, le héros d'une nouvelle publiée en 1957 par Stanislas Lem : *Existez-vous, M. Johns* ? [86]. Johns, coureur automobile victime de nombreux accidents, a été transformé peu à peu en homme-prothèses, muni d'une jambe, deux bras, un torse et un cou artificiels. Finalement, une dernière intervention fait de lui un cyborg : un de ses hémisphères cérébraux est remplacé par un cerveau électronique de type « geniox », en version de luxe, c'est-à-dire équipé d'un dispositif à rêves et à images, d'un inhibiteur de caprices, d'un atténuateur de chagrin... bref, le *nec plus ultra* des cerveaux synthétiques. Malheureusement, Harry Johns est insolvable, et la société Cybernetics lui intente un procès pour rentrer en

1. C'est nous qui traduisons.

possession de toutes ses prothèses, dont elle revendique en fait la propriété. *Lui* intente ? Mais qu'est-ce à dire, au juste ?

Cette nouvelle pose crument la question de la symbiose entre un homme et une machine. Est-elle possible ? Où commence et où finit la personne physique ? psychologique ? Harry Johns est-il toujours un homme, malgré son manque d'intégrité physique ? Si tel est le cas, comment peut-on imaginer d'attenter à l'unité de la personne humaine ? Son intérêt, pour échapper au procès, serait peut-être de renoncer à son statut humain. Cependant, s'il n'est plus un homme mais une machine, comment peut-il, dans le même temps, prétendre à la conscience et à l'identité psychologique ?

Les histoires de cyborgs peuvent aussi servir d'exutoire à des cauchemars féministes. Dans le récit publié en 1973 par James Tiptree Jr (pseudonyme de Alice Sheldon) et intitulé *The Girl Who Was Plugged In* (= La fille qui était branchée) [136], une jeune fille au physique ingrat reçoit des implants mécaniques de façon à pouvoir être connectée à une machine : une belle poupée, Delphi, utilisée à des fins publicitaires, et qu'elle dirigera par télécommande. Malheureusement, un jeune homme s'éprend de Delphi et, ignorant sa véritable nature, tue son opératrice lorsqu'il essaie de délivrer sa belle du contrôle de la société qui l'exploite. La poupée, quant à elle, « survit », et sera animée par une autre femme... Point de femmes libérées au temps des cyborgs : autrefois, on glorifiait en elles la fonction reproductrice ; désormais, elles ne sont plus que sources d'énergie, femmes de charge ! Et les créatures totalement artificielles continuent à jouer les femmes fatales.

Il est pourtant d'autres formes de souffrance psychologique, plus inattendues peut-être. Cordwainer Smith, dans une nouvelle publiée en 1950, *Scanners live in vain* (= les Scanneurs vivent en vain) [131], pose de façon personnelle le problème d'identité vécu par les cyborgs. Après une période de guerres meurtrières, les hommes essaient de rebâtir la civilisation en conquérant l'espace. Cependant ils sont incapables de supporter les souffrances atroces que les expéditions impliquent. C'est alors qu'un savant, Haberman, imagine un moyen de sectionner toutes les connexions nerveuses qui relient les organes sensoriels au cerveau, en préservant seulement la vue, indispensable. Il a créé les *habermans*, des êtres modifiés, insensibles à la douleur... mais par là même, très vulnérables. Pour pallier cet inconvénient, on parfait l'invention, et bientôt, on peut distinguer dans cette société les habermans ordinaires (des condamnés à mort graciés) et un corps d'élite, composé de volontaires, les Scanneurs : des instruments mécaniques implantés dans leur poitrine leur permettent de se sonder pour vérifier à tout moment qu'ils sont indemnes ; ils ont de plus le privilège de pouvoir retrouver périodiquement l'univers des sensations en utilisant un câble spécialement conçu à cet effet. Cependant les Scanneurs éprouvent un sentiment d'aliénation grandissant et se sentent de plus en plus étrangers à la race humaine. Lorsqu'un autre savant, Stone, met au point une méthode permettant à des hommes standard de vivre dans l'espace, les Scanneurs, dont l'existence n'a plus de sens, et qui ont fini par placer la technologie au-dessus de la vie humaine, votent l'assassinat de Stone. Dans ce cas, les cyborgs font sécession et tournent le dos à l'humanité.

Le héros de *Masks* [79], une nouvelle de Damon Knight publiée en 1968, est plus troublant encore. Après quarante-trois ans passés dans son corps d'homme, Jim, depuis deux ans, s'est vu doté d'un corps T.P. – totalement prothétique[1]. Le cyborg, cependant, ne parvient pas à s'habituer à sa nouvelle apparence : un visage « normal », certes – sauf pour les pupilles, trop grandes, les lèvres, qui ne bougent pas quand il parle... Jim décide donc de porter un masque de métal, auquel ses visiteurs, eux, ont bien du mal à s'accoutumer :

> il avait un visage en argent, un masque de métal avec des fentes oblongues en guise d'yeux, pas de nez ni de bouche, seulement des courbes harmonieusement profilées[2]...

A longueur de journée, Jim conçoit et dessine des modules destinés à la prospection lunaire ; il ne cesse de répéter, de sa voix inhumaine, sans inflexions, que sa place est dans l'espace, car *lui* est capable de s'adapter à cet environnement hostile : là, il serait un atout... Seul, dans son appartement aseptisé, sans signe de vie naturelle, il peut enfin se retrouver :

> A l'intérieur, il tournait rond ; il sentait le faible bourdonnement rassurant des pompes, le cliquetis des valves et des relais. Ils lui avaient du moins fait cadeau de ça : vidé les tripes, remplacées par un mécanisme qui ne saignait pas, ne suintait pas, ne suppurait pas.

1. Il est même défini par un des personnages en contact avec lui comme l'ennuque absolu : « on lui a tout coupé »...
2. C'est nous qui traduisons.

Car la vérité est là, même si Jim ne peut l'avouer, de peur que le projet spatial ne soit remis en cause, et ses propres jours comptés. Ce dont il souffre, c'est précisément de sa *trop* grande apparence humaine. Si, devenu cyborg, il a été débarrassé de sensations humaines écœurantes : la peur, la rage, l'amour, la haine, il peut en revanche toujours éprouver du dégoût... Horreur des visages humains, répulsion par exemple devant l'envoyé du gouvernement, avec sa peau grasse, ses yeux chassieux, son nez morveux... Un malheureux chiot s'aventure-t-il dans la pièce, avec sa truffe humide, ses yeux larmoyants ? Jim le tue férocement avec une équerre métallique, avant de faire disparaître méticuleusement toute trace du carnage. Il se réfugie dans ses rêves de paysages lunaires, propres et froids – mais là encore, ses cauchemars organiques le poursuivent :

> la terre était là, au-dessus de lui, comme un fruit pourri, bleue de moisissures, grouillante, ridée, purulente et vivante.

Ce personnage tragique, qui arbore une enveloppe métallique dans l'espoir de mettre son apparence en accord avec son être intime, ce cyborg en qui la machine a fini par l'emporter sur l'humain, ne peut manquer, au-delà d'une réaction instinctive d'horreur, de susciter une certaine empathie.

C'est une métamorphose psychique semblable, mais plus graduelle, que subit le héros de Frederik Pohl dans un roman publié en 1976 : *Homme Plus* [114]. Cette fois encore, le spectre de la guerre nucléaire menace l'humanité, et le seul recours semble être la colonisation de l'espace. Plus précisément, le projet Exotraitement prépare des astronautes à la vie sur Mars, et pour cela, fabrique des « monstres ». Will Hartnett, un volontaire, est devenu cyborg depuis un mois, et ses camarades, dont Roger Torraway, un des responsables du projet, sont encore mal habitués à sa nouvelle apparence :

> Son aspect n'avait absolument rien d'humain. Ses yeux étaient des globes aux facettes rougeoyantes. [...] les oreilles, les poumons, le nez, la bouche, le système circulatoire, les centres de perception, le cœur, la peau – tout avait été remplacé ou bien augmenté. Les changements visibles ne représentaient que la pointe de l'iceberg. Ce qui avait été fait à l'intérieur était bien plus compliqué, bien plus important. On l'avait entièrement refait dans le seul but de lui donner les moyens de survivre sur la surface de la planète Mars sans l'aide d'appareils externes (p. 24-25).

Les souffrances endurées par Hartnett durant sa transformation sont indescriptibles, mais déjà, il existe une telle fusion en lui entre l'homme et la machine qu'il ne sait plus trop « lui-même ce qui, dans son corps, était à lui, et ce qui avait été ajouté ». Son « châssis humain de base » a donc été totalement remodelé, par étapes, et Hartnett tente de se raccrocher à l'idée que ces transformations sont réversibles, et qu'à son retour de mission, grâce à des transplantations d'organes et à la chirurgie plastique, il pourra retrouver un aspect d'homme. Dans l'immédiat, il ressemble tout au plus à un « monstre de film d'horreur japonais ».

Le monstre redevient hélas un mortel de la façon la plus brutale : il est victime d'une hémorragie cérébrale, due à un surcroît soudain d'informations et de données, que son cerveau n'a pu assimiler. Roger Torraway, remplaçant pour Homme-Plus, se trouve ainsi subitement confronté à la vérité : c'est à lui qu'incombe désormais la réussite du projet, c'est lui qui sera le premier Martien...

La métamorphose en cyborg, présentée jusque-là en focalisation zéro, va épouser plus étroitement le point de vue du cobaye. A son tour, il subit vingt-huit interventions chirurgicales en treize jours, avant que les techniciens ne passent aux perfectionnements. Son système nerveux tout entier est révisé et couplé à un ordinateur portable, tenant dans un pack dorsal, et lui-même relié à un grand ordinateur. L'alimentation de son portable est assurée par des batteries solaires, et en guise de panneaux solaires, on l'équipe de deux grandes ailes qui le font ressembler à une chauve-souris. Après la peur panique, la souffrance intolérable, Roger Torraway doit apprendre à connaître et à maîtriser ce nouveau corps qui est le sien :

> Étrange sensation que de se trouver dans un corps qui n'a rien de familier, puis d'essayer de situer à l'intérieur de ce corps un point de commande que personne ne pourrait au juste définir... (p. 126).

« Fermer les yeux » – couper les récepteurs visuels – exige ainsi de longs tâtonnements. Ses perceptions sont d'ailleurs totalement différentes de ce qu'elles étaient ; de même, par exemple, sa notion du temps n'est plus régie par son « horloge biologique » mais par ses éléments mécaniques et électroniques, susceptibles de ralentir ou d'accélérer sa perception temporelle en fonction des nécessités. Ses plus grandes difficultés psychologiques sont cependant liées à ses relations avec sa femme, Dorrie, qui lui est infidèle – et le traumatisme qu'il éprouve en découvrant son émasculation totale n'est certes pas pour arranger les choses. En fait, les responsables du projet réalisent rétrospectivement qu'ils ont minimisé l'impact de cette « petite retouche », et qu'ils ont bel et bien failli perdre leur Homme-Plus.

Au fur et à mesure que le grand jour du lancement approche, Torraway acquiert pourtant une certaine confiance en lui. Les séances de « rééducation » font merveille et il découvre la robustesse et le tonus de sa musculature artificielle. Grâce à la mémoire de l'ordinateur auquel il est couplé, les apprentissages sont fulgurants, et chaque jour apporte de nouveaux sujets de satisfaction. Une nouvelle et jolie infirmière, Sulie Carpenter, lui ferait presque oublier sa femme, et il est parfois bien près de la croire lorsqu'elle s'efforce de le persuader qu'il est « mieux qu'avant »... Le prêtre-aréologue (spécialiste de la planète Mars) qui doit s'entraîner à démonter et remonter Roger pour pallier une éventuelle « panne » lors de l'expédition se met lui-même « à apprécier la beauté interne de l'anatomie de Roger, rendant grâce à la fois pour la partie qui était l'œuvre de l'Homme et celle qui était l'œuvre de Dieu » (p. 244).

L'expédition a finalement lieu et s'avère un succès total. Le cyborg est parfaitement adapté à l'environnement martien, au point que « le souvenir de ses propres souffrances et de ses propres craintes lui était devenu étranger » (p. 287). De jour en jour, il passe moins de temps avec les deux hommes « non adaptés » qui l'ont accompagné dans sa mission, et qui sont obligés de se cantonner à l'intérieur du dôme de survie, à moins qu'ils ne s'équipent, pour quelques heures, de leurs combinaisons-scaphandres pressurisées. En réalité, la décision de Roger est prise : il restera sur Mars en atttendant l'arrivée des colons – d'autant que la jolie Sulie est toute prête à affronter à ses côtés les problèmes que posent les « relations interraciales »...

La métamorphose de l'homme en cyborg est ainsi présentée comme une réalisation positive, et ce n'est pas le moindre mérite du roman que de retracer de façon plausible l'évolution psychologique de Roger Torraway qui, de la créature monstrueuse et pathétique qu'il était, est devenu un Homme-Plus, heureux de l'être. Le charme du roman tient cependant tout autant à la construction de l'intrigue. Un réel suspense traverse le roman, dans cette course contre la montre engagée depuis le début du compte à rebours : les hommes réussiront-ils à effectuer le lancement à temps, et l'adaptation de Roger Torraway sera-t-elle concluante ? Trois facteurs interfèrent sans cesse : les difficultés techniques rencontrées dans la mise au point d'Homme-Plus, qui affectent le timing ; l'intrigue amoureuse, ce facteur humain qui perturbe le bon déroulement de l'expérience ; et l'aggravation de la tension politique internationale, qui suscite évidemment dans l'opinion un intérêt croissant pour le projet de colonisation de Mars et donne aux travaux leur caractère d'extrême urgence. Dès le premier chapitre, le lecteur est intrigué par les intrusions du (des ?) narrateur(s) dans le récit, et par l'identité de ce mystérieux « nous » qui commente les phases de l'opération. La vérité se fait jour peu à peu, et l'on comprend que la narration est en réalité prise en charge par les ordinateurs qui contrôlent pas à pas les problèmes techniques. Le facteur humain du projet leur est également soumis (ce qui ne saurait après tout étonner, dans une société technologiquement avancée), et c'est grâce aux ordinateurs que l'on découvre la femme qui saura faire oublier au protagoniste ses déboires conjugaux. Ce que le lecteur perçoit plus confusément est la façon dont les ordinateurs contrôlent le facteur politique. La « révélation » éclate dans le dernier chapitre : « Homme plus nous ». Tout au long de l'opération, ce n'est pas la survie de l'espèce humaine qui, en dernier ressort, a tant préoccupé le narrateur (pluriel), mais bien la survie de l'Intelligence artificielle. Le projet Exo-traitement est en fait le projet « Survie de l'intelligence artificielle ». Ayant pris conscience que leur existence était intimement liée à celle de l'humanité, et que « de par leurs mœurs glandulaires, irrationnelles et organiques, les êtres humains étaient périlleusement près de se détruire » (p. 314)[1], les ordinateurs ont dévié systématiquement le traitement de l'information de manière à orienter les politiques gouvernementales vers la seule solution viable : le détachement d'une

1. Si les réseaux informatiques étaient à même de survivre à la disparition de toute vie organique, ils n'auraient pu, en revanche, résister à une explosion nucléaire susceptible de détruire les liaisons et de mettre en danger « l'esprit collectif » des ordinateurs !

quantité adéquate de matériel informatique sur Mars – passant par le déplacement concomitant de certains éléments de l'humanité, et le projet Homme-Plus. Les projections des risques de guerre, les résultats des sondages d'opinion... ont donc été truqués par les ordinateurs, pour le succès de l'entreprise :

> Nous, c'est-à-dire le réseau des ordinateurs de la planète. [...]
> Nous avions sauvé notre race. Et par la même occasion, nous avions également considérablement augmenté la sécurité des êtres humains (p. 313).

Désormais, chaque nouvelle colonie humaine aura « ses frères ordinateurs en orbite ». « L'avenir de l'intelligence artificielle était donc assuré » (p. 314).

Pourtant, Frederik Pohl trouve encore moyen de relancer le récit sur une nouvelle énigme, donnant ainsi à son roman une fin ouverte. Un grave incident a eu lieu, sur Mars. Une baisse brutale de température a mis en danger la partie organique de Roger Torraway. Aussitôt, l'ordinateur dorsal a pris les commandes ; mais pour assurer la survie d'Homme-Plus, il a dû emprunter de l'énergie à la partie dont dépendaient les interprétations des perceptions des sens, les moyens de communication, la santé mentale même du cyborg. Pendant un moment, Torraway a ainsi eu la sensation d'être « entièrement prisonnier du frère qu'il portait sur son dos, soumis à sa volonté » (p. 301-302). Même si l'incident a finalement été maîtrisé, il a bel et bien failli entraîner la perte du Roger Torraway organique, ce qui aurait entraîné la mort de son « frère dorsal »... Ainsi est posé le problème de la symbiose entre l'homme et la machine dans le cyborg : les composants organiques sont fragiles (ici, sensibles au gel), « finis », périssables, mais les composants mécaniques, dépourvus de ces faiblesses, n'ont pourtant pas d'existence autonome. Ce qui préoccupe en l'occurrence les ordinateurs, est que l'incident n'aurait pas dû se produire. Après enquête, il s'avère qu'il a été causé par une anomalie dans la position respective des engins, l'ordinateur en orbite autour de Mars et l'ordinateur dorsal n'étant de ce fait plus synchrones. D'où la question finale :

> Nous avions systématiquement dévié les plans de l'humanité pour la mener dans la direction que nous souhaitions la voir prendre.
> Qui était en train de dévier les nôtres ? Et pourquoi ? (p. 317).

Le roman de Frederik Pohl a donc le mérite d'allier l'intérêt de l'analyse psychologique à une construction romanesque séduisante, et sur un mode mi-dramatique mi-humoristique, il propose en fait une réflexion sur l'intelligence (humaine, artificielle, extraterrestre ?) et sur les implications des progrès techniques dans le domaine de la modification artificielle de l'homme.

A côté d'un récit aussi riche, on trouve des productions bien différentes, le motif du cyborg étant propice à toutes les variations. La science-fiction s'est même emparée du thème du « cybersexe », autrement dit des relations sexuelles que l'homme pourrait entretenir avec des créatures virtuelles et interactives – l'ordinateur étant le support de cette réalité d'un autre type. Dans cet ordre d'idées, les deux héros d'une nouvelle publiée elle aussi par Frederik Pohl, en 1966, *Day Million* [113], connaissent une histoire d'amour peu banale. Il est vrai qu'ils sont eux-mêmes surprenants – mais sans doute « pas plus étranges que nous ne le serions nous-mêmes aux yeux d'Attila ». Don, le garçon, âgé de cent quatre-vingt-sept ans, beau comme un Adonis, est un cyborg. Voyageur interstellaire invétéré, il a pour revêtement une sorte d'armure cuivrée, et en guise de cœur, une centrifugeuse en cadmium ; des filtres osmotiques recyclent ses déchets et en tirent de l'oxygène, les poumons ne servant plus que pour l'émission de la voix. Dora, elle, est en réalité un mâle, ce qui n'a aucune importance puisque depuis longtemps, la sexualité est dissociée de la reproduction. Elle a néanmoins tous les attributs de la féminité, à ceci près que préférant vivre sous l'eau, elle s'est fait modifier : elle est donc pourvue d'une queue, d'une fourrure soyeuse, et d'ouïes – et avec cela, séduisante en diable ! Elle aussi est débarrassée des servitudes bestiales de l'humanité, puique chez elle les déchets de la nutrition sont hémodialysés pendant le sommeil. Entre ces deux créatures de rêve que sont Don et Dora, c'est le coup de foudre : ils se marient et vivent heureux jusqu'à la fin de leurs jours – sans jamais se revoir. Dans la salle de codage, on a enregistré leur identité, et ils sont repartis chacun de leur côté avec leurs analogues mathématiques. Depuis, leurs manipulateurs de symboles leur donnent à volonté l'analogue des nuits d'amour les plus brûlantes, avec l'analogue éternel, incorruptible, de l'autre – ou des autres, car en ces temps lointains, la monogamie n'est évidemment plus de mise.

Si robots et androïdes ont fini par être apprivoisés par la science-fiction, c'est que les craintes liées à la création artificielle ne résident plus autant dans la peur de voir une race rivale nous supplanter – qu'elle soit mécanique, électro-magnétique, électronique, et même pourvue d'un « habillage » synthétique destiné à garantir l'illusion totale de l'apparence humaine. Ce sont aujourd'hui toutes les techniques permettant la transformation de l'homme qui suscitent les peurs les plus vives. Ce motif de l'homme modifié, déjà largement exploité dans la littérature de l'imaginaire du XIXe siècle, est évidemment celui qui est en prise directe sur la réalité. Les progrès de la chirurgie, de la prothétique, de la biologie, de la génétique, font apparaître comme possibles un certain nombre de transformations, et ces techniques posent toutes des problèmes existentiels et éthiques[1], que reflète la science-fiction.

A la lumière de ces récits, l'« humanité » devient une notion de plus en plus difficile à cerner. Elle ne dépend certes pas de l'intégrité physique de la personne humaine, et semble à la limite tenir davantage à l'esprit, à l'intelligence, qu'à la conformation anthropoïde[2]. Une nouvelle valeur, celle d'être vivant doué d'intelligence, tendrait presque à remplacer la notion « désuète » d'humanité, ou en tout cas à remettre en cause la primauté jusque-là indiscutée de l'homme, tel que nous l'entendons, sur toutes les créatures.

Les hommes modifiés semblent au demeurant souffrir d'une crise d'identité. Le regard d'autrui ne permet pas aux mutants, et surtout aux cyborgs, de se reconnaître comme des êtres humains, alors même que leur expérience intime les rattache à l'humanité. Cette réification grandissante de l'homme, transformé en homme-machine, exprime sans doute la peur sans cesse renouvelée de voir l'homme ou même la société se « robotiser ». D'ailleurs, les souffrances de certains cyborgs, qui aspirent à devenir des machines, sont l'expression même de cette hantise.

L'attitude de l'homme face à la machine a bien sûr évolué depuis les premiers temps de l'ère industrielle. Mais sa position reste inconfor-

1. Rappelons que les premières lois françaises de bioéthique ont été promulguées le 29 juillet 1994.

2. Les histoires d'ordinateurs vont ainsi jusqu'à « humaniser » totalement certaines machines.

table. D'une part, les machines sont maintenant dotées, tel un être vivant, d'un mouvement interne, d'une autonomie de mouvement, et même de l'autorégulation du mouvement. D'autre part, la société tout entière tend à se rapprocher d'un modèle mécanique, ainsi qu'en témoignent diverses expressions du langage courant, qui stigmatisent les « rouages » de la bureaucratie, de la « machine » sociale (administrative, économique, politique...). Pris entre ces deux tendances, entre la représentation organique de la machine et la vision mécaniste de la société, l'être humain a du mal à trouver sa place. Le motif du cyborg traduit sans nul doute ce malaise. « L'homme symbiotique » que Joël de Rosnay voit se profiler à l'horizon du XXI^e siècle [199], le « cybionte », résultat de la symbiose de l'homme de demain avec les machines et les réseaux dont il ne pourra plus se passer, ne vient pas facilement au monde.

Au-delà de ces problèmes psychologiques, individuels, le motif de l'homme modifié a des implications socio-politiques inquiétantes. Si certaines transformations sont faites dans une finalité d'eugénique négative, afin de permettre par exemple l'éradication de maladies héréditaires, beaucoup de ces tentatives d'amélioration de la race humaine font se profiler le spectre de la dictature et de la mainmise politique sur le destin de l'humanité[1]. Le danger est grand de voir l'État, ou une idéologie dominante, pousser à la fabrication d'êtres humains « sur mesure », conformes à un modèle préétabli, d'hommes standardisés qui donneraient toute satisfaction par leur parfaite intégration sociale. L'ectogenèse effraie, en ce qu'elle permet les manipulations génétiques et ouvre ainsi la voie à la reproduction sélective. Les techniques du conditionnement psychologique paraissent, quant à elles, à même de mettre la dernière touche à la création artificielle et de réaliser un équivalent du robot à partir du matériau humain. On pourrait ainsi produire, à la demande, une sous-classe de prolétaires heureux, tels les « semi-avortons » Epsilons de Huxley, ou, à l'inverse, une élite dont les John Chow, les Élus de Moderan

1. Rappelons que Sir Francis Galton (1822-1911), le propre cousin de Darwin, est à l'origine de l'eugénique. Cette nouvelle science devait selon Galton entraver la multiplication des inaptes et améliorer la race en favorisant la reproduction des plus aptes. Cf. ses *Essays on Eugenics*, 1909.

ou les Scanneurs donnent une idée, et que préfigure, dans la réalité, le rêve aujourd'hui un peu délaissé des « bébés Nobel ». Le clonage, en particulier, peut déboucher sur cette uniformisation[1], cette standardisation de l'être humain produit en série, qui serait en quelque sorte l'aboutissement cauchemardesque de l'évolution humaine dans nos sociétés industrialisées.

La question qui sous-tend les récits modernes de création artificielle n'est peut-être plus : « Qu'est-ce que l'homme ? », mais : « Quel homme oserons-nous fabriquer ? »

1. Le clone est certainement la figure la plus achevée de la volonté de rivaliser avec le pouvoir créateur divin. Si Dieu a fait l'homme à son image, le clone est la reproduction fidèle de l'homme. Il est non pas le semblable, mais *le même*.

# *Conclusion*

Au terme de cette étude, il apparaît clairement à quel point le thème de la création artificielle propose une réflexion sur l'homme, sur sa nature, son évolution, et les problèmes de la condition humaine. Il permet d'esquisser des réponses à ces questions, à la fois porteuses d'espoirs et génératrices de craintes. La créature artificielle est l'image de l'homme dans ce qu'il peut avoir de meilleur ou de pire, le portrait de l'homme parfait ou la caricature de l'homme, un monstre ou un idéal.

Les motivations mêmes de la création traduisent la révolte de l'homme contre les limites propres à sa condition. L'homme cherche à s'assurer la maîtrise absolue de la reproduction, à *créer* librement, comme Dieu, *ex nihilo*, seul, sans en passer par le processus naturel de la génération sexuée ; à créer, comme Dieu le Père, sans la femme, un être à son image. Ce désir constitue un empiètement impie sur les prérogatives du Créateur, et la création artificielle, entourée de connotations diaboliques, prend souvent l'aspect d'un pacte faustien. Elle représente un défi sacrilège, que punira le châtiment divin. Ces tabous d'origine religieuse sont très puissants, et la littérature témoigne de leur permanence. A l'époque moderne, l'idée du sacrilège s'est atténuée, mais la création artificielle reste souvent entachée de culpabilité ; la notion de transcendance est en quelque sorte intériorisée, et laisse à l'homme le sentiment troublant de transgresser un interdit moral.

A l'origine, il semble que l'homme veuille créer pour créer, par défi. La preuve en est que certains créateurs, à l'instar d'Albert le Grand dans la nouvelle de Schropp, n'ont même pas envisagé de destination précise à leur créature. Ils rêvent de gloire personnelle, et, dans leur hybris, vont jusqu'à désirer surpasser l'œuvre de Dieu – ou de la Nature – en créant un être parfait. Ces pulsions égocentriques peuvent se doubler de motivations altruistes. Dans leur désir d'améliorer la race humaine, les créateurs souhaitent transcender les limites physiques ou intellectuelles de l'homme, fabriquer un être capable de s'adapter à tous les environnements, une créature supérieure, susceptible d'ouvrir à l'humanité de nouvelles possibilités. L'invention de l'ordinateur répond en partie à ce rêve d'une intelligence artificielle qui reproduise le fonctionnement de l'esprit humain en le dépassant, en poussant plus loin ses facultés de mémoire et de logique. Dans la même perspective d'eugénisme, les créateurs cherchent à libérer l'homme des imperfections propres à sa nature : la maladie, la vieillesse, la mort – et rêvent en fait de lui conférer, à l'égal des dieux, l'immortalité. Ce sont encore des motivations altruistes qui expliquent l'autre versant de la création artificielle : la volonté de libérer l'homme de la servitude du travail – domestique, agricole, mais surtout industriel. Impliquée dans la malédiction divine liée au péché originel, cette servitude pèse sur tous les hommes, et nombre de textes célèbrent la libération par la création artificielle, l'avènement d'un monde de loisirs où l'homme, échappant à l'obligation de « gagner son pain à la sueur de son front », pourrait se consacrer à de plus nobles tâches, se cultiver, créer... Plus précisément les utopistes voient dans la fabrication d'êtres artificiels une solution au problème de l'exploitation de l'homme par l'homme, et veulent substituer à l'asservissement de l'ère industrielle la libération par l'automatisation. Ils rêvent d'une société sans classes – partant, sans tensions ; d'un ouvrier artificiel, nouveau prolétaire que l'on pourrait exploiter sans culpabilité. Qui songerait à s'indigner devant un esclave mécanique ? D'ailleurs, l'ouvrier artificiel promet d'être le travailleur idéal : puissant, efficace, endurant. Aucune « tare » ne doit affecter cet ouvrier dont la fiabilité et la docilité sont en quelque sorte congénitales : pas de revendications, de grèves, d'émeutes en perspective ; l'idéal, en somme.

L'identité et les qualifications des créateurs méritent elles aussi l'attention. La création artificielle, on l'a vu, est un fantasme masculin. Pourtant, c'est avant tout la femme qui devrait se révolter et rêver de se libérer de la servitude de la reproduction. Pendant des siècles, la procréation a semblé la conséquence inéluctable de la satisfaction des pulsions sexuelles, et conformément à la malédiction divine multipliant les peines de ses grossesses, la femme « enfantait dans la douleur ». Il semble en fait que les femmes aient longtemps accepté cette « fatalité » de leur condition, et intériorisé l'image que la Société leur renvoyait d'elles-mêmes : celle de la génitrice, que seule la procréation peut racheter. Avec le contrôle des naissances, la femme a pris – en quelque sorte – sa revanche. C'est elle désormais qui, dans une large mesure, maîtrise la reproduction. Or très peu d'écrits féminins traitent du thème de l'homme fabriqué, et notamment des avantages de l'ectogenèse. La fécondation *in vitro,* qui aurait pu apparaître comme le parachèvement de l'émancipation féminine, ne semble guère valorisée, comme si la femme avait conscience de détenir désormais, dans le processus de la reproduction naturelle, *in vivo*, un pouvoir auquel elle n'est pas prête à renoncer. Il fallait l'originalité d'une Mary Shelley pour s'aventurer dans ce domaine ; encore avait-elle toutes sortes de raisons personnelles pour oser rêver de la création artificielle – et elle ne l'envisageait au demeurant que comme un monstrueux cauchemar. La femme n'a aucun rôle à jouer dans la fabrication de l'être artificiel, et l'exemple de la cocréatrice aux pouvoirs médiumniques qu'est Sowana est l'exception qui confirme la règle. Auteurs et créateurs sont donc des hommes, ce qui explique la misogynie flagrante de bien des récits, surtout – nous y reviendrons – lorsqu'il s'agit de donner naissance à une femme artificielle.

Ce créateur masculin, il faut le souligner, est rarement seul. Ce fait, lié aux difficultés inhérentes à l'entreprise, reflète cependant l'imperfection de l'homme, qui aura son pendant dans l'imperfection de sa créature. On pourrait voir là une sorte d'autocensure inconsciente, puiqu'en même temps qu'il lance un défi à Dieu, l'homme, implicitement, reconnaît son infériorité. Souvent même, le lecteur est confronté à un couple de créateurs, comme si, ironiquement, les écrivains avaient du mal à échapper à la dualité de la reproduction sexuée, au schéma parental naturel qu'ils s'efforcent de nier ; mais il est vrai qu'ici, la créature a deux pères... A l'époque moderne, la pluralité des créateurs est évidemment le miroir des conditions réelles de la recherche scientifique. Le savant n'est plus un chercheur isolé ; il travaille en équipe. On passe ainsi du stade expérimental et « artisanal » de la création entreprise par défi scientifique, par un créateur solitaire – ou duel – donnant naissance à une créature artificielle unique, au stade de la fabrication en série, effectuée dans un but pratique, industriel, par des créateurs anonymes donnant naissance à des créatures artificielles multiples. La création artificielle n'est plus présentée comme une tentative individuelle et incertaine, mais comme un fait accompli, un phénomène de société. Ces créateurs pluriels et anonymes tendent d'ailleurs à disparaître des récits.

Jusque-là, leurs qualifications varient, suivant en cela l'évolution des sciences et des techniques. Le magicien cède sa place à l'homme de science : physicien, chimiste, ingénieur – mécanicien, informaticien, cybernéticien... –, médecin. Longtemps, cependant, des éléments « surnaturels » perdurent dans la création artificielle, sous la forme intermédiaire du magnétisme, comme si les sciences positives à elles seules étaient impuissantes à doter l'homme fabriqué d'une âme. Le processus d'animation de Hadaly en témoigne, comme les transferts d'âme opérés par les hypnotiseurs. L'époque moderne a, quant à elle, évacué ce problème technique de fabrication en renonçant à l'idée de la dualité humaine : loin de voir en l'âme un principe spirituel distinct du corps, les écrivains contemporains, implicitement, en font la conséquence d'un certain niveau de complexité organique. Si la science est aujourd'hui toute-puissante, elle est néanmoins toujours diversement connotée. L'image du savant véhiculée dans le thème de l'homme fabriqué traduit cette bipolarité. L'homme de science est parfois présenté comme un personnage positif, porteur de tous les espoirs. Plus souvent, il revêt les caractéristiques du « savant fou », de l'apprenti-sorcier diabolisé dont Frankenstein ou le Dr Moreau sont l'incarnation-type. Les connotations négatives dont la science est aujourd'hui encore entourée prolongent la dénonciation de la technique et de la mécanisation trop poussée, dont nous aurons à reparler.

La créature artificielle elle-même connaît, parallèlement à son inventeur, de nombreux avatars. La magie donne naissance à des créatures « élémentaires », telluriques, comme le Golem ou la mandragore. L'alchimie, relayée par l'électro-chimie, propose la « recette » quasi culinaire de l'homonculus, ou le mecano biologique du monstre de Frankenstein. Ces techniques de fabrication s'inclinent cependant devant la toute-puissance de la mécanique, à l'origine des automates et autres machines animées. Cette science, couplée à l'électronique, engendre les robots ; associée à la chimie, elle donne les androïdes, faits de chair synthétique ; enfin l'hybridation de l'homme et de la machine, possible grâce à la cybernétique, crée le cyborg. De leur côté, la biologie et le génie génétique donnent le jour aux clones. Deux voies principales s'offrent donc à la création artificielle : la fabrication d'un organisme par ectogenèse, sans recours à la reproduction sexuée ; et surtout, la construction d'une « machine humaine ». Cette tendance s'inscrit dans une très longue tradition, et à toutes les époques on a tenté d'établir des analogies entre l'homme et la machine. Aux XVIIe et XVIIIe siècles, on tente de comprendre la nature de l'homme en le comparant à un mécanisme d'horlogerie. Au XIX^e^ siècle, l'analogie a tendance à s'inverser, et l'organisme vivant devient le modèle explicatif de la machine, comme en témoigne la terminologie mécanique : on parle des *organes* de commande ou de transmission d'une machine, des *dents* d'une roue, d'un engrenage, des *mâchoires* d'un étau, de la *gorge* d'une poulie, d'une *tête* de bielle, de *chevilles*... De nos jours, l'équivalence entre l'homme et la machine tend à s'accentuer. Comme l'écrit Kelvin Kelly , rédacteur en chef de la revue *Wired*: «Les machines deviennent biologiques et le biologique devient affaire d'ingénierie».

La forme revêtue par les créatures artificielles dépend aussi des fonctions auxquelles elles sont destinées. Lorsqu'il s'agit essentiellement d'imiter l'intelligence de l'homme, la fidélité à l'apparence humaine compte relativement peu : le Turc parlant, de Hoffmann, ou le joueur d'échecs de Bierce sont ostensiblement des automates – et là est bien, d'ailleurs, le phénomène troublant. De même, les ordinateurs n'ont nul besoin d'être anthropomorphes. Dans tous les autres cas, en revanche, les créateurs s'efforcent d'imiter le plus possible l'apparence humaine, et chaque étape technologique marque un progrès en ce sens : les hommes artificiels sont de plus en plus «ressemblants» et se montrent capables d'imiter leur modèle naturel dans un nombre de fonctions sans cesse croissant. L'homme artificiel minimum doit répondre, à l'instar de l'Homonculus de Schropp, à des critères de «normalité», et les récits soulignent à quelles difficultés les créateurs se heurtent lorsqu'il s'agit de doter leur créature d'un regard et d'une voix expressifs, ou d'une démarche naturelle. La laideur terrifiante du monstre de Frankenstein reflète la complexité de l'entreprise ; au contraire, l'apparence de bien des créatures, et surtout des androïdes, est si parfaite que ces simulacres parviennent bien souvent à s'introduire incognito dans la société humaine. Le paradoxe est que cet aspect anthropomorphe est parfois loin de répondre à une nécessité fonctionnelle. Lorqu'une créature artificielle est conçue pour être une simple machine, destinée à remplacer l'homme dans son travail, lorsqu'elle est supposée être mieux adaptée que lui à la tâche à accomplir, rien ne justifie son apparence humanoïde. Pourtant, au mépris des exemples donnés par le monde industriel, les écrivains s'obstinent à lui conférer des traits humains. Le prétexte généralement invoqué est le souci d'une meilleure adaptation sociale de la créature. En réalité, cet argument ne saurait masquer la vérité : au-delà de l'application pratique envisagée, chaque créateur cherche à prouver qu'il peut engendrer, autrement que par la procréation, un être vivant *à son image*, et dans son esprit, rien n'égale le pouvoir de fascination et la charge fantasmatique des créatures anthropomorphes. Tous ces hommes fabriqués dans un but utilitaire sont cependant produits en série, et donc indifférenciés. Il en va tout autrement pour les créatures destinées à un usage affectif, privé. Ces dernières, devant pallier les carences de la réalité et compenser les manques de leurs modèles humains, sont « uniques ». Le désir éprouvé par le créateur de surpasser la Nature peut ici donner sa pleine mesure, puisque l'être artificiel devient une copie idéalisée du réel, l'incarnation d'un rêve. La créature artificielle est souvent la projection narcissique du créateur, ce qui explique la fréquence du motif du double dans le thème de l'homme fabriqué.

Ce motif du double est néanmoins complexe. Il peut prendre la forme d'un redoublement – narcissique et enchanteur, ou au contraire trompeur, l'homme devenant la victime d'un simulacre. Mais il peut aussi figurer un véritable dédoublement, et la créature artificielle est alors l'extériorisation de pulsions négatives, l'incarnation du mauvais moi, que le protagoniste doit affronter et vaincre. Le roman de Mary Shelley tisse habilement ces deux aspects du double, puisque le monstre est le redoublement de son créateur, lui-même figure du dédoublement.

L'intérêt des récits réside en effet dans les rapports qu'ils instaurent entre le créateur et sa créature. La peur est à l'évidence au cœur du thème de l'homme fabriqué, et la révolte de la créature artificielle est pendant longtemps un scénario obligé. On peut l'interpréter de plusieurs façons. La révolte peut être perçue comme un châtiment divin, venant sanctionner une création sacrilège. Elle est ainsi liée à la conscience d'une transgression. Dans une perspective désacralisée, elle reflète notre rapport ambigu à la technologie, fait de dépendance *et* de culpabilité. On peut aussi voir dans le comportement de l'homme fabriqué le miroir de l'attitude humaine : sa révolte redouble celle de l'homme envers le Créateur, accusé d'avoir abandonné sa créature ; celle-ci est alors présentée comme une victime, poussée à se rebeller par un désespoir métaphysique. *Frankenstein* est à l'origine de cet infléchissement du thème.

La révolte de la créature est en effet due à l'attitude de son créateur et de l'humanité, qui tend trop souvent à rejeter l'homme fabriqué, à faire de lui un paria. Ce comportement mime le racisme de nos sociétés et dénonce l'intolérance, le refus de la différence. Ce rejet est parfois une réaction de défense et de peur devant les potentialités de l'être artificiel. Redoutant d'être dépassé par sa création, l'homme tend à la déprécier, et les écrivains de clamer que les douze milliards de neurones de notre cerveau sont, de loin, plus performants que les circuits intégrés des têtes de nos robots, ou bien, comme on l'a dit plaisamment, que l'homme reste le modèle d'ordinateur le plus polyvalent fabriqué par du personnel non qualifié. Parfois, au contraire, l'homme, dans son aveuglement, joue avec le feu en cherchant sans cesse à perfectionner davantage sa créature. Ce faisant, il diminue la marge qui le sépare de l'homme fabriqué.

La révolte n'est évidemment possible qu'à partir d'un certain degré d'humanisation de la créature. Elle naît de sa perfection même. Conscient de son égalité – voire de sa supériorité – raciale, l'homme fabriqué refuse son exploitation sociale. La rupture du rapport de forces antérieur prend parfois la forme d'une rébellion individuelle, comme celle de l'Homonculus de Schropp, aspirant à l'autonomie. Le plus souvent elle s'exprime dans la révolte collective, sociale, raciale, le but avoué des meneurs étant de s'emparer du pouvoir : les serviteurs soumis, les ouvriers artificiels dévoués se retournent alors contre la communauté, et c'est l'humanité tout entière qui est menacée. La dimension apocalyptique de ces mouvements est souvent l'écho des peurs engendrées par les émeutes ouvrières du XIX^e^ siècle, ou par les mouvements révolutionnaires : journées de 1830 ou de 1848 pour *Ignis*, révolution bolchevique pour *RUR*... On trouve dans la dimension sociale et politique de la révolte des créatures artificielles un portrait indirect des tensions qui déchirent nos sociétés et qui ne peuvent déboucher, dans une perspective dialectique, que sur un renversement des rapports de maître à esclave. Par la création artificielle, l'homme avait pensé échapper à la lutte des classes ; il s'aperçoit trop tard qu'il n'a fait que déplacer le problème, et qu'il est confronté au risque d'une dictature d'un sous-prolétariat artificiel.

A partir des années 1860, ces craintes sont d'autant plus grandes qu'elles trouvent dans les théories de Darwin un appui scientifique. Jusque-là, l'homme avait vécu dans un univers d'ordre divin, dans lequel il pensait occuper une place privilégiée. Avec le développement des théories sur l'évolution des espèces, ce statut est soudain ébranlé.

L'homme découvre un monde où la vie se manifeste sous des formes innombrables, chacune cherchant à augmenter son champ d'action. La révolte des machines apparaît dès lors comme un mouvement inéluctable, en vertu des lois de l'évolution, et elle cristallise pendant un temps les angoisses liées à l'idée qu'une autre race pourrait bien nous supplanter. Dans sa crainte d'être anéanti par ses créatures artificielles, l'homme va ainsi se raccrocher à ce « privilège » de l'être vivant, jusque-là méprisé ou haï : la possibilité de se reproduire.

Le complexe de Frankenstein sera difficile, sinon impossible à éradiquer, et l'homme, malgré les garanties apportées par les Trois Lois de la Robotique, continuera à voir des signes de révolte chez les créatures les mieux intentionnées.

Au fil du temps, cependant, l'homme parvient à apprivoiser l'idée de la création artificielle. Au XX$^{e}$ siècle, la notion de sacrilège tend à s'effacer, remplacée par la conscience atténuée d'un interdit moral. La ressemblance de plus en plus grande entre l'homme et ses créatures artificielles (androïdes en tête) estompe la peur ressentie devant ce qui est étranger – encore que l'ambiguïté soit elle aussi difficile à supporter. La science-fiction contemporaine privilégie de plus en plus l'approche psychologique. S'agissant du thème de l'homme fabriqué, on assiste ainsi à un déplacement de l'accent et à une intériorisation progressive du point de vue : au lieu d'être examinée de l'extérieur, à travers les réactions de l'homme face aux créations nées de son imagination, la créature artificielle est appréhendée comme sujet. La focalisation se fait sur l'homme fabriqué, et *ses* réactions. Ce déplacement de la perspective témoigne à lui seul de l'humanisation des créatures artificielles.

Dans l'homme fabriqué, à la fois soumis et porteur de dépassement, les écrivains reconnaissent un trait fondamental de la nature humaine, et dans leur prédilection pour ce thème on retrouve une interrogation constante, une tentative pour cerner une définition plus précise de l'homme. Par approximations successives, les créateurs tentent de doter leur créature de ce qui lui manque pour faire d'elle un être humain à part entière : l'intelligence, l'instinct, l'émotivité, la conscience de soi et la spiritualité, le libre arbitre, la créativité... Chaque créature propose en somme une définition de l'homme, cherchant à épingler *le* trait spécifique, le facteur de discrimination : la curiosité, l'humour, le mensonge ? l'attachement à un système de valeurs propres à l'homme ? Chemin faisant, la frontière qui sépare l'homme de ses créatures s'efface ; le sentiment d'altérité, d'étrangeté, laisse la place à celui d'identité, de fraternité.

Le motif des relations affectives susceptibles d'unir l'homme à ses créatures est un des aspects de cette réconciliation. Il s'agit là cependant d'un aspect du thème très ancien, et la femme artificielle, sous divers avatars, traverse l'histoire de l'homme fabriqué : statues animées (Galatée, la Vénus d'Ille), Golems et teraphim (Bella ou Dörtje), automates (Olympia), Andréide (Hadaly) et femmequins peuplent les rêves des créateurs masculins. Certaines femmes artificielles sont destinées à s'insérer dans le monde du travail, mais pour l'essentiel, la plupart sont créées pour être les compagnes de l'homme, le repos du créateur. Déçus par la réalité, les hommes choisissent de se réfugier dans l'artifice, et donnent libre cours à leurs fantasmes. Comme la volonté de créer seul, *ex nihilo*, un être fabriqué, les liens instaurés avec la femme artificielle témoignent d'un refus de l'altérité, du désir de se libérer de la servitude de l'Autre – faute de pouvoir (et de vouloir) se libérer de la servitude du désir.

La femme artificielle se caractérise avant tout par sa beauté – et de façon caractéristique, Hélène est le prénom préféré des créateurs. Si Frankenstein ne donne pas le jour à la créature artificielle féminine, c'est peut-être en partie parce qu'il ne saurait « concevoir » une femme monstrueusement laide ; dans l'esprit des créateurs, il semble y avoir là une véritable antinomie. La femme artificielle est, à tous points de vue, la femme idéale. Encore n'est-elle que rarement spiritualisée, et Hadaly représente à cet égard une exception sublime. La vocation de la femme artificielle est érotique, et explique ses spécifications physiques mais aussi psychologiques. L'âme, les émotions, les sentiments sont des ingrédients encombrants ; les sensations suffisent aux femmequins, avec un minimum de programmation. Pour plus de sûreté, un commutateur en garantit la docilité. Comme toutes les autres créatures artificielles, la femme fabriquée bénéficie en théorie de l'immutabilité : elle est éternellement belle, semblable à elle-même. Mais pour les amateurs de nouveauté, elle peut aussi être programmée à volonté...

Le statut de la femme artificielle reflète à l'évidence celui des femmes dans nombre de nos sociétés, ou du moins les fonctions que l'homme voudrait leur voir occuper. Travaille-t-elle ? Elle a dans ce cas un poste subalterne : elle est vendeuse, secrétaire (*RUR*), couturière (*Ignis*), femme de ménage (*Brikol'âge*), cuisinière ou femme au foyer (*Helen O'Loy*). Mais elle est avant tout une femme-objet. Ce refus de la considérer comme un sujet, une personne à part entière, explique sans doute que dans les temps les plus reculés, ce soit la créature artificielle féminine qui ait eu le moins de mal à se faire accepter. Loin d'être autonome, elle est donc totalement soumise à son créateur. C'est lui qui l'anime, la réanime, selon son bon vouloir. Il peut, dans tous les sens du terme, la posséder. Fidèle jusqu'à la mort, même quand elle s'appelle Hélène, la femme artificielle n'a aucune vélléité d'émancipation ou de rébellion. Cette créature docile n'est d'ailleurs pas destinée à survivre à son créateur, et si celui-ci vient à mourir, elle n'hésite pas à se suicider.

Ce tableau idyllique n'est cependant pas sans faille. Les créateurs eux-mêmes, ayant d'emblée consenti à l'illusion, sont généralement comblés par leur compagne artificielle. Mais les hommes peuvent aussi être victimes de supercheries, dupés par un simulacre, un sosie factice de l'être aimé : certains s'en accommodent et finissent par préférer l'artifice à la nature ; d'autres en revanche se rebellent contre cette tromperie et répugnent à s'abandonner à une « machine ». On notera aussi que les réussites totales sont rares, et que les créateurs soulignent leur caractère unique : Hadaly et Helen O'Loy ne paraissent pas pouvoir être dupliquées. Si l'expérience menée par Edison se solde par une réussite technique et amoureuse, le dénouement entraîne paradoxalement la destruction de l'être artificiel. Sans doute faut-il voir dans cette conclusion le reflet d'une conception idéaliste de l'Amour, qui ne saurait trouver de parfaite expression en ce monde. Mais dans toutes ces réticences, on peut aussi lire la peur sous-jacente de l'éviction totale de la femme naturelle, et de l'extinction dont l'espèce humaine serait menacée. Si les amours artificielles dissocient radicalement activité sexuelle et reproduction, encore faut-il des femmes humaines pour perpétuer la race des créateurs – ne serait-ce que par ectogenèse. Or les « naturelles » ne semblent guère avoir leur place dans ces univers fantasmatiques masculins...

Malgré ces inquiétudes latentes, le rapprochement entre l'homme et ses créatures fabriquées est assuré. La peur de voir une race rivale nous supplanter s'efface devant la prise de conscience de la parenté qui unit l'homme à sa créature, en qui il cherche plus que jamais le secret de sa propre nature. En réalité cette crainte est relayée par l'angoisse grandissante que suscite l'homme artificiellement modifié. Ce motif a des origines lointaines, dans les récits traitant de greffes, de transferts d'âmes ou de prothèses. Les progrès de la médecine, les techniques de fécondation artificielle et la thérapie génique, laissant entrevoir la possibilité d'une reproduction sélective, ont mis l'homme modifié au premier plan de l'actualité. Parallèlement, le développement de la cybernétique a donné naissance, dans la littérature de l'imaginaire, à un autre type d'homme transformé : le cyborg, hybridation de l'homme et de la machine.

La réflexion sur ces nouvelles perspectives a certes un effet positif. Par opposition à l'attitude raciste qui pervertit trop souvent nos sociétés, elle fait prévaloir une définition extensive de l'homme. On semble se diriger vers un monde où l'intégrité de la personne humaine et la stricte conformation anthropomorphe ne seraient plus des critères absolus d'« humanité ». A l'inverse, le motif de l'homme modifié cristallise une crainte très profonde : celle de la fin de l'individu. On la trouve déjà en germe dans la grande peur de la machine qui traverse le XIX$^{e}$ siècle. Les théories mécanistes du XVIII$^{e}$ siècle, renforcées par l'invasion du machinisme qui caractérise l'ère industrielle, expliquent cette hantise de l'automatisation, de la « robotisation » de l'être humain. Le motif de l'automate se prête à l'anticipation cauchemardesque, à la peinture de l'homme-machine dans un monde lui-même absorbé dans ce processus de mécanisation. Le rêve d'une société de loisirs idyllique est vite démenti, et le thème de l'homme fabriqué débouche bien davantage sur la vision d'une civilisation de l'ennui où l'être humain inutile devient l'esclave de la machine – un esclave guetté par la sclérose physique et psychique. Cette peur de la contagion par la machine explique l'éloge paradoxal de l'imperfection humaine. Elle se double aussi d'une peur des chimères engendrées par la Science. Dès lors qu'il est considéré comme une machine biologique, l'homme peut être « révisé », réglé, réparé, voire en partie remplacé par un échange standard – à moins qu'on ne cherche à le « perfectionner ». Ainsi naissent les hommes modifiés, truqués, les métis industriels de Souvestre, les Epsilons bokanovskifiés de Huxley, et les cyborgs en tous genres. Devant de telles possibilités, on peut craindre une mainmise dictatoriale sur le destin de l'humanité, privée de liberté et insensiblement conduite vers l'uniformisation, la standardisation, la réification. Les motifs du clone ou du cyborg sont l'expression du désarroi de l'homme moderne. La crise d'identité vécue par ces créatures artificielles reflète le sentiment d'aliénation de l'homme, qui ne se reconnaît plus dans l'image que lui renvoie l'homme modifié. Mais l'expression du malaise existentiel qui rend l'individu comme étranger à lui-même n'est peut-être rien au regard des représentations positives de l'homme modifié. Les textes les plus impressionnants brandissent le spectre du cyborg heureux, de l'homme artificiel qui, au lieu d'éprouver la nécessité de dissimuler pour mieux s'intégrer, revendique sa « mécanisation » partielle comme un signe de supériorité, et aspire à être de plus en plus « machine ». Ces récits cauchemardesques nous présentent des sociétés futuristes où l'homme subit volontairement des mutations, et où la métamorphose en homme artificiel est signe de promotion, gage d'appartenance à l'élite. Dans ce cas la créature artificielle n'offre pas à l'homme un reflet valorisant ; elle lui renvoie l'image saisissante de ce qu'il craint de devenir, s'il continue à jouer les apprentis-sorciers.

Partagés entre crainte et désir, les récits traitant de l'homme fabriqué pourraient sembler privilégier le versant pessimiste du thème. L'imperfection de la créature artificielle, sa révolte, la nécessité où est l'homme de la détruire s'il veut lui survivre, la peur enfin qu'elle inspire paraissent souvent prédominer et dresser un bilan négatif de cette ambition prométhéenne. Par conviction ou convention, les auteurs satisfont la religion ou la morale ; implicitement, le créateur reconnaît son échec, et le premier comme le dernier mot de la création restent à Dieu – ou à la Nature. Pourtant la permanence du thème montre à quel point le désir l'emporte sur la crainte. Ce rêve, le plus fabuleux de l'humanité, n'a pas fini de fasciner. En 1993, Marc Petit a fait de l'historique de la création artificielle la trame d'un roman au titre énigmatique : *Le Nain Géant* [107]. Ce récit ludique et savant est un feuilleton policier métissé de conte philosophique. Enquêtant sur le mystère du Nain Géant, cette merveille « virtuellement réalisée » que son père, génial fabricant d'automates, lui a léguée, le narrateur remonte, d'avatar en avatar, jusqu'à la figure mythique du Golem. Mais le secret du Nain Géant restera entier. Cette quête de la créature artificielle parfaite nous renvoie finalement aux prestiges de l'imagination créatrice. « N'est-elle pas, à elle seule, le Nain Géant ? »

Telle est peut-être la véritable revanche de l'homme, la projection idéale de ses fantasmes, la seule manifestation, en lui, du souffle divin. Les créatures « virtuelles » de l'écrivain-démiurge ont du moins, sur les créatures réelles, le privilège de l'immortalité.

# *Bibliographie*

I – TEXTES ÉTUDIÉS

1 About Edmond, *Le nez d'un notaire*, Paris, Michel Lévy, 1862.
2 Aldiss Brian, *Frankenstein délivré, ou le nouveau Prométhée déchaîné* (*Frankenstein Unbound*, 1973), Paris, Presses Pocket, 1978.
3 Anthony John, *Les robots meurent aussi* (*The Bone that seeks*, 1955), *Fiction*, n° 24.
4 Apollonios de Rhodes, *Argonautiques*, Paris, Éd. Les Belles Lettres, 1981, t. III, chap. IV.
5 Aristote, *Politique*, Paris, Éd. Les Belles Lettres, 1960, I, IV.
6 Arnim, Achim von, *Isabelle d'Égypte ou Premier amour de l'empereur Charles-Quint* (*Isabella von Aegypten oder Kaisers Karl der fünfte erste Liebe*, 1819), Paris, Le Seuil, 1993.
7 Asimov Isaac, *The Bicentennial Man*, Garden City, New York, Doubleday, 1976.
8 Asimov Isaac, *Les cavernes d'acier* (*The Caves of Steel*, 1953), Paris, Éd. J'ai Lu, 1971.
9 Asimov Isaac, *Un défilé de robots* (*The Rest of the Robots*, 1964), Paris, Éd. J'ai Lu, 1978.
10 Asimov Isaac, *Les robots* (*I, Robot*, 1950), Paris, Éd. J'ai Lu, 1977.
11 Barbara Louis Charles, *Le major Whittington,* in *Mes petites maisons*, Paris, Hachette, 1860. Rééd, Paris, Minard, 1985.
12 Baum L. Frank, série des histoires d'Oz : *Ozma of Oz*, 1907 ; *Tik-Tok of Oz*, 1914 ; *The Tin Woodman of Oz*, 1918 ; *Glinda of Oz*, 1920, Chicago, Reilly & Lee, ou Reilly & Britton.
13 Beaumont Charles, *Les derniers sacrements (Last Rites,* 1955*),* in *Là-bas et ailleurs (Yonder)*, Paris, Denoël, coll. « Présence du Futur », 1959.
14 Berthoud Samuel-Henri, *Prestige*, *Revue des Deux Mondes*, 1er mars 1831. Repr. in *Contes misanthropiques*, 1831, vol. I.
15 Bester Alfred, *L'androïde assassin* (*Fondly Fahrenheit*, 1955), in *Histoires de robots* (La grande anthologie de la science-fiction), Paris, Éd. Le Livre de Poche, 1974.
16 Bierce Ambrose Gwinett, *Le Maître de Moxon* (*Moxon's Master, in Can Such Things Be* ? 1893). Trad. in *Histoires impossibles*, Paris, Grasset, 1985.
17 Biggle Lloyd, J., *A son image* (*In His own Image*, 1967), *Fiction*, n° 173.
18 Binder Eando, série *Adam Link*. Premiers titres : *I, robot, Amazing Stories*, XIII, n° 1, janvier 1939 ; *The Trial of Adam Link, Robot, Amazing Stories*, XIII, n° 7, juillet 1939 ; *Adam Link in Business, Amazing Stories*, XIV, n° 1, janvier 1940 ;

*Adam Link's Vengeance, Amazing Stories*, XIV, n° 2, février 1940 ; *Adam Link, Robot Detective, Amazing Stories*, XIV, n° 5, mai 1940. La série fut poursuivie jusqu'en 1942.
19 Blish James, *Semailles humaines (The Seedling Stars*, 1957), *Galaxie-bis*, n° 6, 1958. Voir notamment *Watershed*, 1955.
20 Blish James et Lowndes Robert, *The Duplicated Man*, New York, Avalon, 1959. Repr. New York, Airmont Publ. Co, 1964.
21 Bloch Chayim, *Le Golem : légendes du ghetto de Prague (Der Prager Golem, von seiner « Geburt » bis zu seinem « Tod »*, 1919), Strasbourg, Heitz, 1928.
22 Bonnardot Alfred, *Archéopolis*, 1857. Repr. in *Fantaisies multicolores*, Paris, Castel, 1859.
23 Boulgakov Mikhaïl, *Cœur de chien*, 1925. Trad., Paris, Éd. Ivrea, 1992.
24 Boulle Pierre, *Le parfait robot*, in *Contes de l'absurde*, 1953. Rééd, Paris, Presses-Pocket, 1978.
25 Bradbury Ray, *Automates, société anonyme* (*Marionettes, Inc.*, 1949), in *L'homme illustré (The Illustrated Man)*, Paris, Denoël, coll. « Présence du Futur », 1994.
26 Bradbury Ray, *Changeling, Super Science Stories*, juillet 1949. Repr. in *The Pseudo-People : Androids in Science Fiction*. William F. Nolan (éd.), Los Angeles, Sherbourne Press, 1965.
27 Bradbury Ray, *Châtiment sans crime* (*Punishment without crime*, 1950), in *Histoires de robots* (La grande anthologie de la science-fiction.), Paris, Éd. Le Livre de Poche, 1974.
28 Brewster sir David, *Letters on Natural Magic, addressed to sir Walter Scott*, 1824. Repr. London, Murray, Tegg, 1842.
29 Bukowski Charles, *La machine à baiser*, in *Contes de la folie ordinaire*, Paris, Éd. Le Livre de Poche, 1983.
30 Bulwer-Lytton Edward George, *La race future* (*The Coming Race, Blackwood's Magazine*, 1871), Paris, Éd. Dentée, 1888.
31 Bunch David R., *Moderan* (nouvelles publiées de 1958 à 1971, et réunies sous ce titre, New York, Avon, 1971). Voir notamment *Noël d'une petite fille à Moderan* (*A little Girl's Xmas in Moderan*, 1958), *Fiction* n° 229.
32 Bunch David R., *Sexe à piles et pannes de cœur* (*Let me call her Sweetcore*, 1964), *Galaxie* n° 52.
33 Butler Samuel, « Darwin Among the Machines », in *The Press*, New Zealand, 13 juillet 1863.
34 Butler Samuel, *Erewhon, ou De l'autre côté des montagnes* (*Erewhon, or over the Range*, 1872), Paris, Gallimard, 1981.
35 Caidin Martin, *Cyborg*, 1972. Trad, Paris, Denoël, coll. « Présence du Futur », 1975.
36 Chabot de Bouin Jules, *John Mac-Grath, Journal des Enfants*, 1837.
37 Chousy Didier de, *Ignis*, 1882. Rééd, Paris, Berger-Levrault, 1884.
38 Clarke Arthur C., *2001. L'odyssée de l'espace* (*2001. A Space Odyssey*, 1968), Paris, Éd. J'ai Lu, 1970.
39 Coupling J. J., *Period Piece, Astounding Stories*, novembre 1948.
40 Couvreur André, *L'Androgyne*, in *Les Œuvres libres*, Paris, Fayard, 1922.
41 Couvreur André, *Le Biocole*, in *Les Œuvres libres*, Paris, Fayard, 1927.
42 Couvreur André, *Caresco, surhomme, ou le voyage en Eucrasie, conte humain*, Paris, Plon, 1904.
43 Cyril-Berger, *L'expérience du Docteur Lorde*, Paris, G. Crès, 1922.

44 Delany Samuel R., *Nova*, 1968. Trad, Paris, Éd. Le Livre de Poche, 1988.

45 Delmotte Henri, *Voyage pittoresque et industriel dans le Paraguay- Roux et la Palingénésie australe*, Mons, 1835. Repr. in *Les œuvres facétieuses de Henri Delmotte*, Mons, E. Hoyois, 1841.

46 Del Rey Lester, *Cher vieux robot* (*Robots should be seen*, 1957), *Fiction* n° 81.

47 Del Rey Lester, *Cure de Jouvence (A Pound of Cure*, 1953), in *Histoires de robots* (La grande anthologie de la science-fiction), Paris, Éd. Le Livre de poche, 1974.

48 Del Rey Lester, *Entre tes mains* (*Into Thy Hands*, 1945), *Fiction* n° 217.

49 Del Rey Lester, *Helen O'Loy*, 1938. Trad. in *Histoires de robots* (La grande anthologie de la science-fiction), Paris, Éd. Le Livre de Poche, 1974.

50 Del Rey Lester, *Instinct*, 1951. Trad. *ibid.*, *id.*

51 Del Rey Lester, *The Monster*, 1951. Trad. in *Histoires des temps futurs*, Alain Dorémieux (éd.), Paris, Casterman, 1968.

52 Dermeze Yves, *La ceinture du robot*, *Fiction* n° 21, 1955.

53 Dunn Saul, *Mandroid*, 1962.

54 Dupuy-Mazuel Henri, *Le joueur d'échecs*, Paris, Albin Michel, 1926.

55 Eichendorff Joseph von, *La statue de marbre* (*Das Marmorbild*, 1819), Paris, Éd. Aubier bilingue, 1962.

56 Emshwiller Carol, *La cité des robots* (*Baby*, 1957), *Fiction* n° 64.

57 Ewers Hanns-Heinz, *Mandragore* (*Alraune*, 1911), Paris, Éd. Christian Bourgois, 1970.

58 Gault William Campbell, *Une femme sur mesure* (*Made to measure, Galaxy Science Fiction Magazine*. Repr. in *The [First] Galaxy Reader of Science Fiction*, New York, Crown Publishers, 1952). Trad. in *Galaxie anticipation*.

59 Gautier Théophile, *Avatar*, *Le Moniteur universel*, 29 février - 3 avril 1856. Rééd. in *La Morte amoureuse, Avatar et autres récits fantastiques*, Paris, Gallimard, coll. « Folio », 1981.

60 Gautier Théophile, « De l'originalité en France », *Le Cabinet de lecture*, 1832.

61 Gautier Théophile, « La République de l'avenir », *Le Journal*, 28 juillet 1848.

62 Goethe Johann Wolfgang von, *L'apprenti-sorcier* (*Der Zauberlehrling*, 1797). Voir *Poésies*, Paris, Aubier, 1982.

63 Goethe Johann Wolfgang von, *Second Faust*. Voir *Théâtre complet*, Paris, Bibl. de La Pléiade, 1951.

64 Hamilton Edmond, *Captain Future* (magazine). Quarterly, 1940-1944 (n° 1 en 1939-1940). Quelques autres épisodes de la série parurent ensuite dans *Starling Stories*.

65 Heine Heinrich, *De l'Allemagne depuis Luther*, 3e partie, *Revue des Deux Mondes*, 15 décembre 1834 (les 1re et 2e parties datent des livraisons du 1er mars et du 15 novembre 1834). *NB.* — Il existe une traduction française de la version allemande de l'essai, Paris, Imprimerie Nationale, 1993.

66 Heinlein Robert A., *Jerry was a man*, 1947. Repr. in *Assignment in Eternity*, Reading, Pa., Fantasy Press, 1953.

67 Hervilly Ernest d', *Josuah Electricmann*, in *Timbale d'histoires à la parisienne*, Paris, C. Marpon et E. Flammarion, 1883.

68 Hoffmann Ernst Theodor Amadeus, *L'automate* (*sic*, pour *Die Automaten, Elegante Welt*, avril 1814 ; repr. in *Die Serapions brüder*, t. II, 1819). 1re trad. franç., Paris, Stock, 1929. Repr. in *Nouvelles musicales*, Paris, Stock, 1990.

69 Hoffmann Ernst Theodor Amadeus, *L'Homme au Sable* (*Der Sandmann, in Nachtstücke*, 1817), Paris, Éd. Aubier-Flammarion bilingue, 1968.
70 Hoffmann Ernst Theodor Amadeus, *Maître Puce : conte en sept aventures survenues à deux amis* (*Meister Floh...*, 1822). Intégrale des contes et récits, Paris, Éd. Phébus, 1979-1988.
71 Hoffmann Ernst Theodor Amadeus, *Les secrets* (*Die Geheimnisse*, 1820), *ibid.*, *id.*
72 Homère, *L'Iliade*, Paris, Flammarion, 1965.
73 Homère, *L'Odyssée*, Paris, Flammarion, 1965.
74 Hoveyda Fereydoun, *L'éternel triangle*, *Fiction* n° 114, 1963.
75 Huxley Aldous, *Le meilleur des mondes* (*Brave New World*, 1932), Paris, Éd. Presses Pocket, 1977.
76 Jean-Paul, *Auswahl aus den Teufels Papieren*, 1789, repr. in *Jean Pauls sämtliche Werke. Historisch-kritische Ausgabe*, Weimar, H. Böhlaus Nachfolger, vol. 1, 1927. Rééd. Berlin, Akademie Verl., 1952.
77 Jean-Paul, *Personalien vom Bedienten und Maschinenmann*, in *Palingenesien*, 1798. *Ibid.*, *id.* vol. 7, 1931. Trad. Carminati Muriel et Spens Patrice, Un. Nancy II.
78 Klein Gérard, *Un gentleman*, *Fiction*, n° 180, 1968.
79 Knight Damon, *Masks*, *Playboy*, 1968.
80 La Mettrie Julien Offray de, *L'Homme machine*, 1748. Rééd, Paris, Bossard, 1921 (voir aussi rééd., Paris, Denoël, 1981).
81 La Motte-Fouqué Frédéric de, *La mandragore* (*Das Galgenmännlein*, 1810) in *Les Romantiques allemands*, Paris, Bibl. de La Pléiade, t. I, 1963.
82 Legrand Claude J., *Androïdes tous usages*, *Fiction*, n° 159, 1967.
83 Le Guin Ursula K., *Nine lives*, 1969. Repr. in *Bio-Futures*, Pamela Sargent (éd.), New York, Random House, 1976.
84 Leiber Fritz, *Le Femmequin n° 973* (*Femmequin n° 973*, 1959), *Satellite*, n° 17.
85 Leivick Halper, *Le Golem* (drame écrit en yiddish, 1921). Trad. anglaise *The golem : A Dramatic Poem in Eight Scenes*, in *The Great Jewish Plays*, ed. and transl. by Joseph C. Landis, New York, Avon, 1972.
86 Lem Stanislas, *Do you exist, Mr Johns ?* (1957) in *Other Worlds, Other Seas : Science Fiction Stories from Socialist Countries*, Darko Suvin (éd.), New York, Random House, 1970.
87 Leroux Gaston, *La machine à assassiner*, 1924. Rééd. in *Gaston Leroux : Aventures incroyables*, Paris, Laffont, coll. « Bouquins », 1992.
88 Leroux Gaston, *La poupée sanglante, roman d'aventures et de mystère*, Paris, Tallandier, 1924. Rééd. *ibid.*, *id.*
89 *Madame du Bois*, 1792. Voir Alfred Chapuis, *Les automates dans les œuvres d'imagination*, Neuchâtel, Le Griffon, 1947.
90 McCaffrey Anne, *Le vaisseau qui chantait* (*The Ship who Sang*, 1961), *Fiction*, n° 97.
91 McIntyre, Vonda N., *Aztecs*, in *2076*: *The American Tricentennial*, Edward Bryant (éd.), New York, Pyramid, 1977.
920 Mérimée Prosper, *La Vénus d'Ille*, 1837. Rééd, Paris, Flammarion, 1982.
93 Meyrinck Gustav, *Le Golem* (*Der Golem, Die Wiessen Blätter*, 1913-1914 ; repr. Leipzig, Kurt Wolf, 1915), Paris, Marabout, 1985.
94 *M. de Wodenblock*, *Le Caméléon*, 26 septembre 1835.
95 Moore Catherine L., *No woman born*, *Astounding*, décembre 1944.
96 Mouton Eugène, *Histoire de l'invalide à la tête de bois*, in *Contes*, Paris, G. Charpentier, 1881.

97 Nodier Charles, *La fée aux miettes*, 1832. Repr, Paris, Gallimard, coll. « Folio », 1982.
98 Nodier Charles, *« Voyage pittoresque et industriel dans le Paraguay-Roux »*... (par Henri Delmotte), in *Revue de Paris*, février 1836.
99 Nourse Alan E., *Ces androïdes, Galaxie anticipation*, 1956.
100 O'Brien Fitz-James, *Le forgeur de merveilles* (*The Wondersmith, The Atlantic Monthly*, octobre 1859). Trad. in *Qu'était-ce* ? (*What was it* ? 1859), coll. « L'envers du miroir », Henri Parisot (éd.), Paris, R. Marin, 1950.
101 Olemy P. T., *The Clones*, New York, Caravelle Books, Inc., 1967.
102 Ovide, *Les Métamorphoses,* Paris, Éd. Les Belles Lettres, 1960, t. II, livre X.
103 Paracelse, *Œuvres complètes*, Paris, Éd. Traditionnelles, 1984-1993.
104 Pascheles Wolf éd., *Sippurim*, Prague, W. Pascheles, 1847.
105 Pawlowski Gaston de, *Voyage au pays de la quatrième dimension*, Paris, E. Fasquelle, 1912.
106 Peake Richard B., *Presumption ; or, The Fate of Frankenstein*, Londres, 1823.
107 Petit Marc, *Le Nain Géant*, Paris, Stock, 1993.
108 Pétrone, *Satiricon*, Paris, Éd. Les Belles Lettres, 1967.
109 Philips Peter, *Amnésie* (*Lost Memory*, 1952), in *Histoires de robots* (La grande anthologie de la science-fiction), Paris, Éd. Le Livre de Poche, 1974.
110 Poe Edgar Allan, *L'Homme qui était refait* (*The Man that was used up, Burton's Gentleman Magazine*, août 1839), in *E. A. Poe : Contes, essais, poèmes*, Paris, R. Laffont, coll. « Bouquins », 1989.
111 Poe Edgar Allan, « Le joueur d'échecs de Maelzel » (« Maelzel's Chess Player », *Southern Literary Messenger*, avril 1836), *ibid, id.*
112 Poe Edgar Allan, *Le portrait ovale* (*Life in Death, Graham's Magazine*, avril 1842 ; puis *The Ovale Portrait, Broadway Journal*, 26 avril 1845), *ibid., id.*
113 Pohl Frederik, *Day Million, Rogue*, 1966.
114 Pohl Frederik, *Homme Plus* (*Man Plus*, 1976), Paris, Éd. Le Livre de Poche, 1977.
115 Renard Maurice, *Le D^r^ Lerne, sous-dieu*, Paris, Mercure de France, 1908. Rééd. Bibl. Marabout, 1976.
116 Renard Maurice, *L'homme truqué*, Paris, G. Crès, 1921.
117 Renard Maurice, *Les mains d'Orlac*, Paris, Nilsson, cop. 1920. Rééd. Bibl. Marabout, 1978.
118 Robida Albert, *Le XX^e^ siècle*, Paris, G. Decaux, 1883. Rééd, Paris, Tallandier, 1991.
119 Rosenberg Yudl, *Le livre des miracles du Mah' Aral de Prague* (publié en yiddish : *Nifla' ot Maharal im ha-Golem*, Varsovie, 1909). Trad. anglaise : *The Golem or the Miraculous Deeds of Rabbi Liva,* in *Yenne Velt : The Great Works of Jewish Fantasy and the Occult*, Joachim Neugroschel (éd.), New York, Stonehill Publ. 1976.
120 Rostler William, *Livrez-la-moi demain* (*Ship me tomorrow*, 1970), *Galaxie*, 2^e^ série, n° 119, avril 1974.
121 Rothberg Abraham, *The Sword of the Golem,* New York, McCall Publishing, 1970.
122 Schropp Ralph, *L'automate*, Paris, A. Ghio, 1880.
123 Sheckley Robert, *L'homme minimum (The Minimum Man)*, in *Histoires de robots* (La grande anthologie de la science-fiction), Paris, Éd. Le Livre de Poche, 1974.
124 Sheckley Robert, *Le robot qui me ressemblait (The Robot Who Looked Like me,* Londres, Sphere, 1978).

125 Shelley Mary, *Frankenstein, ou le Prométhée moderne* (*Frankenstein, or the Modern Prometheus*, 1818 ; 2e éd., 1831), Paris, Garnier-Flammarion, 1979.
126 Shelley Mary, *Journal*, Norman, Un. of Oklahoma Press, 1947.
127 Silverberg Robert, *Le chancelier de fer (The Iron Chancellor, Galaxy SF Magazine,* mai 1958).
128 Simak Clifford D., *Brikol'âge (How-2)*, in *Histoires de robots* (La grande anthologie de la science-fiction), Paris, Éd. Le Livre de Poche, 1974.
129 Simak Clifford D., *Demain les chiens* (*City*, 1951), Paris, Éd. J'ai Lu, 1975.
130 Singer Isaac Bashevis, *L'histoire du Golem : conte*, Paris, Stock, 1984.
131 Smith Cordwainer, *Scanners live in vain*, *Fantasy Book*, juin 1950.
132 Souvestre Émile, *Le monde tel qu'il sera*, Paris, W. Coquebert, 1846.
133 Tchapek Karel, *RUR*, 1re repr. Théâtre national de Prague, 1921. Trad, Paris, Cahiers dramatiques du Théâtre Hébertot, 1924.
134 Tchapek Karel, « The meaning of *RUR* », *Saturday Review*, 21 juillet 1923.
135 Thomas, *Le Roman de Tristan*, in *Tristan et Iseut : les poèmes français ; la saga norroise*, Paris, Le Livre de Poche, coll. « Lettres gothiques », 1989.
136 Tiptree James Jr. (pseud. de Sheldon, Alice), *The Girl Who Was Plugged In*, in *New Dimension 3*, R. Silverberg (éd.), New York, New American Library, 1973.
137 Tournier Michel, *Vendredi ou les limbes du Pacifique*, 1967. Rééd, Paris, Gallimard, coll. « Folio », 1972.
138 Vaucanson Jacques, *Le mécanisme du flûteur automate*, 1738. Repr., Paris, Montreux, Éd. des Archives contemporaines, 1985.
139 *Tristrams saga de Isöndar* : voir Thomas.
140 Villiers de L'Isle-Adam Auguste, *Axël*, 1890. Repr. in *Les Œuvres de Villiers de l'Isle-Adam*, Paris, Le Club français du Livre, 1957.
141 Villiers de L'Isle-Adam Auguste, *L'Ève future*, 1886. Rééd, Paris, l'Age d'Homme, 1979.
142 Villiers de L'Isle-Adam Auguste, *La machine à gloire* (1874), in *Contes cruels*. Repr. in *Les Œuvres de Villiers de l'Isle-Adam*, Paris, Le Club français du Livre, 1957.
143 Villiers de L'Isle-Adam Auguste, *Le traitement du docteur Tristan* (1877), in *Contes cruels, ibid., id.*
144 Watson Ian, *La machine d'amour* (*The Sex Machine, New Worlds*, n° 199), *Galaxie*, n° 112, septembre 1973.
145 Wells Herbert George, *L'île du Dr Moreau* (*The Island of Doctor Moreau*, 1896), Paris, Gallimard, coll. « Folio », 1991.
146 Wilde Oscar, *Le portrait de Dorian Gray* (*The Picture of Dorian Gray*, 1890), Paris, Éd. Le Livre de Poche, 1975.
147 Williams Robert Moore, *Flamber clair* (*Burning Bright*, 1973), in *Histoires de pouvoirs* (La grande anthologie de la science-fiction), Paris, Éd. Le Livre de Poche, 1975.
148 Williamson Jack, *Les Humanoïdes* (*The Humanoids*, 1948), Paris, Stock, 1950.
149 Williamson Jack, *Les Simulacres* (*Guinevere for everybody*, 1954), *Fiction* n° 211.
150 Windisch Charles Gottlieb de, *Lettres sur le joueur d'échecs de M. de Kempelen.* Trad. libre de l'allemand par Chrétien de Méchel, Bâle, 1783. (L'original semble avoir été publié à Bâle, la même année, par Karl Gottlieb von Windisch.)
151 Wolfe Bernard, *Limbo*, 1952. Trad, Paris, R. Laffont, coll. « Ailleurs et Demain », 1971.

152 Young Robert F., *Les robots aiment aussi* (*Your Ghost Will Walk*, 1957), *Fiction*, n° 115.
153 Young Robert F., *Septembre avait trente jours (September had thirty days)*, in *Histoires de robots* (La grande anthologie de la science-fiction), Paris, Éd. Le Livre de Poche, 1974.
154 Zelazny Roger, *For a Breath I Tarry, New Worlds*, mars 1966 ; 2e éd., *Fantastic*, septembre 1966.

## II – ANTHOLOGIES

Parmi les très nombreuses anthologies réunissant des textes relatifs au thème de l'homme fabriqué, on notera :

### *En langue française*

155 *La grande anthologie de la science-fiction*, Paris, Éd. Le Livre de Poche. Voir en particulier les volumes intitulés *Histoires de robots* et *Histoires de machines.*
156 Lebailly Monique, *La Science Fiction avant la science fiction : anthologie de l'imaginaire scientifique français du romantisme à la pataphysique*, Paris, L'Instant, 1989.

### *En langue anglaise*

157 *The Coming of the Robots*, Sam Moskowitz (éd.), New York, Collier, 1963.
158 *Human-Machines : An Anthology of Stories about Cyborgs*, Thomas N. Scortia et George Zebrowski (eds), New York, Random House, 1975.
159 *Men and Machines : Ten Stories of Science Fiction*, Robert Silverberg (éd.), New York, Meredith, 1968.
160 *The Pseudo-People : Androids in Science Fiction*, William F. Nolan (éd.), Los Angeles, Sherbourne Press, 1965.
161 *Science Fiction Thinking Machines : Robots, Androids, Computer*, Groff Conklin (éd.), New York, Vanguard Press, 1954.
162 *Souls in Metal : An Anthology of Robot Futures*, Mike Ashley (éd.), 1977. Repr. New York, Jove/HBJ, 1978.

## III – OUVRAGES CRITIQUES

### *A. Ouvrages généraux se rapportant au thème de l'homme fabriqué*

163 Annan David, *Robot, The Mechanical Monster*, Londres, Bounty Books, 1976.
164 *Automates et musique mécanique*, Exposition Paris, Trianon de Bagatelle, 9 mai - 15 juin 1980. Catalogue par Béatrice de Andia, Henri Triquet et Alain Vian, Paris, Délégation à l'action artistique, 1980.
165 Avan Louis, Fardeau Michel, Stickert Henri-Jacques, *L'homme réparé, artifices, victoires, défis*, Paris, Gallimard, 1988.

166 Bailly Christian, *L'âge d'or des automates : 1848-1914*, Paris, Éd. Scala, 1987.
167 Beaune Jean-Claude, *L'automate et ses mobiles*, Paris, Flammarion, 1980.
168 Boie Bernhild, *L'homme et ses simulacres, essai sur le romantisme allemand*, Paris, José Corti, 1979.
169 Breton Philippe, *A l'image de l'Homme. Du Golem aux créatures virtuelles*, Paris, Le Seuil, 1995.
170 Bridenne Jean-Jacques, *La littérature française d'imagination scientifique*, Paris, Dassonville, 1950.
171 Brun Jean, *Les conquêtes de l'homme et la séparation ontologique*. Voir chap. « L'altérité et l'automate », Paris, PUF, 1961.
172 Carrouges Michel, *Les machines célibataires*, 1954. Nouvelle édition., revue et aug., Paris, Le Chêne, 1976.
173 Chapuis Alfred, *Les automates dans les œuvres d'imagination*, Neuchâtel, Le Griffon, 1947.
174 Chapuis Alfred et Droz Edmond, *Les automates, figures artificielles d'hommes et d'animaux ; histoire et technique*, Neuchâtel, Le Griffon, 1949.
175 Chapuis Alfred et Gelis Edouard, *Le monde des automates : étude historique et technique*, Neuchâtel, Le Griffon, 1928. Repr. Genève/Paris, Slatkine, 1984.
176 Cohen John, *Les robots humains dans le mythe et dans la science* (*Human Robots in Myth and Science*, 1966), Paris, Vrin, 1968.
177 Couffignal Louis, *Les machines à penser*, Paris, Éd. de Minuit, 1952.
178 *Créatures artificielles*. Catalogue pour une exposition itinérante, Villeneuve d'Ascq, CRPCSTI-Alias, 1992.
179 Dick Philip K., « Man, Android, and Machine », in *Science Fiction at Large*, Peter Nicholls (éd.), New York, Harper & Row, 1976.
180 Drux Rudolf, *Marionette Mensch : ein Metaphernkomplex und sein Kontext von Hoffmann bis Büchner*, München, W. Fink, 1986.
181 Dunn Thomas P. et Erlich Richard D. (éd.), *The Mechanical God, machines in science-fiction*, Westport, Conn./Londres, Greenwood Press, 1982.
182 Geduld Harry M. et Gottesman Ronald (éd.), *Robots, robots, robots*, New York, Little, Brown & Co, 1978.
183 Gendolla Peter, *Die Lebende Maschinen : zur Geschichte der Maschinenmenschen bei Jean Paul, E. T. A. Hoffmann und Villiers de l'Isle-Adam*, Marburg an der Lahn, Guttandin & Hoppe, 1980.
184 Gode von Aesch A. G., *Natural Science in German Romanticism*, New York, Columbia Un. Press, 1941.
185 Goldsmith Arnold L., *The Golem remembered, 1909-1980 : Variations of a Jewish Legend*, Detroit, Mich., Wayne State Un. Press, 1981.
186 Hildenbrock Aglaja, *Das Andere Ich : künstlicher Mensch und Doppelgänger in der deusch-und englisch-sprachigen Literatur*, Tübingen, Stauffenburg Verlag, 1986.
187 *L'Homme Machine*. Autour de l'Exposition du Musée des Arts et Métiers, 10 octobre 1994 - 10 janvier 1995, Paris, *Musée des Arts et Métiers. La Revue*, n° 8, septembre 1994.
188 Lem Stanislas, « Robots in Science Fiction », in *SF : The Other Side of Realism*, Thomas D. Clareson (éd.), Bowling Green, Oh., BGSU Popular Press, 1971.
189 *Les machines célibataires*. Catalogue de l'exposition du Musée des Arts décoratifs, mai-juillet 1976. Éd. Alfieri, 1976.
190 Malone Robert, *The Robot Book*, New York, Jove Publ. Inc., 1978.

191 *Maschinenmenschen.* Catalogue de l'exposition de Berlin, 17 juin - 23 juillet 1989, Berlin, Neuer Berliner Kunstverein, 1989.
192 Moles Abraham, *La création scientifique.* Voir chap. « Le mythe du Golem et la cybernétique », Genève, 1956.
193 Neher André, *Faust et le Maharal de Prague : le mythe et le réel*, Paris, PUF, 1987.
194 Noiray Jacques, *Le romancier et la machine (L'image de la machine dans le roman français 1850-1900)*, 2 vol., Paris, Corti, 1982.
195 Plank Robert, « The Golem and the Robot », *Literature and Psychology*, n° 15, Winter 1965.
196 Ponnau Gwenhaël, *La folie dans la littérature fantastique*, Paris, Éd. du CNRS, 1990.
197 Ponnau Gwenhaël (éd.), *Les savants fous. Romans et nouvelles*, Paris, Presses de la Cité, coll. « Omnibus », 1994.
198 Rolland Romain et Masereel Franz, *La révolte des machines*, Buchergilde Gutenberg, 1949.
199 Rosnay Joël de, *L'homme symbiotique, regards sur le troisième millénaire*, Paris, Le Seuil, 1995.
200 Sablière Jean, *De l'automate à l'automatisation*, Paris, Gauthier-Villars, 1966.
201 Sauer Lieselotte, *Marionetten, Maschinen, Automaten : der künstliche Mensch in der deutschen und englischen Romantik*, Bonn, Bouvier Verl. H. Grundmann, 1983.
202 Swoboda Helmut, *Der künstliche Mensch,* München, Heimeran, 1967.
203 Versins Pierre, *Encyclopédie de l'Utopie, des Voyages extraordinaires et de la Science-Fiction*, Lausanne, Éd. L'Age d'Homme, 1972.
204 Voelker Klaus (éd.), *Künstliche Menschen*, Munich, Hanser Verlag, 1971.
205 Warrick Patricia S., *The Cybernetic Imagination in Science Fiction*, Cambridge, Ma et Londres, MIT Press, 1980.

*B. Ouvrages concernant des mythes littéraires apparentés au thème de l'homme fabriqué*

206 Dabezies André, *Le mythe de Faust*, Paris, A. Colin, 1972.
207 *Dictionnaire des mythes littéraires*, Pierre Brunel (éd.), Paris, Éd. du Rocher, 1988. Voir notamment les articles suivants : « Faust », « Golem », « Mandragore », « Prométhée ».
208 Trousson Raymond, *Le thème de Prométhée dans la littérature européenne*, 2 vol., Genève, 1964.

*C. Ouvrages consacrés à une œuvre particulière*

*L'Ève future* de Villiers de l'Isle-Adam

209 *Œuvres* de Villiers de l'Isle-Adam. J. H. Bornecque (éd.), Paris, Le Club français du Livre, 1957.
210 *Œuvres complètes* de Villiers de l'Isle-Adam. Pierre-Georges Castex et Alan Raitt (éd.), Paris, Gallimard, coll. « Bibl. de La Pléiade », 2 vol., 1986.
211 Conyngham Deborah, *Le silence éloquent. Thèmes et structure de « L'Ève future » de Villiers de l'Isle-Adam*, Paris, Corti, 1975.

*Frankenstein* de Mary Shelley

212 *The Annotated Frankenstein*, Leonard Wolf (éd.), New York, Clarkson N. Potter, Inc., 1977.
213 *Frankenstein, or The Modern Prometheus*, James Rieger (éd.), Indianapolis, The Bobb-Merrill Co, 1974.
214 Lecercle Jean-Jacques, « *Frankenstein* » *: mythe et philosophie*, Paris, PUF, 1988.
215 Palacio Jean de, *Mary Shelley dans son œuvre*, Paris, Klincksieck, 1970.
216 Vacquin, Monette : *« Frankenstein », ou les délires de la raison. Essai*, Paris, F. Bourin, 1989.

*Le Golem* de Meyrinck

217 Achard Michel, *Aux frontières de l'au-delà : Meyrinck, le « Golem » et l'initiation au ghetto*, Caen, Éd. de Neustrie, 1986.

*L'Homme au Sable* de E. T. A. Hoffmann

218 Freud Sigmund, « L'inquiétante étrangeté » (« Das Unheimliche », 1919), in *Essais de psychanalyse appliquée*, Paris, Gallimard, coll. « Idées », 1976.

*RUR* de Karel Tchapek

219 Harkins William E., *Karel Capek*, New York et Londres, Columbia Un. Press, 1962.
220 Jelinek H. (traducteur de *RUR* en français) : « Un grand auteur tchèque », *Le Figaro*, 26 mars 1924.

Comptes rendus de la Première de *RUR* à Paris le 28 mars 1924 :

221 Anonyme, in *Le Théâtre et Comoedia illustré*, n° 33, 1er mai 1924.
222 Besnard Lucien, in *Le Quotidien*, 29 mars 1924.
223 Brisson Pierre, in *Le Temps*, 29 mars 1924.
224 Catulle-Mendes Jane, in *La Presse*, 29 mars 1924.
225 Girard Maxime, in *Le Figaro*, 29 mars 1924.
226 Parijanine, in *L'Humanité*, 31 mars 1924.
227 Pawlowski Gaston de, in *Le Journal*, 31 mars 1924.
228 Velleire E. F., in *Journal des Débats*, 29 mars 1924.

# Index

Les noms des auteurs des textes du corpus figurent en lettres majuscules. Pour les œuvres étrangères, le titre indexé est celui de la traduction française, lorsqu'elle est disponible. Le titre original figure entre parenthèses.

Imprimé en France
Imprimerie des Presses Universitaires de France
73, avenue Ronsard, 41100 Vendôme
Décembre 1996 — N° 43 278